女诫 闺范
译注

[汉]班昭
[明]吕坤 著
黄冠文 宋婕 译注

上海古籍出版社

"十三五"国家重点图书出版规划项目

上海市促进文化创意产业发展财政扶持资金资助项目

目录

「中华家训导读译注丛书」出版缘起 … 1

女诫

导读 … 1
序言 … 3
卑弱第一 … 10
夫妇第二 … 13
敬慎第三 … 17
妇行第四 … 21
专心第五 … 25
曲从第六 … 29
和叔妹第七 … 33

闺范

导读 … 41
… 43

序 … 61
凡例 … 64
卷一 嘉言 … 66
　四书 … 66
　　中庸 … 66
　　论语 … 71
　　孟子 … 74
　易经 … 87
　　屯 … 87
　　观 … 90
　　剥 … 92
　　咸 … 94
　　恒 … 96
　　家人 … 100
　　渐 … 117
　　归妹 … 119
　书经 … 121
　诗经 … 126
　春秋 … 133 … 204

左传	204
礼记	215
曲礼	215
檀弓	221
月令	225
曾子问	227
礼器	229
郊特牲	231
内则	241
大传	256
经解	258
仲尼燕居	259
坊记	260
杂记	261
古语	265
汉语	276
卑弱	276
妇行	277
专心	277
和叔妹	278

三国 285
隋 287
唐 290
宋 292
卷二 善行 299
女子之道 299
夫妇之道 306
女子之道 308
齐伤槐女 308
赵津女娟 310
齐太仓女 313
曹娥求父 316
卢氏代母 318
杨香搤虎 319
赵娥刺仇 321
谢娥杀盗 322
王女击贼 324
叔祎祷疾 326
妙真祝寿 327
杨女辨冤 329

袁氏同焚	332
康女乳弟	333
奉天二窦	335
詹氏全亲	338
倪女被刺	339
木兰代戍	342
韩氏从军	345
高邮死蚊	346
季女却钱	349
齐宿瘤女	351
楚成郑瞀	355
齐钟离春	358
齐孤逐女	360
鲁漆室女	365
寄征人诗	367
上刑官诗	370
夫妇之道	374
鲁黔娄妻	374
柳下谥惠	376
楚于陵妻	379

卷三 善行

妇人之道 382

妇人之道 384

明德马后 387

鲁季敬姜 389

晋羊叔姬 392

乐羊子妻 394

张氏求夫 397

陈寡孝姑 397

唐氏乳姑 404

庞氏感泉 404

赵妇感火 407

俞新之妻 412

韩太初妻 417

吕范夫妻 419

鲍桓夫妻 422

王霸夫妻 424

王章夫妻 426

梁孟夫妻 428

郤缺如宾 429

431

楚昭越姬	434
杞梁之妻	436
皇甫规妻	438
荀氏归阴	441
京妇代夫	443
周迪之妻	444
梁氏重生	445
谭氏八砖	447
撒合辇妻	449
潘氏投火	450
赵运使妾	452
翠哥代死	453
共世子妻	455
善歌妇人	457
卫宣夫人	458
梁寡割鼻	460
令女毁形	462
行义桓嫈	464
房氏截耳	466
李氏断臂	468

王氏毁容	469
李氏恨梦	471
江文铸妻	473
晋文齐姜	475
晋伯宗妻	477
齐相御妻	480
陶答子妻	482
盖将之妻	484
高睿之妻	486
晋弓工妻	488
汉冯昭仪	491
楚昭贞姜	493
宋恭伯姬	495
齐孝孟姬	497
荆信公主	500
韩氏家法	503
齐桓卫姬	505
晋圉怀嬴	508
楚野辩女	510
齐女徐吾	513

狄仁杰姨	515
符承祖姨	516
徐氏诛坊	519
鲁妇守寨	521
余洪敬妻	524
淮帅仆妻	527
班氏婕妤	529
班氏惠姬	531
徐妃疏谏	533
秦宣文君	537
管仲妾婧	539
卷四　善行	542
母　道	542
姊妹之道	548
姒娣之道	550
姑嫂之道	551
嫡妾之道	553
婢子之道	555
母　道	557
孟母三迁	557

鲁之母师	562
楚子发母	564
王孙氏母	566
陆续之母	569
范滂之母	571
刘安世母	572
隽不疑母	574
严延年母	575
欧阳公母	578
张妇戒骄	580
鲁氏戒贪	581
齐田稷母	583
晋陶侃母	585
吴孟仁母	587
崔玄暐母	589
吴贺之母	591
陈尧咨母	593
李景让母	595
二程之母	597
吕荣公母	600

密康公母	602
孙叔敖母	604
婴母知废	605
陵母知兴	607
芒卯之妻	610
亲子代死	611
珠崖争死	613
程文钜妻	615
余楚之妻	618
魏节乳母	620
鲁孝义保	621
姊妹之道	624
虞帝之妹	624
穆姬救晋	626
鲁义姑姊	628
聂政之姊	630
季宗之妹	633
文姬保弟	636
和政公主	638

姒娣之道	641
章姆让儿	641
少娣化嫂	643
王木叔妻	646
姑嫂之道	648
陈氏堂前	648
欧阳贤姆	650
邹媖引过	651
嫡妾之道	655
晋赵衰妻	655
卫宗二顺	657
宋鲍女宗	659
楚庄樊姬	661
蜀主之女	663
孙氏全孤	664
婢子之道	667
周主忠婢	667
翟青代死	669

"中华家训导读译注丛书"出版缘起

一、家训与传统文化

中国传统文化的复兴已然是大势所趋,无可阻挡。而真正的文化振兴,随着发展的深入,必然是由表及里,逐渐贴近文化的实质,即回到实践中,在现实生活中发挥作用,影响和改变个人的生活观念、生命状态,乃至改变社会生态,而不是仅仅停留在学院中的纸上谈兵,或是媒体上的自我作秀。这也已然为近年的发展进程所证实。

文化的传承,通常是在精英和民众两个层面上进行,前者通过经典研学和师弟传习而薪火相传,后者沉淀为社会价值观念、化为乡风民俗而代代相承。这两个层面是如何发生联系的,上层是如何向下层渗透的呢?中华文化悠久的家训传统,无疑在其中起到了重要作用。士子学人

（文化精英）将经典的基本精神、个人习得的实践经验转化为家训家规教育家族子弟，而其中有些家训，由于家族的兴旺发达和名人代出，具有很好的示范效应，而得以向外传播，飞入寻常百姓家，进而为人们代代传诵，其本身也具有经典的意味了。由本丛书原著者一长串响亮的名字可以看到，这些著作者本身是文化精英的代表人物，这使得家训一方面融入了经典的精神，一方面为了使年幼或文化根基不厚的子弟能够理解，并在日常生活中实行，家训通常将经典的语言转化为日常话语，也更注重实践的方便易行。从这个意义上说，家训是经典的通俗版本，换言之，家训是我们重新亲近经典的桥梁。

对于从小接受现代教育（某种模式的西式教育）的国人，经典通常显得艰深和难以接近（其中的原因，下文再作分析），而从家训入手，就亲切得多。家训不仅理论话语较少，更通俗易懂，还常结合身边的或历史上的事例启发劝导子弟，特别注重从培养良好的生活礼仪习惯做起，从身边的小事做起，这使得传统文化注重实践的本质凸显出来（当然经典也是在在处处都强调实践的，只是现代教育模式使得经典的实践本质很容易被遮蔽）。因此，现代人学习传统文化，从家训入手，不失为一个可靠而方便的途径。

此外，很多人学习家训，或者让孩子读诵家训，是为了教育下一代，这是家训学习更直接的目的。年青一代的父母，越来越认识到家庭教育的重要性，并且在当前的语境中，从传统文化为内容的家庭教育可以在很大程度上弥补学校教育的缺陷。这个问题由来已久，自从传统教育让位于西式学校教育（这个转变距今大约已有一百年）以来，很多有识之士认识到，以培养完满人格为目的、德育为核心的传统教育，被以知识技能教育为主的学校教育取代，因而不但在教育领域产生了诸多问题，并且是很多社会问题的根源。在呼吁改革学校教育的同时，很多文化精英选择了加强家庭教育来做弥补，比如被称为"史上最强老爸"的梁启超自己开展以传统德育为主的家庭教育配合西式学校，成就了"一门三院士，九子皆才俊"的佳话（可参阅上海古籍出版社即将出版的《我们今天怎样做父亲——梁启超的家庭教育》）。

本丛书即是基于以上两个需求，为有志于亲近经典和传统文化的人，为有意尝试以传统文化为内容的家庭教育、希望与儿女共同学习成长的朋友量身定做的。丛书精选了历史上最有代表性的家训著作，希望为他们提供切合实用的引导和帮助。

二、读古书的障碍

现代人读古书，概括说来，其难点有二：首先是由于文言文接触太少，不熟悉繁体字等原因，造成语言文字方面的障碍。不过通过查字典、借助注释等办法，这个困难还是相对容易解决的。更大的障碍来自第二个难点，即由于文化的断层，教育目标、教育方式的重大转变，使得现代人对于古典教育、对于传统文化产生了根本性的隔阂，这种隔阂会反过来导致对语词的理解偏差或意义遮蔽。

试举一例。《论语》开篇第一章：

子曰："学而时习之，不亦说（"说"，通"悦"）乎？有朋自远方来，不亦乐乎？人不知而不愠，不亦君子乎？"

字面意思很简单，翻译也不困难。但是，如何理解句子的真实含义，对于现代人却是一个考验。比如第一句，"学而时习之"，很容易想当然地把这里的"学"等同于现代教育的"学习知识"，那么"习"就成了"复习功课"的意思，全句就理解为学习了新知识、新课程，要经常复习它——一直到现在，中小学在教这篇课文时，基本还是这么解释的。但是这里有个疑问：我们每天复习功课，真的会很快乐吗？

对古典教育和传统文化有所理解的人，很容易看到，这里发生了根本性的理解偏差。古人学习的目的跟现代教育不一样，其根本目的是培养一个人的德行，成就一个人格完满、生命充盈的人，所以《论语》通篇都在讲"学"，却主要不是传授知识，而是在讲做人的道理、成就君子的方法。学习了这些道理和方法，不是为了记忆和考试，而是为了在生活实践中去运用、在运用时去体验，体验到了、内化为生命的一部分才是真正的获得，真正的"得"即生命的充盈，这样才能开显出智慧，才能在生活中运用无穷（所以孟子说：学贵"自得"，自得才能"居之安""资之深"，才能"取之左右逢其源"）。如此这般的"学习"，即是走出一条提升道德和生命境界的道路，到达一定生命境界高度的人就称之为君子、圣贤。养成这样的生命境界，是一切学问和事业的根本（因此《大学》说

"自天子以至于庶人，壹是皆以修身为本"），这样的修身之学也就是中国文化的根本。

所以，"学而时习之"的"习"，是实践、实习的意思，这句话是说，通过跟从老师或读经典，懂得了做人的道理、成为君子的方法，就要在生活实践中不断（时时）运用和体会，这样不断地实践就会使生命逐渐充实，由于生命的充实，自然会由内心生发喜悦，这种喜悦是生命本身产生的，不是外部给予的，因此说"不亦说乎"。

接下来，"有朋自远方来，不亦乐乎"，是指志同道合的朋友在一起共学，互相交流切磋，生命的喜悦会因生命间的互动和感应，得到加强并洋溢于外，称之为"乐"。

如果明白了学习是为了完满生命、自我成长，那么自然就明白了为什么会"人不知而不愠"。因为学习并不是为了获得好成绩、找到好工作，或者得到别人的夸奖；由生命本身生发的快乐既然不是外部给予的，当然也是别人夺不走的，那么别人不理解你、不知道你，不会影响到你的快乐，自然也就不会感到郁闷（"人不知而不愠"）了。

以上的这种理解并非新创。从南朝皇侃的《论语义疏》到宋朱熹的《论语集注》（朱熹《集注》一直到清朝都是最权威和最流行的注本），这种解释一直占主流地位。那么问题来了，为什么当代那么多专家学者对此视而不见呢？程树德曾一语道破："今人以求知识为学，古人则以修身为学。"（见程先生撰于1940年代的《论语集释》）之所以很多人会误解这三句话，是由于对古典教育、传统文化的根本宗旨不了解，或者不认同，导致在理解和解释的时候先入为主，自觉或不自觉地用了现代观念去"曲解"古人。因此，若使经典和传统文化在今天重新发挥作用，首先需要站在古人的角度理解经典本身的主旨，为此，在诠释经典时，就需要在经典本身的义理与现代观念之间，有一个对照的意识，站在读者的角度考虑哪些地方容易产生上述的理解偏差，有针对性地作出解释和引导。

三、家训怎么读

基于以上认识，本丛书尝试从以下几个方面加以引导。首先，在每种书前冠以导读，对作者和成书背景做概括介绍，重点说明如何以实践为中心读这本书。

再者，在注释和白话翻译时尽量站在读者的立场，思考可能发生的遮蔽和误解，加以解释和引导。

第三，本丛书在形式上有一个新颖之处，即在每个段落或章节下增设"实践要点"环节，它的作用有三：一是说明段落或章节的主旨。尽量避免读者仅作知识性的理解，引导读者往生活实践方面体会和领悟。

二是进一步扫除遮蔽和误解，防止偏差。观念上的遮蔽和误解，往往先入为主比较顽固，仅仅靠"简注"和"译文"还是容易被忽略，或许读者因此又产生了新的疑惑，需要进一步解释和消除。比如，对于家训中的主要内容——忠孝——现代人往往从"权利平等"的角度出发，想当然地认为提倡忠孝就是等级压迫。从经典的本义来说，忠、孝在各自的语境中都包含一对关系，即君臣关系（可以涵盖上下级关系），父子关系；并且对关系的双方都有要求，孔子说"君君、臣臣，父父、子子"，是说君要有君的样子，臣要有臣的样子，父要有父的样子，子要有子的样子，对双方都有要求，而不是仅仅对臣和子有要求。更重要的是，这个要求是"反求诸己"的，就是各自要求自己，而不是要求对方，比如做君主的应该时时反观内省是不是做到了仁（爱民），做大臣的反观内省是不是做到了忠；做父亲的反观内省是不是做到了慈，做儿子的反观内省是不是做到了孝。（《礼记·礼运》："何谓人义？父慈、子孝，兄良、弟悌，夫义、妇听，长惠、幼顺，君仁、臣忠。"）如果只是要求对方做到，自己却不做，就完全背离了本义。如果我们不了解"一对关系"和"自我要求"这两点，就会发生误解。

再比如古人讲"夫妇有别"，现代人很容易理解成男女不平等。这里的"别"，是从男女的生理、心理差别出发，进而在社会分工和责任承担方面有所区别。不是从权利的角度说，更不是人格的不平等。古人以乾坤二卦象征男女，乾卦的特质是刚健有为，坤卦的特征是宁顺贞静，乾德主动，坤德顺乾德而动；二者又是互补的关系，乾坤和谐，天地交感，才能生成万物。对应到夫妇关系上，做丈夫需要有担当精神，把握方向，但须动之以义，做出符合正义、顺应道理的选择，这样妻子才能顺之而动（"夫义妇听"），如果丈夫行为不合正义，怎能要求妻子盲目顺从呢？同时，坤德不仅仅是柔顺，还有"直方"的特点（《易经·坤·象》："六二之动，直以方也"），做妻子也有正直端方、勇于承担的一面。在传统家庭中，如果丈夫比较昏暗懦弱，妻子或母亲往往默默支撑起整个家庭。总之，夫妇有别，也需要把握住"一对关系"和"自我要求"两个要点来理解。

除了以上所说首先需要理解经典的本义，把握传统文化的根本精神，同时也需要看到，经典和文化的本义在具体的历史环境中可能发生偏离甚至扭曲。当一种文化或价值观转化为社会规范或民俗习惯，如果这期间缺少文化精英的引领和示范作用，社会规范和道德话语权很容易被权力所掌控，这时往往表现为，在一对关系中，强势的一方对自己缺少约束，而是单方面要求另一方，这时就背离了经典和文化本义，相应的历史阶段就进入了文化衰敝期。比如在清末，文化精神衰落，礼教丧失了其内在的精神（孔子的感叹"礼云礼云，玉帛云乎哉？乐云乐云，钟鼓云乎哉？"就是强调礼乐有其内在的精神，这个才是根本），成为了僵化和束缚人性的东西。五四时期的很大一部分人正是看到这种情况（比如鲁迅说"吃人的礼教"），而站到了批判传统的立场上。要知道，五四所批判的现象正是传统文化精神衰敝的结果，而非传统文化精神的正常表现；当代人如果不了解这一点，只是沿袭前代人一些有具体语境的话语，其结果必然是道听途说、以讹传讹。而我们现在要做的，首先是正本清源，了解经典的本义和文化的基本精神，在此基础上学习和运用其实践方法。

三是提示家训中的道理和方法如何在现代生活实践中应用。其中关键的地方是，由于古今社会条件发生了变化，如何在现代生活中保持家训的精神和原则，而在具体运用时加以调适。一个突出的例子是女子的自我修养，即所谓"女德"，随着一些有争议的社会事件的出现，现在这个词有点被污名化了。前面讲到，传统的道德讲究"反求诸己"，女德本来也是女子对道德修养的自我要求，并且与男子一方的自我要求（不妨称为"男德"）相配合，而不应是社会（或男方）强加给女子的束缚。在家训的解读时，首先需要依据上述经典和文化本义，对内容加以分析，如果家训本身存在僵化和偏差，应该予以辨明。其次随着社会环境的变化，具体实践的方式方法也会发生变化。比如现代女子走出家庭，大多数女性与男性一样承担社会职业，那么再完全照搬原来针对限于家庭角色的女子设置的条目，就不太适用了。具体如何调适，涉及具体内容时会有相应的解说和建议，但基本原则与"男德"是一样的，即把握"女德"和"女礼"的精神，调适德的运用和礼的条目。此即古人一面说"天不变道亦不变"（董仲舒语），一面说礼应该随时"损益"（见《论语·为政》）的意思。当然，如何调适的问题比较重大，"实践要点"中也只能提出编注者的个人意见，或者提供一个思路供读者参考。

综上所述，丛书的全部体例设置都围绕"实践"，有总括介绍、有具体分析，反复致意，不厌其详，其目的端在于针对根深蒂固的"现代习惯"，不断提醒，回到经典的本义和中华文化的根本。基于此，丛书的编写或可看做是文化复兴过程中，返本开新的一个具体实验。

四、因缘时节

"人能弘道，非道弘人。"当此文化复兴由表及里之际，急需勇于担当、解行相应的仁人志士；传统文化的普及传播，更是迫切需要一批深入经典、有真实体验又肯踏实做基础工作的人。丛书的启动，需要找到符合上述条件的编撰者，我深知实非易事。首先想到的是陈椰博士，陈博士生长于宗族祠堂多有保留、古风犹存的潮汕地区，对明清儒学深入民间、淳化乡里的效验有亲切的体会；令我喜出望外的是，陈博士不但立即答应选编一本《王阳明家训》，还推荐了好几位同道。通过随后成立的这个写作团队，我了解到在中山大学哲学博士（在读的和已毕业的）中间，有一拨有志于传统修身之学的朋友，我想，这和中山大学的学习氛围有关——五六年前，当时独学而少友的我惊喜地发现，中大有几位深入修身之学的前辈老师已默默耕耘多年，这在全国高校中是少见的，没想到这么快就有一批年轻的学人成长起来了。

郭海鹰博士负责搜集了家训名著名篇的全部书目，我与陈、郭等博士一起商量编选办法，决定以三种形式组成"中华家训导读译注丛书"：一、历史上已有成书的家训名著，如《颜氏家训》《温公家范》；二、在前人原有成书的基础上增补而成为更完善的版本，如《曾国藩家训》《吕留良家训》；三、新编家训，择取有重大影响的名家大儒家训类文章选编成书，如《王阳明家训》《王心斋家训》；四、历史上著名的单篇家训另外汇编成一册，名为《历代家训名篇》。考虑到丛书选目中有两种女德方面的名著，特别邀请了广州城市职业学院教授、国学院院长宋婕老师加盟，宋老师同样是中山大学哲学博士出身，学养深厚且长期从事传统文化的教育和弘扬。在丛书编撰的中期，又有从商界急流勇退、投身民间国学教育多年的邵逝夫先生，精研明清家训家风和浙西地方文化的张天杰博士的加盟，张博士及其友朋团队不仅补了《曾国藩家训》的缺，还带来了另外四种明清家训；至此丛书全部12册的内容和编撰者全部落实。丛书不仅顺利获得上海古籍出版社的选题立项，且有幸列入"十三五"国家重点图书出版规划增补项目，并获上海市促进文化创意产业发展财政扶持资金（成果资助类项目—新闻出版）资助。

由于全体编撰者的和合发心，感召到诸多师友的鼎力相助，获致多方善缘的积极促成，"中华家训导读译注丛书"得以顺利出版。

这套丛书只是我们顺应历史要求的一点尝试，编写团队勉力为之，但因为自身修养和能力所限，丛书能够在多大程度上实现当初的设想，于我心有惴惴焉。目前能做到的，只是自尽其心，把编撰和出版当做是自我学习的机会，一面希冀这套书给读者朋友提供一点帮助，能够使更多的人亲近传统文化，一面祈愿借助这个平台，与更多的同道建立联系，切磋交流，为更符合时代要求的贤才和著作的出现，做一颗铺路石。

刘海滨

2019年8月30日，己亥年八月初一

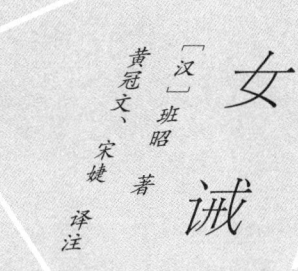

女诫

[汉] 班昭 著
黄冠文、宋婕 译注

导　读

　　孟子曰："颂其诗，读其书，不知其人，可乎？"要深入了解《女诫》这部中国女教史上的经典著作，我们有必要对作者的生平作一番细致的考察。《女诫》七篇的作者是东汉著名的女性学者班昭。班昭字惠班，一名姬，号曹大家（音 gū），是东汉扶风安陵（今陕西咸阳）人。其生平事迹散见于《后汉书》相关传记，其部分文学著作收录于《文选》《全后汉文》之中。下面将结合各种史料对班昭及与其相关的人和事作一综合回顾，并就《女诫》的主要内容及其对后世的影响进行简要的论述。

一、班氏家族略述

　　根据班昭长兄班固撰写的《汉书·叙传》，班氏族人是春秋时期著名的政治家楚国令尹子文的后裔。令尹是春秋战国时期楚国的最高官职，位居百官之首，掌管军政大权。令尹子文主政期间清正廉明，名垂后世，孔子对其有"忠矣"的评价（《论语·公冶长》："子张问曰：'令尹子文三仕为令尹，无喜色；三已之，无愠色。旧令尹之政，必以告新令尹。何如？'子曰：'忠矣。'"）。据《左传》记载，令尹子文的身世极富传奇色彩：斗伯比私通妘子的女儿而诞下一男婴。男婴刚出生便被妘子的夫人弃置在梦泽之中，幸而得到母虎哺养，后被妘子带回家收养。楚国人把"乳（哺乳）"叫做"谷（gòu）"，把老虎叫做"於菟（wū tú）"，因此，他们把这个男婴命名为斗谷於菟，后来赐字"子文"。楚国人又称虎为"班",所以子文的后人又以"班"为号。后来秦国灭楚时,子文后人迁徙至晋、代之间,并以"班"为氏。其后班氏又避地楼兰,以畜牧兴家,至汉惠帝时家业庞大、财雄一方。

班昭的祖辈已是朝中显贵,如班昭的祖父班稚于汉哀帝时为广平相;班昭的伯祖父(班稚长兄)班伯为侍中光禄大夫,后迁水衡都尉,秩中二千石;仲祖父(班稚次兄)班斿为右曹中郎将;祖姑即是史上著名的才女班婕妤,得幸帝宠,颇负贤名。除了贵为朝中要员,班昭的祖辈在学术研究方面也有深厚的功底。班伯曾奉诏于金华殿中跟郑宽中、张禹学习《尚书》和《论语》,朝夕不辍,通其大义。班斿"博学有俊材",和著名学者刘向一同整理宫中的藏书;又时常奉帝命讲读群书,深得皇帝的器重。皇帝甚至把宫中藏书的副本赏赐给班斿。班婕妤虽是女流之辈,但也是腹有诗书、行依古礼。

相较而言,班昭的父辈则似乎更加偏好学术研究,据《汉书·叙传》记载,班昭的父亲班彪"幼与从兄嗣(班斿之子)共游学,家有赐书,内足于财,好古之士自远方至,父党扬子云以下莫不造门"。班彪、班嗣(班昭之伯父)二人都精研学术,乐于和著名学者杨雄等人讲习切磋。班彪擅长史学,"唯圣人之道然后尽心焉"。"显名当世"的班嗣,虽然也研究圣人之道,但更加喜好老庄的思想。班氏的家学底蕴由此也可见一斑。

班昭的长兄班固更是青出于蓝,九岁便能诵诗作文,其后更是博览群书,于当时的学问无所不究。班固在其父整理的史料的基础上,编纂了史学经典著作《汉书》,其意义和价值足以让班固名垂史册。班昭的次兄班超则投笔从戎,使西域五十余国臣服汉朝,立下安定边境的大功业,后被封为定远侯,食邑千户。

以上简要地勾勒出了班氏家族的大致情况。可见，班氏族人的经历至少给班昭留下了两方面的精神遗产：

其一，班氏以家学传世，使得班昭深受儒家思想的熏陶。在《女诫》七篇之中，班昭便多处引用了《诗经》《周礼》《礼记》《易经》《论语》等儒家经典，其女教思想的基本立场也是对儒家关于"夫义妇听（见《礼记·礼运》）""夫者，扶也，以道扶接也；妇者，服也，以礼屈服（见《白虎通义·三纲六纪》）"等观念的阐发。

其二，班氏族人常年混迹官场，对于朝中的秘闻逸事、勾心斗角、风云变幻、人情世故等了如指掌，而他们藉以立身处世的智慧定必对班昭有所影响。尤其是班婕妤在后宫进退有度，获同辈之宠却辞而复谏，在失宠受谮之时又能全身而退（具体事迹可参见《闺范译注》卷三"班氏婕妤"条），其谦卑不骄、守柔不争的处世方式与贯穿于《女诫》七篇之中的"谦""顺"精神基本一致。

二、班昭生平事迹

班昭幼承家学，以博学才高而名闻于世。其兄班固编著《汉书》未成而卒，她继承父兄之志，奉诏于东观藏书阁踵而成之。其后又以《汉书》教授东汉经学大师马融，使得《汉书》这一煌煌巨作得以流传后世。班昭又多次在宫中讲学，皇后以及一众妃嫔都以之为师，如邓太后（邓绥）就曾跟从她学习经学、天文和算数，因而她又有"大家"的称号。"大家"读为"大姑"，何谓"大姑"？《西京杂记》载有孟尝君号其母为"薛公大家"的故事；《白虎通义·三纲六纪》解释称谓丈夫之母为"姑"时云："亲如母而非母者，姑也。"换言之，称班昭为"大家",即尊之如母,可见其地位之崇高。此外,班昭文采过人,宫中每有异物进献,便会诏她进宫创作赋颂。据《后汉书·列女传》,其所著述的赋、颂、铭、诔、问、注、哀辞、书、论、上疏、遗令,共十六篇,可惜部分已经佚失。今有《东征赋》《大雀赋》《针缕赋》《蝉赋》等文学作品传世。

班昭不仅在史学、经学、文学之上有深厚的造诣,堪称当世师表,其个人的言行风度亦足以垂范后世。作为妻子,班昭能持节守寡,恪尽妇道。根据《女诫》的序言,她十四岁便嫁于同郡曹世叔为妻。奈何曹世叔早卒,班昭一直修持节行法度,践行着"妇无二适"的信念。作为母亲,班昭能教子以义方,尽其母亲的职责。汉安帝时,太子遭诬被废,时任中散大夫的班昭之子曹成却敢于伸张正义,加入为太子伸冤的行列。其子正直如斯,班昭母教之严于此可作管窥。作为女弟,班昭能友于兄长,尽其手足之谊。得知久居异域、年迈体衰的兄长班超因为思乡心切而乞请归国,班昭也上疏求情。汉和帝感于其言,班超因之得以告老还乡。作为太后之师,班昭与闻政事,替邓太后运筹帷幄。在邓太后临朝之时,班昭曾上疏劝谏太后准许其兄大将军邓骘解甲还乡的请求,有效地防范了邓氏外戚弄权之祸,为社会的安定做出了积极的贡献。

三、《女诫》主要内容及其影响

《女诫》七篇言简意赅,针对女性在传统社会处于弱势地位的特点,教导妇女以谦敬守礼、贵柔处顺的方式立身处世。开篇首明"卑弱",指出女性在男权社会之中应当以坤道为正,以柔顺为主,以卑弱下人、执勤、继祭祀三者为务,如此便可名闻远辱。第二篇"夫妇"指出夫妇之间应当相须为用、各尽其职,不能只重视男子之教而忽视对女子的教育。第三篇"敬慎"指出妇女在家中当以敬顺之道处理和丈夫之间的关系，只有做到了不慢不争，方能保持夫妻恩爱。第四篇"妇行"，从妇德、妇言、妇容、妇功四个方面指出了女性在日常言行中应当遵守的基本准则。第五篇"专心"，指出女性应当专心于履行家庭职责，言动合礼，不参与与家事无关的活动，通过成为家中不可或缺的贤内助，从而得到丈夫的欢心。第六篇"曲从"讲述妇人应听从公公婆婆的吩咐，从而和顺与公公婆婆之间的关系。第七篇"和叔妹"则讲述了妇女应当以谦顺的态度对待小叔、小姑。

按照班昭在序言中的说法，《女诫》是为了教导自己的女儿而创作的，希望她们出嫁之后能谨言慎行，免遭耻辱。由于史籍阙如，无法得知班昭的女儿遵循《女诫》之教取得了什么样的成效。但在班昭的教导之下，邓绥从贵人一步步晋升为皇太后，可以视作是践行《女诫》思想的佼佼者。（朱维铮先生在《班昭考》中指出："邓绥以曹大家为师，由贵人而皇后而皇太后，'称制终身，号令自出'恪守的就是这一套，堪称《女诫》的实践家。"）班昭的高徒、经学大师马融也对《女诫》十分认可，并让自己的妻子和女儿也学习践行当中的义理。然而，即便在当时，也有人对《女诫》提出了质疑的意见。班昭的小姑曹丰生也是一名有才华智慧的女性，她就专门著书对《女诫》进行了诘难，而且当中的言辞有可观之处。遗憾的是，她的著作并没有流传下来。马融和曹丰生对《女诫》的不同反应，恰好昭示了后世对《女诫》或褒或贬的两种极端的评价。

根据传统社会的主流观点，《女诫》是一部裨益世教风化的书籍，历久不衰，就连明朝首辅张居正亦曾奉命为之注解。《后汉书》的著者范晔认为《女诫》"有助内训",即有助于对闺门之内的女子进行训诫,因而在《后汉书·列女传》中摘录了全文。班昭以女性的身份,首倡基于儒家立场的女教思想,开启了后世女性创作同类作品的风气。如唐代长孙皇后著《女则》、宋若华著《女论语》、郑氏著《女孝经》,明代仁孝文皇后著《内训》,清代王节妇著《女范捷录》、李晚芳著《续女诫》《女学言行纂》。上述数种,均为踵武班氏之作,其核心思想基本传承了《女诫》的女教观点。模仿《孝经》而作的《女孝经》,更是用班昭比拟《孝经》中的孔子,借曹大家之口进行道德说教。这些由女性编撰的著作作为传统社会女子教育的教材读物,基本奠定了中国传统女性的伦理价值观念,对千余年来的中国社会产生了深刻的影响。

近代以来,随着女性解放思潮的兴起,《女诫》一书却成为了众矢之的。如陈东原在《中国妇女生活史》(上海书店出版社,1984年3月)中指出"可是她作的《女诫》七篇,也就了不得的压抑了同类女子了——男尊女卑的观念,夫为妻纲的道理,和三从四德的典型,虽然是早就有的,但很散漫,很浮泛。就是刘向的《列女传》,也不过罗列一些事实,做妇女生活的标准。班昭《女诫》,才系统的把压抑妇女的思想编纂起来,使他成为铁锁一般的牢固,套上了妇女们的颈子。"其他人的抨击论点也大同小异,无外乎指责《女诫》宣扬了男尊女卑、夫为妻纲、三从四德等观念,严重地压抑了女性。

平心而论,《女诫》书中的某些观点确实存在时代的局限性,容易被借用或曲解为压迫妇女的工具。如过分强调丈夫的地位(《女诫·专心第五》云:"夫有再娶之义,妇无二适之文,故曰夫者天也。天固不可逃,夫固不可离也。")以及提倡要曲从公婆(《女诫·曲从第六》云:"姑云不尔而是,固宜从令;姑云尔而非，犹宜顺命。")。强调丈夫的地位尚且可看作是男权社会的不可避免的现实，而为了讨得公婆的欢心而枉道曲从的话，则未免有违正道。这些都是我们在阅读《女诫》时所应注意扬弃的。

  然而，我们不能一概抹杀《女诫》对后世所产生的积极意义。首先，班昭《女诫》的出现让女性主动地掌握了在道德伦理教化之上的话语权，打破了学术上男女不平等的局面。自此，为人乐道的圣贤不再是清一色的男性，而女性亦能跻身教化民众的圣贤行列。其次，《女诫》提倡女性亦应接受与男性同样的教育。在《女诫·夫妇第二》中，班昭指出："但教男而不教女，不亦蔽于彼此之数乎！礼，八岁始教之书，十五而至于学矣。独不可依此以为则哉！"她认为女性也应当像男性一样，八岁开始学习写字，十五岁学习大人之学。尽管她的理想未能真正实现，但在千余年前便为打破教育上男女不平等的局面而奋臂疾呼，其超前的意识实在值得后人敬佩。而后世女学得以蓬勃发展，班昭及其所著述的《女诫》更是功不可没。再者，《女诫》之中提倡的"卑弱下人""专心正色""执勤""敬""顺""谦"等德行不仅在过去帮助了女性在男尊女卑的传统社会中以退为进、安身立命，同时对于现代读者在和顺夫妻关系、构建和谐家庭方面也能起到正面的启发作用。

序 言

　　鄙人愚暗，受性不敏，蒙先君之余宠，赖母、师[①]之典训。年十有四，执箕帚[②]于曹氏，于今四十余载矣。战战兢兢，常惧绌辱，以增父母之羞，以益中外之累。夙夜劬心，勤不告劳，而今而后，乃知免耳。

　　吾性疏顽，教道无素，恒恐子谷[③]负辱清朝。圣恩横加，猥赐金紫[④]，实非鄙人庶几所望也[⑤]。男能自谋矣，吾不复以为忧也。但伤诸女方当适人，而不渐训诲，不闻妇礼，惧失容它门，取耻宗族。吾今疾在沈滞，性命无常，念汝曹如此，每用惆怅。间作《女诫》七章，愿诸女各写一通，庶有补益，裨助汝身。去矣，其勖勉之！

| 今译 |

　　我是愚钝暗昧的人，生来就不聪明，承蒙先父的宠爱，有赖于女师的教诲，我十四岁的时候就嫁入曹家，到现在已经四十多年了。我一直以来小心翼翼，担

心因为犯下过错而遭遇被赶出曹家的耻辱。这种耻辱不仅会让父母蒙羞，也会连累家族声誉。我一天到晚都操着心，做事勤奋却从不夸奖自己。现在我年纪大了，儿孙也长大成人了，应该可以不用再勤劳操心了。

我向来粗疏大意，没有注重对子女的教育，经常担心儿子曹成做官以后会辜负政治清明的朝廷的厚望。现在曹成承蒙圣上的恩典，成了二千石金印紫绶的大官，实在不是我之前所能想到的。既然家里的男孩有能力关照自己了，我不再为此担心了。可是，我仍旧担心家里的女孩子出嫁的时候因为没有听过教导、不知道身为人妇的道理，在别人家里会作出有辱宗族的事情。我现在有病在身，说不定哪一天就撒手人寰了，一想到还没有教导过你们女孩子，我就很惆怅。于是，在空闲时间，我写下了《女诫》七章，希望你们每个人都抄写一遍，应该对你们未来会有帮助。去吧，大家一起努力吧！

| 简注 |

① 母、师：母，傅母，古代保育、管教贵族子女的老年妇女。师，女师，古代掌管女性教育的女教师。

② 执箕帚：谦称，意谓从事扫地等家务活。

③ 子谷：班昭儿子曹成，字子谷。

④ 金紫：金印紫绶，二千石级官吏。

⑤ 一说"圣恩横加……实非鄙人庶几所望也"句中，"圣恩横加，猥赐金紫"并非指曹成，而是指班昭本人。相关论证可参阅朱维铮撰写的《班昭考》

(《中华文史论丛》总第八十二辑)。

实践要点

　　班昭在本段文字中叙述了撰写《女诫》的缘起。在古代社会，女子一经出嫁，就基本脱离了自己的原生家庭，与男方的家人生活在同一屋檐下。从血缘关系层面上说，入门的女子作为丈夫家庭之中的外人，寄人篱下，十分容易和丈夫家庭成员发生冲突摩擦。在这种情况之下，身为人妇的女性若不谨言慎行，往往容易遭到婆家严苛的对待。为此，班昭撰写《女诫》，目的在于教育自家的女孩如何处理好和丈夫家庭成员之间的关系，以免招致劳燕分飞的家庭惨剧。如此说来，《女诫》在讲求宗法血缘的古代社会，也可算是一本女性避祸指南。

　　在现代社会，女性婚后或不必和男方父母等家庭成员同住，而自给自足的经济能力也让女性在家庭中的地位大幅提高，因而《女诫》原本所极力要解决的问题放到现在似乎已经不成问题了。然而，无论女性地位如何提高，依然难免要和丈夫家庭成员打交道。况且，处理好和每一个家庭成员之间的关系仍旧是构筑和谐家庭生活的重要抓手。因此，只要我们用心发掘，《女诫》仍然能为我们的生活提供借鉴。

卑弱第一

古者生女三日，卧之床下，弄之瓦砖①，而斋告焉。卧之床下，明其卑弱，主下人也。弄之瓦砖，明其习劳，主执勤也。斋告先君，明当主继祭祀②也。三者盖女人之常道，礼法之典教矣。

谦让恭敬，先人后己，有善莫名，有恶莫辞，忍辱含垢，常若畏惧，是谓卑弱下人也。

晚寝早作，勿惮夙夜，执务私事③，不辞剧④易，所作必成，手迹整理，是谓执勤也。

正色端操，以事夫主，清静自守，无好戏笑，洁齐酒食，以供祖宗，是谓继祭祀也。

三者苟备，而患名称之不闻，黜辱之在身，未之见也。三者苟失之，何名称之可闻，黜辱之可远哉！

| 今译 |

古人会在女孩出生三天之后，让她睡在床下，给她玩织布用的纺砖，并在斋

戒之后禀告祖先说生下了女孩。让女孩睡在床下,是想让她知道女人不可高傲、不可逞强,应学会以谦卑的态度待人。让她玩弄纺砖,是想让她知道女人要熟习谋生的技艺,形成辛勤劳动的习惯。斋告祖先,是为了明示女孩长大之后要协助夫家完成祭祀祖宗的活动。谦卑待人、辛勤劳动、协助祭祀这三点是每个女人都应该懂、应该做的事情,也是礼法教育的常规内容。

谦虚礼让、毕恭毕敬,凡事让人、自己居后,做得好的不自夸,做得不好的勇于承认,忍耐侮辱、含纳耻诟,时刻谨慎、常怀敬畏,这就是所谓的"卑弱下人"。

晚睡早起,不因为夙夜劳作而有畏难之心;执持家务,不分难易都坚持做好,不推辞;做事善始善终,必有所成,不会虎头蛇尾,整洁不草率,这就是所谓的"执勤"。

正其仪容而不为妖冶之态,端其操守而不为邪媚之行,既能为丈夫分担家事,又能谨言慎行,不苟言笑,备办酒食祭品,协助祭祀供养祖先,这就是所谓的"继祭祀"。

这三点都做好了,却怕得不到别人的好评并招致耻辱?决不会有这样的道理。如果做不到这三点,名声又怎么会被别人赞颂呢?耻辱又怎么会远离己身呢?

| 简注 |

① 瓦砖:古人纺织用的纺砖。语出《诗经·小雅·斯干》:"乃生男子,载

寝之床，载衣之裳，载弄之璋……乃生女子，载寝之地，载衣之裼，载弄之瓦。无非无仪，唯酒食是议，无父母诒罹。"

② 继祭祀：古代社会重祭祀，为人妻子的职责之一就是协助其夫开展家祭活动。《毛诗诂训传》："《采蘋》，大夫妻能循法度也，能循法度，则可以承先祖共祭祀矣。"

③ 私事：家事。

④ 剧：艰难，困苦。

实践要点

本篇讲的"卑弱"，并非指女性应该甘心处于卑微、弱小的境地，而是要以谦卑、柔弱的态度立身处世。"谦"者，《易经》谦卦的《彖》传有云："谦尊而光，卑而不可逾。"以谦卑待人，虽然看上去有所委屈，但德行高尚，不可逾越。"弱"者，《道德经》有云"柔弱胜刚强"，又云"天下莫柔弱于水，而攻坚强者莫之能胜，其无以易之"。以柔弱自处，能顺应各种境遇，与众人交好，因而是立身长久之道。对于现代女性而言，若能以谦卑、柔弱待人接物，无论在家庭或职场当中都能得心应手，无往而不利。具体而言，"卑弱"的德行体现为三个方面：

一、"谦让恭敬，先人后己，有善莫名，有恶莫辞，忍辱含垢，常若畏惧，是谓卑弱下人也。"这是指要摆正自己的心态，谦卑待人。在工作和生活当中若能如此"卑弱下人"，既能处理好人际关系，也能避免因风头过盛而遭人嫉妒，实为真正的趋吉避凶之法。

二、"晚寝早作，勿惮夙夜，执务私事，不辞剧易，所作必成，手迹整理，是谓执勤也。"这是指女性在家中要辛勤劳动，积极料理家庭事务。当然，在现代社会，夫妻双方都有责任去处理家庭事务，在合理分工的前提下，夫妻双方都要做到"执勤"，而不应只是要求女方做到。

三、"正色端操，以事夫主，清静自守，无好戏笑，洁齐酒食，以供祖宗，是谓继祭祀也。"这是指妇女侍奉丈夫、执掌祭祀时要庄严端重，不嬉笑无礼。尽管在现代社会，女性不再单向度地"事夫"（而是夫妇之间相互扶持），家庭祭祀的风俗也少有延续，但对于现代女性而言，这仍然是一个重要的提示：无论是在家中和丈夫相处，抑或在职场中拼搏，女性都要保持端庄大方的仪容，给人以沉稳成熟的印象。

夫妇第二

　　夫妇之道，参配阴阳，通达神明，信天地之弘义，人伦之大节也。是以礼贵男女之际，《诗》著《关雎》之义①。由斯言之，不可不重也②。

　　夫不贤，则无以御③妇；妇不贤，则无以事夫。夫不御妇，则威仪废缺；妇不事夫，则义理堕阙。方斯二者，其用一也。

　　察今之君子，徒知妻妇之不可不御，威仪之不可不整，故训其男，检以书传。殊不知夫主之不可不事，礼义之不可不存也。但教男而不教女，不亦蔽于彼此之数乎！礼，八岁始教之书，十五而至于学矣④。独不可依此以为则哉！

| 今译 |

　　夫妇之道，（刚柔并济）足以参配阴阳，（和敬相连）足以感通神明，是天地之间的大义，人伦关系的大节。因此，圣人制礼重视男女之别，孔子删诗首推

《关雎》之义。这样说来,我们不可以不重视夫妇之道。

丈夫不贤明,就无法节制妻子;妻子不贤淑,就无法替丈夫分忧。丈夫无法引导妻子,那么家庭的威仪便缺失了;妻子不能替丈夫分忧,那么家庭的不同角色便缺位了。这两件事情,相须为用,缺一不可。

我看现在的人,只知道妇人不能没有丈夫的引导、丈夫的威仪不能不整肃,因而用古书经传来教育男孩子。他们却不知道妻子必须为丈夫分忧,妇女必须遵守应有的礼仪。如此,只知道教育男孩,不知道教育女孩,不是很不明智吗?根据古礼,当男孩子到了八岁,就会开始教他读书写字,到了十五岁,就会教他致力于学习成年人的学问。可以这样教育男孩子,难道就不可以按照同样的方法去教育女孩子吗?

简注

① 《关雎》之义:根据《毛诗正义》,《关雎》的主旨在于歌颂"后妃之德",用于"风天下而正夫妇"。

② 《礼记·昏义》:"昏礼者,将合二姓之好,上以事宗庙,而下以继后世也。故君子重之。"

③ 御:即"驭",《周礼·天官·大宰》郑玄注谓:"凡言驭者,所以驱之内(纳)之于善。"在此意译为"引导"。

④ 《大戴礼记·保傅》记有:"古者年八岁而出就外舍,学小艺焉,履小节焉。束发而就大学。学大艺焉,履大节焉。"《白虎通义·辟雍》:"古者所以年

十五入太学何？以为八岁毁齿，始有识知，入学学书计。七八十五，阴阳备，故十五成童志明，入太学，学经术。"

┃ 实践要点 ┃

本篇对现代读者的启发有以下两点：

一是夫妻之间要以道相辅。"夫不贤，则无以御妇"，"御"作引导解。作为丈夫，有责任带头行道，追求正义，言动合礼，以此来引导妻子步入正途。"妇不贤，则无以事夫"，"事"作辅助解。作为妻子，要为丈夫在生活、工作上出谋划策，劝谏丈夫的过错，辅助丈夫成就德性。因此，丈夫和妻子若有一不贤，则对方会失去了一个循循善诱、互助互勉的良师益友，终于落得威仪废缺、义理堕阙的境地。因此，只有当丈夫成为君子，妻子成为淑女，双方互为好逑，才能相互成德。

二是必须重视对女子的教育。"但教男而不教女，不亦蔽于彼此之数乎！礼，八岁始教之书，十五而至于学矣。独不可依此以为则哉！"上文提到，夫妻之间有互勉成德之义，因而无论男女在成婚之前都必须通过学习来使得自己成为一个贤良的人，以便在婚后能和配偶互助互勉。班昭于此特别强调，不能只知教男而不知教女，提倡女子也应当接受和男子一样的教育。疑者或谓班昭此处只提倡对女子进行礼义教育，不外乎家事如何料理、酒食如何供养、祭祀如何举行等有局限性的家务常识，未尝重视培养女子才智。殊不知圣人之道，一以贯之，事无大小，只此是学。学到精一之处，义理蕴乎胸中，既可治小家，亦可齐大家，乃至平天下而后可也。吕坤的《闺范》一书中便记载了众多有勇有谋、行义守节的女子，不仅能拯救家人于水火之中，也能定国安邦、化民成俗，孰谓女子之教非君子之教耶？因此，此处所说的女教，不单是教女子如何处理家务，更是教以修身成德之学。当然，对于现代读者而言，要重视对女子的教育，除了德性教育之外，还要重视提高女子的知识水平、拓宽文化视野，而关于家务常识的教育也必不可少。

敬慎第三

　　阴阳殊性，男女异行。阳以刚为德，阴以柔为用，男以强为贵，女以弱为美。故鄙谚①有云："生男如狼，犹恐其尪②；生女如鼠，犹恐其虎。"

　　然则修身莫若敬，避强莫若顺。故曰：敬顺之道，妇人之大礼也。夫敬非它，持久之谓也；夫顺非它，宽裕之谓也。持久者，知止足也；宽裕者，尚恭下也。

　　夫妇之好，终身不离。房室周旋，遂生媟黩③。媟黩既生，语言过矣。语言既过，纵恣必作。纵恣既作，则侮夫之心生矣。此由于不知止足者也。

　　夫事有曲直，言有是非。直者不能不争，曲者不能不讼。讼争既施，则有忿怒之事矣。此由于不尚恭下者也。

　　侮夫不节，谴呵从之；忿怒不止，楚④挞从之。夫为夫妇者，义以和亲，恩以好合，楚挞既行，何义之存？谴呵既宣，何恩之有？恩义俱废，夫妇离矣。

今译

阴阳男女，性行各别。男子属阳，阳以刚为德，因而男子以刚强为贵。女子属阴，阴以柔为用，因而女子以柔弱为美。所以俗话说："生了像狼一样刚猛的男孩子，还担心他会变得懦弱；生了像鼠一样娇弱的女孩子，还生怕她会变得像老虎般凶悍。"

既然女子以柔为用、以弱为美，那么要懂得以敬修身、以顺避强。所以古人说，妇人的大礼在于懂得敬顺之道。这里所说的敬不必它求，只要常守恭敬之心。所谓的顺也不必它求，只要存心宽裕便是。人能常守恭敬之心，便知分止足，不敢僭越；人能宽裕此心，便崇尚恭敬谦卑，不会骄傲自是。

夫妇恩爱亲密，终生不离，生活在同一屋檐下，容易产生轻薄怠慢的行为。这样的事情一发生，可能会出现过分的言语。说了过头的话，容易产生放纵恣肆的情绪，既而会有侮辱丈夫的行为。这是由于不知止足之分所导致的。

夫妻之间事有曲直、言有是非，理直气壮的一方不肯退让便据理力争，强词夺理的一方不肯屈服便辩驳不止。争论辩驳一旦产生便会招致忿怒之事。这是由于不尚谦下所导致的。

妻子不停地侮辱丈夫，丈夫受不了了就会谴责呵斥妻子；丈夫愤怒的情绪不能平静下来，容易产生对妻子鞭打杖击的家暴行为。夫妻之间本来应该彼此相宜、和顺而亲厚，恩爱相结、情好而和谐。一旦有鞭打杖击，哪里还有什么夫妻相宜？一旦有谴责呵斥，哪里还有夫妻恩爱？恩断义绝，夫妻也就要分离了。

简注

① 鄙谚：俗语。
② 尪（wāng）：羸弱。
③ 媟黩（xiè dú）：行为放荡不庄重。
④ 楚：古代用于鞭打的刑杖。

实践要点

"男以强为贵，女以弱为美"固然是男权社会的偏见，但考虑女子在生理期、怀孕期、哺乳期时身心所要遭受的痛苦和约束，提倡女性以柔弱自守，男性主动关怀爱护女性，实际也不失为一种保护女性、以退为进的策略。当然，这要求男性的刚强要用于对女性的体贴和保护之上，而非专横强暴、蛮不讲理。当然，本篇更值得现代女性借鉴的是班昭关于柔弱的女性要以敬修身、以顺避强的观点。

以敬修身，要求妇女和丈夫在日常生活之中要做到言动合礼，不因为亲密的关系而亵渎失礼。在现实生活中，夫妻喜欢打情骂俏，若玩笑开过了头，便容易因为过分的言语破坏了双方的感情。此外，有的妻子不顾丈夫的尊严，喜欢用尖酸刻薄的语言责备丈夫不如别人，喋喋不休的教训也容易使得丈夫产生憎怨之心。或过分亲昵，或过分苛求，都失去了对丈夫的敬重之心，即不知止足于诚敬，从而让夫妻关系每况愈下。因而，要维护好婚姻关系，夫妻之间要相互尊重，做到相敬如宾。

以顺避强，即夫妻之间意见不合时，妇女要主动避免和丈夫争论是非曲直。如班昭所指出的"直者不能不争，曲者不能不讼。讼争既施，则有忿怒之事矣"，夫妻之间争论是非曲直，容易带来负面的影响，严重影响双方的感情，甚至会出现家暴事件。因此，夫妻双方遇到问题时，妻子应发挥女性情商较高的特点，主动引导双方冷却过激的情绪，停止是非对错的争论。一般情况下，当双方的头脑都恢复冷静时，便会发现所谓的问题不过是鸡毛蒜皮的小事，不值得争吵。即使不是小事，只要过了情绪爆发期，夫妻双方也能找出解决问题的方案。女性要是遭遇了家暴，要敢于运用法律武器去维护自身的权益，不要姑息纵容不义之徒。

妇行第四

女有四行,一曰妇德,二曰妇言,三曰妇容,四曰妇功①。

夫云妇德,不必才明绝异也;妇言,不必辩口利辞也;妇容,不必颜色美丽也;妇功,不必工巧过人也。

清闲贞静,守节整齐,行己有耻,动静有法,是谓妇德。择辞而说,不道恶语,时然后言,不厌于人,是谓妇言。盥浣尘秽,服饰鲜洁,沐浴以时,身不垢辱,是谓妇容。专心纺绩,不好戏笑,洁齐酒食,以奉宾客,是谓妇功②。

此四者,女人之大德,而不可乏之者也。然为之甚易,唯在存心耳。古人有言:"仁远乎哉?我欲仁,而仁斯至矣。"③此之谓也。

| 今译 |

女子的德行有四种,一是妇德,二是妇言,三是妇容,四是妇功。

所谓妇德，不一定要才干聪明、绝异于人；所谓妇言，不一定要能言善辩、口若悬河；所谓妇容，不一定要打扮得面容姣好、美丽动人；所谓妇功，不一定要有高超过人的手工技艺。

清而不贪、娴而不暴、贞而不邪、静而无妄，又能谨守节操、整齐不乱，羞耻之心常存，言行举止有度，这便是妇德。根据场合说合适的话，不说低俗恶劣的言语，找准时机才说话，不引起他人的反感，这就是妇言。勤洗衣服，保持服饰整洁、穿着得体，按时洗澡，保持身体干净、不存污垢，这是所谓的妇容。专心织布，不喜欢戏笑打闹，能做些干净整齐的酒菜招待宾客，这就是妇功。

这四件是有德的妇人都应该做得到的事情，四者缺一不可。只要全心全意去做，做起来是很容易的。古人说："仁远乎哉？我欲仁而仁斯至矣。"就是这个意思。

| 简注 |

① 《周礼·天官冢宰》："九嫔，掌妇学之法，以教九御妇德、妇言、妇容、妇功，各帅其属而以时御叙于王所。"

② 可参看《列女传·邹孟轲母》："孟母曰：'夫妇人之礼，精五饭，审酒浆，养舅姑，缝衣裳而已矣。故有闺内之修，而无境外之志。'"

③ 引自《论语·述而》："子曰：'仁远乎哉？我欲仁，斯仁至矣。'"

实践要点

班昭在此篇中阐发的"四德"思想对后世产生了极大的影响,在近代以来也受到了不少人的诟病,认为"四德"的行为准则严重地束缚了中国女性的自由发展。毋庸置疑,在男权至上的传统社会,"四德"思想容易被曲解成桎梏女性的工具。然而,今天我们重新去审视"四德"思想,不难发现其中的准则并非什么钳制人性的工具,而是有益于提升个人修养的行为规范。如妇德不外是要求女性知耻守礼,言行有度;妇言不外是要求女性谨慎言语,免于因言获罪;妇容不外是要求女性保持清洁干净的仪容仪表,追求自然之美;妇功不外是要求女性要专心履行家庭职责,做好家务活。这些要求对于现代读者仍然有积极的借鉴意义。

至于"妇德,不必才明绝异也;妇言,不必辩口利辞也;妇容,不必颜色美丽也;妇功,不必工巧过人也"的说法,意在强调最基本的要求是做到清闲贞静、守节整齐、行己有耻等行为规范,不强求要做到才明绝异、辩口利辞、颜色美丽、工巧过人。"不必"即"不需要",非禁止之辞。有人诟病班昭此处的提法,使得后世的女性被扼杀了对才华、辩才、容貌、工巧方面的追求。这只能说是"四德"的思想被后人曲解了。

值得注意的是,"四德"的具体行为规范中,除了"清闲贞静"符合女性阴柔之美的特点、"专心纺绩,不好戏笑,洁齐酒食,以奉宾客"体现传统社会男女分工的特性以外,守节整齐、行己有耻、动静有法、择辞而说、不道恶语、时然后言、不厌于人、盥浣尘秽、服饰鲜洁、沐浴以时、身不垢辱等要求对于男女都同样适用。如此说来,"四德"总体而言并非对女子的特殊行为要求,而是要求女子也应和男子一样有共同的道德理想,成为言行有道的贤良之人。在现代社会,只要拨开笼罩在"四德"思想周围的"男女不平等"迷雾,我们依然能借助"四德"的具体行为要求点亮自己的道德人生。

专心第五

《礼》,夫有再娶之义①,妇无二适之文,故曰夫者天也②。天固不可逃,夫固不可离也。行违神祇,天则罚之;礼义有愆③,夫则薄之。故《女宪》曰:"得意一人,是谓永毕④;失意一人,是谓永讫⑤。"由斯言之,夫不可不求其心。

然所求者,亦非谓佞媚苟亲也,固莫若专心正色。礼义居洁,耳无涂听,目无邪视,出无冶容⑥,入无废饰,无聚会群辈,无看视门户,此则谓专心正色矣。

若夫动静轻脱,视听陕输⑦,入则乱发坏形,出则窈窕作态,说所不当道,观所不当视,此谓不能专心正色矣。

| 今译 |

根据《礼》的记载,男人丧妻之后可以再娶,却没关于女人可以改嫁的条文。所以说,丈夫是妻子的天。人身在世,到哪都顶戴着天,没办法逃离,丈夫

作为妻子的天，也是妻子无法离开的。人们做了违背神祇的事情，上天就会给予惩罚；妻子的行为于礼义有所过失，丈夫予以鄙薄怠慢。所以《女宪》说："女人能守住丈夫的心，固可以仰赖终身；若失却了丈夫的心，则断送了美好姻缘。"所以说，妻子不可以不求得丈夫的心意。

然而，这并不是说要凭借甜言蜜语、妆容妖媚、苟且将就、亲昵交欢来博取丈夫的欢心。要真正留得住丈夫的心意，莫过于能够做到专心正色。守礼执义，行为端洁；耳不听闲言闲语，眼不看不该看的；出门不打扮妖艳，回家不穿着随便；不聚集女伴闲聊是非，不倚靠门窗四处张望。这就是专心正色。

若是举止轻率、不自珍重，视听不正、心志不定，在家披头散发、蓬头垢面，出门却浓妆艳抹、百般作态，说不该说的话，看不该看的东西，这样就不能算是专心正色了。

| 简注 |

① 《仪礼·丧服》有"父必三年然后娶，达子之志也"，大意是为了照顾儿子对亡母的思念和尽孝之心，父亲在妻子过世三年之后才可以再婚娶妻。可见古人允许男人丧妻之后再娶。

② 《仪礼·丧服》："夫者，妻之天也。妇人不贰斩者，犹曰不贰天也。"

③ 慢：过失。

④ 毕：圆满终结，意指夫妻和谐相处，白头到老。

⑤ 讫：终了，意指夫妻离散。

⑥ 冶容：语出《周易·系辞上》："慢藏诲盗，冶容诲淫。"
⑦ 陕输：闪烁不定之貌。

实践要点

在古代社会，丈夫是家庭经济收入的主要来源，因此有妻子以丈夫为天的说法。所谓"天"，取其生养长育之意。古代妇女若遭丈夫抛弃，一般情况下会失去大部分的生活经济来源，因而古代妇女需要讨好丈夫以维持婚姻关系。至于"夫有再娶之义，妇无二适之文"，允许丈夫再娶，却不允许妻子改嫁，这是男权社会对女性的苛刻要求。实际上，在古代社会本来也存在女子改嫁的行为，如卓文君改嫁司马相如，便造就了一段才子佳人的千古美谈。当然，对于家庭条件一般、才资平庸的女子而言，改嫁不一定能找到条件比原来好的夫家。现代女性固然无需依赖丈夫，为了生存而刻意讨其欢心；也不必恪守"妇无二适之文"的不平等规条。但长久美满的婚姻毕竟需要夫妻用心维系，而班昭此处所谓的"专心正色"对于现代女性而言仍有参考价值。

班昭首先明确地指出"然所求者，亦非谓佞媚苟亲也"，即女子不应凭借过分的甜言蜜语、妆容妖媚、苟且将就、亲昵交欢等不顾自身尊严的行为求得丈夫的欢心。换言之，女子不能迷失自我、放弃自尊。在现实生活中，有的女子为了丈夫或者男朋友愿意放弃一切，想方设法地满足对方的要求，甚至做出违背自己意愿的事情。如此卑微的爱意，也许能博得对方一时的感动，却无法换取对方真切长久的爱。因为真正长久的关系必须建立在双方互相尊重、互相理解的基础之上。而"专心正色"则是通过端正言行、履行本分，实现自身在家庭之中的价值，让丈夫由衷地产生敬重、爱慕之情。

所谓"礼义居洁，耳无淫听，目无邪视"，即言行举止合乎礼仪，孔子所谓"非礼勿视，非礼勿听，非礼勿言，非礼勿动"，如此谨慎持身，一方面能涵养端庄大方的仪容气象，另一方面也能避免因非礼言行招致的祸害。所谓"出无冶容，入无废饰"，即出门不过分打扮，以免招来狂蜂浪蝶的骚扰；在家保持仪容端庄，用以表达对家人的敬重。在现代社会，有的女子则颠倒本末，出门时浓妆艳抹、性感奢华，身穿时尚服饰，手拿名牌包包，恨不得吸引满街男女的目光，从而满足自己的虚荣心。殊不知，如此之美艳容易引来登徒浪子"目逆而送之"，诱发失身败亡之祸。此外，现代女性知道出门时适当地化妆打扮是表达对他人的敬意。然而，有的女子在家中却不修边幅、蓬头垢面，知道尊重外人却不知道尊重丈夫，如此一来，夫妻之间的感情容易慢慢变淡。所谓"无聚会群辈，无看视门户"，即不聚女众谈论别人是非长短，心思不要放在家门之外。议人长短，不仅浪费时间，也是失德之举。看视门户，心思在外，家中事务则无暇顾及。这些行为都有碍于妇人履行好作为妻子的职责。若能做到"专心正色"，女子便能专注地履行作为人妻的家庭职责，从而也能激励丈夫履行好自身的职责。如是，夫妻各自皆能尽到本分，那家庭生活必定能美满和谐。

曲从第六

夫"得意一人,是谓永毕;失意一人,是谓永讫",欲人定志专心之言也。舅姑①之心,岂当可失哉?物有以恩自离者,亦有以义自破者也。夫虽云爱,舅姑云非,此所谓以义自破者也②。然则舅姑之心奈何?固莫尚于曲从矣。姑云不尔而是,固宜从令;姑云尔而非,犹宜顺命。勿得违戾③是非,争分曲直。此则所谓曲从矣。故《女宪》曰:"妇如影响,焉不可赏!"

| 今译 |

说"得意一人,是谓永毕;失意一人,是谓永讫",其实是要让做妻子的安定心志、专注于留住丈夫的心,而公公婆婆是丈夫的父母,他们的心意又怎么可以失掉呢?纵观婚姻之事,有的夫妇会因为恩爱不够而分离,也有的会因为道义而分开。有的丈夫虽然很疼爱妻子,但只要公公婆婆不喜欢,为人孝子的丈夫也不得不遵从父母之命,与妻子分道扬镳,这就是因为道义而分开的。然而公公婆

婆的心意就是这样，又有什么办法呢？因此，为人妻子的还必须懂得曲从。当婆婆吩咐说不能做某件事情，如果她说得在理，固然要听从她说的话去做；当婆婆要求去做某件事情，就算这样很不合理，也要听从她说的去做。千万不要和婆婆争辩是非曲直，这就是所谓的曲从。所以《女宪》说："做妻子的能顺从公婆的意愿做事，如同影之随形，怎会不受到公婆的赏识呢？"

简注

① 舅姑：《尔雅·释亲》："妇称夫之父曰舅。称夫之母曰姑。"

② 关于"以义自破"，可参阅乐府诗《孔雀东南飞》。诗中焦仲卿和妻子刘兰芝原本恩爱非常，却因刘兰芝不得焦母欢心，两人被迫分离，最终双双殉情而殁。

③ 违戾：违背，不一致。

实践要点

本篇告诫妇人，必须处理好和公公婆婆的关系，讨得他们的欢心。一般而言，公公和媳妇之间少有矛盾，而婆婆和媳妇之间却容易发生冲突。古往今来，婆媳关系都是横亘在婚姻关系上的一座大山。夫妻倘能携手翻山越岭，则婚姻关系便有了牢靠的保障。否则，两人的婚姻容易被这座大山压得透不过气，甚至可能无疾而终。因而，妇人要和公公婆婆建立起良好的关系，重中之重是处理好婆媳关系。如何才能处理好婆媳关系呢？班昭在此给出的答案是"曲从"，即是让媳妇委曲自己的想法去顺从婆婆的意愿，不要和婆婆争辩是非。在现代社会，要媳妇盲目听从婆婆的吩咐，固然是不可取的。但婆婆的要求若是合理的，作为媳妇虽然有不同的意见，也不妨听从婆婆的想法。在决定要不要听从婆婆的意愿之前，媳妇要仔细思考婆婆的要求合理与否。这个时候，媳妇也必须换位思考，从婆婆的角度出发去审视问题。若能了解婆婆的真实用意，很多问题便会迎刃而解。比方说，有的时候，婆婆因为看到自己的儿子疼爱媳妇，心中难免有所不快，便故意为难媳妇。媳妇若是了解婆婆的用意，也不必就具体问题与之争个是非曲直，只要和丈夫一起想办法，更好地表达对婆婆的关爱，相信婆媳关系便能有所缓解。若婆婆的要求特别过分，可与丈夫充分沟通，使之在中间调停，尽量避免和婆婆发生直接的争吵和冲突。

和叔妹第七

妇人之得意于夫主,由舅姑之爱已也;舅姑之爱已,由叔妹①之誉已也。由此言之,我臧否誉毁,一由叔妹,叔妹之心,复不可失也。皆莫知叔妹之不可失,而不能和之以求亲,其蔽也哉!自非圣人,鲜能无过。故颜子贵于能改,仲尼嘉其不贰②,而况妇人者也!虽以贤女之行,聪哲之性,其能备乎!是故室人和则谤掩,外内离则恶扬。此必然之势也。《易》曰:"二人同心,其利断金。同心之言,其臭如兰。"此之谓也。

夫叔妹③者,体敌④而尊,恩疏而义亲。若淑媛⑤谦顺之人,则能依义以笃好,崇恩以结援,使徽美显章,而瑕过隐塞,舅姑矜善,而夫主嘉美,声誉曜于邑邻,休光延于父母。若夫蠢愚之人,于叔则托名以自高⑥,于妹则因宠以骄盈。骄盈既施,何和之有!恩义既乖,何誉之臻!是以美隐而过宣,姑忿而夫愠,毁誉布于中外,耻辱集于厥身,进增父母之羞,退益君子之累。斯乃荣辱之本,而显否之基也。可不慎哉!然则求叔妹之心,固莫尚于谦顺矣。谦则德之柄⑦,顺则妇之行。凡斯二者,足以和矣。《诗》云:"在彼无恶,在此无射⑧。"其斯之谓也。

今译

妇人能留住丈夫的心,是因为公婆喜欢你;公婆之所以喜欢你,是由于小叔小姑赞誉你。这样说来,公公婆婆对我认同与否,关键在于小叔和小姑,所以尤其要俘获他们的心。都知道小叔小姑的心不可丧失,却不能和善他们,让他们把自己当做自家人,这也太糊涂了。人非圣贤,很难不犯过错。从前颜子贵在知错能改,所以孔子夸他不会重复犯错。既然亚圣颜子都会犯错误,更何况妇人呢!即使具备了贤惠的品行,有着聪明智慧的禀性,难道就能不犯过错、尽善尽美吗?所以说,如果家人一团和气,妇人就算有过失也会被家人原谅理解,不会被人说闲话,反之,若没有处理好与婆家人的关系,家丑很容易会外扬。现实情况必然如此。《易经》说:"两个人齐心协力,团结的力量可以切断金铁。同心的言语说出来彼此契合,犹如兰花般芬芳。"讲的就是这个道理。

小叔小姑和我虽然是同辈人,但他们的地位要高一点;尽管和他们交情不深,但因为他们和自己丈夫是同一个娘胎出来的,所以从理论上说来我和他们很亲密。那些美善谦顺的妇人,能依据道义和婆家人笃亲交好,崇尚恩情互相援助,让自己的美德彰显出来,让自己的过失掩盖下去,这样不但得到公婆的称赞,也获得丈夫的嘉奖,好的名声能在邻里传扬出去,自己的父母也会感到光荣。那些不够聪明的妇人,在小叔面前就托名自尊、高傲而不知谦虚,在小姑面前就仗着丈夫的宠爱骄傲自大。骄盈傲慢都表现出来了,哪里还能和睦相处!道义和恩情都乖离了,哪里还能得到好的名声!这样的话,做得好的地方会被别人忽视,有过错了会被别人宣扬,如此一来,婆婆会感到愤怒,丈夫也会不高兴,不好的名声布扬在外，耻辱不好的事情都会归咎在自己身上，自家的父母因此而蒙羞，自己丈夫也会因此增加烦恼。可见，能否处理好与小叔小姑的关系，是自身荣辱彰显与否的根本原因，怎么能不谨慎对待呢！要求得小叔小姑的欢心，最关键的是要做到谦虚和敬顺。谦虚是美德的把柄，敬顺是妇人的品行。做好这两点，就足以和小叔小姑和谐相处了。《诗经》说："在彼处无人怨恶，在此处亦无人厌烦。"讲的就是这个道理。

简注

① 叔妹：即小叔和小姑，《尔雅·释亲》："夫之兄为兄公，夫之弟为叔，夫之姊为女公，夫之女弟为女妹。"

② 语出《论语·雍也》："哀公问：'弟子孰为好学？'孔子对曰：'有颜回者好学，不迁怒，不贰过。'"此外《周易·系辞下》也有相关记载："子曰：'颜氏之子，其殆庶几乎？有不善未尝不知，知之未尝复行也。'"

③《后汉书》所录《女诫》此处作"嫂妹"，明代张居正的《女诫直解》以及王相笺注的《曹大家女诫》均作"叔妹"，或因上下文作"叔妹"更为恰当，因而此处亦作"叔妹"。

④ 敌：《尔雅·释诂》："敌，匹也。"意谓与小叔小姑为同辈。

⑤ 淑媛：《尔雅·释诂》："淑，善也。"《说文解字》："媛，美女也。"

⑥《后汉书》所录《女诫》此处作"于嫂则托名以自高"，今作"于叔则托名以自高"，理由同③。

⑦ 谦则德之柄：语出《周易·系辞下》："谦，德之柄也。"
⑧ 射（yì）：厌。

| 实践要点 |

上一篇"曲从"讲的是如何处理和公公婆婆的关系，而本篇则进一步深入剖析影响媳妇和公公婆婆关系的重要因素。班昭认为，公公婆婆对媳妇的总体印象容易受到小叔和小姑的影响，因而要处好和小叔、小姑的关系。在现代社会，女性固然无需出于功利目的，刻意地讨好夫家人。但正所谓爱屋及乌，既然和夫家人结成了姻亲，关爱小叔、小姑，处理好和他们的关系也是理所当然的事情。班昭认为，要求得小叔、小姑的欢心，关键在于做到"谦"和"顺"。"谦"即"卑弱"篇中提到的"谦让恭敬，先人后己，有善莫名，有恶莫辞，忍辱含垢，常若畏惧"。"顺"即"敬慎"篇中提到的"夫顺非它，宽裕之谓也""宽裕者，尚恭下也"。换言之，所谓"和叔妹"之法，亦非别有它法，正是妇人修身所应持守的"卑弱"之道。

闺范

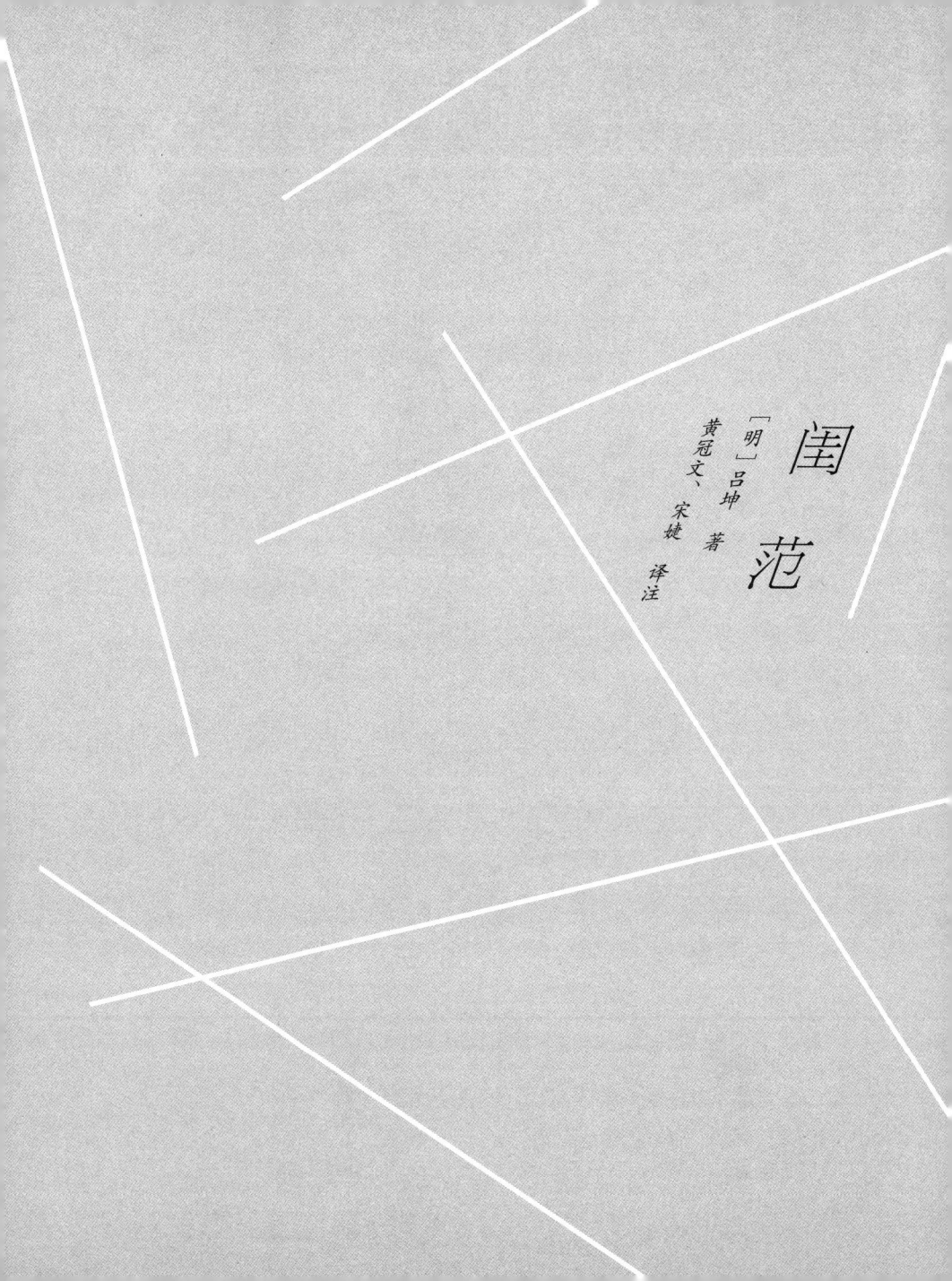

[明]吕坤 著

黄冠文、宋婕 译注

导 读

《闺范》作者吕坤，字叔简，号心吾、新吾，晚号抱独居士，河南宁陵人，生于明嘉靖十五年（公元1536年），万历二年（公元1574年）以殿试三甲第五十名赐"同进士出身"，曾任山东参政、山西按察使、陕西右布政使、右佥都御史以及刑部左、右侍郎，卒后获赠刑部尚书。

吕坤"刚介峭直，留意正学（《明史》）"，与沈鲤、郭正域被合称为万历年间天下"三大贤"。由于吕坤生性耿直，处事刚正不阿，他在参政期间得罪朝中小人。（《明儒学案》："每遇国家大议，先生持正，不为首鼠，以是小人不悦。"）后来，他因《闺范》一书被卷入史称"妖书案"的政治斗争之中，随后托病辞官居家，直至万历四十六年（公元1618年）卒于家中，终年八十三岁。

吕坤一生诲人不倦，著述颇丰，传世作品包括《呻吟语》《去伪斋集》《实政录》《四礼疑》《四礼翼》《黄帝阴符经注》《闺范》《交泰韵》《疹科》等十余种，内容涉及哲学、政治、经济、教育、音韵、医学等领域。《明史》谓其"所著述，多出新意"。所谓"多出新意"，是指吕坤的著作之中多有思想独到之处。这与他的治学方式有密切的联系，《明儒学案》对之有如下的记载："先生资质鲁钝，少时读书不能成诵，乃一切弃之，澄心体认，久之了悟，入目即不忘……一生孜孜讲学，多所自得，大抵在思上做工夫，心头有一分检点，便有一分得处，盖从忧患中历过，故不敢任情如此。"

可见，吕坤的学术以"自得"为宗，尤其注重省察克治以及切身体认工夫，这与当时理学末流空谈性理、死背经书的书呆腐儒形成了鲜明的对比，也因而能在学问方面有创新独到的见解。吕坤学术思想的独到之处尤其体现在他对女性伦理道德观念的思考之中。较之于前人，吕坤更加看重女性的人格尊严和权益，尤其重视女子教育，曾撰著《闺范》《闺戒》、刊刻《女小儿语》（吕坤之父吕得胜撰）等专门用于训诫女德的读物，又在《四礼翼》中专门辟有"女子礼""妇人礼"备述前人之所未发，在女子教育方面可谓是建树良多。

一、《闺范》成书背景

《闺范》（又名《闺范图说》）一书由吕坤于万历庚寅年（公元1590年）编纂而成。在《闺范》成书之前，明代已经出现一批由官方编纂的女教书籍。早在洪武元年（公元1368年），明太祖便下令让翰林儒臣编修《女戒》，用以规范宫闱、教化妃嫔。其后，明成祖徐皇后作《内训》、明世宗生母章圣皇太后作《女训》、明神宗生母慈圣皇太后作《女鉴》，加上明成祖于永乐年间敕修的《古今列女传》，官修的女教书籍可谓是繁花似锦、层出不穷。明代官方重视女教书籍的编纂，固然是因为作为学术主流的程朱理学重视礼教纲常、严守男女之防。此外，按照明代的制度，天子、亲王的后宫妃嫔一般谨慎选取良家女为之，不接受大臣的进献。这样一来，明代的后妃大多出自于民间。为了让入选的民间女子能适应礼法森严的后宫生活，实在有必要对之进行专门的教育。

事实上，当时民间也确实缺乏针对女子的专门教育。如吕坤在《闺戒·闺戒引》中所指出："家之兴望，妇人居半。奈此辈从来无教，骄悍成风。士大夫家或训以《诗》《书》，农工负贩之妻，闾阎山谷之女，自少至老，好语一字不闻，理说文谈，空费千言无用。"在民间，士大夫之家虽未失教，但仅诵习《诗》《书》，未曾使用专门的女教教材。而士大夫之下的阶层更是未遑女教。在这种情况下，妇人容易犯下各种过失。吕坤在《闺戒》中将丑态百出的妇女总结成三十七类，并用词牌《望江南》描写其恶行。当中包括泼恶妇、不孝妇、残刻妇、生分妇、强悍妇、魔障妇等，而泼恶、不孝、残刻等，便是当时妇女易犯的通病。

然而，在吕坤生活的年代，多种官方女教书籍已经问世，为何民间女子失教的现象仍然屡见不鲜呢？一方面，这是时势使然。明代自正德、嘉靖以后，颓势已现。当其时，皇帝怠政、佞臣当道、宦官弄权，社会上已逐渐呈现出礼教堕废、道德败坏的乱象。而阳明心学风行天下之后，王学末流否定传统礼教的思潮对社会又造成了一定的冲击。此外，随着商品经济繁荣发展，社会物欲横流、淫风炽盛，进一步侵蚀了不古的人心。如此一来，传统礼教在社会之中已逐渐式微。无怪乎吕坤在《闺范》序言中感叹道："自世教衰，而闺门中人竟弃之礼法之外矣。生闾阎内，惯听鄙俚之言；在富贵家，恣长骄奢之性。首满金珠，体遍縠罗，态学轻浮，语习儇巧，而口无良言，身无善行。舅姑妯娌，不传贤孝之名；乡党亲戚，但闻顽悍之恶，则不教之故。"另一方面，虽然女教之书多有问世，但缺乏完善便于实践之作，如吕坤所指出的："女训诸书，昔人备矣，然多者难悉，晦者难明，杂者无所别白，淡无味者，不能令人感惕。"既受到社会纲纪废弛的风气熏习，又缺乏通俗易懂、打动人心的合适教材，女教不备便成为了当时闺阁的常态。

可以说，在礼法陵夷、教材不备的时代背景下，吕坤编撰《闺范》等女教书籍的主要原因，是在于顺应时代要求，发明坤道之教。此外，我们也不可忽视他父亲吕得胜给他带来的影响。吕得胜重视童蒙养正之学，分别为男童、女童专门撰述了《小儿语》和《女小儿语》，以通俗易懂的言语讲授待人接物的道理，方便儿童诵习。在《女小儿语》中，吕得胜在宣扬传统女教思想的同时，也提出了富有新意的见解。例如，妇人犯了"七出之条"（包括"不顺父母""无子""淫""妒""有恶疾""口多言""盗窃"）应当被休弃，这在汉代以后是人所皆知的礼法，并被历代朝廷予以了法律的效力[①]。吕得胜却在《女小儿语》中说："三从四德，妇女当守，犯了五出，不出也丑。"吕氏只提及"五出"而非"七出"，因为他认为"无子"和"有恶疾"并非妇女有意造成的过错，因而不应使之成为出妻的条件。这样的观点充分表达了对"无子""有恶疾"妇女的体恤和怜悯，在当时可算得上是极为进步的思想。吕坤也继承了这一观点，并在《闺范》嘉言部分"妇有七出"条中指出："无子、有疾，虽圣人所不免，世岂无无子之丈夫乎？设数出数娶，而竟无子，何以处之？伯牛有恶疾，设是长子，亦当废礼矣。此二妇者，出之，于情未安，虽先祖之嗣、宗庙之礼固重，亦在善处之而已。"于此，吕坤继述其父的观点，认为"无子""有疾"不是妇人的过错，不应因此而出弃。他还进一步提出了诘难，若是"无子""有疾"的妇人要遭人休弃，那么"无子""有疾"的丈夫又当如何处置呢？言下之意，面对"无子""有疾"的问题，不能只责备女性而偏袒男性，吕坤关于男女平等的思想于此可以略见端倪。

---

① 关于"七出"之条的法律效力，详见瞿同祖著：《中国法律与中国社会》，商务印书馆，2017年3月，第146—150页。

二、《闺范》篇章结构及其阐发的女教新思想

《闺范》全书一共四卷,第一卷为"嘉言",摘录了四书五经以及宋代以前的著述中关于女子教育的经典文本,涉及女子德行、言行之礼、夫妻之道等方面内容,由吕坤加以简注和阐述。其余三卷为"善行",从历代史书的《列女传》中摘录了典型的女性模范事迹,由吕坤对之进行简注、赞述,并按照故事情节绘以图像。从体裁上看,"嘉言"部分即是关于女性教育的理论性训诫,近乎以班昭《女诫》为代表的女教说理之文;"善行"部分则是实际案例,近乎以刘向《列女传》为代表的女教纪传之书。既有理论,又有实际案例,吕坤如此匠心独具的编撰体例,显然是为了广大妇女能更好地理解古圣先贤的女子之教。

在"嘉言"和"善行"两部分中,又以后者所占篇幅为多。这大概是为了着重突出妇女典型模范的道德感染力。吕坤将这些模范妇女的事迹有系统地分成了九类,分别编成"女子之道""夫妇之道""妇人之道""母道""姊妹之道""妯娌之道""姑嫂之道""嫡妾之道"以及"婢子之道"等九个章节。

在"女子之道"的开篇语中,吕坤梳理了"孝女""烈女""贞女""廉女""贤明之女""诗女"等类目。换言之,为人女儿者,应当做到"孝""烈""贞""廉""贤明"等德目。类似地,在"妇人之道"中,吕坤拈出了"兼德""孝""死节""守节""贤""守礼""明达"等德目。在"母道"中,吕坤为天下人母梳理出"礼""正""仁""公""廉""严""智"等德目,而继母和乳母则以"慈"为德。待字闺中为女子,许配出嫁为妇人,生儿育女为母亲——为人子、为人妇、为人母,这几乎是传统社会中每位女性所必经的三个重要人生阶段。不难发现,吕坤为各阶段给出的德目大多是一以贯之、融通不同阶段的,

如"孝""廉""贤明（明达、智）""贞（烈、死节、守节）""守礼""兼德（仁、正、公）"等。当然，在各个阶段，这些德目的具体要求会有所不同。如"孝"，在家女子固然是要孝顺父母，而出嫁之后，妇人之"孝"的对象则转换为公婆。

在上述三个章节中，吕坤主要通过妇女典型范例所体现出的不同德目来激励女性提高个人的修养，在其余的六个章节则为女性处理夫妻、姊妹、妯娌、姑嫂、嫡妾、主仆关系提供指导。"夫妇之道"部分指出了夫妇之间相处应做到夫义妇顺、相敬如宾。"姊妹之道"部分指出女子即使出嫁了，也不应失却和自己亲兄弟的手足恩情。"妯娌之道"部分指出妯娌之间不应为了利益勾心斗角，分裂夫家兄弟之间的情谊。"姑嫂之道"部分指出姑嫂之间应相亲相爱、互为依傍。"嫡妾之道"部分指出为了家庭着想，正妻和妾侍之间不应互相嫉妒。"婢子之道"则宣扬婢女要忠于主人。

以上是对《闺范》一书的概览。容易看出，吕坤在书中宣扬的义理基本为传统的女教思想，旨在引导女子能"谨守三从，克遵四德，以为夫子之光，不贻父母之辱"。尽管"三从四德"是《闺范》女教思想的主线，然而在阐述古人之教时，吕坤也提出了一些崭新的观点，以下择要论述：

（一）关于"男尊女卑"

毋庸讳言，在传统社会普遍流行"男尊女卑"的思想观念。如《诗经·斯干》有云："乃生男子，载寝之床……乃生女子，载寝之地。"生下了男孩，要让他卧在床上，生下了女孩，则要让她卧在地上，这样做的目的正是要宣示男尊女卑。可以说，在传统社会中男女的地位自出生的一刻起便成了定局。西汉著名的女子教育家班昭基于重男轻女的社会现实，在《女诫》中告诫女子要以"卑弱"

的态度处世，通过谦卑守柔、以退为进的方式在男权社会之中安身立命。这里值得细究的是，承认"男尊女卑"的社会现实并顺势以柔顺之德处之，这并不等同于把"男尊女卑"看作是应然状态。吕坤也承认了"男尊女卑"的社会现实，把《斯干》的诗句"乃生女子，载寝之地，载衣之裼，载弄之瓦。无非无仪，唯酒食是议，无父母诒罹"辑入《闺范》之中，并指出这是"古今女道之准"，认为女子要安于柔顺勤劳的本分。然而，在《闺范》其他部分中，吕坤却为男女不平等的现状打抱不平。如上文述及，吕坤在"妇有七出"条中对"无子""有疾"的条款提出了诘难，认为不能只责备女性而偏袒男性。

在"善行"部分，他摘录"秦宣文君"的事迹，指出："宋氏以八十之年，绛幔授生徒，而《周官》音义赖以大行，赐号'宣文'，不亦宜乎？圣经贤传，固妇人所不废也。"他赞颂绍述儒家经义的宣文君，并提出了即使是妇人也应和男子一样要接受圣贤经传的熏陶，并有责任把文脉传承后世。这不仅是提倡教育方面的男女平等，更是从道统传承的角度赋予女性和男性同等的地位。

在生男生女的问题上，吕坤的观点则会使得现代社会重男轻女的家长汗颜。"善行"部分摘录了"齐太仓女"的事迹：汉太仓令淳于公因罪获刑，其女缇萦上书救父。孝文帝大受感动，于是赦免了淳于公，并下令废除了肉刑，惠及天下百姓。吕坤对此指出："生男未必有益，顾用情何如耳。若缇萦者，虽谓之有子可也。故千载名垂青史。为人子者，可以愧矣！"距今四百多年的吕坤已道出了"生男未必有益"的观点，今天那些重男轻女的父母难道不会感到面红耳赤吗？

男尊女卑在婚姻关系中体现为夫尊妇卑。现代社会某些打着"女德班"旗号的宣扬的就是夫尊妇卑、压抑妇女的封建思想。事实上，儒家经典关于夫妇地位问题强调的是夫妻同尊卑，吕坤在《闺范》中也注重阐发这一观点。例如，在简注《礼记·曲礼》"庶人曰妻"句中"妻"字的意义时，吕坤说道"齐也，与夫敌体"。敌体，即地位相等、尊卑等齐。换言之，"妻"字本身就蕴含了夫妻平等的含义。又如，在《礼记·郊特牲》"一与之齐，终身不改，故夫死不嫁"句下，吕坤又着重申明"一夫一妇，敌体相齐"。再如，古代婚礼有"共牢"之礼，《闺范》摘录"共牢而食，同尊卑也"句，吕坤解释说"夫尊妇卑，共牢，同尊卑之义，通其情也"。在吕坤看来，在婚礼之上的"共牢"之礼就是用于打破"夫尊妇卑"的刻板认知，齐同夫妇二人的尊卑地位，从而增进夫妇二人的情感。此外，吕坤在"善行"部分"夫妇之道"中摘录了九对模范夫妇，虽然每对夫妇各有不同的可取之处，但都体现了相敬如宾、以道相辅的夫妇之道，并不存在丈夫仗势欺人、妻子委屈忍辱的情况。

（二）关于"三从"

谈到传统女教，人们首先会想到的也许是"三从四德"。鉴于吕坤谈论"四德"时基本遵循了前人关于"四德"的提法，此处只讨论他对"三从"的独到见解。所谓"三从"，《仪礼·丧服》有云："妇人有三从之义，无专用之道，故未嫁从父，既嫁从夫，夫死从子。"事实上，"三从"的本意是指女子的服丧方式应因已嫁和未嫁而有所区别，后来却被解释为妇女在未嫁、既嫁、夫死三个不同的阶段要分别服从父亲、丈夫、儿子的权威。后世的女教书基本都宣扬女性要做到"三从"。在父权、男权之上的传统社会，女性遵守"三从"的规定也是无奈之举。吕坤在《闺范》中也谈到了"三从"，然而，他更强调的是顺从正道，而非盲从权威。

"善行"部分"陈尧咨母"条记录了冯氏看到儿子身为荆南太守却不务正业、以善射自居,于是杖击教训之。吕坤肯定了冯氏教子严明有道,认为以"从子"之义责备冯氏是迂腐之见,并指出"子正,母从;母正,子从"。与之相对的是"密康公母"条,魏氏虽然指出了儿子行为失当,但当儿子一意孤行时却没有及时制止,最终招致了密国被灭的惨剧。吕坤评论道:"夫死从子,从义也。魏氏不以义从矣。"由此可见,在吕坤看来,所谓的"从子",并不是盲目服从儿子的权威。"从"与"不从",关键在于观点或行为本身正当与否。所谓"从",应当唯道是从、唯理是从、唯义是从。"从子"如是,"从父""从夫"亦当如是。

在"虞帝之妹"条中,姚系没有遂顺父母谋杀异母兄舜的奸计,总是提前向嫂子泄密,使舜得免于死。吕坤对之赞誉道:"孰谓异母而有斯妹哉!孰谓济恶满门而有斯人哉!"姚系的故事便是未嫁女子从义不从父的例证。若放宽出嫁与否的限制,在《闺范》中还能看到更多关于早寡妇女从义不从父的事例。如"共世子妻"条中,共伯早死,其妻共姜守义不嫁。共姜的父母想强迫她改嫁,却遭到了拒绝。共姜为此还写下了《柏舟》之诗以表明心志。吕坤指出共姜的"从一"合乎妻道,以之为"釐妇之法"。尽管未嫁之女不从父命与既嫁之女不从父命在性质上或稍有差异(未嫁之女受子道约束,而既嫁之女受妻道或妇道约束),但其唯正是从的精神则并无二致。

若说"从夫",上文已提到,吕坤阐发儒家经典关于夫妇同尊卑的思想,认为夫妇之间应做到相敬如宾、以道相辅。这与唯道是从的精神相一致,而相敬如宾也意味着丈夫不会强求妻子做不义的事情,妻子不会盲目服从丈夫的不义的权威。《礼记·礼运》云"夫义妇听",《白虎通义·三纲六纪》云"夫者,扶也,以道扶接也；妇者，服也，以礼屈服"。言下之意，妻子"听""服""从"的前提是丈夫要做到合乎道义。吕坤也深谙"夫义"的重要性，在"夫妇之道"的开篇语中指出了"夫义妇顺，家之福也"。此外，《闺范》之中摘录了几则丈夫失义、妻子不从的事迹。如"高叡之妻"条，赵州刺史高叡被突厥人以威逼利诱劝降，在他犹豫不决之际，其妻秦氏却告之以严辞大义，最终夫妻二人杀身就义。吕坤高度肯定秦氏的义举，认为若不是秦氏及时以大义决定宁死不降，高叡便可能会丧失气节。事实上，高叡面对威逼利诱没有立即拒降，而是有所犹豫，这在当下已属失义的行为。秦氏没有从夫，反而是高叡感于大义而从妻。如此说来，夫不义则妻不必从，妻若有义，夫亦当从。

这里又涉及另外一个问题，即男子能否听用妇人之言。按照传统社会的男女分工原则，男主外、女主内，妇人的职责是照料好家中事务，不应干预家务事以外的事情。有一种观点认为，若男子听用了妇人之言，便可能招致祸害，最典型的例子莫过于商纣王宠信妲己而亡殷。在这种观点的影响下，史家历来倾向于将家国覆亡之祸归咎于女性的头上，认为漂亮的女性多是红颜祸水，从而为男性推脱罪名。在吕坤看来，妇人不义之言固然不可听用，但将祸害归罪于妇人则是不可取的。《闺范》摘录了《书经》(《尚书》)"王曰：'古人有言曰，牝鸡无晨。牝鸡之晨，惟家之索。今商王受，惟妇言是用。'"句，吕坤指出："乃古今以来，不但妲己、桀以妹喜亡夏，幽以褒姒亡周，唐高以武曌、明皇以玉环亡唐……无他，溺爱者之罪也。此数女子，在文王宫中，不过一婢妾耳。化于德，尚可以为贤妃；恣其恶，不过自殃乃身，何祸之能为？故兵刃皆可以杀戮，水火皆可以焚溺，善用之，则成勘靖之仁、养生之赖。周书不罪妇言，而曰惟妇人之言是用，始知操刃、纵火、决防，祸有所从来矣。"吕坤认为真正的问题出在君主身上。若那些覆亡社稷的君主能像周文王一样有德行，那么妃嫔都能受到感化，即使未能受到感化，也不会发生祸国殃民的大难。而此处吕坤关于女子化于文王之德能成为贤妃的构想，正好是"夫义妇听"的理想典型。此外，《闺范》也收录了不少君主听用妇人之善言而取得大治的事例，如"齐宿瘤女""齐钟离春""齐孤逐女"等。在"徐妃疏谏"条中，吕坤更是明确指出："世言宫妾不可近，妇言不可听，顾其人其言何如耳。如贤妃者，朝夕在侧，食息受言，非耽女宠矣。宫闱近御，孰谓无正人君子哉？"换言之，男子应当听用妇人之善言。这一观点在当时无疑是突破了男尊女卑的思想藩篱，具有极大的先进性。吕坤对女性作用和地位的重视，于此亦表露无遗。

（三）关于"情"与"礼"

吕坤曾作《四礼疑》《四礼翼》，对礼学有深入的研究。在《闺范》书中，他也继承儒家重视礼教的传统，教导女子要做到言行合礼。然而，他又指出礼法不能违背人情。上文已述及，他认为休弃"无子""有疾"的妇人是"于情未安"，尽管传宗接代、宗庙之礼很重要，但也应该妥善地处理好相关问题。可见，他并不同意出休"无子""有疾"之妇。此外，他对于传统礼法关于"女有五不取"的规定也是有所质疑的。《闺范》摘录了"女有五不取"条：逆家子，不取；乱家子，不取；世有刑人，不取；世有恶疾，不取；丧父长子，不取。"取"即"娶"，礼法规定出现以上五种情形的女子不能娶进家门。吕坤评论道："此五不取，惟乱家犹有可择，然子顽烝于宣姜，而生三子二女，皆有贤德，为世所称，似不可以乱家弃之。至于丧父长子，终身可不嫁乎？且又不言众女，皆不可晓者。"他认为女子出身于淫乱之家而不能娶，这个规定是不合情理的。而让丧父之家的长女一辈子不能嫁人也是不近人情的。对于上述"五不取""七出"等涉及娶妻休妻的礼法条款，旧说认为出自孔子之口，吕坤予以否定。他说道："愚谓'五不取'以下，皆非孔子之言，而后世制礼立法，咸以是为准，然则礼由天降地出，不自人情中来矣？"他认为这些不近人情的条款本来就不是孔子的教诲，但后人却因为条款前面被冠以"孔子曰"的名头而奉之为制礼立法的准绳，这无疑是失却了古圣先贤缘人情而制礼的初心。

由于重视人情，吕坤提倡妇女不要以思夫为耻。《闺范》摘录了《诗经·伯兮》，吕坤释之云："妇人以夫为天，故妇心以思夫为正。世俗见思夫者，则笑之以为无耻，而妇人亦讳其所思，郁郁有怀，不敢向人一道，闻妣娣姊妹嘲讪，则掩护不肯承，岂以忘夫为贤乎？岂以思他人为正乎？道之不明也久矣。"古人重视男女之别，即使夫妻之间也要言行合礼。但讲求礼法并不意味着泯灭心中的情感。吕坤肯定了妇人对丈夫的思念是正常不过的情感，谴责以之为无耻的俗人。同时，他又鼓励妇人无需强行掩饰思夫之情，可通过找人倾诉的方式（所谓"向人一道"）及时排解心中的忧思。当然，对于妇人必须以正当的方式来表达对丈夫的爱，而非溺于私情。吕坤评论《诗经·女曰鸡鸣》时说道："鸡鸣妇人，既以勤劳相警戒，又以静好相绸缪，非情欲之私也。望夫取友成德，服饰亦所不惜，皆道义之爱也。古贤夫妇之相与固如此。"在吕坤看来，爱的真谛并非餍足情欲，而是希望对方能成就德性。在"妇人之道"部分，吕坤就收录了"晋文齐姜""晋伯宗妻""齐相御妻"等贤妇，她们或规劝丈夫的德性，或助成其事业，或与之共度患难，这都是爱夫之情的正确表达方式，即吕坤所提倡的"爱夫以正"。

此外，吕坤还肯定男女之情的正当性。《闺范》在"女子之道"部分收录了"寄征人诗"和"上刑宫诗"条。吕坤明确表示，收录这两条并非因为故事中的女子及其诗作有值得后人借鉴的地方，而是因为她们都遇到了能体恤人情的君主。"寄征人诗"条，唐玄宗体恤宫女心意，许其出宫嫁人。"上刑宫诗"条，明成祖怜悯教坊之女，赦其从良适人。吕坤称赞两位君主的德行，认为他们能体悉人情，即使是地位卑下的宫中女子也能得幸圣恩，觅得好的夫婿。他又顺带引出了明朝的宫女制度，认为本朝允许宫女回乡嫁人，体现了明太祖能够"体天地之心，顺阴阳之气，闵人物之情"。在吕坤看来，每个女子都应该嫁人，宫女也不能例外。这种对爱情的期盼是人之常情，顺乎自然之理。换言之，不能禁止或限制男女之情，而应合理地进行引导，使之合乎阴阳之理。

（四）关于"贞""烈""守节"

传统女教思想的贞节观容易为现代人所诟病。在《闺范》中收录不少贞女、烈女为了守节而终身不嫁，乃至自残自杀的例子。在吕坤看来，"贞""烈""守节"都是应该提倡的德行。在"女子之道"中，他指出："女子名节在一身，稍有微瑕，万善不能相掩。"诚然，在当时社会倡导"饿死事小，失节事大"的观念下，女子若稍有不慎，便会受辱终身。尽管吕坤提倡女子应当持守贞操名节，但他并不鼓励女子轻生死节。他指出："命之不谷，时与愿违，朱颜无自免之术，白刃岂甘心之地？然而一死之外，更无良图，所谓舍生取义者也。"在他看来，以死明志的做法是在万不得已的情况之下的无可奈何之举。他更推崇的是通过智勇权谋的方式守持节操。如"韩氏从军"条，韩氏在元末乱世为避祸害而伪装成男子，厕身行伍间长达七年，仍能保持处子之身，不为人所知。吕坤感叹道："慷慨以全节，勇者事也；明智以全身，智者事也。死者，无可奈何之见着耳。苟取义不必舍生，圣人岂贵死哉？若韩氏者，权而不失正者也。"

若说以死守节是无可奈何之举，不值得鼓吹，那么自残明志同样也是需要慎重斟酌的。《闺范》记载了不少自毁容貌以求守节的妇人，她们或割鼻、或截耳、或断臂，令人闻之落泪。这固然是当时盛行的风气，但吕坤并不赞同这种做法。在"令女毁形"条，吕坤评论道："后之守义者，倘亲志可回，则全面目以见亡人，安用自残为哉！"当时妇人自残守节，大多是因为丧夫之后遭父母家人逼婚改嫁，因而吕坤认为妇人若遇到逼婚改嫁的情况，应尽量说服亲人改变想法，而不是恣意自残形体。另外，寡妇守节也容易选择自杀殉情的极端行为。对此，吕坤也是极力反对的。在上文已提及的"共世子妻"条，吕坤指出："从一，妻道也。守志不更夫，中道也。自杀以殉，则贤者之过耳。"在外人看来轰轰烈烈的殉夫行为，吕坤认为是过当的，不符合中庸之道。

此外，吕坤还指出，在日常生活中严守男女有别的礼法，同样也要讲求变通。在"宋恭伯姬"条，伯姬在宫室失火之时，死板地遵守"保傅不侍，夜不下堂""傅姆不俱，夜不下堂"的礼法条文，在保母已至、傅姆未及时出现的情况下，她竟然不愿避火，活活葬身在火海之中。吕坤评论道："至于夜火延室，虽有他女同行，亦足以明心迹。处变之礼，固自如此。姬也待姆师而行，已为过慎。乃保至傅未至，竟死于火而不行焉，守礼之严，千古一人耳。君子哀其志，而又惜其昧通变之权也。"吕坤认为，在特殊情况之下应当懂得变通，当时伯姬若与其他女子一同出逃避火，也不算是违反礼法，根本无需等待保母、傅姆出迎。

综上可见，吕坤重视女性的地位和作用，关注女性的权益，体恤女性的情感。尽管《闺范》书中宣扬的教义大体没有脱离传统女教思想，但在"男尊女卑""三从""守节"等原则性的观念上已有所突破，这在当时可谓是一大进步。

三、《闺范》产生的影响及其当代意义

《闺范》兼顾理论和案例，又配上了通俗易懂的简注和生动的图像，在当时极富可读性。书成付梓之后，便风靡一时。吕坤在《辩忧危竑议疏》中回忆道："万历庚寅，余为山西观察使，观《列女传》，去其可惩，择其可法者，作《闺范》一书……余乃刻之署中，其传渐广，既而有嘉兴板、苏州板、南京板、徽州板，缙绅相赠寄，书商辄四鬻，而此书遂为闺门至宝矣。初不意书之见重于世至此也。既而内臣购诸市以进，上览而悦之，赐皇贵妃，贵妃刻诸家。"吕坤在山西编纂的《闺范》不仅索得了当时著名的学者焦竑作序刊行，其后更在江南一带广为流传，最终还流入了皇宫。不难想象，此书在当时的普及程度丝毫不逊色于今天的畅销读物。这大大地超出了吕坤的预期。更让吕坤意想不到的是，《闺范》传入宫中之后被当时得宠的郑贵妃改头换面、重新刊刻，他也因之被卷入一场涉及皇储废立的政治风波。可幸的是，《闺范》原本的流传并未受到这场政治风波的影响。

清代时，理学名臣陈宏谋对《闺范》有极高的评价，他认为："《闺范》一编……无非欲儿女子见之，喜于观览，转相论说，因事垂训，实具苦心……其中由感生愧，由愧生奋，巾帼之内，相与劝于善，而远于不善者，盖不知凡几

也……所载懿行，可以动天地，泣鬼神，至今读之，凛凛犹有生气。"（陈宏谋辑《五种遗规》，线装书局，2019年10月）他将《闺范》删节辑入《五种遗规》的《教女遗规》之中。《五种遗规》后来在社会广泛传播，《闺范》亦藉之再次风行海内。近代高僧印光法师对《闺范》同样青睐有加。他曾撰写《石印闺范缘起序》，认为："此书一出，必有具英烈天姿之淑媛蔚然兴起，以期尽己分而完天职。上追二妃三太，于日用伦常中，调理赞襄，钧陶化育，俾丈夫儿女皆成贤善，以臻至治。"在他看来，《闺范》一书能培养贤良的人妻人母，从而振兴家庭教育，使得家中的丈夫儿女都能成为贤良之人。

那么，从今天看来，《闺范》能否对现代读者有所裨益呢？要正确地看待《闺范》的当代意义，首先要清楚地认识到，书中的内容是基于著作者身处年代的社会特点和时代诉求。若今天我们仍期望能机械地套用当中的教诲，这显然是徒劳无功的。因而，现代读者要明辨书中一些不合时宜的内容。例如，书中有专门的部分讨论嫡妾之道和婢女之道，这在今天显然已没有实际的意义。此外，书中"善行"部分摘录的个别事例具有神秘色彩，如卢氏代母、叔祎祷疾、杨女辨冤、张氏求夫、庞氏感泉、赵妇感火、梁氏重生、谭氏八砖等，现代读者不妨把这些记载看作是古人神道设教、劝人向善的故事，细品其义而不必深究其实。如上种种，在下文译注的"实践要点"中均有具体说明，此处不作赘述。

抛却部分不合时宜的内容，《闺范》一书能给现代读者带来不少的启迪。例如，在女性个人修养方面，吕坤教导女子应注重培养自身的德性，成为"德容深潜而不浅露，安静而不轻浮"的窈窕淑女，反对"冶容以美众观，厌劳而耻力作"的不良风气。反观现代社会消费主义盛行，不少女性受到商家的蛊惑，把不少心思、时间、精力都投入到对外在美的追求之上，忽视了内在人格的培养，并养成了好逸恶劳的不良习惯。对此，吕坤崇尚德性、俭朴、勤劳的女子价值观正好能起到了纠偏正俗的正面作用。此外，《闺范》书中宣扬男女有别之礼，抛却其中某些过时的具体仪节不论，其提倡女性言行谨慎、举止合礼的原则性要求，在提高女性安全意识、免遭歹徒侵犯方面能起到积极的预防作用。

在婚姻家庭方面，吕坤倡导夫妇同尊卑、相敬如宾、以道相辅等积极的理念，指出了"夫妇之间，以狎昵始，未有不以怨怒终者"的家庭矛盾成因，为现代读者处好夫妇关系提供了有益的借鉴。在经营夫妇关系的同时，现代读者或会在教育子女方面感到不得其法，吕坤"以严治家"的理念以及其在"母道"部分给出的案例能为现代家长提供古人教儿育女的智慧。此外，《闺范》还探讨了侍奉尊长之道、和顺家人之方以及嫁娶择偶之法，当中大部分的内容在当下社会仍然是适用的。

在教民化俗方面，《闺范》倡导"孝""仁""廉""智""公""正""守礼"等中华传统美德，歌颂女性仁人、孝子、正士、忠臣，有助于弘扬社会正气，促进家庭家教家风建设，尤其在引导夫妇双方自觉承担家庭责任、提高廉洁齐家意识方面有积极的意义。

《闺范》原书中有吕坤摘录的经典原文、随文附注（或注音"叶某""音某""某某切"，或释义，在古刊本中以双行小字排印）以及吕坤的按语赞言。现为方便读者阅读，以◎标明经典原文，以［ ］标出附注内容，经典原文后另起一段为吕坤所加的按语赞言。

为方便读者更好地理解《闺范》书中的女教思想，并在日常生活中能根据实际情况加以运用，本书在《闺范》原有内容外，增加"吕语今译""简注"以及"实践要点"三部分内容。

《闺范》所摘录的经典原文主要出自四书五经、《列女传》等常见的典籍。吕坤对于其中深奥难懂的字句作了浅近的简注，并在绝大部分条目之后加按语赞言对之作解说和阐发。为避免内容重复冗杂，编者只翻译吕坤的按语赞言而不翻译经典原文，是谓"吕语今译"。

对于经典原文中吕坤简注未及、解说未详的字句，以及吕坤的简注、解说中现代读者难以理解之处，编者另作简要注解，是谓"简注"。

序

先王重阴教，故妇人有女师，讲明古语，称引昔贤，令之谨守三从，克遵四德，以为夫子之光，不贻父母之辱。自世教衰，而闺门中人竟弃之礼法之外矣。生间阎内，惯听鄙俚之言；在富贵家，恣长骄奢之性。首满金珠，体遍縠罗，态学轻浮，语习儇巧，而口无良言，身无善行。舅姑妯娌，不传贤孝之名；乡党亲戚，但闻顽悍之恶，则不教之故。乃高之者，弄柔翰，逞骚才，以夸浮士。卑之者，拨俗弦，歌艳语，近于倡家，则邪教之流也。闺门万化之原，审如是，内治何以修哉？女训诸书，昔人备矣，然多者难悉，晦者难明，杂者无所别白，淡无味者，不能令人感惕。闺人无所持循以为诵习，余读而病之，乃拟《列女传》。辑先哲嘉言、诸贤善行，绘之图像，其奇文奥义，则间为音释。又于每类之前，各题大旨；每传之后，各赞数言，以示激劝。嗟夫！孝贤贞烈，根于天性。彼流芳百世之人，未必读书；而诵习流芳百世者，乃不取法其万一焉，良可愧矣！予因序前贤以警后学云。

大明万历庚寅十月戊子宁陵吕坤书

吕语今译

古代君王重视妇女教育,因此有专门负责女教的老师,讲授古人的教导,引用历代贤女为楷模,让妇人谨慎地遵守"三从四德"的规范,使其丈夫和儿子以之为荣,不令父母蒙受耻辱。

自从世教衰微,闺阁中的女子竟然被摒弃在礼教之外。生于民间的女孩子,从小耳濡目染粗言鄙语。生在富贵人家的女孩子,自小被纵容出了骄奢的性情。头上戴着金银宝珠,身上穿着绫罗绸缎,学习轻浮的姿态和狡黠的语言,口中说不出好话,身上做不出善行。在公婆娣嫂的口中听不到她贤惠孝顺的名声,在邻里和亲戚那里听到的都是她凶顽强悍的恶名。这都归咎于她从小没有接受过女教。

有些天分稍高的女孩子会写字作诗,以博取轻浮人士的赞赏。天分稍差的女孩子,会弹弹琴,唱唱艳媚之曲,近似娼妓一般,这都是教育出了问题而导致的。

对女子的教育是所有教化的根源,如果女教没做好,家庭内部又怎么会安宁呢?历来流传了很多女教方面的书籍,但有些内容繁多、难以遵行,有些内容晦涩、深奥难懂,有些内容杂乱无章,有些文辞索然,不能让人读完之后能有所感悟警惕。

鉴于女孩子没有适于读诵学习的女教书籍,而我读过的相关书籍都存在着各种问题,因此仿照刘向的《列女传》,收集摘录先哲的嘉言和贤女的善行,配上图画,并对深奥难懂的文句作注音和注解。又在每个类目的前面标明大意;在每个传记的后面附上赞语，以激励和劝导读者。

嗟夫！孝、贤、贞、烈这四种德性根源于天性。那些名垂千古的妇女，未必读过书；而读诵学习过这些贤女故事的人，若不能效法其中万分之一的话，实在应该感到惭愧！为此，我收录前贤的嘉言善行以警示后来的学人。

大明万历庚寅十月戊子宁陵吕坤书

凡 例

一、古今贤妇女，见之史传，何可尽录？余寡学浅见，录其所知，足备法程而已。未尽载者，俟博洽君子增补焉。

一、妇女不文。是辑训妇女也，故于原文深奥者略有变更，而余言亦甚肤浅云。

一、赞语赞昔人之美，感后人之心，人皆数语，荣之也。皆书余云，余亦藉以为荣也。

一、分类有不尽其人者，如正母未尝不公，严母未尝不仁，各举其偏长以示训，为后人云也。

一、仁人孝子，正士忠臣，炳耀古今者多矣。而余录女流者何？示阴教也。此皆女仁人孝子正士忠臣也，欲为仁人孝子正士忠臣，是人之外无他心，是书之外无他道矣。

一、后妃夫人，当列首卷。今既类分，体难摘序。且对帝王公侯而言，则后妃夫人亦妇道耳。论道非言爵之地。故从类列而列于每类之首云。

吕语今译

一、史书上记载了古往今来众多贤明的妇女,难以全部都摘录下来。我学问浅陋,只摘录我所知道的典型模范,旨在为妇女们提供学习的榜样。有遗漏的,希望以后有博学多闻的君子能增加添补。

二、目前,妇女的文化程度普遍不高。这本书的目的在于教导妇女,因此,对于那些比较深奥的摘文会略有更改,而我的用语也会比较浅显。

三、赞语用于赞美古人、感动后人,在每人的传记后面都会写几句,表示以之为荣。赞语开头都会写着是我说的,我也为之感到光荣。

四、分类会有不完善的地方,例如正母未尝不公,严母未尝不仁,各举出其最显著的特点来训导后人。

五、历来多有声名显赫的仁人孝子、正士忠臣。我为什么只摘录女子呢?为的是宣扬女教。本书摘录的都是女性仁人孝子正士忠臣,想成为仁人孝子正士忠臣,这是书中贤女们一心一意的追求,也是这本书所要阐明的道理。

六、本来皇后妃子和诸侯妻子的故事应当集中起来放在第一卷。现在既然按照不同的德目进行分类了,体例上难以依之排序。而且对于帝王公侯而言,他们的后妃妻子的善行也是妇道的体现。本书讨论大道,非关爵位,因此按德目分类并将皇后妃子和诸侯妻子排在每个类目的前面。

卷一　嘉言

四　书

中　庸

◎君子之道，造端乎夫妇。及其至也，察①乎天地。

一阴一阳之谓道。夫妇一小天地，天地一大夫妇耳。故万事万化之原，始于闺门；五典②五礼③之端，肇于男女。有男女，然后有夫妇；有夫妇，然后有父子；有父子，然后有君臣；有君臣，然后有上下；有上下，然后礼义有所错。夫妇之道，其重如此。少年男女，稚气童心，恣纵媟狎，媟狎败礼。故生人之慢易放肆，莫甚于闺门，乌在其为君子之道乎。忧终者，当知慎始矣。

| 吕语今译 |

处理好一阴一阳的关系就是君子之道。夫妇犹如一个小天地，而天地不过是一对大的夫妇而已。因此，日常生活中的各种事务、各种风俗都根源于家庭生活，社会的规章制度和伦理道德规范起源于男女之间的日常交往。因为有男女二性的存在，所以产生了夫妇关系；夫妇二人结合繁衍出后代，因而有了父子关系；在实行宗法制度的古代社会，父子关系又衍生出君臣关系；有了君臣之分，便有了区分上下级的等级制度；有了等级制度，各种礼节才能有序施行。由此可见，夫妇之道是那么的重要。少男少女天真幼稚、任性妄为，容易做出亵渎经典教诲、败坏伦理规范的行为。因此，在闺门之内最容易让人疏慢放肆、犯下过错，若没有处理好男女、夫妇之间的关系，哪里谈得上能行好君子之道？担忧未能遵行君子之道的人，应当知道要从源头（男女、夫妇之道）开始做好啊！

| 简注 |

① 察：《礼记正义》疏云"明察"。《朱子语类》卷第六十三记弟子问《中庸》"上下察"与"察乎天地"两个"察"字同异，朱熹答曰："只一般。此非观察之'察'，乃昭著之意……经中'察'字，义多如此。"

② 五典：见于《尚书·尧典》"慎徽五典"，孙星衍《尚书今古文注疏》引郑玄注云："五典，五教也。"疏中又引《左传》文公十八年传文"父义，母慈，兄友，弟恭，子孝"释之。而伪孔安国《尚书序》云"少昊、颛顼、高辛、唐、虞之书谓之五典"。

③ 五礼：见于《尚书·皋陶谟》"自我五礼有庸哉"，孙星衍《尚书今古文注疏》引郑玄注："五礼，天子也，诸侯也，卿大夫也，士也，庶民也。"又见于

《周礼·春官·小宗伯》"掌五礼之禁令"，郑玄注引郑司农云："五礼，吉、凶、军、宾、嘉。"

实践要点

君子之道广大宏深，无所不包，而其根基乃在于夫妇之道。在此，吕坤阐发《中庸》经文大义，强调了夫妇之道的重要性。从符合当代实践的角度说来，"君子之道""夫妇之道"的提法和我们的日常生活多少有点距离感。事实上，"君子之道"可概括为"进德"和"修业"两个范畴。用大白话来说，"进德"即是提高个人的道德修养，"修业"则是打拼一番事业。若一个人有良好的修养，必然会收获好的名声，再加上一番成功的事业，这不就是现在人们所羡慕、所追求成为的所谓"人生赢家"么？这么说来，"君子之学"离我们的生活也并不遥远。而"夫妇之道"，从狭义的角度说，即是如何处理好夫妻之间的关系；从广义的角度说，夫妇之道涉及面更加广泛，例如，对未婚人士而言，夫妇之道关涉到如何择偶的问题；对已婚人士而言，又涉及如何处理好婆媳、姑嫂、外戚等家庭成员之间的关系，甚至涉及家庭和事业之间的关系。在生活节奏快、工作压力大的现代社会，许多人追求成为"人生赢家"，为了事业不断打拼，却忽略了要经营好夫妇之间乃至和家庭成员之间的关系，最终留下了不少的遗憾。从另外一个角度说，夫妻之间的关系是最亲密的关系，家庭关系对于每个人来说都是最切身的关系，如果连最亲近的、最切身的关系都没有处理好，怎么能处理好和外人的关系呢？成功的事业又从何谈起？因而，当我们在为生活和事业而奋斗的同时，也不要忘记要处理好家庭关系，善待家人。

◎《诗》曰："妻子好合，如鼓瑟琴。兄弟既翕①，和乐且耽［叶沉］。宜尔室家。乐尔妻帑②［音奴］。"子曰："父母其顺矣乎。"

居室之道，未有妻不贤，而能夫妇父子好合者也；未有夫妇父子不好合，而能使兄弟翕然和乐者也。如此，则父母之心，安得喜悦？故必宜尔室家，闺门皆太和之气；乐尔妻帑，夫妇有雍熙之风，然后父母之心，有无穷之快乐矣。

| 吕语今译 |

家庭相处的道理，没有说妻子不贤惠却能让夫妇父子和谐相处的；也没有说夫妇父子不和谐，却能让兄弟之间亲爱和乐的。如果说夫妇父子、兄弟之间关系不和谐，那么父母的内心又怎能感到喜悦呢？因此，必须要让家庭关系变得和顺妥帖，家里洋溢着和乐的氛围；让妻子儿女幸福快乐，夫妇间和乐融融。这样，父母的内心才会有无穷的快乐。

| 卷一 嘉言 |

简注

① 翕（xī）：《尔雅·释诂》云"合也"，于此形容兄弟和合。
② 帑：同"孥"，儿女。

实践要点

《中庸》引用《诗经》"妻子好合，如鼓瑟琴"句，本意在于说明君子之道，行远必自迩、登高必自卑，君子修身须从和合妻子、宜于兄弟、安乐父母等家庭切身之事做起。于此，吕坤则借之强调妻子在家庭生活当中的核心地位以及处理好夫妻关系的重要性。如果妻子能尽好本分，则夫妻和顺、家族和乐、父母称心如意，可见妻子在家庭生活当中有举足轻重的地位。此则对现代读者的启示有以下几点：

一、一般人总是以为古人讲究男尊女卑、重男轻女，在家庭生活或者说夫妻关系当中，女性总是处于卑劣地位，无足轻重。有所谓大男子主义者的丈夫就借之贬低甚至无视妻子的尊严和地位。而旁观者又以之为据，控诉传统女德、女教思想为传统文化的渣滓，应当全盘抛弃。事实上，传统经典高度肯定妻子在家庭生活当中的重要性，妻子的地位和丈夫的地位是等齐的（详见下文）。所以，我们首先要摒弃对传统女德、女教思想的误解和偏见，吸取经典以及古圣先贤的教诲，重视妇女在家庭生活中的重要地位。

二、上面讲的是从一般人的角度，要重视妇女在家庭生活当中的地位。而这里则要强调为人妻母者自己要正视自己的地位和职责，努力尽好自己的本分，与丈夫共同营造好和谐的夫妻关系，与丈夫的父母、兄弟保持好良好的家庭关系，这样才能获得美满和谐的家庭生活。

三、现代人谈论婚姻可能会受外来文化的影响，认为婚姻是丈夫、妻子两个人之间的事情，对婚姻之事的重视程度低于古人，闪婚闪离的情况日益增多。而本条则指出，婚姻不仅是夫妻之间的事情，还牵涉到其他的家族成员，尤其是父母。夫妻关系不和顺，伤害的不仅是夫妻双方，夫妻双方的父母也会因之而担忧心痛。为此，我们要重视婚姻的严肃性，谨慎地处理男女婚嫁之事，避免为男女双方本人及其家庭带来伤害。

论　语

◎子谓公冶长①，"可妻也。虽在缧绁②之中。非其罪也"。以其子妻之。子谓南容③，"邦有道，不废④；邦无道，免于刑戮"。以其兄之子妻之。

圣人之爱其女，与人同也。乃其择婿，不问田宅，不问贵显，其取公冶长，不过曰无罪；其取南容，不过曰谨言，皆论其德，而他无论焉。近世婚姻，非富贵，则容色，而男女性行美恶，皆非所问。若孔子者，可为万世择婿之法矣。

| 吕语今译 |

圣人疼爱自己的女儿,和其他人没有两样。只是他选择女婿的时候,不以田宅、显贵为衡量标准。孔子选择公冶长,看重他人品端正、没有罪过;相中南容,看重他谨言慎行。可见孔子择婿以品德为准绳,不考虑其他因素。现在的人谈婚论嫁,择偶标准或以财富、社会地位,或以容貌姿色,却完全不过问对象的品行是否端正。而孔子的做法,才能算是后世择婿或择偶的正确准则。

| 简注 |

① 公冶长:孔子弟子,《史记·仲尼弟子列传》云:"公冶长,齐人,字子长。"

② 缧绁(léi xiè):捆绑犯人的绳索,引申为牢狱。

③ 南容:孔子弟子,《史记·仲尼弟子列传》云"南宫括,字子容",《论语集注》谓南容"居南宫,名韬,又名适,字子容,谥敬叔,孟懿子之兄也"。

④ 不废:被君主任用,出仕做官。

| 实践要点 |

常言道"娶妻求淑女",女子贤淑与否是男子择偶的标准。那么,女子嫁郎又该以何为择偶的准绳呢?在儒家经典《论语》当中,孔子亲身示法,告诉我们为女子选择夫婿，更应当看重男方是否有德之人。后人（包括现代人）择婿，却首先去看男方的经济能力和社会地位，其次看容貌长相。而男子的性格品行则作为备选项目，可看可不看。这其中有客观因素的限制，一方面是男方的经济条件对于家庭今后的发展而言确实极为重要，尤其在现代社会，没有一定的经济基础，婚后在面对住房、孩子入学教育等衣食住行问题时便要背负更大的压力，夫妻之间出现矛盾的几率也会增大。另一方面，我们似乎不是那么容易能判断出一个人是否有德之人。孔子愿意把女儿嫁给曾经入狱被拘的公冶长，这是由于公冶长是自己的弟子，其德性品行早已了然于胸。然而，在某些情况下（如托媒人介绍相亲），父母无法对男方有深入了解，也难以对其德性品行进行判断。

但正如本条所说，人的德性应为择偶时的根本原则，男女皆然。因此，在实践当中，男女双方在婚前交往的过程中应充分考察对方的品德（具体可从对父母的态度、对钱财的态度、对事业的态度等方面着手考察），并多创造机会让父母和交往对象接触交流，让父母也帮忙把关。对于女子而言，最理想的对象固然是既有好的品德，又有较好的经济条件。若男方有好的品德，但经济条件欠缺，这也不失为一个好的发展对象，因为男子若有好的品德，便意味着有为了家庭而努力奋斗拼搏的勇气和决心，将来也能有自己的一番事业。若是男方人品不济，则应果断分手，无论其是否腰缠万贯、身居要位。

孟 子

◎丈夫生而愿为之有室，女子生而愿为之有家，父母之心，人皆有之。不待父母之命，媒妁之言，钻穴隙相窥，踰墙相从，则父母国人皆贱之。

肆筵设席，以速宾①也。使者未至，而宾来窃食，主人见之，耻乎？不耻乎？男无不娶之日，女无不嫁之时。二氏②成言，六礼③以序，大伦④正始，嘉会有仪，父母之光，夫妇之体也。父母之心，本愿为男女有室有家，而慎礼以重其事。男女之情，不为父母爱德爱名，而急欲以苟其身，反不如倡优矣。倡家人尽夫也，而未尝不慎始以待求，岂有知礼守义之人，肯为丧节辱身之事哉？一时苟合，终身愧悔；二人失德，九族⑤含羞。少年男女，可不慎乎！慎之，当自谨闺门，防交缔，塞见闻，无开情窦始。

| 吕语今译 |

假设有人设宴备席去邀请宾客，主人家派去传唤的仆从还没到位，客人自己

来了就偷吃菜肴，主人看到了，会不会为之感到羞耻呢？嫁娶也是如此。男人没有不娶妻的道理，女人也不能不出嫁。两个家族履行媒妁之言，按照六礼的规定举行婚礼，新人的夫妇关系得到正式确立，婚宴上礼数悉备，父母为之光荣，夫妇得以同体。父母的心意，本来就希望儿子女儿都有家有室，因而谨慎地履行礼数以重视嫁娶之事。作儿子女儿的，若不考虑父母的心意、不爱惜自己的道德名声，而急切地和对象苟且相合、不顾礼节，那么，还不如娼家优伶之人。娼妇可以和天下间的男人交欢作乐，却也懂得在开始时谨慎地对待别人的追求，哪里会有知礼守义的人愿意去做丧失名节、自辱其身的事情呢？男女之间若因一时的情欲炽盛而苟且偷合，不免会落得终身愧疚的下场。两人丧失德行，两个家族的人都会因之蒙羞。少男少女们，可以不谨慎对待自己的婚事吗？要谨慎对待，必须从自家门里做起，防止不正当的男女交往关系，非礼勿闻、非礼勿视，从一开始就扼杀不正当的男女私慕之情。

简注

① 速宾：邀请宾客。《仪礼·乡射礼》有"主人朝服，乃速宾，宾朝服出迎再拜"，郑玄注云："速，召也。"

② 二氏：氏即氏族，指男女双方家族。

③ 六礼：古代在确立婚姻过程中的六种礼仪，即纳采、问名、纳吉、纳征、请期、亲迎。纳采，即男方欲与女方结亲，初议得到应允后，派媒人正式求婚并携带礼物。问名，即男方家请媒人问女方的名字和出生年月日。纳吉，即男方将

女子的名字、八字取回后，在祖庙进行占卜。纳征，亦称纳币，即男方家以聘礼送给女方家。请期，男家择定婚期，备礼告知女方家，求其同意。亲迎，婚前一两天女方送嫁妆，铺床，隔日新郎亲至女家迎娶。

④ 大伦：伦即伦常之道，此处指夫妇关系。《孟子·万章上》有："男女居室，人之大伦也。"

⑤ 九族：九代的直系亲属，包括高祖、曾祖、祖父、父亲、自己、儿子、孙子、曾孙、玄孙。

| 实践要点 |

如孟子所言，为人父母者，都希望看到自己的儿女成家立室，找到能共偕连理的另一半。但有的时候，青年男女不重视婚姻之礼，未得到父母的同意便私订终身，这种做法在古代是不被允可的。吕坤于此强调婚礼的重要性，对于未成年的少男少女，尤其要重视对他们的引导，不要让他们过早地接触男女之事，用以杜绝因情欲炽盛而无媒苟合的情况。

在现代社会，如果说婚姻之事仍然要讲求父母之命、媒妁之言，这未免过于迂腐。但这并不意味着在考虑婚事的时候无须听取父母的意见。如上所说，婚姻并非仅仅是夫妻两人之间的事情，而是与男女双方家族都密切相关的一件大事。因此，男女双方在自由恋爱的基础上，在考虑婚嫁之事时应充分听取父母的意见。

另外，现代人也应重视婚礼仪式。古人婚事六礼对现代人而言过于繁琐复杂，但在简化古礼的同时，我们也要注重体现婚礼的仪式感。对于婚礼仪式的理解，现代人容易出现偏颇，致使天价的聘礼嫁妆、奢华的婚宴排场、低俗猥亵的迎亲仪式等相关的新闻报道屡屡进入人们视野。然而，真正的仪式感，并非从各种铺张浪费、稀奇古怪的外在仪式中所能获致的，而是要正确地理解婚礼的意义（详见下文）。在正确理解婚礼仪式的基础上，举办一场仪式简单而情感真挚的婚礼，不仅能增进双方感情，也能收到亲戚好友们的诚挚祝福。

此外，吕坤在此特别强调"少年男女，可不慎乎！慎之，当自谨闺门，防交缔，塞见闻，无开情窦始"。将之放到现代的语境中理解，这涉及对青少年在青春期的特殊教育。处于青春期的青少年男女，情窦初开，在男女关系方面若受到不良的影响，容易出现早恋等问题。尤其在现代社会，网络上充斥了大量不适合青少年观看、使用的影视、动漫作品以及游戏、社交产品。这需要父母在家对孩子给予相应的监管和引导，做到"防交缔，塞见闻"，而父母自身也应该以身作则，带头端正家风。

◎淳于髡[①]曰："男女授受不亲，礼与？"孟子曰："礼也。""嫂溺则援之以手乎？"曰："嫂溺不援，是豺狼也。男女授受不亲，礼也。嫂溺援之以手者，权也。"

授受不亲，凡为男女者，无分尊卑长幼皆然。嫂溺，则死生之际矣。事有重于亲授受者，则亲授受者为轻。援之以手者，嫂溺之礼也。嫂不至溺，则不得亲授受矣。古人男女之别，其严如此。

吕语今译

授受不亲之礼,对于男女而言,无论尊卑长幼都应遵从。亲嫂溺水,处于性命攸关的危急关头,营救之事比授受不亲之礼重要,授受不亲的考虑可暂且搁置。伸手相救,是嫂子溺水时该做的事情,符合礼法。若嫂子没有溺水,便不可以亲手授受。古人交往,男女有别,其界限严谨若此。

简注

① 淳于髡(kūn):齐国著名辩士,曾在齐威王、齐宣王和梁惠王的朝廷做官。事迹见于《战国策·齐策》《史记·孟荀列传》《史记·滑稽列传》等。

实践要点

古人重视男女之别,因而有男女授受不亲的规定。但在生死关头,拯救生命才是最重要的事情。这充分说明了儒家的礼制本应是顺应人性的,正如太史公所说"缘人情而制礼,依人性而作仪,其所由来尚矣"。而后世所谓"吃人的礼教"则早已失却了圣人缘情制礼、依性作仪的初心。

当然,在现代社会,男女授受不亲之礼在某些社交场合当中不尽适用,但其背后所体现的男女有别的思想则依然值得我们重视。在与异性交往的过程中,把握好男女有别的界限,尽量减少不必要的身体接触和眼神交流,这不仅可以避免引起不必要的误会，也可提升自身的气场，给人留下举止大方得体的好印象。

◎西子①蒙不洁，则人皆掩鼻而过之。

古称妇女之美者，辄曰西施氏，则西子天下之至美也。不洁在身，人皆掩鼻，可见人好色者之心，不若爱洁者之切。妇女媱嬻②，谓之秽③德，不洁孰甚焉？岂无秽夫荡子，与之亲狎④？由父母国人观之，不啻⑤圊厕⑥矣。妇女立身，可不慎哉！

| 吕语今译 |

古来谈论女子的美貌，都会说起西施，可见西施是世上最好看的女子。然而，如果她沾染上污秽恶臭的东西，人们还是会捂鼻而过，可见，人们的好色之心终究比不上对洁净的追求。女子举止轻佻不合常礼，即是玷污了自身的品德，有什么会比这样更加不洁净呢？怎么会不招来浪荡不洁的男子与之亲近狎昵呢？这样一来，在她的父母和其他人眼中，她的品行比厕所还要污秽。女子立身处世，可以不小心谨慎吗？

| 简注 |

① 西子:即西施,春秋时越国的美女。

② 媱嬻(yáo dú):媱,曲肩行走之貌,此处引申指举止轻佻。嬻,同"亵渎"之"渎",轻慢,对人不敬。

③ 秽:《玉篇》云:"秽,不净也。"

④ 亲狎:亲近而不庄重。

⑤ 不啻(chì):不仅仅。

⑥ 圊(qīng)厕:即厕所。

| 实践要点 |

此条讲述女子立身要谨慎合礼,否则便会玷污自己的德性,遭受正人君子的鄙视,并招来好色放荡之徒。换言之,在日常生活当中,女子要端庄自身的言行举止,与异性保持适度的社交距离。

◎齐人有一妻一妾而处室者,其良人[夫也]出,则必餍①[足也]酒肉而后反。其妻问所与饮食者[问何人,夫答曰],则尽[皆也]富贵也。其妻告其妾曰:"良人出,则必餍酒肉而后反;问其与饮食者,尽富贵也,而未尝有显者来[显者,富贵人也。有往必有来]。吾将瞷②[音看，窃视]良人之所之[往也]也。"

蚤起，施从[别路]良人之所之。遍[满也]国中无与立谈者[羞与之言]。卒[尽头]之[往也]东郭墦③间[坟墓]之祭者乞其余[祭剩]。不足[不餍]，又顾而之[往也]他[别处]，此其为餍足之道也。

其妻归，告其妾曰："良人者[妻妾之天]，所仰望而终身也。今[寡廉丧耻]若此[仰望谓何]！"与其妾讪[怨骂]其良人，而相泣于中庭。而良人未之知也，施施[音异，喜悦自得]从外来，骄其妻妾[曰我又自富贵家饮食来矣]。

由君子观之，则人之所以求富贵利达者[昏夜向权势乞，哀以求之，而以骄人于白日，真是乞墦]，其妻妾[但未之蚤起施从耳，若一窃视而真见之]不羞也而不相泣者，几希矣。

妻妾者，闺门无识之人，又共安富尊荣之乐，不知富贵利达之可羞者也，第未见丈夫所以求之者耳。苟见其所求之态，卑污苟贱以存心，阿谀逢迎以为悦，胁肩谄笑以求亲，巧言令色以取怜，未言而诺诺，投间而趋趋，甚有舐痔如曹商④，尝粪如郭弘霸⑤，代牺如阎朝隐⑥，学犬如赵师择⑦者。人宁无夫，不可有此夫。为妇人者，望其夫以砥节砺行，可饥可寒，可辱可杀，而不可使无耻，亦庶几其贤妇矣。不然，是不如乞墦之人之妻妾也。

吕语今译

妻妾们都是深闺家中、无甚见识的人，与丈夫共享富贵尊荣的安乐，却不知道富贵利达的背后是那么的可耻，只因为她们没见到丈夫是怎样谋取富贵的。如果她们看到丈夫媚求富贵的情形：内心卑微污浊、苟且低贱，通过阿谀逢迎来取悦别人，以收缩肩膀、强为欢笑来亲近权贵，用花言巧语和伪善的面目来博取怜悯；在权贵面前，还没说话就唯唯诺诺，看准机会就为之奔走效劳。甚至有的人像曹商一样为权贵舐痔，像郭弘霸一样为权贵尝粪，像阎朝隐一样代作牺牲，像赵师择一样学狗吠叫。女子宁可没有丈夫，也不能嫁给这样的人。希望丈夫能磨砺气节和品行，宁可跟着丈夫受饥、受寒、受辱乃至宁死不屈，也不愿看到丈夫作出无耻的事情来换取荣华富贵，这样的女子大概能被称作贤良的妻子了。否则的话，还比不上上述坟间乞讨人的妻妾。

简注

① 餍（yàn）：吃饱。

② 瞷（jiàn）：窥视。

③ 墦（fán）：坟墓。

④ 曹商：战国时期宋国人。舐痔之事见载于《庄子·杂篇·列御寇》，大意如下：曹商奉命出使秦国，博得秦王欢心，获赐一百辆车。他回国后在庄子面前炫耀，庄子讽刺地说："听闻秦王生病召来医者，承诺说能治愈他身上的皮肤病的话赏车一辆，愿意为他舐痔疮的赏车五辆。治疗的地方越是低下，得到的赏车的数量越多。你是为秦王舐痔疮了吗？不然怎么会获赏这么多辆车呢？"

⑤ 郭弘霸：唐代佞臣，因媚悦武则天而被授为监察御史。尝粪之事见载于《新唐书·列传第一百三十四·酷吏》，大意如下：为了阿谀献媚，郭弘霸探望生病的御史大夫魏元忠时，亲尝其便液，并祝贺道："如果您的便液是甜的话，说明病还好不了。我刚刚试过，味道是苦的，您的病应该很快就能痊愈了。"

⑥ 阎朝隐：唐代佞臣，为武则天所赏识，官至秘书少监。代牺之事见载于《新唐书·列传第一百二十七·文艺中》，大意如下：有一次，武则天得了病，让阎朝隐去少室山祈祷祭祀。祭祀时，阎朝隐沐浴更衣，蜷伏在放置肉类祭品的礼器上，用自己替代祭祀用的牺牲（牛、羊、豕）来完成仪式。其后武则天病愈，对之大加赏赐。

⑦ 赵师择：宋代佞臣，赵氏宗室之后，曾任工部尚书、兵部尚书等职。学犬之事见载于《宋史·列传第六·宗室四》，大意如下：有一次，权臣韩侂胄路过一个山庄，指着竹篱茅舍对赵师择说："这里的田园风光很好看，可惜缺少了狗叫鸡鸣声。"过了一会，传来了狗叫的声音。韩侂胄一看，原来是赵师择在学狗叫，于是被逗得大笑不绝。

实践要点

为人妻者都希望自己的丈夫事业有成、能赚大钱，这是人之常情。若是丈夫通过不义之举以谋求富贵，那为人妻者又该怎么办呢？这里所谓的不义之举，除了吕坤指出的阿谀献媚的行为，还应包括诈骗、偷盗、抢劫、制假售假等违法犯罪行为（鉴于在现代社会，更应受到谴责的不义之举是各种违法犯罪行为）。对于夫婿求取不义之财，吕坤给出的建议是："人宁无夫，不可有此夫。为妇人者，望其夫以砥节砺行，可饥可寒，可辱可杀，而不可使无耻。"这带给我们以下三点启发：

一、在婚前，女方与男方交往的时候应该要了解清楚对方的人格人品以及工作情况，若发现男方通过不义的手段求取荣华富贵，应果断分手，这是"人宁无夫，不可有此夫"的第一层含义。

二、若女方在婚后才发现自己的丈夫有求取不义之财的行为，那么便要规劝丈夫不要做无耻之事，并表明自己的态度，宁可和丈夫一起艰苦奋斗，也不愿过着用不义之举换来的富贵生活。若丈夫心中良知未泯，应该会受到感化而改过自新。

三、若经规劝，丈夫仍执意施行无耻之事来换取富贵的话，此时女方应该仔细考虑，如此无耻之徒是否配得上自己？其所施行的无耻行为会否对家庭以及孩子的未来带来负面的影响？其无耻的品行会否使之作出出轨、婚外情等行为？必要时，要果断与之划清界限，这是"人宁无夫，不可有此夫"的第二层含义。

上述三点是针对有良知的贤良女子所说的。无良的妇女则只知道享受丈夫带来的奢华生活，不问其来由，如此这般则不在话下。

> ◎五亩之宅，树墙下以桑，匹妇蚕之，则老者足以衣帛矣。五母鸡，二母彘①，无失其时，老者足以无失肉矣。
>
> 古者养老之事，专恃妇人。宅墙之下，为桑几何？匹妇一人，为蚕几何？尚可以足老者之帛。至于鸡彘，孳生有时，畜养有道，亦可以供老者之膳。夫以百亩之馌②，八口之养，门内之事，妇人居其十九。古妇人之勤苦如此，何暇刺绣以工悦目之巧，冶容以艳袖手之妆哉？

| 吕语今译 |

古时候奉养老人的事情，专门依靠妇女去开展。住宅围墙之下，能种植几棵桑树呢？依靠一个妇女，能养多少蚕虫？然而，仅仅凭借一个妇女种些桑树、养些蚕虫，就可以生产出足够的布帛供老人做衣服用。至于饲养鸡和猪，只要按时喂养、养殖得当，也可以生产出足够的肉类供老人食用。要给耕种百亩田地的家人送饭，也要照料一家八口人的衣食供养，家庭里面十分之九的事情都需要妇女亲手操办。古时候的妇女这么勤劳辛苦，哪里会浪费时间去做些精巧的刺绣来供

人赏玩？更不会妖冶妆容，对家务事袖手旁观。

| 简注 |

① 彘（zhì）：猪。
② 饁（yè）：给在田里耕作的人送饭吃。

| 实践要点 |

吕坤对经典的解读意在强调妻子的职责在于料理家庭事务、照顾家中老少，因此应勤于家务事，不要过多花费时间在刺绣、化妆等花哨无实用的事情之上。爱美之心，人皆有之。古代女子喜欢花时间在制作精致的刺绣以及打扮姣好的妆容之上。时移世易，现代的女子虽然不做刺绣，但也喜欢拍照修图，形式各异，其实则同。化妆打扮也更是现代女子出门前必备的事宜。从现代的角度说，追求美丽并无不妥，然而，若花费了太多时间在这上面确实会减少了家务劳动以及自我进修的时间。尤其对于现代职场女性而言，下班之后若能多花时间在陪伴孩子之上，相信更能有助于孩子的健康成长。此外，在现代社会，一般家庭当中，夫妻双方都需要外出工作，因而也不能苛求妻子要包揽所有家庭事务，为人丈夫者也应当一同分担，构建和谐美好的家庭氛围。

易 经

屯 [震下坎上]

◎六二①，女子贞②，不字③，十年乃字。

六二以柔得中④，九五以刚得中，本为正应⑤，乃嘉耦⑥也。初九恃刚，迫近六二，每欲求为婚媾⑦。六二守贞，不许其字，待十年之久，竟不与初九为婚。初九亦自愧退，乃与九五字焉。盖人各有耦，正应乃合。《诗》云："人涉卬⑧否，卬须我友。"⑨女子不守其身，而以情狥⑩人，未观于屯之六二矣。

| 吕语今译 |

六二（象征女子）以柔得中，九五（象征男子）以刚得中，六二、九五门当户对，刚柔相应，将是一对互敬互爱、和睦相处的理想伴侣。初九（象征另一名男子）依仗自己的刚猛，在六二身边总想迫使六二和他结为夫妇。六二坚守贞操，一直不同意初九的求婚，过了十年也没有和初九成婚。初九自己也为之感到

惭愧，于是放弃了追求，而六二后来嫁给了九五。大概每个人都想找到自己的伴侣，但必须找到条件合适的才能结合。《诗经》说："别人渡河我止步，须待我友同上路。"一个女子不坚守自身的贞洁，而将爱情随便地交于别人，这是没有学习过屯卦六二爻的缘故。

| 简注 |

① 六二：《周易》一卦六爻，爻分阴阳。其中阳称作"九"，以"—"符号表示；阴称作"六"，以"- -"符号表示。讲到爻位时，规定由下往上数，最下一爻为"初"，第二、三、四、五爻分别为"二""三""四""五"，最上一爻为"上"。"六二"即第二爻为阴爻。阴为柔为女，因此用以指代女子。下文九五、初九为阳爻，阳为刚为男，用以指代男子。另外，六个爻位中，初、三、五为奇数位，为阳位；二、四、上为偶数位，为阴位。

② 贞：《周易正义》解"贞"为"正"，守贞正，即坚守节操。

③ 字：谓女子出嫁。《礼记·曲礼上》："女子许嫁笄而字。"

④ 得中：《周易》一卦分上下两卦。初、二、三合为下卦，二为下卦之中；四、五、上为上卦，五为上卦之中。得卦之中即为得中。又阴为柔，阳为刚，因此说"六二"以柔得中，"九五"以刚得中。

⑤ 正应："六二""九五"皆在卦的中位，且"六二"阴爻居阴位、"九五"阳爻居阳位，一阴一阳，刚柔相应，各得其正，是为正应。

⑥ 嘉耦（ǒu）：互敬互爱、和睦相处的夫妻。

⑦ 婚媾（gòu）：婚姻，嫁娶。

⑧ 卬（áng）：第一人称代词，我。

⑨ 此句引自《诗经·邶风·匏有苦叶》，郑玄笺谓："人皆涉，我友未至。我独待之而不涉。以言室家之道，非得所适，贞女不行，非得礼义，昏姻不成。"

⑩ 狥：同"徇"，曲从。

| **实践要点** |

女子守身，不嫁非人，这体现了女子在择偶时的自主性。过去人们常说，古代都是父母媒人包办婚姻，女子只能听从安排、任人摆布。此处按照吕坤的解说，女子亦应寻得自己的如意郎君，不能随意委身于他人。在现代社会，女子在择偶时已经有了较强的自主性，但到了适婚年龄仍然没有婚恋对象的话，往往会遭遇家人逼婚的压力，而社会舆论也加之以"剩女"的谑称。如是，迫于家庭压力和内心的焦虑情绪，有的女子便为了结婚而结婚，只要男方没有大的缺点便欣然接受，对于男方是否真的适合自己却无暇考究。诚如吕坤所说，"人各有耦，正应乃合"，女子应该找到适合的对象才出嫁，这样在日后的婚姻当中才能拥有和顺的夫妻关系。

观 ［坤下巽上］

◎六二，窥[①]观，利女贞。

《诗》云："维虺维蛇，女子之祥。"[②]盖女子深藏简出，无与人腼[③]面相观之理。然有不得不观者，但掩门露隙而窥观焉，则女子之正，吉无不利矣。或曰："事势穷迫，颠沛流离，不能不露面出身，则奈何？"女子出门，必拥蔽其面。即不便于拥蔽，不能必人之不观我，至于我不观人，则可以自必者，亦何害于独行万里之外，杂于万人之中哉！

| 吕语今译 |

《诗经》说："梦见蛇和虺，是生女的祥兆。"大概女子深居简出，如蛇虺长居洞穴，没有抛头露面与人面见的道理，有人来了也只是半掩着门从缝隙向外窥视，这样的话，女子能保持贞正，不会招来祸患。有人会说："如果是迫于形势，在社会上颠沛流离，不得不出来抛头露面，那又怎么办呢？"女子要出门的话，最好能遮盖自己的脸。即使不方便遮盖，阻止不了其他人看自己，那么至少可以做到自己不去看别人，这样的话，就算独自行走千里之外、杂处于人群之中也没

有什么害处。

简注

① 窥：从门缝往外看。
② 引自《诗经·小雅·斯干》。
③ 腼：面见。

实践要点

古代女子不能抛头露面，外出也要拥面而行，这是由于当时的社会治安环境所决定的，不如此，便容易被歹徒恣意侵犯。因而，古人关于女子不能抛头露面、外出须拥面而行的规定，其制定的初衷在于保护女子的人身安全。在社会秩序良好的现代社会，女子不必遵行不抛头露面、拥面而行的教诲，但防范自身安全的意识却时时不能松懈，毕竟专门针对女子的违法犯罪行为仍时有发生。此外，吕坤关于女子出行时应做到"我不观人"的建议也适用于现代社会。出行时不顾看他人，一方面能避免因眼神接触而产生不必要的误会矛盾，另一方面也能减少精神的耗散，有助于把注意力收摄到自身周围，若有任何突发事情也能提前警觉。

剥［坤下艮上］

◎六五，贯鱼①，以宫人宠，无不利。

剥以五阴而戴一阳，有妻妾共夫之象②。然六五以柔顺之德，当近夫之位，而使四阴近已，不远斥之，令之以次御君，有贯鱼之象焉。则一阳既乐其贤，而众阴又感其德，何往而不利哉！

吕语今译

剥卦五个阴爻上顶戴着一个阳爻，阳为夫、阴为妻妾，有妻妾共一夫之象。而六五凭借温柔和顺的德性，在丈夫（上九）的身边，又能使其他四妾（初六至六四）亲近、不远离，并让众妾有序地服侍夫君，像众鱼贯然而进。这样，丈夫既喜欢她的贤惠，而众妾又感怀她的恩德，怎么会有不好的事情发生呢？

简注

① 贯鱼：剥卦初、二、三、四、五均为阴爻，上为阳爻，鱼为阴物，因此剥卦众阴爻如同众鱼整齐排列、骈头相次，像是被贯穿为一串的样子。

② 阳爻象夫，阴爻象妻妾，而剥卦一阳居五阴之上，所以吕坤说有妻妾共夫之象。另据《周易正义》，剥卦讲的是消息盈虚的道理，六五爻辞的大意是：小人如鱼贯，骈头并进，君子如能以宠爱宫人的态度去宠爱小人，不害正事，那么就不会有不利。

实践要点

本条讲的是在古代社会一夫多妻的制度下，正妻应打消心中嫉妒的念头，让众妾侍有序地进御夫君。在古代，正妻的职责之一是管理好众妾侍事奉丈夫的秩序，以维持家庭的和谐稳定。然而，要做到这一点确实不容易，有谁真心愿意让自己所爱的人与他人交欢呢？想必无论男女，都不情愿这样做。然而，为了家族子孙后代兴旺，正妻要以理性克服情感之私，履行管理妾侍的职责。下文还会涉及正妻处理与众妾关系的条目，这些条目就具体内容而言对于现代读者不能起到任何指导实践的作用。

然而，换一个角度思考，夫妻之间会否有因为嫉妒吃醋而蒙蔽理智、误解对方的时候呢？有的时候，夫妻之间的矛盾会因为妒忌吃醋而产生，或嫉妒怀疑对方与异性交往密切，或嫉妒对方偏袒其父母或亲族。此时，若不能清醒地保持头脑理智，客观冷静地分析问题，便会因一时的冲动破坏了家庭的和谐。因此，夫妻之间要以理性克服情感之私，不能让嫉妒醋意冲昏头脑。

咸 [艮下兑上]

◎咸：亨，利贞；取女，吉。

兑，少女[1]，艮，少男[2]，年相若也。兑泽而柔润，艮静而刚方，德各正[3]也。兑泽下流，艮山静纳，情相应也。兑体阳而用阴，艮体阴而用阳，气相因也。兑在上，柔而不屈；艮在下，刚而不陵，意相合也。以此而为夫妇，则内外各正，健顺相宜。以之取女，则亨而通，利而遂[4]，贞而正，何不吉之有？盖女德静正，不妄悦，男能下之[5]；女情无厌，恐常悦，男能止之[6]。此咸之义也。

| 吕语今译 |

兑卦象征少女，艮卦象征少男，两人年龄相若。兑卦如水泽般柔和温润，艮卦沉静而刚正方直，两者都能正定自身的德性。兑卦如水泽般奔流下注，艮卦如山陵般沉静收纳，两者相互和应。兑卦性体阳刚而功用阴柔，艮卦性体阴柔而功用阳刚，两者气分相通。兑卦在上，温柔而不屈从，艮卦在下，阳刚而不欺凌，两者情意相合。这样的男女结为夫妇，可以让家里内外都各得其所，刚健柔顺两相适宜。这样婚姻通达、顺利而守正，怎么会不吉祥呢？女方的德性安静而方

正，不随便动情，而男方能做到以礼下求；女方的情感没有厌足，恐怕会情随欲动、怡悦过头，男方能够给予制止。这就是《咸》卦的大义。

| 简注 |

① 少女：《周易·说卦传》："兑三索而得女，故谓之少女。"
② 少男：《周易·说卦传》："艮三索而得男，故谓之少男。"
③ 正：据《周易正义》解乾卦《象》辞"各正性命"作"各能正定物之性命"，"正"训为"定"。
④ 遂：通达，如意。
⑤ 男能下之：咸卦艮下兑上，有少男以礼下求少女之象，《周易正义》曰："艮为少男而居於下，兑为少女而处於上，是男下於女也。婚姻之义，男先求女，亲迎之礼，御轮三周，皆男先下於女，然后女应於男。"
⑥ 男能止之：兑为少女、为悦，艮为少男、为止，因此说"男能止之"。

| 实践要点 |

什么样的男女相结合才能成就一段好的姻缘呢？本条给出了解答：

首先是男女双方年龄相若，即所谓"年相若也"。一般说来，年龄相若的男女双方在三观方面相对接近，出现代沟的可能性相对较少，有较多的共同话题。

其次，男女双方在品德性格方面能有所互补，即所谓"德各正也""情相应也""气相因也"。这意味着男女双方各自都是有德之人,而他们的性格气质又能够相互补充。男方刚正方直,女方柔和温润,一刚一柔,情投意合,俨如天作之合。这一点尤其重要,在实际生活当中,有的情侣情投意合,但最后往往没有走到一起,原因便在于两人性格气质相冲,势如水火。即使勉强相合,最后也落得个婚姻不如意的下场。

最重要的一点是,男女双方要同心同德,即所谓"意相合"也。两个人在一起生活,往往会遇到很多困难和问题,这需要男女双方坦诚相对,互相信任,理性让步,达成统一的意见。

此外,本条还指出,男子要放下架子,摒弃"大男子主义",主动关怀、悦乐女子(即所谓"男能下之"),并主动节制过度的悦乐之情(即所谓"男能止之")。

恒 [巽下震上]

◎恒:亨,无咎,利贞,利有攸往。

恒,常也,久也。惟正故常,惟常故久。震为长男①,以振作②居上;巽为长女③,以柔顺居下。震为阴中之一阳④,刚而不暴;巽为阳中之一阴⑤,柔而能立。以此相与⑥,则无不正矣。故亨而无咎,守则无不固,行则无不利矣。

| 吕语今译 |

恒即恒常长久的意思。只有持正才是常道，坚守常道才能长久。震卦象征长男，以发奋有为而居上位；巽卦象征长女，以温柔顺从而居下位。震卦三爻中一阳二阴，刚阳而不暴虐；巽卦三爻中二阳一阴，阴柔而能自立。巽下震上这样的组合，就可以做到持守正道。因此，这样的婚姻亨通而没有咎害，守成没有不坚固的道理，行动没有不顺利的。

| 简注 |

① 震为长男：《周易·说卦传》："震一索而得男，故谓之长男。"
② 振作：振，奋起。作，有所作为。
③ 巽为长女：《周易·说卦传》："巽一索而得女，故谓之长女。"
④ 震卦卦象由两阴爻一阳爻组成，故谓之"阴中之一阳"。
⑤ 巽卦卦象由两阳爻一阴爻组成，故谓之"阳中之一阴"。
⑥ 相与：相偕。

| 实践要点 |

此条与上条相似，指出男女年龄相仿、一刚一柔的话能保持婚姻的恒常。在古人看来，男子应当刚阳而不暴虐，女子应当阴柔而能自立。对此，我们应该要有正确的理解。男刚女柔，首先是对男性和女性在生理特点方面的客观认识。一般说来，男子的肌肉骨骼要较女子强壮，这意味着能从事较强的体力劳动。此外，女子在月事、受孕、妊娠、哺乳期间也无法从事较强的体力劳动，甚至完全无法从事劳动。于是，在传统的农耕社会，男刚女柔的生理特点又体现为生产力的男强女柔，从而有了男主外、女主内的家庭分工形式。这样一来，便形成了男刚女柔的社会性别认知。当然，说女子要阴柔，并不等于说女子应该没有主见、任人摆布，正如说男子要刚阳，并非说男子应专横武断、恣意妄为。男刚，实际是倡导由男方主动承担家庭责任；女柔，则指女方在男方主动承担家庭重担的前提下，为其提供智力和情感的支撑。

◎六五，恒其德，贞，妇人吉，夫子凶。《象》①曰："妇人贞吉，从一而终也。夫子制义②，从妇，凶也。"

六五，尊位③也。柔顺中正，无专辄豪敢④之意，虽居六五之尊，而安贞如常。妇人得此为吉，从一而终，有恒道矣。震，夫子也。主于专制，以方正自持，以明果裁物，乃从九二刚愎[音弼]之妇⑤，岂非有家之凶哉？盖制义有通变之权，不必于恒，从一有不变之义，故惟恒乃贞。古人云："生男如狼，犹恐其羊；生女如鼠，犹恐其虎。"⑥

吕语今译

六五居于一卦之尊位，阴柔随顺，大中至正，没有专横独断的毛病，虽然身居尊位，却以安定贞正为常。妇人若有这种德性的话可以获得吉祥，能够顺从一个丈夫终身不改，这就是恒久之道。震卦在上，象征丈夫，应该承担裁制事宜的责任，要以方正不阿的精神来要求自己，以聪明果断的做法来决断事物。如果一味地将就像九二般刚愎自用的妇人，难道不会让家庭发生灾祸吗？丈夫裁制事宜有变通的道理，不必恒常不变；妇人顺从一个丈夫有终身不变的道义要求，因此守持恒常才是正道。古人说："生了像狼一样刚猛的男孩子，还担心他会变得像羊一样懦弱；生了像鼠一样娇弱的女孩子，还生怕她会变得像老虎般凶悍。"

简注

① 《象》：即《象传》，分上下篇，和《文言》《象传》（上下篇）、《系辞传》（上下篇）、《说卦传》《序卦传》《杂卦传》并称为《十翼》（共七种十篇）或《易传》，是阐发《周易》经文大义的著作。

② 制义：制者裁断；义者宜也。

③ 尊位：五爻居上卦中位，为尊位。

④ 专辄豪敢：专辄，即专断。豪敢，即果敢。

⑤ 九二为阳爻居阴位，阳象刚愎，阴象妇人，故曰"刚愎之妇"。

⑥ 古谚语，班昭《女诫》曾引之以强调"男以强为贵，女以弱为美"的观念。

| 实践要点 |

本条强调妻子出嫁应从一而终，而丈夫处事不必处处听从刚愎自用之妻的主意。事实上，无论男女，只要慎重确定好了婚嫁对象，都应该从一而终。而家事的商定，无论丈夫抑或妻子，都不能听任刚愎之言，应以理性决之。

家人［离下巽上］

◎家人，利女贞。

家人之道，利于女正。正家之道，先于正女。女正而家无不正矣。

| 吕语今译 |

家人这一卦的道理，以女子守正为有利。端正家庭的道理，首先在于端正女子。女子守持正固，则整个家庭就都能走上正道。

实践要点

"女正而家无不正",这实质上是强调女子在家庭当中举足轻重的地位。端正家风,首先要从家中主妇身上做起,这个道理在现代社会当中同样适用。现代家庭一般是一家三四口的小家庭。作为妻子,家中主妇与丈夫朝夕共对,其身正则能鞭策丈夫同归正道。作为母亲,家中主妇对小孩言传身教,其身正则能使小孩受到潜移默化的影响。如此,整个家庭都能走上正道。

著名的散文家梁实秋在《想我的母亲》一文中回忆道,自己的母亲从十八九岁入门之后,便倾力于主持家政、敬事舅姑、教养儿女,一生鞠躬尽瘁,毫无怨言。梁母可谓是尽到了妇道之正,这对整个家庭产生了积极的影响。梁实秋在文中述及:"我父亲曾对我说,我们的家所以成为一个家,我们几个孩子所以能成为人,全是靠了我母亲的辛劳维护。"由此可见,母亲在家庭教育方面所能发挥的影响是如此之大。

◎《象》曰:"家人,女正位乎内,男正位乎外。男女正。天地之大义也。"

女正位乎内,不侵①男也;男正位乎外,不昵②女也。男女各正,天地之道,如斯而已。

| 吕语今译 |

女子在家内居正当之位，则不侵扰男子；男子在家外居正当之位，不亲昵女子。男女各自守持正道，天地间的道理就是这样而已。

| 简注 |

① 侵：侵扰。
② 昵：亲昵。

| 实践要点 |

女正乎内，即女子主持家务事，不干涉男子用以维持家计的事业。男正乎外，即男子应专注于正业，不亲昵女色。总括来说，就是夫妻双方都要尽好自己的分工职责。在现代社会，大多数的家庭夫妻双方都要外出工作以维持生计，因而家务事往往也由夫妻共同分担，男女之间的内外分工界限已不如古代社会明显。但夫妻对于家庭而言都有各自该尽的职责，这一点古今无别。因此，对现代读者而言，男女各正其位，实际就是在合理的家庭分工的基础上，夫妻双方各尽其力、务于正业。

◎家有严君焉,父母之谓也。

正家之道,非严不行。故男严于外,女严于内。家法井井有条,家人翼翼遵守,欲家不正,得乎?若画一之规,以情而二,有常之度,以宽而弛,久则上替下陵①,彼乐此苦,虽武怒烦刑,难振于衰颓之后,益长其怨讟②[音读]之心矣。严非酷烈③之谓,端方整肃,事事不苟而已。

| 吕语今译 |

端正家庭的方法,非严格不可。因此男子在家庭之外严格处事,女子家庭之内严格持家。家里的法度井井有条,家人们小心翼翼地遵守,如此一来,家道怎么可能不正呢?如果对于统一的家法,在执行的时候因为偏爱之情而有所偏袒,对于常用的制度,因为宽厚而废弛,久而久之便会上下失序,违纪者快乐、遵纪者苦闷。这样一来,即使一家之主因为震怒而加以层出不穷的刑罚,也很难在家风颓废之后重振家道,反而只会增益家人怨恨的情绪。严格不是残酷暴烈,而是端庄正直、整齐严肃,每件事情都做到一丝不苟。

简注

① 上替下陵：替，衰废；陵，侵犯。
② 讟（dú）：痛怨。
③ 酷烈：残酷暴烈。

实践要点

传统社会有各种乡约、家法、家训、家规用以规范、约束族人的行为。在执行这些规范的时候，最关键的地方在于要严格地执行当中的条款约定，不得有所偏袒，亦不得有所宽限。现代家庭也不妨借鉴古人智慧，由家长和子女共同订立一个家庭的行为规范，并严格落实。如此一来，有助于引导子女形成行为规范意识，也能约束家长端正自身行为，真正做到言传身教。

◎初九，闲有家，悔亡。《象》曰："闲有家。"志未变也。

谚曰："教妇初来，教子婴孩。"闲，阑①也，物未放逸，以阑防禁之也。家人无闲，而各恣己意，何所不至？何所餍足？不至于乱亡不止，圣人忧之而曰"闲有家"。然志变而闲，不惟所闲者苦，而怨尤易生，闲之者亦劳而诲不入。何者？上慢而下玩[2]也。初九当正家之始，人心观望之时，而以刚道闲之，则习于检束[3]。若谓当然，闲之者不见其难，而所闲者相安于规矩之中矣。

吕语今译

谚语说："媳妇刚进门的时候就要给予训导，如同孩子还是婴儿的时候就要给予教育。""闲"即是"阑"，意思是当事物还没有放纵自逸的时候，就要用门栏般的措施去预防禁止。如果家庭成员没有门栏般的家法可遵守，而各自恣意妄为，有什么事情会做不出来呢？哪里会得到满足呢？这样下去，不到家庭败亡也不会停止胡作非为。圣人担心会出现这样的情况，所以告诫人们"防止邪恶然后保有其家"。然而，当家庭成员放纵心志之后再去做防范的措施，不但被管束的人会感到痛苦并产生怨恨的情绪，而下令管束的人也劳而无功，说服不了被管束者。为什么会这样？这是因为上面的人怠慢，下面的人就容易会轻视。初九正处于端正家道的开端，人们心里都抱着观望的态度。这个时候如果用刚正严格的家法去预防邪恶的发生，那么家人们都会习惯于检点约束自身。如果家人们都认为服从家法家规是理所当然的，那么持家者就不会感到困难，而受管束者也会安心在规矩之中行事。

简注

① 阑：门遮。
② 玩：戏弄，引申为轻视。
③ 检束：检点约束。

实践要点

本条着重强调了从一开始就要用严格的家法去规范家庭成员的行为。执行家法、家训等家庭规范，其用意是预防家庭成员形成不良的行为习惯。若不及早重视，待家庭成员形成了无拘无束、恣意妄为的生活态度之后，家庭规范也难以起到规范约束的作用。本条对于初为人父母者尤其值得注意。家庭迎接新生命的到来，固然是一件值得高兴的事情，但随之而来的一系列问题，包括孩子的入户、哺育、接种疫苗、入学等，会使父母忙得焦头烂额，而相应增长的消费开支又会使得普通家庭倍增压力。这时候，父母往往容易忽略对孩子的家教问题。本条则提醒父母们，要趁早思考家教问题，孩子从小就该注重培育形成规范意识。

◎六二，无攸遂，在中馈①，贞吉。《象》曰："六二之吉。巽以顺也。"

> 六二温柔中正，居二阳之间，有中馈之象。制于二阳，意不得以自遂，而谓之贞者何？盖女子之道，以顺为正，六二顺则从夫，故无敢专辄之意。巽则卑己②，故不辞中馈之劳，何正如之！何吉如之！世俗妇女，罔遂厌心③，便自悲怨，又不安中馈之职，非妇道之正矣，安得吉？

| 吕语今译 |

六二性情温柔、品行中正，在两个阳爻之间，象征主管家中饮食事宜。受制于两个阳爻，不能遂顺自己的心意，为什么这就是贞正呢？女子立身之法，以柔顺为正道。六二柔顺而听从丈夫的主意，因此没有独断专行的想法。柔顺则能放下自己的身段，因此不推辞主管家中饮食事宜的辛劳。这是如此的贞正！如此的吉祥！世俗的妇人，遇上不能遂顺心意的时候，就独自悲伤怨恨，又不安分于主管家中饮食事宜的职责，这便不是为人妇者的正确做法，怎么会获得吉祥呢？

| 简注 |

① 馈（kuì）：饷食，《周礼·天官·膳夫》有"王之馈食"，郑玄注云："进物于尊者曰馈。"

② 巽则卑己：《周易正义》曰："巽者，卑顺之名。"
③ 罔遂厥心：未能遂顺心意。

实践要点

在古代社会，妇人的职责是主持好家庭内务，主要是照料家庭成员饮食温饱之事。一般说来，由于身处家中，妇人难以获取外界的信息。相较而言，丈夫工作在外，有更多获取资源、信息的途径。因而，家庭在遇到大事要做决断时，主要由丈夫做决策，这是合乎常理的。当然，妻子听从丈夫的前提是，丈夫并非平庸无能之辈。若丈夫平庸无能又刚愎自用的话，作为妻子也应该尽力规劝。当然，在现代社会，妻子在工作之余不必独力承担家务的辛劳，丈夫应与之分担。而家庭大小事务的决断，夫妻之间应积极商量探讨，以家庭整体利益为重，唯理是从，而不必为了争个是非对错而各执一偏。

◎九三，家人嗃嗃①［音郝，严厉声］，悔厉，吉。妇子嘻嘻，终吝②。《象》曰："家人嗃嗃。未失也。妇子嘻嘻。失家节也。"

九三，刚而过中者也。处肬肬③骨肉之地，常有嗃嗃威怒之声，拂情④招怨，悔厉所不能无。然性严而人情不肆,法振而事体不弛,有吉道焉。即有不吉,不过悔厉而已。若妇子嘻嘻,知和而和矣,和则人无忌惮,事皆恣情,凶祸即无,而羞吝不免。况优柔宽纵,养祸长奸,又安知无不测之凶乎?夫中正和平,居家之道也。《易》取嗃嗃,宁俭宁固之意乎!

| 吕语今译 |

九三,刚强太过而有失中道。在骨肉至亲之间,经常出现武威震怒的声音,在这种违背人情、招致怨恨的处境之下,悔恨和危险是难以避免的。然而,如果一家之主性情严格的话,家人的私情就不敢放肆;家法振兴的话,家人处事就不会松懈。这样就是家庭吉祥之道。就算有不吉利,也不过是悔恨和危险而已。如果家法不严,妇女子女笑闹嘻嘻,这是为了和睦而听任家人的私意,这种和睦会让家人变得毫无忌惮,做事都恣纵私情,如此一来,就算没有凶险祸患,也难免会使家族蒙羞、恨惜不已。况且一家之主如果优柔寡断、宽柔放纵,容易招惹祸害、助长奸事,又怎能保证不会出现意外的凶险呢?所以说,中正和平是持家的正道,而《易》经主张严厉治家,大概是宁可严守家法,使得家庭俭朴、稳固。

简注

① 嗃（hè）嗃：象声词，愁怨之声。
② 吝（lìn）：恨惜。
③ 肫（zhūn）肫：诚恳的样子。
④ 拂情：违背人情。

实践要点

古语有云："慈母多败儿。"女子大多心肠柔软，对待自己的子女更是慈祥宽恕，容易因为溺爱而放任了子女的不良行为。而本条则主张以严治家，只有严守家法，才能使家庭成员行为中规中矩，免遭家道败乱之祸。

◎六四，富家，大吉。《象》曰："富家大吉，顺在位也。"

富家，家道丰盈也。富非珠玉粟帛之谓，和气洋溢，人情熙泰①。《礼记》以兄弟睦为家之肥是已②。所以然者何？一家之人，各有其位，而不顺其在位之道，乖离怨叹，何贫如之？今也父慈子孝，夫义妇顺，兄友弟恭，是谓顺在位。盖六四以柔顺之德，居下之上，有母仪；

> 居上之下,有妇道。宜③其家人,实六四为之。妇人顺位,而一家无事矣。

| 吕语今译 |

"富家"说的是家庭和顺,喜气充盈。"富"并非指珠宝、玉石、粮粟、帛布等财物,而是指家里和气洋溢、人情和顺,所以《礼记》以兄弟和睦为家道之肥。为什么这样说呢?一个家庭里面各个成员都有自己的义务和责任,如果没有尽到自己所处位置的本分,就会出现家人乖离、相互怨叹的情况,这样家道就再贫困不过了。现在若能做到父亲慈祥、子女孝顺,丈夫合乎道义、妻子顺承其意,兄长友爱、弟弟恭敬,这就是家庭成员们都尽好了自己所处之位的本分。大概六四的爻象象征女子以柔顺的德性,处在下卦(初、二、三爻)之上展现出母亲对待膝下儿女的慈祥仪态,处在上卦(四、五、上爻)之下体现出顺承尊长的妇人之道。能和顺家人,实际是六四柔顺之德的功劳。妇人若能尽到本分,那么一家人就可以相安无事了。

| 简注 |

① 熙泰:和顺。

② 《礼记·礼运》有云："四体既正，肤革充盈，人之肥也。父子笃，兄弟睦，夫妇和，家之肥也。大臣法，小臣廉，官职相序，君臣相正，国之肥也。天子以德为车、以乐为御，诸侯以礼相与，大夫以法相序，士以信相考，百姓以睦相守，天下之肥也。是谓大顺。"

③ 宜：朱熹《诗集传》："宜者，和顺之意。"

实践要点

本条指出了，对于一个家庭而言，最大的幸福是家里和气洋溢、人情和顺。当谈到"什么是幸福的家庭"时，现代人首先可能会想到要有属于自己的房子、车子，小孩能上重点学校、出国读书，网购的购物车总是处于清空的状态，每年旅游若干次，工资上涨、银行储蓄日益增多等等。总而言之，现代人对家庭幸福的概念更加倾向于构筑在物质生活条件丰盛的基础之上。为了家庭能过上更好的生活，父母在外天天加班，子女放学之后天天补习，而一家人在一起共叙天伦的时光却所剩无几，即使共聚一堂，各自也被工作、学业的压力以及手机平板的诱惑耗散了心力。本条却提醒了现代读者，家庭的富裕并不在于物质条件的富裕，而是家庭当中富有人情。父慈子孝、夫义妇顺、兄友弟恭，如此和睦的家庭关系才是真正值得追求的东西。

◎九五，王假［与格①同］有家，勿恤，吉。《象》曰："王假有家。交相爱也。"

九五阳刚中正，与六二阴柔中正为正应，有刑于二女②、刑于寡妻③之德，故曰"格有家"。女以男为家，家既格矣，他何忧焉？故曰"勿恤，吉。"然不至于交相爱，则不得谓之格矣。交相爱，夫喜妇之柔嘉，妇乐夫之刚正，有孚挛如④，何吉如之？

| 吕语今译 |

九五阳爻性刚而居上卦中正之位，与六二的阴爻（性柔而居下卦中正之位）正相呼应，能像帝舜"刑于二女"、文王"刑于寡妻"一样，以礼法对待妻子，所以说是"格有家"。女子以丈夫为家，丈夫既然能感格妻子，那又有什么值得担忧的呢？所以说"无须忧虑，吉祥"。然而若没有能够使夫妇之间互相亲爱，那还算不上是能感格。夫妻之间互相亲爱，丈夫喜爱妻子的柔顺善良，妻子喜欢丈夫的刚强中正，能以至诚维系双方的关系，那是多么的吉祥啊！

简注

① 格：至，来，感通。

② 刑于二女：刑，法也。《尚书·尧典》有"女于时，观厥刑于二女"，说的是尧把自己的两个女儿下嫁给舜，观察他对待二女的法度以及治家能力，从而考察他的治国能力。

③ 刑于寡妻：《诗经·大雅·思齐》有"刑于寡妻，至于兄弟，以御于家邦"。寡妻即正妻，诗谓文王以礼法对待正妻。

④ 有孚挛如：《易经·中孚》爻辞，谓以诚信牵系天下之心。

实践要点

本条指出夫妻和顺的关键在于"交相爱"。如何是"交相爱"？实质就是夫妇之间能互相欣赏对方身上的气质特点。这要求夫妻双方首先各自端正好自己的行为，作为丈夫，应该做到刚强中正；作为妻子，应做到柔顺善良。若自身没做好，却又指望对方能欣赏、体贴自己，那么互相欣赏便无从说起。

◎上九，有孚①威如②，终吉。《象》曰："威如之吉，反身③之谓也。"

> 上九过刚,有威如之象。而家人有孚,盖威如之初,人心未孚,疑于不吉,至于孚其威如,则终无不吉矣。威如而能有孚者何?凡人恕己而责人,宽则笑,严则怨,何孚之有?上九心怀六四之顺德,身持九五之刚中,其检身也不苟,其存心也不苟,反身无可指之过,律人以自治之严,焉得不孚?男正外,女正内,反身之外,无良术矣。

| 吕语今译 |

上九过于刚强,有威严之象,但家里的人都信任他。大概刚开始以威严治家的时候,家人都不太信任他,怕会不太吉祥。但等到家里人都信服他的威严之后,最终不会有什么不吉祥的事情。有多少人能做得到以威严服众呢?一般人都容易宽恕自己而喜欢责备别人。宽容相待的话,大家彼此之间都还能有说有笑,一旦要求严格,别人心里就会产生怨恨,有谁会信服呢?上九象征心怀六四柔顺的德性,立身以九五的阳刚中正。他检点自身时毫不苟且,对待别人不会故意苛刻。他时刻反求诸己,身上没有能让别人指责的过错;他严格地要求自己,并用同样的标准去约束别人。这样的话,家人又怎会不信服他?要做到"男正外、女正内",夫妻各尽其责,除了时刻反省自身,没有其他更好的办法了。

简注

① 孚：信。
② 威如：威严的样子。
③ 反身：反求诸己。

实践要点

上文多次强调了严格治家的重要性。然而，如何从严治家才能取得家庭成员的信任呢？答案只有一个，就是治家之人要严于律己、从严治己。无论家法家规有多么的严厉，只要一家之主自己能做好，其他家庭成员也就乐于服从。儒家注重自修其身，身不修不可以齐其家，讲得也是同一个道理。在现代社会中，许多父母在教育孩子时说的是一套，自己做的却是另外一套。要求孩子不要玩手机，自己却总是在捧着手机；要求孩子认真上课，自己上班的时候却想着偷懒。如此一来，孩子又怎能心悦诚服地听从教诲呢？用现代的话语，这便是双重标准。不仅是父母对待孩子时会出现双重标准，在夫妻之间也往往会出现双重标准的情况。若夫妻之间都严于律人、宽以待己，看不到自己做得不好的地方，却又总是觉得对方做得不够好，那怎能做到夫妻和顺呢？所以说，"反身之外，无良术矣"，这句话古今都适用。

姤 [巽下乾上]

◎姤，女壮，勿用取女。

巽为长女①，以一身而当群阳之首，无所回避，女壮甚矣。且方来之锐，渐长之萌，不至阳尽屈服，阴尽当权，不止。是女也，为妇且当出②，在室岂可取哉？卦名之曰遇，言非朝、非谒，直与五阳敌体相遇，不逊③之意也，故戒以勿取。盖娶妻者，宁无用而温柔，勿有才而刚悍。无用止于废坠，刚悍必取败亡。圣人严于为女之时，其惧深矣。

| 吕语今译 |

姤卦下面是巽卦，象征长女，（初爻）以自己一人充当众阳的首领，无所回避，可见此女是如此的强悍。而且这个女子未来统摄群阳的锐气是从萌芽之后逐渐生发的，不到男方屈服、女方掌权的时候决不会停止增长。对于这样的女子，若已为人妇也应该被丈夫休弃，若还没出嫁的话男人就更不能娶了。姤卦的名字代表"相遇"，也就是说并非朝见、拜谒，（初爻）直接和五阳爻相遇较量，毫无恭敬之心。因此卦辞劝诫不要娶这样的女子。娶妻的话，宁可娶能力不强却性格

温柔的女生，切勿娶才气过人而刚强凶悍的。妇人能力不高的话，最坏的情况只是干不好家务活，而妇人刚强凶悍的话，必定会让家庭败亡。圣人严格管教待字闺中的女孩子，用意是很深远的。

简注

① 长女：《易经·说卦传》："巽一索而得女，故谓之长女。"
② 出：休弃。
③ 不逊：不恭敬。

实践要点

吕坤指出刚强凶悍的女子容易导致家庭败亡，因而男子不愿娶之，而女子也要避免养成这种刚强凶悍的性格。这里说的刚强凶悍，是指待人没有恭敬之心、野蛮无耻。吕坤曾填写《望江南》，生动地刻画了刚悍妇人的情态：

泼恶妇，一味性刚强。抬头撞脑凶如虎，拏刀弄杖狠如狼。动辄哭一场。

残刻妇，心狠似豺狼。打人恶打人头脸，骂人先骂他爷娘。第一不贤良。

强悍妇，性儿好纵横。不拘甚事她主张，就是男儿敢硬争。谁家父母生。

凶狠如虎狼、舞刀弄杖、打人骂人、哭闹强争、强横专断，如此种种甚是失礼。回顾新闻报道，现代社会也有泼辣如斯的妇人，不仅影响他人正常生活秩序，还让自己遭殃。例如，2019年7月，某女子大闹广州南站，迫使高铁晚点7分钟，落得个行政拘留9天的下场。又如，2020年3月，在全民抗战新冠病毒的紧急关头，某外籍华人女子不顾隔离令擅自外出跑步、不戴口罩，遭社区防疫人员劝说时又疯狂撒野，最终落得个遣返原籍、工作被辞退的狼狈下场。刚悍无礼之人，古今并无二致。现代女性，要引以为戒，而家有闺女者，也要注意对女儿的教养，勿让今日的掌中明珠长成他日的刚悍虎狼。

渐 ［艮下巽上］

◎渐，女归①吉，利贞。

山，刚坚之地，其生木也不骤大，有渐之象。女之归人也，始纳采，次问名，次纳吉，次纳征，次请期，次亲迎，有渐之道焉。盖急欲者多躁进，巽以长女而归少男②，已过时矣，犹待礼而渐进焉，不贞而能之乎？故利。

吕语今译

山（渐卦下卦为艮，艮为山）是刚强坚硬之地，在它上面生长的树木（渐卦上卦为巽，巽为木）不会一下子就长大，因此渐卦有循序渐进的意象。女子出嫁，要遵循纳采、问名、纳吉、纳征、请期、亲迎等六个流程，有循序渐进之道。大概急着要出嫁的人多半会急躁冒进，不遵守婚礼仪程。巽卦象征年纪不小的长女，要嫁给年纪轻轻的少男（艮卦），已经是过了结婚的适当年龄了，但仍然依照六礼不慌不忙地完成整个结婚仪式。在这种情况之下，若女子不贞正，怎么能做到依礼渐进呢？所以说，娶得到这样贞正的女子将会很吉利。

简注

① 归：出嫁。
② 少男：艮卦为少男，《易经·说卦传》："艮三索而得男，故谓之少男。"

实践要点

本条强调了婚姻要讲求礼仪，即使女方已经过了适婚的年龄，也不能不依礼法，贸然成婚。前文已述及，女子未找到合适的对象不要急于成婚，而男女成婚之时要注重婚礼的仪式感，可一并参看。

归妹 ［兑下震上］

◎归妹，征凶，无攸利。

归妹，女之终，妇之始也。君子以理御情，虽和乐而不失恭敬，虽亲爱而不损威仪。今兑以少女①适人②，有喜悦心，无贞静态。震以长男娶少，有动荡之意，无庄雅之容。以此相与，所谓欲动情胜，既不可以正家，又不可以终好，无往不凶矣，何利之有。

| 吕语今译 |

少女出嫁，对于女子而言是待字闺中的终结、嫁为人妇的开端。婚姻之事，有道德的君子可以用理智驾驭情欲，夫妻之间能够做到和谐快乐而不失内心的恭敬、相亲相爱而不损外在的礼仪。现在归妹的上卦兑卦象征着年轻的少女出嫁，内心充满喜悦之情，外表没有贞固文静的姿态。下卦震卦象征着年长的长男娶年轻的少女，心中有冲动鼓荡的情意，外表没有端庄雅正的仪容。这样的男女互相结合，可以说是欲望涌动、情胜于理，既不可以端正家风，又不可以终身修好，到哪不会遭遇凶险呢？怎么会吉利呢？

简注

① 少女：兑卦象征少女，《易经·说卦传》："兑三索而得女，故谓之少女。"

② 适人：女子出嫁。

实践要点

本条强调了夫妻相处之道在于能用理智驾驭情欲，两人能够做到和谐快乐而不失内心的恭敬、相亲相爱而不损外在的礼仪。夫妻朝夕共对，亲密无间，若从一开始时便情意绵绵而不知节制，亲昵亵玩而失却恭敬，待到激情耗尽、新鲜感尽无时，夫妻二人便同床异梦，心中残留的情感就只有厌倦和怠慢。因而，古人提倡"以理御情"，夫妻应当"相敬如宾"。"以理御情"是指夫妻之间不要因为情欲而冲昏头脑、罔顾一切，考虑问题的时候要唯理是从。如此一来，便不会因为贪求情欲、偏爱昵私而败坏正事（最大的反例即为纣王妲己之事，下文将述及）。"相敬如宾"，是指夫妻双方互相尊敬、互相欣赏。如此一来，夫妻双方才能不断地发现对方身上的优点和可爱之处，长期保存爱情的新鲜感；才能做到坦诚相对，互相交换真实的想法和情感，不因为亲昵之情而将对对方的不满之情封藏在心底、越积越多，直至一发不可收拾地爆发；才能真正做到为对方着想，而非处处要求对方满足自己的私欲。由是，"以理御情""相敬如宾"实在值得现代读者借鉴。

此外，本条也提到夫妻双方若年龄相差太远的话容易产生问题。易卦卦象无论男女都有少、中、长之别，少女配长男，寓意夫妻双方年龄差距极大。少女正值情窦初开之际，而长男则垂涎少女的美色，因而，少女、长男一拍即合，欲动情胜，容易落得不好的结果。尤其是，两人年纪相差太远的话，女方很有可能早早便要守寡，不比年龄相若的夫妻能够白头偕老，故吕坤谓之"不可以终好"。这也是女子寻觅夫婿时应该考虑到的现实问题。

◎六五，帝乙①归妹，其君之袂②，不如其娣③之袂良，月几望④，吉。

六五以阴居尊，有帝妹之象。应九二之阳，有下嫁之象。帝妹下嫁，富贵骄人，何饰不盛？今观其衣袂，淡妆雅束，殊无灿烂之华，不似帝王之女，反不如娣之袂之良焉。即此崇真尚朴，可知清德素心，天下之贤女矣。然恐其有初鲜终也，故勉之曰："月几望，吉。"盖爱之至而望之深也。

| 吕语今译 |

六五以阴爻居尊位，有帝王之妹的气象，与九二阳爻互应，以尊（六五）从

卑（九二），有屈尊下嫁之象。帝乙之妹下嫁，本应排场富丽、贵气逼人，哪一件饰品不奢华美盛？然而现在看她的衣服和袖子，装扮淡雅，毫无夺目的炫彩，看着不像是帝王家的女孩，反而还比不上陪嫁之妾的好看。从这种崇尚自然纯朴的作风，可以看出她的品德清雅、心地朴素，是人世间的贤淑女子。然而帝乙怕她不能保持初心，所以勉励她说"月亮接近圆满时最为吉祥"。可见帝乙对她情谊至厚而寄望深切。

｜ 简注 ｜

① 帝乙：传说中商代君主，纣王之父。

② 其君之袂：即出嫁女子的衣袖。《周易正义》云："帝王嫁妹，为之崇饰，故曰'其君之袂'也。"

③ 娣：陪嫁之妾。

④ 几望：阴历每月的十五日为望日，望日月满。几望即接近望日。

｜ 实践要点 ｜

现代女子出嫁，一般情况下都排场奢华，豪华车队、礼花礼炮、专业摄像、定制婚纱、富贵妆容、高级酒店、贵价酒席、珠光宝气应有尽有。相比之下，帝乙之妹出嫁的穿着打扮却是清新淡雅，令人眼前一亮。在此，吕坤指出了崇真尚朴、清德素心是贤良女子应有的品德。这种崇真尚朴、清德素心不仅体现在婚礼之中,还体现在日常穿着打扮之上。吕坤在《女子礼》中专门辟有"雅素"一条,告诫女子在日常穿着打扮之中应以"雅素"为合礼,其辞曰"女子有雅素之风,耻奢华之尚,可谓贤矣",又曰"但不骄矜,不靡丽,老成朴实,见者自知为有德之女矣"。

在鼓吹消费主义的现代社会,商家利用女子爱美之心,推销各种衣服、首饰、搭配品、化妆品甚至是整容服务。有的女子花费大量的时间、精力、金钱于其上,用浓妆重彩和款式各异的衣着打扮搭配出所谓的"时尚之美"。"时尚之美",美则美已,却不及"气质之美"。"气质之美"是由女子内在修养散发于外所显现的美,这种美抵得住岁月的磨蚀,非"时尚之美"所可比拟。如著名学者叶嘉莹,腹有诗书气自华,虽年过耄耋、衣服朴素,举手投足之间却流露出雍容得体的气质,这也正是崇真尚朴、清德素心的雅素之风。与其追求有保质期的"时尚之美",何不把时间、精力、金钱投入培养不输岁月的"气质之美"呢?读者宜深思之。

书 经

◎岳①曰:"瞽②子,父顽,母嚚,象傲,克谐以孝烝烝③,乂④不格奸。"帝曰:"我其试哉。"女[音汝]于时观厥刑于二女。釐⑤[音离,理也]降二女于妫[音归]汭[音锐]⑥,嫔[音宾]⑦于虞。帝曰:"钦哉!"

舜浚哲文明⑧,温恭允塞⑨,天下之至德也。父顽,母嚚,象傲,天下之至恶也。舜能使之克谐烝乂,天下之至化也。犹不足信而试以二女。二女视顽嚚者,贤愚何如?舜化二女,视化顽嚚难易何如?尧犹以此试舜,始知嫡妾之难处,有甚于父母之顽嚚。《易》睽曰:"二女同居,其志不同行。"盖中女少女,性各阴柔,火动而上,泽动而下,志各异趋,以是处于同室,冰炭不相入矣。况同欲分爱,争妍取怜,又妇人常态。能刑于二女矣,天下尚复有难处之事乎?尧既不挟贵,以理降二女于舜家,且命二女曰:"敬之哉。"夫以天子之女,下嫁匹夫,犹曰敬慎,始知妇道之卑,帝女不得加于凡民,夫道之尊,凡民不得屈于帝女,况诸侯大夫士庶人乎?

吕语今译

舜既有深远的智慧，又有文明温恭的品德，是天下间的道德楷模。他的父亲愚蠢固执，后母说话悖谬，兄弟象傲慢骄横，是天下间最恶的坏人。然而，舜能让顽劣的家人们和谐共处、家道大治，这是天下间最大的教化。尧还没有完全信服舜的能力，于是派自己的两个女儿去考验他。尧的两个女儿和舜顽劣的家人们相比，谁更贤明，谁更愚痴呢？舜对二女的教化和对顽劣家人的教化相比，哪一个容易，哪一个困难呢？（看起来尧的女儿们似乎会更贤明，要教化二女似乎会比教化顽劣的家人容易，然而）尧偏要二女去试探舜，可见，相比起感化顽劣的家人，能正确处理好正妻和妾侍之间的关系要更加地艰难。《易经》睽卦象传云："两个女子同居一室，志向不同而行为乖背"。睽卦上卦离卦为中女，下卦兑卦为少女，二女的性格都体现出阴柔的不容层面：离为火，火炎上；兑为泽，泽润下。水火不交，或上或下，可见二女志向相背。这样的两个女子生活在同一屋檐下，本来就像是冰水和炭火一样互不相容。何况二女共夫，各自都要争取丈夫的爱意，难免会争妍斗丽、博取怜爱，这是妇人常有的态度。能够让妻妾二女和谐相处的话，天下间还有什么难以解决的事情呢？尧不仅不以帝王显贵的身份自居，以义理说服两个女儿下嫁于舜，还告诫女儿们要恭敬谨慎。由此可见，妇道是讲求谦卑的，因为即使是帝王家的女儿，在身为平民的丈夫面前也要恭敬谨慎。而夫道是尊贵的，如果身为平民的丈夫是合乎道义的话，在帝女面前也不必因为身份卑微而屈服。帝王女也得遵守妇道，何况诸侯、大夫、士人、平民的女儿呢。

简注

① 岳：分掌四岳之诸侯，地方首领。

② 瞽（gǔ）：无目为瞽。《尚书正义》注云："舜父有目，不能分别好恶，故时人谓之瞽。"

③ 烝烝：据《经义述闻》，烝烝形容孝德之美厚。《尚书正义》注谓："烝，进也。"

④ 乂：治理。

⑤ 釐（lí）：义理。

⑥ 妫汭（guī ruì）：妫为河名。汭为河流弯曲之处。

⑦ 嫔：嫁。

⑧ 濬哲文明：濬，深。哲，智。经纬天地曰文。昭临四方曰明。

⑨ 允塞：充实，充满。

实践要点

本条值得现代读者借鉴的观点在于女子嫁作人妇便要讲求谦卑，即使娘家的社会地位比夫家要高，也不可恃势凌人。且不说娘家、夫家地位是否平等，现代社会流行一种观念，即女孩要富养。这种观念容易造成女子自小娇生惯养，养成高傲自大的性格。如此一来，女子嫁人后若丈夫不能容忍，便会落得个终日吵闹、家无宁日的下场。若父母从小就注重培养女孩子谦虚谨慎的品性，那么日后嫁人后便能更好地处理与丈夫以及夫家的关系。当然，谦虚谨慎不等于委屈服从。如前所说,夫妻之间遇到问题应该唯道是从、以理御情,谁的主张有道理就听谁的。若丈夫的主张不符合道义的话,妻子不必盲从,而应以理规劝。若丈夫的主张符合道义,即使娘家有权有势,丈夫又何必屈从于妻子呢?

◎王曰:"古人有言曰,牝鸡无晨。牝鸡之晨,惟家之索。今商王受[纣名],惟妇言是用。"

此武王伐纣誓师之辞也。牝鸡,母鸡也。鸣晨者,雄鸡之声。当家者,男子之事。母鸡夜啼而报晓,必主家道萧索,骨肉离散,凶之兆也。今纣惟用妲己之言,妲己所喜者,贵之;妲己所憎者,诛之。奸邪满朝,忠良诛逐,故我誓告三军,明正天讨,为天下除害焉。夫眇眇①一妇人耳,逐则不敢不去室,诛则不敢不就刑,庸夫贱子,皆能祸福其妻,彼何能为者?乃古今以来,不但妲己,桀以妹喜②亡夏,幽以褒姒③亡周,唐高以武曌④[音照]、明皇以玉环⑤亡唐,浩浩六合⑥之大,林林千百万之众,致令国破身亡,江河涨万姓之血,原野丘三军之骨,何物妖孽,祸烈至此!无他,溺爱者之罪也。此数女子,在文王宫中,不过一婢妾耳。化于德,尚可以为贤妃;恣其恶,不过自殃乃身,何祸之能为?

> 故兵刃皆可以杀戮，水火皆可以焚溺，善用之，则成勘靖⑦之仁、养生之赖。周书不罪妇言，而曰惟妇人之言是用，始知操刃、纵火、决防，祸有所从来矣。

| 吕语今译 |

这是周武王出兵讨伐商纣王时告诫士兵的话。牝鸡即是母鸡。早晨打鸣，这本来应该是雄鸡的职责，如同管理家庭是男人的职责一样。母鸡晚上啼叫，早上又报晓，象征着女人成为了当家人，那么，这个家庭必定会走向衰落、骨肉分离，这是大凶的征兆。

（周武王训诫士兵说）现在纣王只听从妲己的话，她喜欢的人就大为重用，她憎恨的人就加以诛杀。于是，朝廷之上，奸臣当道，而忠良之臣或被杀害、或被放逐。所以，我今天告诫你们三军，我要奉行上天讨伐无道的旨意，为天下人除去纣王的祸害。

妲己不过是小小的一个妇人而已，放逐她则不敢不离开家室，诛杀她则不敢不赴死。凡夫俗子都能任意处置自己的妻子，给她们带来好或不好的遭遇。（纣王作为天下君主，如果立身中正，行乎正道，）妲己又怎能做出祸害社稷的事情呢？可是，从古到今，不仅是妲己，夏桀因为妹喜而颠覆社稷，周幽王因为褒姒而自取灭亡，唐代高宗因为武曌、明皇因为杨玉环而断送天下，普天之下，芸芸众生，都因之遭受国破身亡的悲惨遭遇，江河流满了百姓的鲜血，平原旷野掩埋了三军将士的骸骨。祸乱的根源到底是什么？为天下带来了如此巨大的祸害。不是别的，这正是溺爱女色的昏君犯下的罪过。妲己、妹喜、褒姒这几个女子，倘若是在周文王的后宫之中，不过是普通的婢妾而已。若能被文王的德行感化，也许能成为贤明的妃子；若放纵自身的恶念，不过也是自己受害而已，哪里能造成覆亡天下的祸害呢？所以说，兵器的利刃可以用来杀戮，水、火可以用来焚烧、溺亡，如果能得到恰当的运用，兵器的利刃可以成为平定祸乱、安邦定国的武器，水、火可以成为人们赖以保养生命的工具。《书经·周书》这里没有把商朝的灭亡归罪为妇人（妲己）之言，而是说"（商纣王）只听从妇人的话"，由此可以推测，犹如执刃杀人、放火烧人、决堤溺人等祸害的罪魁祸首是执刃、放火、决堤的人（而非兵刃、水、火），而商朝的覆灭则应归罪于听用妇人之言的商纣王（而非妲己）。

| 简注 |

① 眇（miǎo）眇：细小，微小。

② 妹喜：又名末喜，夏桀之宠妃。《国语·晋语》载云："昔夏桀伐有施，有施人以妹喜女焉，妹喜有宠，于是乎与伊尹比而亡夏。"据《列女传·孽嬖》所载，桀听用妹喜之言，昏乱失道，骄奢自恣。曾建造酒池，命人牛饮其中，有醉而溺死者，妹喜观之大笑，用以取乐。

③ 褒姒（bāo sì）：周幽王之宠妃。《史记·周本纪》载云："褒姒不好笑，幽王欲其笑万方，故不笑。幽王为烽燧大鼓，有寇至则举烽火。诸侯悉至，至而无寇，褒姒乃大笑。幽王说之，为数举烽火。其后不信，诸侯益亦不至。"烽火戏诸侯之后，犬戎攻幽王。幽王举烽火征兵，诸侯不至，被犬戎杀于骊山之下。

④ 武曌（zhào）：武则天。

⑤ 玉环：杨贵妃。

⑥ 六合：天、地、四方为六合。

⑦ 勘靖：勘，校正。靖，平定。

| 实践要点 |

前文已述及，古人历来重视夫妇之道，因为夫妇之道所维系的不仅是一个家庭的关系，推广至极致，甚至能影响天下的败亡。如吕坤所谓"万世万化之原始于闺门"，本条即为例证。古人重视夫妇有别、严防妇人预政，是为了避免重蹈夏桀、商纣、周幽王等人君因沉溺女色而倾覆天下的覆辙。古人常云"红颜祸水"，然而，将天下的覆亡简单地归咎在妹喜、妲己、褒姒等女子的身上，实在有失公允。于此，吕坤认为商朝的覆灭则应归罪于商纣王，而非妲己。在某种程度上说，商纣王以及夏桀、周幽王等人败亡天下的重要原因之一，是没有正确处理好夫妇之间的关系。

如上所述，正确处理好夫妇之间的关系，要做到唯道是从、以理御情。而要做到唯道是从、以理御情，又需要提升自身的智慧和德性。如《大学》所云，"自天子以至于庶人，壹是皆以修身为本"。只有通过自修其身，才能在处理夫妻关系之上不为情欲所偏颇。对于现代读者而言，这一点也是至关重要的，因为现代社会大多数人（无论男女）都要兼顾家庭和事业，如夫妻关系没有处理好，便容易影响工作。为此，我们不妨从修身做起。自身品德修养提高了，夫妻关系又怎会不和顺呢？

诗 经

◎关关［和鸣］雎鸠［水鸟］，在河之洲［水滩］。窈［音杳，幽深］窕［挑，上声，闲静］淑女［太姒］，君子［文王］好逑［嘉耦］。

参差［不齐］荇菜［水生］，左右流［顺水寻觅］之。窈窕淑女［昔未得时］，寤［醒时］寐［睡时］求之。求之不得，寤寐思服［心头放不下］。悠哉悠哉，［念头无已时］辗转反侧［卧不安席］。

参差荇菜，左右采［叶此苟］之。窈窕淑女［今既得之］，琴瑟友［亲爱］之。参差荇菜，左右芼［冒，叶末，择也］之。窈窕淑女，钟鼓乐［欢喜］之。

雎鸠①之鸟，生有定偶而不相乱，偶常并游而不相狎。荇菜②之物，芳洁而不污秽，叶浮而根沉潜，物之窈窕③者也。文王，天下之圣人，难乎为配；太姒，天下之圣女，足配文王。彼其女德素闻，宫人④一见欣喜，而言是淑女也，德容深潜而不浅露，安静而不轻浮，如此窈窕，与我君子，和乐而不乖戾，恭敬而不媟狎，真一德相成，两美相并矣。所以未得而忧思，既得而喜乐如此。近世妇女，以洒落为多情，以轻佻为风韵。夫妇相与，非情欲之感，则狎昵之私。和乐非正，恭敬为羞，与淑女窈窕全不相似。读此诗者，可以反观矣。

吕语今译

雎鸠这种水鸟，生来便有固定的配偶，不相杂乱。它们经常成对地出游，而不相互狎昵。荇菜这种植物，芳洁而不污秽，叶子浮在水面而根部沉在水中，是植物中娴静美好的代表。周文王是天下间的圣人，很难有人能配得上他，太姒是天下间的圣女，足以配得上文王。作为女子，她的德性素来名闻天下。皇宫里的宫人一见到她就心生欢喜，说这个娴淑的女子啊，她的德性深厚潜藏而不外露，举止安静而不轻浮。像这样窈窕的女子若许配给我的君上，两人一定会和谐快乐而不相互背离，恭敬相处而不亲昵失礼，真可谓是一对佳偶能以共同的德性追求而成就彼此、两个善良美好的人足以相互媲美。因此，未追求得此女子时，心有忧思；追求得到了，便如此欢喜快乐。近来的妇人，把逢场作戏的玩乐当作是倜傥多情，把举止轻佻当作是风流余韵。两夫妻在一起的时候，不是为了满足感官的欲望，便是为了亲近狎玩的私心，把合乎礼仪之道的和谐快乐看作是不正常的，把夫妻间的恭敬相处当作是羞耻之事，这与淑女的端庄贤淑完全不相似。读完《关雎》这首诗的人，可以反观自省。

简注

① 雎鸠：一种水鸟，古人认为这种鸟生来便有固定的配偶，《关雎》诗中用以起兴，引起下文的君子、淑女，佳偶天成。

② 荇（xing）菜：一种浅水水生植物，根生泥中而叶子漂浮于水面，吕坤

认为这是女子德性潜藏而不轻浮的象征。

③ 窈窕（yǎo tiǎo）：幽静美好的样子。

④ 宫人：《周礼·天宫·宫人》："宫人掌王之六寝之修。"据此则宫人为官名，掌管君主日常的生活事务。

实践要点

人们常说娶妻要求淑女，那么，如何才算得上是一个淑女呢？此处，吕坤的回答是"德容深潜而不浅露，安静而不轻浮"。为了更好地理解这句话，可以参看吕坤《女子礼》中"女容"条目：

> "窈窕淑女"，朱子解云"幽闲贞静"，最好。女子家，只是精神不露，意态深沉，第一美德。若轻浅浮薄，逞聪明，学轻佻，最为可恨。至于姻族相与，却要亲洽，《诗》称"乐只任只，终温且惠"，女子不可不知。

所谓淑女，在容态方面要做到精神不露、意态深沉，如此即是用宋儒所说的"主敬"工夫，用恭敬之意收摄内心，不苟言笑，而切勿举止轻浮、自逞聪明。和家人族人相处时，要用温和、柔顺的态度相接洽。能做到这样的话，便是一个淑女，受得别人敬重。若女子能有如此的德容，必定能吸引得有德守礼的男子前来追求，如此便能成就一段好的姻缘。有的女子不愿讲究淑女之仪（古今皆然），倜傥多情、举止轻佻，也引得不少男子前来追求，但多数只为了满足情欲之私，如此一来，不免要遭受坎坷。

◎葛之覃[音痰，延长也]兮，施[音异，引蔓也]于中谷，维叶萋萋[肥嫩]。黄鸟于飞，集于灌[稠密]木，其鸣喈喈[皆叶鸡和声]。

葛之覃兮，施于中谷，维叶莫莫[苍满]。是刈[音异，割也]是濩[互叶霍，煮也]，为绤[音痴，细布]为绤[音乞，粗布]，服之无斁[音亦，厌心]。

言告师氏[傅姆]，言告[文王]言归[还家]。薄污[重洗]我私[内衣]，薄浣[音缓，轻濯]我衣[公服]。害[音曷]浣害否[府偶切]，归宁[问安]父母[亩偶切]。

太姒既配文王，尊为后妃，犹自绩织葛布①，不以贵而骄逸。服旧则洗，服坏则补，不以富而奢侈。归宁②莫敢亲告，犹托女师③代言，不以尊而恃爱。今之妇女，谁是后妃？而安逸耻作勤劳，华美羞衣布帛，读此诗可以愧矣。

| 吕语今译 |

太姒许配给周文王之后，身为后妃，地位尊贵，却仍然自己亲手织制葛布，没有仗恃尊贵而骄奢逸乐。衣服穿旧了就去浣洗，穿破了就去缝补，没有因为富

有而奢侈。回娘家省亲不敢亲自告诉文王，仍托保姆代为告知，没有因为地位尊高而专恃文王的亲爱。如今的妇人，有谁是后妃这样尊贵的呢？却大都贪求安逸，以劳动为耻；穿着华丽奢美而羞于穿一般布帛做的衣服。读到《葛覃》这首诗的时候，应该会感到羞愧了。

简注

① 葛布：用葛藤纤维编织而成的布。
② 归宁：女子出嫁之后回娘家看望父母。
③ 女师：即保姆，《仪礼·婚礼》郑玄注："姆，妇人五十无子，出而不复嫁，能以妇道教人者。"

实践要点

吕坤通过对《葛覃》的阐发，指出当时妇人的两个通病，一是贪图安逸、厌恶劳动，二是服饰追求华美而奢侈无度。这两点放到现代社会也依然没有过时。

贪图安逸、厌恶劳动可算作是现代社会的通病，无分男女。更有甚者，夫妻之间因为懒惰，互相推脱家务活，因而产生矛盾。反观《葛覃》中诸侯妇人的不辞劳苦，这对现代男女都应有所启发。

现代社会，不少女子的家中都有一大堆衣服、鞋子以及饰品，挥霍之极，远非古人所能想象的。当然，这是社会生产力进步的标志之一，也是人们物质生活水平日益提高的具体表现。只要花费的金钱是女子通过自己辛勤劳动所取得的，衣物成堆本亦无可厚非。然而，女子若是能稍加节俭，减少购买衣物，便能减少物欲对自己精神的束缚，亦能把节省下来的金钱和时间用于其他更有意义的事情之上。一举多得，何乐而不为？

◎南有樛［音鸠，下曲］木，葛藟［音垒，藤条］累［音雷，攀缠］之。乐只［音洛止，和易可亲］君子［指后妃］，福履［禄也］绥［音虽，固结］之。

南有樛木，葛藟荒［枝叶交杂］之，乐只君子，福履将［百祥扶助］之。

南有樛木，葛藟萦［四面旋绕］之，乐只君子，福履成［万全］之。

为人上者，太尊严，则人畏而难近；太冷落，则人疏而难亲。况闺门之中，专宠生嫌，蒙恩成妒，恶意常怀，和颜希有，此招凶酿祸之由也。太姒尊为后妃，恩及众妾，嫉忌之意不生，和乐之容常在，众妾感德祝福而作此诗。言下垂之木，故葛藟①得以攀缘；和乐之人，福禄自来臻集②。盖盛德者，致人心之欢；和气者，格③天心之道，后妃之多福也宜哉！

吕语今译

地位高的人，如果太尊高严肃的话，那么下面的人会畏惧而难以靠近；太冷淡的话，下面的人就会疏远而难以亲近。何况在家庭之中，专门宠爱一人容易引起嫌疑，而蒙受特殊恩惠的人也会容易引起别人的嫉妒。这样的话，家里人心中常常怀着不好的心思，很少会有和颜悦色，这是招来祸乱的缘由。太姒贵为皇后，恩惠遍及所有妾侍，大家的心中都没有嫉妒之心，经常露出和顺快乐的容色。所有妾侍心中感怀太姒的德行，为了祝福她而创作了《樛木》这首诗歌。诗中说树枝下垂，让葛藟的枝蔓得以借之攀缘而上。对于心中充满和顺快乐的人，福气爵禄会自然而然地汇聚到她的身上。大概充盈的德性能让人心生欢喜，平和的气象能感格上天的心意，太姒同时具备这两样东西，故而她拥有这么多的福气也是理所当然的。

简注

① 葛藟（lěi）：蔓生藤本植物。

② 辏（còu）集：本义是指车轮的辐条汇聚到轮毂之中，引申义为汇聚、聚集。

③ 格：感格，感而遂通之意。

| 实践要点 |

本条原意在于讲述正妻要处理好和众妾侍的关系，泽及众妾，让她们也有得幸夫君的机会。这样的教诲对于现代读者而言意义不大。然而，我们不妨换一个角度进行思考。在现代职场当中，我们都会遇到上下之间的关系。作为上级，该如何维护好与下级之间的和谐关系呢？诚如吕坤所说，"为人上者，太尊严，则人畏而难近；太冷落，则人疏而难亲"。作为上级既想保持尊严、又不想下属过于疏远的话，可借鉴太姒恩泽众妾的做法。

抛却儿女私情的层面，太姒和众妾也可算是上下级关系。太姒让众妾进御于夫君，实质就是施行儒家的恕道。子曰："其恕乎！己所不欲，勿施于人。" 想来太姒也曾扪心自问，如自己作为妾侍的话，也不愿遭受正妻的打压，于是让众妾进御君王。同样地，上级也可施行恕道，将心比心，积极帮助下属解决问题。如此，下属便会感怀恩惠，尊敬上级而不愿疏离。

◎螽 [音中，蝗属] 斯羽，诜诜 [音辛，和集] 兮。宜 [应该] 尔子孙，振振 [音真，众盛] 兮。

螽斯羽，薨薨 [群飞声] 兮。宜尔子孙，绳绳 [相继不已] 兮。

螽斯羽，揖揖 [音即，依爱] 兮。宜尔子孙，蛰蛰 [音质，外安静而内含蓄] 兮。

> 后妃不妒忌,而子孙众多。故众妾以螽斯[1]之群处和集,而生息蕃盛比之。夫慈爱则下宽舒,宽舒则气畅,气畅则血和,是以众妾多生,生无不育。故春夏之气,温和昌大,而万物生长茂盛;秋冬之气,凄凉冷落,而万物拳曲凋枯。此自然之理耳。一章颂子孙之众多,二章颂子孙之绵延,三章颂子孙之贤善,皆庆幸之意也。

| 吕语今译 |

后妃不嫉妒而多子多孙,因此,妾侍们创作了《螽斯》这首诗歌,用蝗虫族群和谐共处、繁衍昌盛的情形来作譬喻。若在上位者仁慈博爱,那么下面的人便会心宽体舒;心宽体舒便能使得心气和顺畅快,和顺畅快便能血气调和,所以妾侍们能多生孩子,而且出生的孩子也不会夭折失育。所以说,春夏之气温和盛大,而万物得以生长茂盛;秋冬之气凄清寒冷,而万物卷曲枯萎。这是合乎自然的道理。这首诗歌第一章歌颂后妃子孙众多,第二章歌颂后代连绵不断,第三章歌颂子孙后代贤良和善,都是喜庆幸福的意思。

| 简注 |

[1] 螽(zhōng)斯:蝗类的总名。

| 实践要点 |

本条亦是赞颂太姒能处理好与众妾侍的关系,而且使得周王室子孙繁盛。其中值得注意的,吕坤提出了心宽体舒有助于身体健康、生育子女的观点,即所谓"宽舒则气畅,气畅则血和,是以众妾多生"。现代社会工作繁忙、压力紧张,导致很多人出现不良情绪,继而出现健康问题,用传统的说法就是"气血不和"。有的夫妻则因为精神压力过大而出现生育困难的状况。本条正好提醒了现代读者,保持良好的心态对维持健康身体的重要性。

◎桃之夭夭,灼灼[音绰,红润]其华。之子于归①,宜[相得]其室[夫妇所居]家[一门之女]。
二三章意同

《周礼》以仲春②婚姻,盖天地发生之际,正夫妇会合之时,此女素有贤声,故诗人见其嫁而美之如此。人家娶妇,固以继嗣③为重,亦以宜家③为先。若不为贤妻,则见弃于夫子,是不宜室矣。不称良妇,则见恶于舅姑④,见非于娣姒⑤、兄弟、姊妹,见怨于下人,则不宜家矣。如此而不出,则为一家之凶;如此而被出,则为终身之苦。于归之道,所系重哉!故淑女必为良妇。妇人不良,观于为女而可知矣。

吕语今译

周朝的礼制规定人们在仲春的时节结婚。因为仲春是天地生发万物的时节，正适合夫妇共结连理。《桃夭》中所说的女子向来有贤良的名声，诗人看见她出嫁了，便创作了这首赞美的诗歌。人们娶媳妇，固然要看重女子生儿育女方面的能力，但首先要考量的是女子能否让家庭和谐美满。若女子不能成为贤良的妻子，便会被丈夫抛弃，这便不能实现家庭美满。若女子称不上是贤良的妇人，便会被公公婆婆嫌弃、被娣姒以及夫家的兄弟姐妹非难、被下人怨恨，这也不能使家庭美满。对于这样的女子，丈夫若是不把她赶出家门的话，会让她成为家里的祸害之源；女子若因此而被休弃的话，会遭受一辈子的痛苦。所以说，嫁娶之道，关系是那么的重大啊！一般说来，在家娴淑的女子将来必定会成为贤良的妇人。所以说，妇人若是不贤良的话，从她为人闺女的时候便能看出来。

简注

① 于归：女子出嫁。
② 仲春：春季的第二个月，即农历二月。
③ 继嗣：指生儿育女，传宗接代。
③ 宜家：使家人各得其宜，家庭和谐美满。
④ 舅姑：妇人称丈夫之父为舅，称丈夫之母为姑，即公公、婆婆。
⑤ 娣姒：同嫁一夫的诸妾之间的互相称谓，年长为"姒"，年幼为"娣"。

另一种说法是妯娌之间的称谓，兄妻为姒，弟妻为娣。

实践要点

在古人看来，妇人的职责除了料理家务事以外，重要的是能够生育儿女，而一个称职的妇人则首先要能处理好和夫家家庭成员的关系，是谓"宜其室家"。对于现代人而言，妻子若能做到"宜其室家"，和公公、婆婆、兄弟妯娌相处融洽的话，也能促进夫妻关系的健康和谐发展。

◎南有乔木［上竦无枝］，不可休息，汉有游［出行］女，不可求［引诱］思。汉之广［水宽］矣，不可泳［潜渡］思。江之永［水长］矣，不可方［筏渡］思。

翘翘［音乔，秀起］错薪［棘茨错杂］，言刈[1]其楚［初五切，小刺木］。之子于归，言秣［音末，喂也］其马［叶亩］。汉之广矣，不可泳思。江之永矣，不可方思。

第三章意同。

女子出游，本有可求之机，往日游女，无不可求之事，何也？彼其柔情媚态，本欲致人，故狎客、狡童[2]，无不求合，此江汉[3]之旧俗也。一被后妃窈窕之化，顿改

女诫　闺范译注

144

前日淫荡之心，身虽逍遥行乐，貌则端庄静一。行人见之，可敬而不可亵，可爱而不可犯。故言乔木上竦无枝，则无荫可息，游女德容静正，则无因可求。真如汉水宽阔，谁能水中暗渡？真如江水流长，谁能水上桴浮？我爱其德，敬其人，何以尽仰止之情乎？所愿出嫁之日，为之秣马，亦所甘心耳。此游女也，身不在深闺重门，俗从来轻交苟合，而德容一正，望者邪消。乃知女子失身，必有可求之道，彼求我者，亲爱则有之矣，而不昧之良心，以我为丧德而鄙之耶？以我为有德而敬之耶？爱身者可以思矣。

| 吕语今译 |

女子外出游玩，本来就会让男子有可以追求的机会。旧时在江汉之地出游的女子，没有不可追求的。为什么这么说呢？那些女子出游时显露出温柔妖媚的情态，本来就是想招致别人的追求。因此，那些好色的男子见到出游的女子，没有不上前求取偷欢苟合的。这是江汉地区旧有的风俗。然而江汉地区的女子一旦得到了后妃贞静贤淑的教化，顿时改变了以前浪荡的心态，出行时虽然悠然自乐，但容貌依旧端庄娴静。行人看见了，心生敬重而不敢亵渎，心生怜爱而不敢侵犯。

因此《汉广》这首诗歌说道：高大的树木直耸上天而没有枝桠，没有树荫供人休息其下，这便犹如出游的女子容貌娴静端正，让男子没有可乘之机。（对于这种行为举止合乎礼仪的出游女子，诗人感叹道：）真的就像汉水一样宽广，谁能在河中潜泳偷渡过河呢？真的就像长江一样水流绵长，谁能乘坐木筏在上面浮游呢？我爱戴她的德行，尊敬她的为人，怎样才能穷尽对她的仰慕之情呢？只希望在她出嫁的时候，能够为她喂马，如此我也心甘情愿。

诗中这位出游的女子，虽然她没有安守在闺门之内，在旧时风俗历来轻视男女交合之礼的情况下，她在外能做到德容专一端正，自然打消了追求者的邪念。可见女子失去贞操，必定是因为她自身留给了别人可乘之机。那些想追求我的人，对我亲近关爱、大献殷勤，他们假如没有失掉良知的话，是把我当作失德之人而轻视我呢？还是因为我有德行而敬慕我呢？洁身自爱的人可以思考一下。

| 简注 |

① 刈（yì）：割。

② 狎客、狡童：狎客即亲昵而不拘礼节的男子。狡童即姣美的少年。此处泛指好色的男子。

③ 江汉：江即江水，长江。汉即汉水。江汉之地即两条河流之间的地带。按照《诗经正义》的说法，商纣王时淫乱之风遍及天下，而江汉之地率先受到了周文王的教化，一改旧有的风俗。

| 实践要点 |

本条再次重申女子德容的重要性,要点参见上文《关雎》条目。

◎遵①彼汝坟[汝河堤],伐其条[枝也]枚[梅,叶迷,木干]。未见君子[行役在外],惄[音溺,饥意]如调[条音,周重也]饥。

遵彼汝坟,伐其条肄[音异,二楂],既见君子[行役归来],不我遐[远也]弃。

鲂鱼赪[音称,赤色]尾②,王室[纣都]如燬[音毁,火焚]。虽则如燬,父母[文王]孔迩[甚近]。

殷纣将亡,海内多事,百姓行役③,两年不归。其妻思之曰,当伐木之时,思君子在外,恐远弃我而不归矣。此心焦劳,如腹苦饥。及再伐木之时,见君子归家,始知不远弃我矣。此心喜幸,不知何如。鱼劳尾赤,今君子形容憔悴,劳可知矣。王室恶政,如火益热,此劳何时已耶?赖有西伯④,为我父母,可依可恃,如卧于怀。今虽劳也,可不自慰乎!妇人思夫,情之正也;勉以效勤,义之正也。贤哉斯妇乎!

吕语今译

（《汝坟》这首诗讲的是）商纣王快将亡天下的时候，天下百姓受到各种劳役。有的人外出服役，两年都没有回家。他的妻子思念他，说道：当我砍柴的时候，想到夫君在外，恐怕在远方的他已经把我抛弃，以后再也不会回来。心中的焦急和劳累，如同肚子饥饿难忍之苦。我再次去砍柴的时候，终于看见夫君回家，才知道夫君没有远离抛弃我。此刻的心情是那么的欣喜庆幸，不知道该怎么去形容。鱼儿劳累的时候尾巴会变红，现看到夫君面容憔悴，可以想见他是多么的辛劳。王室实行劳民伤财的政策，如火般炽热，这样的劳役什么时候才会停止呢？幸好有西伯侯在，他如同我们的父母亲一样，可以放心依靠，像子女能卧躺在父母怀中一样安心。现在虽然辛劳（但之后能得西伯侯的庇护），心中怎会不感到快慰呢？

妇人思念丈夫，这种情感是正当的；勉励丈夫辛勤劳作是合乎正道的。诗中讲的这个妇人是多么的贤惠啊！

简注

① 遵：沿着。遵彼汝坟，即沿着汝水（河名）的堤岸走。

② 鲂（fáng）鱼赬（chēng）尾：鲂鱼，即鳊鱼。古人认为鲂鱼的尾部本来是白色的，当劳累的时候会变成红色。

③ 行役：因服兵役、劳役而外出跋涉。

④ 西伯：西伯侯姬昌，死后谥为文王，即后世称颂的周文王。

实践要点

本条强调女子思念丈夫之情的正当性。古人谈论夫妇之道时讲求礼法，但礼法不外乎人情。夫妻分隔异地，双方互相思念，这是合乎礼法的人情。更难得的是，诗中妻子思念丈夫的同时也不忘劝导丈夫要勤劳工作，这也算是以理御情，值得后人借鉴。与女子思夫之情相反的是，有的夫妻分隔异地，便各自趁机放纵逸乐，如此，则夫妻的情义又从何说起？这值得我们深思。

◎麟之趾［足也］，振振［音真，仁厚］公子，于［音吁］嗟麟兮。

二三章意同。

文王后妃有和乐恭敬之德，家庭之间，一本于仁厚，故其子孙宗族，皆化于仁厚，无不似文王后妃者。诗人美之曰，麒麟之性，念念好生，事事不杀。故麒麟之足，不践生草，不履生虫。麟有此心，而趾象之；文王后妃有此德，而子孙宗族象之。家法所系重矣哉！夫夫妇妇而家道正，则家人莫不化于正；不夫不妇而家道邪，则

> 家人莫不化于邪。麻中无不直之蓬①，荻内无常薰之草②。此岂在言教哉？默而成之，渐而渍之，身者非教，象者非学，此之谓化。若善教使善学，其入之也既浅，而以言不以身，其训之也难从。君子观于麟趾，而知化家之道矣。

吕语今译

周文王和他的夫人以及后宫妃子都具备和顺快乐、待人恭敬的品德。家庭里面大家都一致地以仁德为本。所以他的子孙后代都受到仁德的教化，没有谁不像文王后妃那么有德行的。（创作《麟之趾》这首诗歌的）诗人赞美说道：麒麟的天性时时保有好生的仁德，不会杀害生命。因此，麒麟的脚不践踏活的小草，不踩踏活的虫子。麒麟有好生的仁心，它脚下的行为可以体现出来。这好比文王后妃有仁德，而他们的子孙后代能够有所取法，显现仁厚气象。

由此可见，家教法度是多么的重要啊！丈夫尽到做丈夫的职责，妇人尽到做妇人的职责，这样就能端正家法，而其他家庭成员没有不受感化而行正道的道理。反之则家道不正，家人便会受到坏的影响。在麻草丛中没有不直的蓬草，在荻草丛中没有常香的香草。家教岂是仅仅在于语言层面的说教呢？习惯在语默中形成，品德受到潜移默化的影响。父母以身作则，而不仅仅停留在口头的说教，子女在实践中效仿而不仅仅是理论上的学习，这才是所谓的教化。若善于口头说教的父母让孩子仅仅从理论层面好好学习做人的道理，这种家教方式比较粗浅；若父母仅仅以言教不以身教，这样的训斥也很难让孩子去听从。明白事理的人看到《麟之趾》这首诗歌，应该知道教化家人的道理了。

简注

① 麻中无不直之蓬：《荀子·劝学》："蓬生麻中，不扶而直。"

② 莸（yóu）内无常薰之草：莸，一种带有臭味的草。薰，香味。《左传·僖公四年》："一薰一莸，十年尚犹有臭。"于此，吕坤意谓孩子容易受到家长的不良行为的影响而学坏。

实践要点

"夫夫妇妇而家道正，则家人莫不化于正；不夫不妇而家道邪，则家人莫不化于邪。"这是本条当中最核心的论断。当现代人谈论家风家教的时候，想到的可能是要求子女要做到某些行为规范。然而，言传不如身教。子女的行为所体现的，其实是父母自身的素质。父母自己尽到了家庭的职责，做好了做人的本分的话，家中子女也一定能受到潜移默化的影响。所以，家教首先不是教子女应该怎么做，而是家长先反思自己有没有做好。当父母自己做好了，再推己及人，如此方为教化家人的正道。

◎于以采蘩［何处采］，于沼于沚。于以用之［何所用］，公侯［祭祀］之事。

于以采蘩，于涧之中［何处用］。于以用之，公侯［宗庙］之宫。［夫人采此蘩也，当彼奉祭之时，但见］被［编发为饰］之僮僮［音同，竦敬］，夙［早也］夜在宫［何其恭敬］。被之祁祁［舒迟］，薄言旋归［何其依恋］。

诸侯夫人，竭诚奉祭，家人作诗以美之，言夫人采沼沚之蘩，充宗庙之献，中心诚敬，不可形容。但见其早夜在宫之时，主荐豆也。首饰僮僮而竦敬①，真如祖考在上，意虔诚而不忽。祭祀既毕之后，时将归也，首饰祁祁而舒迟，真若祖考难离，意眷恋而不舍。今子孙与祖考形容日接，身体相依，及当奉祭之日，尚无爱敬之诚，况夫人于祖考，既无骨肉之情，岂曾亲炙之素，乃能恭谨依栖②，如生如在，可谓孝矣。近世妇女，当祭之日，犹身不下庖厨③，手不亲笾豆④者，此诗可以观矣。

| 吕语今译 |

诸侯的夫人尽心尽意地进行祭祀活动。家里的人作了《采蘩》这首诗歌来赞

美她。诗中说：夫人采摘池沼里面的白蒿，用来充当宗庙的祭品。她的内心诚挚恭敬，不可用言语来形容。只见她早晚在宫殿之中，负责进献祭品的工作。她头上装饰用的发髻高耸而肃敬，犹如祖先真的在天上看着，她的心意虔诚而不敢略忽。祭祀结束之后，也到了该回家的时候了。那高耸的发髻舒张迟缓地离开宗庙，犹犹如舍不得离开祖先。

如今的为人子孙者，祖辈在世时每天都会见面，身体也相互依存。待到祖辈过世之后，要对他们举行祭祀，这些不肖子孙对曾经生活在一起的祖辈尚且没有一点亲爱畏敬的诚心。而诗中的诸侯夫人和丈夫的祖辈既没有骨肉之情，平常也没有亲身受到他们的教诲，却依然能在祭祀的时候恭敬谨慎，就像祖辈们就活生生地在现场一样，这真可谓是孝顺啊！

现在的妇女们，在祭祀祖宗当天，不亲自下厨房准备祭品，也不亲手供奉祭祀用的礼器，从《采蘩》这首诗可以看她们的不当之处。

| 简注 |

① 首饰僮僮而竦敬：首饰是指头上装饰用的发髻。僮僮是发髻高耸的样子。发髻高耸意指诸侯夫人头容端正，合乎礼仪，因而表现出内心的恭敬，故云"首饰僮僮而竦敬"。下文"首饰祁祁而舒迟"，其实也是用发髻指代诸侯夫人，说她迟迟不肯归家。

② 依栖：指女子在夫家安居。

③ 庖厨：厨房。

④ 笾（biān）豆：古代祭祀用的两种礼器。竹制为笾，木制为豆。

实践要点

古代嫡长子妻的一项重要职责是协助丈夫主掌祖宗祭祀活动。吕坤指出《采蘩》诗中的诸侯夫人的难能可贵之处在于，虽然从没见过丈夫的祖考，和他们也没有骨肉之亲，但在祭祀他们的时候却能恭敬虔诚，仿如祖考在前，极尽孝意。这体现了诸侯夫人虔诚恭敬地尽好了自己的协助祭祀的职责，也表明诸侯夫人能做到爱屋及乌，敬爱丈夫的祖考。

在现代社会，城市里面大多数家庭不再举行像古代一样隆重的祭祀祖宗活动，即使开展（如清明节墓祭），祭祀的仪式也有所改革。因此，不能强求现代女子仍然要亲自去为丈夫的祖考准备、进献祭品。但始终夫人诚敬以奉祭祀所体现的对长辈的孝敬之心则是值得现代女子学习的。尤其对于尚在人世的公公、婆婆，为人妻者要待之以诚敬，主动处理好婆媳关系。

◎于以采蘩①，南涧之滨。于以采藻，于彼行潦［音老］②。于以盛之，维筐［方器］及筥［音举，圆器］③。于以湘［烹也］之，维锜［音以，有足］及釜［音府，无足］④。于以奠［陈设］之，宗室［大夫家庙］牖下［西南隅］⑤。谁其尸［主豆］⑥之，有齐［音斋，敬也］季女［少妇］。

> 此诗美大夫妻诚敬以奉祭祀,与《采蘩》意同。

| 吕语今译 |

《采蘋》这首诗赞美大夫的妻子诚心恭敬地祭祀祖先,和《采蘩》的意旨相同。

| 简注 |

① 蘋:水上浮萍。

② 行潦(lǎo):路上的流水。

③ 维筐及筥(jǔ):盛物用的竹器,方形为筐,圆形为筥。

④ 维锜(qí)及釜:烹煮用的锅具,有足为锜,无足为釜。

⑤ 牖(yǒu)下:房室的西南隅。

⑥ 尸:主持祭祀之意,即吕坤所释的"主豆"。豆为礼器,指代祭祀仪式,"主豆"即主持祭祀。

| 实践要点 |

参见《采蘩》的实践要点。

◎厌［音叶］浥［音邑］①行露，岂不夙夜，谓行多露。

谁谓雀无角，何以穿我屋？谁谓女［音汝］无家［聘体］，何以速［致也］我狱？虽速我狱，室家不足。

谁谓鼠无牙［大齿］，何以穿我墉②？谁谓女无家，何以速我讼［叶松］？虽速我讼，亦不女从。

当纣之时，强暴之男横行，贞节之女无主，恐被辱陵，先为绝语③，自言孤身不敢早行，只恐多露湿衣，非畏露也，畏强暴之男也。我不从汝，汝必讼我。汝虽讼我于官，实无聘定之礼，任汝诬我，我万万其不从汝矣。夫女子苟从，岂非从一，而婚礼不备，则贞女不行。重礼所以重身，重身所以重节，女子万善之长，不足以掩一节之失。《行露》诗人，可以为法矣。

| 吕语今译 |

在商纣王掌政的时候，强蛮粗暴的男子横行无忌。(《行露》这首诗歌讲的是：)有位持守贞节的女子尚未出嫁，她害怕自己会被别人欺陵受辱，于是首先说出了自己的誓言：她说自己单独一人的话不敢在清晨出行，怕露水很多会沾湿自己的衣裳。其实，并非畏惧露水，是畏惧强蛮粗暴的男子。(若是遇到了这样

的男子），我不顺从你，你必定会起诉我。你虽然在官府起诉我，但实际上你没有给我下聘礼。任由你诬蔑我，我万万不会顺从你。

没有夫婿的女子若苟且顺从（许身于男子），岂不也算得上是从一夫而终吗？然而，如果婚礼不完备，那么贞正的女子也不会同意出嫁。重视婚礼，用以重视自己的身体。重视自己的身体，用以重视自己的节操。女子纵然有一万个优点，也不足以掩盖一次失节的行为。《行露》诗人的观点可以为女子所效法。

| 简注 |

① 厌浥：潮湿。
② 墉：墙。
③ 绝语：决断之语，即发誓非礼不嫁，决不苟且委身他人。

| 实践要点 |

在社会动荡不安的时代，诗中女子为了保护自己的贞节，早晨不敢独自出门，也明示了自己非礼不嫁的决心。此女子守礼重节的做法也值得现代人借鉴。现代社会，治安环境相对较好，但女子若不加防备的话也有可能遭遇歹徒的暴行。最好的防备莫过于以礼修身，做到内心敬慎而不侥幸，举止沉稳而不轻佻，衣着得体而不暴露，与他人保持合适的社交距离，避免独自一人外出夜行。

◎嘒［音惠，微明］彼小星，三五在东［初昏将旦］。肃肃宵［夜也］征，［行也］夙夜在公，寔①命不同。

嘒彼小星，维参与昴［卯，叶留］②。夙夜在公，抱衾［被也］与裯［音酬，单也］③，寔命不犹④。

后夫人当夕⑤，众妾无一人当夕之礼。众妾分夕，后夫人无每夕独专之礼。当时夫人多妒，众妾不得进御，南国夫人被后妃之化，推逮下之恩，众妾朝夕，得抱衾裯侍寝于君所，故喜而作此诗。以贯鱼之宠，感夫人宽厚之恩；以往来之勤，安自家赋命之贱。夫下能安分，则上易于为情；下欲难盈，则上必至失所。小星众妾，可谓得知足知止之义矣。

| 吕语今译 |

后夫人当夕侍寝，陪同君王一整个晚上。随后夫人侍寝的其他妾侍们则不能独自一人陪侍君王一整个晚上，需要和其他妾侍当夕之夜分时段轮流值守奉事君王。后夫人也不可每天晚上都独自侍寝，要把亲近君王的机会与其他妾侍分享。这是合乎礼法规定的。

然而，当时的各诸侯国的夫人多有嫉妒之心，一众妾侍无法入侍国君。南国夫人被受文王后妃的感化，推广文王后妃顾及妾侍的恩惠之情，允许妾侍们奉事国君。妾侍们轮流当夕，晚上抱着被衾、床单入侍，第二天早上抱着离开，以便轮换。众妾们得幸国君，因此心生喜悦而创作了《小星》这首诗。（诗中描述众妾）能轮流得到国君宠幸，用以感怀夫人宽广仁厚的恩情；（描述众妾）每天都轮换出入国君寝宫，用以表达安于接受自己作为妾侍的卑下命运。

若在下位者能安守本分，那么，在上位者就容易生发对下属的关爱之情。下位者若是欲求过多、难以满足的话，在上位者必然会失掉他们宽厚处事的原则。《小星》诗中描述的一众妾侍，可谓是深谙知足、知止的道理。

| 简注 |

① 寔：实，确实。
② 维参与昴：参、昴，西方二宿之名。
③ 裯：《毛诗传》："裯，禅被也。"《郑笺》释之为"床帐"。吕坤释为"单"。现折中译为床单。
④ 犹：同。
⑤ 当夕：妻妾轮值为丈夫侍寝。

| 实践要点 |

本条吕坤侧重于从妾侍的角度分析如何能处理好妻妾关系，他指出妾侍若能

安守本分、知足不贪，便容易触发正妻的关爱之情。抛开妻妾关系不谈，人与人之间的交往又何尝不如此呢？人若是知道安守本分、不过分贪求，自然会受到他人的友好对待。若受了别人恩惠，还不知道满足，认为是理所当然的话，自然会受人唾弃。

◎江有汜［四，叶杞。水出复入］，之子［嫡也］归，不我以［同行］。不我以，其后也悔。

江有渚［音主，水中高地］，之子归，不我与。不我与，其后也处。

江有沱［音跎，水之别流］，之子归，不我过［音戈］。不我过，其啸［音笑，去声，长出气声］也歌。

诸侯一娶九女，二国媵之[1]；嫡妻未嫁，媵妾守待；嫡妻出嫁，挟媵同行。此诸侯之礼也。是时有一夫人，出嫁不挟媵行，后闻《樛木》《螽斯》之风，深自愧悔，仍迎媵妾。媵妾喜其能改过也，而作诗以美之。人不患于有过，而患于遂非。弃媵而行，嫡妻之耻也，良心不泯，悔过而自新焉，何害其为贤人哉？悔者，茫然自失也；处者，即自改图也。啸歌者，恨其从前之错，喜其犹及改正也。妇人之性，多睽异而不和谐，执迷而不自反，观于此诗，可以悟矣。

吕语今译

古代诸侯国国君娶妻,一娶九女,两个诸侯国派媵妾陪嫁;正妻未出嫁时,媵妾守在家里等待;正妻出嫁之日,携同两个媵妾一起同行。这便是诸侯的婚娶之礼。

当时有一位诸侯夫人,出嫁时不携媵妾同行。后来听到《樛木》《螽斯》这两首诗歌,深感惭愧,于是把媵妾迎接过来。媵妾看到夫人能及时改过,心生欢喜,所以创作了《江有汜》这首诗歌来赞美她。做人不怕有过错,怕的是知错不改。抛弃媵妾,这是正妻的耻辱行为。然而,她的良心还没泯灭,后悔自己的过错而改正自身,这怎么会妨害她成为一个贤良的人呢?诗中所说的"悔",是说她茫然失神;所说的"处",是说她自己改变了想法;"啸歌",是怨恨她之前的过错,而为她能及时改过而感到欣喜。妇人的天性,多半是不能与其他女子和谐相处,固执自己的过错而不知道改正,看了这首诗应能有所感悟。

简注

① 诸侯一娶九女,二国媵(yìng)之:关于古代诸侯的婚娶制度,《春秋公羊传》载云:"媵者何?诸侯娶一国,则二国往媵之,以侄、娣从。侄者何?兄之子也。娣者何?弟也。诸侯一聘九女,诸侯不再娶。"古代诸侯国国君娶妻,夫人入门的时候,除了夫人的侄(夫人哥哥的女儿)、娣(夫人的妹妹)要陪嫁以外,与夫人同姓的两个诸侯国也要派女子前来陪嫁,这两个女子即为媵妾,而

媵妾的也要跟着陪嫁，所以说"诸侯一娶九女"。

▎实践要点 ▎

"人不患于有过，而患于遂非"，这是本条值得后人所借鉴的警句。孔子曾说："三人行，必有我师焉。择其善者而从之，其不善者而改之。"孔子的弟子子贡也说："君子之过也，如日月之食焉。过也，人皆见之；更也，人皆仰之。"儒家所追求的理想人格是君子，然而，真正的君子并不总是一块无瑕的玉璧，而是知错能改，日新其德，以止于至善为终极追求。因而，改过实际上是修身功夫的着手处。王阳明在《寄诸弟》中更是以改过为贵，现摘录其文供读者参考：

本心之明，皎如白日，无有有过而不自知者，但患不能改耳。一念改过，当时即得本心。人孰无过？改之为贵。蘧伯玉，大贤也，惟曰"欲寡其过而未能"。成汤、孔子，大圣也，亦惟曰"改过不吝，可以无大过"而已。有皆曰人非尧舜，安能无过？此亦相沿之说，未足以知尧舜之心。若尧舜之心而自以为无过，即非所以为圣人矣。其相授受之言曰："人心惟危，道心惟微，惟精惟一，允执厥中。"彼其自以为人心之惟危也，则其心亦与人同耳。危即过也，惟其兢兢业业，尝加"精一"之功，是以能"允执厥中"而免于过。古之圣贤时时自见己过而改之，是以能无过，非其心与果与人异也。"戒慎不睹，恐惧不闻"者，时时自见己过之功。

如王阳明所说，圣人尚且要"时时自见己过而改之"，我们普通人就更应该在改过之上下功夫了。

◎何彼秾矣①，唐棣［音弟，栘木］之华。曷不肃［敬也］雍［和也］②，王姬之车［尺鸦切］。

何彼秾矣，华如桃李，平王之孙，齐侯之子［叶奖里］。

其钓伊何，维丝［单红］伊缗［音民，合丝］。齐侯之子，平王之孙。

天子之女，下嫁为诸侯夫人，车服虽盛，不敢挟贵以骄其夫家。见者作诗以美之，言王姬下嫁之车，宛然有和敬之象，不以平王之孙骄己，不以齐侯之子卑夫。故两贵相匹，则如桃李之并盛；两情相得，则如双丝之合缗。皆由王姬之肃雍成之也。后世妇女，恃富则骄贫，倚贵则陵贱，止见己之独盛，安得如桃李之争荣？遂致夫之乖违，安得如丝缗之交合？岂富贵过于王姬耶？读此可以愧矣。

| 吕语今译 |

周天子的女儿下嫁而为诸侯国的夫人。出嫁时陪嫁的车马服装虽然很华丽，但她却不敢仗侍自己高贵身份而傲慢自己的夫家。看到这种情况的人便创作了

《何彼秾矣》这首诗歌去赞美她。诗中说：天子女儿下嫁时使用的车马，看上去有和顺恭敬的气象，她没有因为自己是周平王的孙女而感到骄傲，也没有因为丈夫是齐侯的公子而加以轻视。因此，两个贵人相互匹配，像桃花、李花同时盛放；两人情感和睦，就如两根丝线合为一纶。这都是由于天子女儿的恭敬谦和所成就的。

后世的妇人，仗恃自家富有就看不起夫家的贫困；倚赖自家高贵就欺凌位卑的夫家。只看见自己独自兴旺，怎能让夫妻双方像桃李争荣一样相得益彰呢？最终致使丈夫反叛背离，怎能得到丝纶交合、夫妻同心的美满婚姻呢？后世女子的富贵程度难道能超过天子之女吗？读到这首诗可以心生愧疚了。

简注

① 秾（nóng）：茂盛的样子。
② 雍（yōng）：和顺。

实践要点

本条指出了女子不应仗恃娘家的强势而去欺负夫家。实践要点可参见上文《书经》"岳曰瞽子父顽"条。

◎我心匪石，不可转也。我心匪席，不可卷也。威仪棣棣[音地]，不可选也。

妇人不得于夫，而自道其德如此。言石可转，而我贞确之心不可转；席可卷，而我直方之心不可卷。威仪动静之间，气象豁绰，礼节熟闲，无一可择嫌处。虽夫之弃我，我不敢辞，而我心之不变如故，我仪之不忒① 如故也。以如是之人而弃之，夫也昏惑可知；以如是之弃而安之，妇也贤淑可见矣。

| 吕语今译 |

（《柏舟》这首诗讲的是）妇人不得丈夫欢心而遭抛弃，自述自己的德操和心志：石头可以转动，而我贞正不移的心不会改变。席子可以卷起来，而我正直方正的心不可以卷起来。（我自问自己的）仪容动作有豁达宽绰的气度，也熟悉礼节，没有一处可加以指责的地方。虽然丈夫休弃我，我不敢推辞。但我的心不变如故，我的行为举止也一如往常地贞正。

对于这样贞正的妻子也甘心休弃，可知她的丈夫是那么的昏庸迷惑；遭受不合理的休弃仍然安于其分，可见这个妇人是那么的贤良贞淑。

卷一 嘉言

简注

① 忒（tè）：不变。

实践要点

诗中女子被丈夫狠心抛弃，然而她没有自暴自弃，而是坦然接受，行为举止依旧合乎礼仪。其坚强独立、恭敬守礼的品格实在值得后人敬服。

◎绿兮衣兮，绿[间色]衣[在外]黄[正色]里[在内]。心之忧矣，曷维其已！

绿兮衣兮，绿衣[在上]黄裳[在下]。心之忧矣，曷维其亡！

绿兮丝兮[新美]，女所治[音持，织造]兮。我思古人[亦有遭妾之见宠者]，俾[使我法古自励]无訧[音尤，不至有过]兮。

絺兮绤兮[秋已过时]，凄其[音基]以风[又遇寒风]，我思古人[亦有遭嫡之见弃者]，实获[得也]我心。

卫庄公惑于嬖妾①，夫人庄姜贤而见疏，乃作此诗。

言绿之杂色,为衣为表;黄之正色,为裳②为里。尊卑失序,贵贱逆施,使我忧心,何时能止。今妾如绿丝然,本美少而汝又宠之,益骄恣以陵人,使我嫉妒,不免有讻。我思古人之善处妾者,以为师焉,求免我身之讻而已。彼之有讻,吾如彼何哉?我如秋葛然,本过时而汝又弃之,益凄凉而失所,使我怨尤,是谓迷心。我思古人之善处身者以为师焉,已得我心之同然矣。彼之迷心,吾如彼何哉?夫不能不忧者,有家之凶;不得不安者,妇人之分。庄姜其贤矣乎!世俗妇人以妒忌失恩,不自悔过,而忿狠以贪凶,宁灭其身,所甘心焉,不思古人矣。彼庄公之昏惑,又何足道哉?

吕语今译

卫庄公深受嬖妾迷惑。夫人庄姜虽然贤良却日益遭到庄公的疏远,于是作了《绿衣》这首诗歌。诗中说:绿色是杂色,却被用来制成外衣穿在外面。黄色是正色,却被制成下裳裹在了里面。这种做法是尊卑失掉了秩序,贵贱反过来施行。这使我心中充满忧虑,到什么时候才会停止这种错误的做法呢?现在,那个得宠的妾侍就像绿色丝线,本来就年轻美丽而你又宠爱她。她日益骄傲放纵,欺凌别人,让我心生嫉妒,不免会让我犯错。我思惟古时候善于处理妻妾关系的贤良妇人,向她们学习,是为了避免自己因嫉妒而犯下过错。若是她犯了过错,我又能拿她怎么办呢？我就如同秋天的残败蔓草，本来就年老色衰，而你又遗弃我。我日益悲惨凄凉而失去地位，这使我心生怨恨，这算是让我迷失了心性。我思惟古时候善于自处其身的妇人，向她们学习，已经让我的内心能像她们一样学会了自我排解。但若是她迷了本心，我能拿她怎么办呢？我不得不忧心忡忡，因为这种尊卑失序的情况可能会为家里带来祸害。我不得不安于这种情况，因为我要遵守妇人的本分。

庄姜是那么的贤淑啊！世俗的妇人因为嫉妒失去了丈夫的恩宠，不反思自己的过错，却忿怒狠心、凶恶不止，宁愿毁灭自己也心甘情愿，不懂得取法古人。至于说庄公的昏庸迷惑，又哪值得去说呢？

| 简注 |

① 嬖（bì）妾：受宠爱的妃妾。
② 裳：遮蔽下身的衣裙为裳。

| 实践要点 |

现代社会奉行一夫一妻制度，此条讲的是妻妾之间的事情，似乎对现代读者提供不了启发。然而，现代社会也难免会出现男女朋友关系或婚姻关系被第三者破坏的情况。对于现代女子而言，若被第三者破坏了男女朋友关系或婚姻关系，该如何处理呢？有的人或者会选择以各种方式对第三者以及男方进行报复，以泄其忿，即使以身试法也在所不辞。如此一来，害人害己，甚为不值。而本条则提醒我们，若出现此类问题，首先要反思自己和男方的交往之中有没有做得不对的地方。若是因为自己没做好而导致男方出轨，那么就要改过自新，无谓过多地怪罪别人。若是自己已经尽到了本分，没有什么过错，那么便说明男方是个负心汉，不值得托付终身。这样的话，也无谓为了负心汉继续伤心。

◎燕燕于飞，差池［不齐］其羽。之子［戴妫］于归，远送于野。瞻望弗及，泣涕如雨。

二三章意同。

仲氏［第二］任只［以心相信］，其心塞［实也］渊［深也］。终温［和也］且惠［有恩］，淑［善也］慎［谨也］其身。先君之思，以勖［音旭，劝勉］寡人。

庄姜无子，以陈女戴妫之子完为己子。庄公卒，完即位，嬖人之子州吁，弑之，故戴妫大归①于陈，庄姜作此诗以送之。君亡家破，死别生离，旧与同心，异国永隔。分手伤情，两泪如雨。想仲氏②平日之与我也，一心相信，两无嫌疑。其立心也，既极诚实，又不浅露；其处人也，既极温和，又有恩惠；其持身也，既极贞淑，又不苟且。临别之时，又丁宁寡人③，说道先君虽是薄德，夫人不可不思。如此贤人，如此成别，徒极望眼，如何为情？读此诗者，观戴妫之德与庄姜之情，二人之贤，宛然在目矣。

吕语今译

庄姜没有自己的儿子，把陈国女子戴妫的儿子完认作自己的儿子。庄公死后，公子完继承君位。庄公生前宠妾生下的儿子州吁弑杀了新君，为此，戴妫回去娘家陈国，永不归还。庄姜作了《燕燕》这首诗歌送别她。国君死了，家庭也被破坏了，刚送别了死去的国君，现在又要和在世的戴妫离别。旧时两人同心，现在马上就要永远隔绝于异国。（两人）离别分手时，心情哀伤，两眼泪下如雨。（庄姜）回想仲氏（戴妫）平日与自己相处时，大家同心互信，两人没有猜疑。她立心既极其诚实，又不轻易表露。她对待别人，既极其温柔和顺，又多有恩惠。她修持自身，既极其贞正贤淑，又不苟且行事。两人快将离别的时候，她又叮嘱我说："先君庄公虽然薄德，但作为他的夫人不可不思念他。"戴妫这么贤良的人啊，竟然要这般别离，今后相隔两地，只能看着远方徒然地思念她了，这是多么的伤感啊！

读到这首诗的人，从中能看出戴妫的德行以及庄姜的感怀之情，她们贤良的品德，仿佛就在眼前出现。

简注

① 大归：已出嫁的妇人永归母家。
② 仲氏：在兄弟姐妹中排行第二为"仲"。《毛诗传》以"仲"为戴妫的字。
③ 丁宁寡人：丁宁，即叮嘱。寡人，即寡德之人，古代王侯、王侯夫人自称的谦辞。

| 实践要点 |

上文《绿衣》诗中,庄姜被嬖妾夺爱,心生嫉妒,不禁苦诉衷肠;而本诗中,庄姜、戴妫分属妻妾而情同姊妹,临别时又依依泣别。同是妾侍,为何庄姜对待二人的态度如此不同呢?依照吕坤的说法,《绿衣》诗中的嬖妾"益骄恣以陵人",即仗侍宠爱而不安守妾侍的本分,盛气凌人。而本诗中的戴妫则以大局为重,将自己的儿子交给无子嗣的庄姜作为儿子,平时立身处事、言行举止又合乎礼法,德容彰显。嬖妾无义而戴妫有德,无怪乎庄姜或恨或爱。由此可见,一个人的品行是那么的重要,有德则招人欢喜,无德则遭人厌恶。

戴妫的德行值得现代女子借鉴,而"其立心也,既极诚实,又不浅露;其处人也,既极温和,又有恩惠;其持身也,既极贞淑,又不苟且"的德容可以与上文《关雎》诗中的实践要点对照参看。

◎终风且暴①,顾我则笑。谑[希虐切]浪笑敖,中心是悼②。

庄公为人狂荡暴疾,庄姜为人正静幽闲。庄公之见庄姜也,笑语轻狂,动容谑戏,既无闺门相接之礼,又无夫妇温雅之情。庄姜不敢言,又不敢拒,但中心伤悼而已。今男女居室之间,以淫狎戏谑为相爱,以老成淡雅为薄情,读此诗者,可以识性情之正矣。

吕语今译

卫庄公狂妄放荡、暴戾疾躁。庄姜贞正娴静,清幽闲雅。庄公看到了庄姜,嬉皮笑脸地说话,举止轻狂,行为动作戏谑放荡。既没有闺房之内相见的礼仪,又没有夫妻间温和雅正的情感。庄姜不敢说什么,又不敢抗拒,只是在自己心中默默地伤心哀悼而已。

现在的夫妇在家里,把亲近狎昵、玩笑调情看作是相爱的表现,把稳重老成、清淡雅致的相处方式看作是感情缺失。读了《终风》这首诗歌,可以知道怎么样才是夫妻间正当的情感表达方式。

简注

① 终风且暴:狂风终日怒吹、劲疾不止,用以比喻卫庄公狂暴的性格。
② 悼(dào):哀伤。

实践要点

上两首诗都从侧面提到了卫庄公对庄姜的寡情薄幸,本诗则正面描写卫庄公与庄姜的日常生活。卫庄公对待庄姜轻慢无礼、戏谑放荡,好色而不好德。恐怕在他的眼中,妻妾都不过是自己遂欲之具,因而待庄姜年老色衰之后又另宠新欢。此处带给读者的启发是,女子在择偶时必须弄清楚,男子是因为欣赏自己的人品、才华才来追求自己的呢,还是说仅仅看上了自己的美色。若是后者的话,相信两个人的关系也维持不了多久。

此外,吕坤指出"今男女居室之间,以淫狎戏谑为相爱,以老成淡雅为薄情,读此诗者,可以识性情之正矣"。这也是值得现代读者反思的。有的人认为夫妇居家之际不用讲究行为是否合乎礼仪。而夫妇之间表达爱意的正确方式,应以互相尊敬为前提,以共同成就德性为目的。因而,夫妇居家日常,应努力做到以礼修身、以善互劝,好德如好色,恶恶如恶臭。

◎雄雉于飞,泄泄 [音异,安缓] 其羽。我之怀 [所思] 矣,自诒 [音夷] 伊阻。

雄雉于飞,下上 [飞鸣自得] 其音。展 [信也] 矣君子,实劳我心。

瞻彼日月,[往来] 悠悠 [长也] 我思。道 [路也] 之云远,曷云能来?

百 [凡也] 尔君子,不知德行。不忮 [音至,嫉害] 不求 [贪取],何用不藏 [善也]?

妇人以夫久役于外而思念之,一章言雄雉之飞,安缓从容,而我怀人久劳于外也。二章言雄雉之鸣,高下自得,而我怀人身不自由也。三章言终年见日月往来,

> 使我心常常忧念，路途遥远，何能便还也。四章言早还固不敢望，而保身实所当知。凡尔君子，岂不知德行为保身之道乎？但不存害人之心，无贪得之念，则随在而宜人，安往而不善乎？此诗哀而不伤，情不废义，可谓爱夫以正者矣。处人之道，有外于'不忮不求^①'四字者乎？

吕语今译

（《雄雉》这首诗歌讲的是）妇人因为丈夫长期服役于外而思念他。第一章说雄山鸡在林中慢悠悠地飞着，而我怀念的人则久久劳役在外。第二章说雄山鸡高声鸣叫，声音忽高忽低、悠然自得，而我怀念的人则身不由己。第三章说全年每天都看见日月往来，日复一日，使我心中常常忧虑思念：路途遥远，怎能一下子就回来呢？第四章说固然不敢奢望丈夫能提前回来，但希望他能懂得如何保全自身。凡是善良的君子，怎么会不知道德行是保全自身的方法呢？只要心中不存伤害别人的想法，没有贪得的念头，那么，在任何地方都能和别人相处得很好，去哪里会不适宜呢？这首诗歌悲哀而不过度，不以情感废弃道义，这算得上是用正确的方式去表达对丈夫的爱。和别人相处之道，有超乎不"不忮不求"这四个字的吗？

简注

① 不忮不求：即上文所谓不存害人之心，无贪得之念。

实践要点

此处的关键是"爱夫以正"。如上文所述，夫妇之间应该以正确的方式去表达爱意。所谓爱情，不是甜言蜜语、卿卿我我，而是处处为对方着想，希望对方能安然无恙、成就自我。如诗中女子诉说思念之情的同时，也不忘告诫丈夫"不忮不求"的处世之道。这点值得后人效法。此外，"德行为保身之道""但不存害人之心，无贪得之念，则随在而宜人，安往而不善"，这些处世之法本身也值得现代读者借鉴。

◎毖［音闭，泉欲出而不畅达］彼泉水，亦流于淇［泉水、淇水异出合流］。有怀于卫，靡日不思。娈［上声，情容美好］彼诸姬［同嫁之女］，聊与之谋。

［想我来时］出宿于泲［赍上声］，饮饯于祢［音你］。女子有行［出嫁］，远［音怨］父［音甫］母［亩偶切］兄弟［音底］。问我诸姑，遂及伯姊。

［如今得去时］出宿于干，饮饯于言。载脂［音之，膏车］

载辖［音匣，车轴］，还［音旋］车言迈。遄［音船，速也］臻于卫，不瑕有害［瑕，玷也。言不玷于德乎？有害于理乎？］。

我思肥泉，兹之永［长也］叹［音贪］。思须与漕，我心悠悠。［安得］驾言出游［此地］，以写［除也］我忧。

卫女嫁于诸侯，父母终，思归而不得。一章言卫水尚合流，而卫女乃不得归卫，与诸姬而谋归计也。二章言始嫁已远兄弟，今父母既终，顾①可归乎？三章言今日归卫甚易，有害于理否乎？四章言果不可归，而我思不忘，安得一往以遂此心乎？夫以父母之家，兄弟之亲，归心迫切，莫可形容。而礼有所制②，迎者不敢迎，往者不敢往。甚者鲁女一岁再归宁，为父母也，而《春秋》犹讥之，先王男女之别，其严如此。

吕语今译

（《泉水》这首诗歌讲的是）卫国之女嫁给了一个诸侯。她的父母过世了，她想回去哀悼而不得。第一章说泉水尚且可以与淇水汇合，而卫女却不能回去卫国，于是她和陪嫁的侄、娣商量回国的计划。第二章说自己一出嫁就已经远离了自己的兄弟，现在父母既然已经去世了，想来应该可以回去吧？第三章说现在回去卫国其实是很方便的,但要是真的回去的话会不会败坏礼法?第四章说,果真不可归去,而我思乡之情又久久不能释怀的话,怎么能用出游为借口,到须、漕等卫国的城邑,去遂顺我思归的心愿呢?

(诗中的女子惦记着)父母所在的家乡、兄弟姐妹之间的亲情,因而心中迫切地想要回到故国,这种心情实在难以形容。然而,礼法有所限制,因此故乡的人也不敢出迎,想回去的人也不敢回去。更有甚者,鲁国有女子一年回了两次娘家,为了看望自己的父母,而《春秋》尚且要讥讽她。先王关于男女之别的礼法,就是这么的严格。

| 简注 |

① 顾:考虑。

② 礼有所制:关于诸侯国夫人归宁的礼法,诸家有不同的说法。郑玄笺云:"国君夫人,父母在则归宁,没则使大夫宁于兄弟。"按照郑玄的说法,诗中女子的父母已经去世,因此不能回国。

| 实践要点 |

诸侯夫人不得归家省亲,主要是为了防止女子回娘家的时候与他人私通。下文还将涉及诸侯夫人归宁与男女有别的话题。吕坤在此表达了对诗中女子盼归不得的同情,同时也强调了男女有别的礼法的严肃性。在现代社会,不允许妇女归

宁的这种礼法固然不可取，但其背后蕴含的严防男女之别的精神，对于保护女性人身安全、免遭歹徒侵犯，还是有一定的积极意义。

◎泛彼柏舟，在彼中河［舟依于河］。髧［音耽］彼两髦①，实维我仪［匹也］。之［至也］死矢［誓也］靡［无也］他［别心］。母也天只［音止］，不谅［体信］人只。

第二章意同。

卫世子共伯早死，其妻共姜守义，父母欲夺而嫁之，共姜作此诗以自誓。言共伯自两髦垂结之时，即为我之匹耦，自今以及死之年，誓无他适②之志。母也我之天也③，何不信我之心乎？夫坚贞之志，父母不可夺，岂他人所得而摇惑哉？

| 吕语今译 |

卫国太子共伯死得早，他的妻子共姜守节义不再嫁人。她的父母要剥夺她的志愿，让她改嫁他人。共姜于是创作了《柏舟》这首诗来发誓，用以表明自己的决心。诗中说：共伯自年少的时候，便是我的配偶。从今天开始，到我死的那一天，我发誓不会有改嫁他人的心志。母亲像上天一样对我有养育之恩，却为什么

不能体谅我的心志呢?

（共姜）有如此坚定贞正的心志，即使是亲生父母也难以剥夺，又岂是其他人所能动摇迷惑得了的呢?

| 简注 |

① 髧（dàn）彼两髦（máo）：髧，头发垂下的样子。髦，下垂至眉毛的头发。此为古代男子奉事父母时留的头发样式，父母过世之后才能更换。意谓男子时值青少年时期。

② 他适：女子改嫁。

③ 母也我之天也：母亲对我的养育之恩深广无垠，像天空一样无边无际，深不可探。

| 实践要点 |

诗中女子对心中所爱坚贞不移的精神着实令人敬佩。当谈及古代社会重视女子的贞节、提倡女子从一而终的时候，现代人往往先入为主地认为这都是礼教吃人，用节操、名誉束缚女子。不可置疑的是，某些情况下，要求妇人从一而终确实是违背了女子要改嫁他人的心志。然而，有的女子是心甘情愿地为了崇高的爱情、为了昔日的山盟海誓而矢志不渝、守身如玉。求仁而得仁，又何怨乎?

◎载驰载驱，归唁卫侯。驱马悠悠，言至于漕。大夫跋[音薄，草行]涉[水行]，我心则忧[宣姜之女，为许穆公夫人，闵卫之亡，驰驱归吊。方行而许大夫追之，夫人知其必以不可归之义来告也，故忧之而作此诗]。

既不我嘉，不能旋反[回卫]。视尔不藏[善也]，我思不远[思不离心]。既不我嘉，不能旋济。视尔不藏，我思不閟[音蔽，止也。大夫既至，果不以我归为善，而我亦不能济水而还卫矣，尔虽不以我为善，而我心终不能止也]。

陟[音直，登也]彼阿丘，言采其蝱[音蒙，贝母]。女子善怀[好思]，亦各有行[道理]。许人尤之[罪我]，众稚[音致，少年]且狂[既不得归，而思终不已，故其在途，或登高以舒想，或采蝱以解郁。女子苦思如此，亦各有道，许人但以我为非，盖少不更事，且狂妄自是耳]。

我行其野，芃芃[音蓬]其麦。控[告诉]于大邦，谁因[何人可托]谁极[何邦可至]？大夫君子[哀告]，无我有尤[幸无罪我]。百尔所思[为我百方谋虑]，不如我所之。

按卫懿公为狄所杀而灭其国，其子戴公，庐于漕①，许夫人之兄弟也。国灭君亡，同胞骨肉，不得归家一吊，情可悲矣！先王之制曰：国君夫人，父母在，则归宁；没，则使大夫宁于兄弟。未尝思及于大变也。许人泥经，不害其为守礼之过。而夫人竟不敢归，可谓以义裁②情矣。

吕语今译

（《载驰》这首诗歌的创作背景是）卫懿公被狄人所杀，而他的国家也覆灭了。他的儿子戴公，移居在漕邑，是许夫人的兄弟。国家灭亡，国君被杀，同胞兄弟在漕邑，许夫人也不可以去吊唁安慰，实在十分的悲凉。

先王订立的礼制规定：对于诸侯国国君的夫人，她的父母尚在世的时候可以回娘家省亲；若父母都过世了，则只能派大夫回娘家慰问自己的兄弟。这样的规定是未曾考虑到出现重大变故的特殊情况。许国人拘泥经文，因而过分地固守礼法。而许夫人最终也不敢回去，可以说是用义理来节制情感。

简注

① 庐于漕：漕为卫国城邑。卫懿公死后，国人分散，宋桓公协助卫国遗民渡河，转移到漕邑，并拥立戴公。

② 裁：制裁，节制。

实践要点

此条再次涉及诸侯夫人的归省之礼，吕坤亦再次表达了怜悯之情，指出了制定归省之礼的时候没有考虑到特殊的情况。可参看上文《泉水》的实践要点。

◎谁谓河广，一苇杭［渡也］之。谁谓宋远，跂［音企，立足］予望［音王］之。

谁谓河广，曾不容刀［小船］。谁谓宋远，曾不崇朝①。

宣姜之女，为宋桓公夫人，生襄公而出，归于卫。襄公即位，夫人思之，而义不可往，盖母出与庙绝，不可私反。嗣君承父重②，不敢往迎。故夫人作此诗，言河非广，宋非远，卒死于卫而不敢归者，礼不可也。守礼如夫人，则出必非其罪矣。其诗思深而不怨，意惨而不言，读之令人凄怆。

| 吕语今译 |

宣姜的女儿成为了宋桓公的夫人。她生下了宋襄公之后就被休弃出门，回到了卫国。（后来）襄公继承了君位，夫人思念他，可是按照礼法，她不能去宋国看望他。因为为人母者被休弃了，就和宗庙断绝了关系，不能私自返回。襄公继承了父亲的君位，不敢去卫国接回自己的母亲。为此，夫人作了《河广》这首诗歌。诗中说：黄河并非宽广不可渡，宋国并非遥远不可及。

夫人最终在卫国死去，不敢回到宋国，因为礼法并不许可。夫人如此严格地遵守礼，可见当初她被休弃，必定不是由于她犯了什么过错。这首诗歌思虑深厚而不怨天尤人，意旨悲惨而不明言，让人读过之后心生悲怆。

简注

① 崇朝：崇，终。意谓回去宋国不用一个早上就能到达，可见宋国并不遥远。

② 嗣君承父重：按照古人的观念，襄公继承了父亲的君位，便与祖宗同为一体，而其母被休弃，必须与宗庙断绝关系，因而母子不能相见。

实践要点

宋襄公作为一国之君，应当以身作则，怎可随便破坏礼法的规定呢？为此，宋桓公夫人顾全大局，严守礼法，宁愿忍受思念孩儿之苦也不敢回国，其精神实在值得后人敬佩。后来宋襄公能成为春秋五霸之一，其母亲遵礼而行的身教想来也是功不可没的。对于现代读者而言，本条的启示在于要懂得理性地权衡问题，不能因为一时的情感冲动或一己之私而做出违反法纪的行为。

> ◎伯兮朅［音挟，武貌］兮，邦之桀［才气过人］兮。伯也执殳［音殊，长杆］，为王前驱。

自伯之东［从征］，首如飞蓬［鬅松］。岂无膏［音高，油发］沐［洗头］，谁适［音的，主也］为容。

其雨其雨［指望将雨］，杲杲［日光］出日［比夫日归日归，而终日不至］。愿言思伯，甘心首疾［头痛］。

焉得谖［音萱，忘也］草，言树之背［北堂］。愿言思伯，使我心痗［音妹，心痛］。

妇人以夫久从征役而思之。一章言夫之才能，为国效忠也。二章言容颜不治①，为夫不在也。三章言望夫不归，思至于头痛，所甘心也。四章言欲忘忧而不忍忘，思至于心痛，所不辞也。妇人以夫为天②，故妇心以思夫为正。世俗见思夫者，则笑之以为无耻，而妇人亦讳其所思，郁郁有怀，不敢向人一道，闻姒娣姊妹嘲讪，则掩护不肯承，岂以忘夫为贤乎？岂以思他人为正乎？道之不明也久矣。

| 吕语今译 |

（《伯兮》这首诗歌说的是）妇人因为丈夫长期出征服役而思念他。第一章说丈夫以自己的才能为国家效忠。第二章说自己没有在意容颜的打扮，是因为丈夫

没有在家。第三章说盼望丈夫归来却不曾归来，思念到头都痛了，也为之心甘情愿。第四章说想忘记忧愁却又不忍心忘记丈夫，以至于思念之情引起了心头的疼痛，但即使这样也在所不辞。

妇人以丈夫为自己的天，故而妇人的心思应该以想念丈夫为正道。世俗人看见了思念丈夫的妇人，却取笑她们说这是不知羞耻。妇人也隐藏自己的心思，抑郁在心中，不敢向别人倾诉；听到了姐妹们的嘲笑，则遮遮掩掩不肯承认。难道说，忘记出门在外的丈夫才算得上是贤淑吗？难道说，应该以思念其他人为正道吗？妇人之道已经晦暗不明很久了。

| 简注 |

① 冶（yě）：打扮，装饰。
② 妇人以夫为天：《列女传·母仪·鲁之母师》："夫礼，妇人未嫁，则以父母为天；既嫁，则以夫为天。"妻子入门之后，丈夫承担养育妻室的职责，有如天之覆养万物，因而妇人以夫为天。

| 实践要点 |

本条再次强调女子思念丈夫之情的正当性，可参看上文《汝坟》的实践要点。

◎女曰鸡鸣，士曰昧旦［将明犹黑］。子兴视夜，明星有烂［光明］。将翱将翔［往行之状］，弋凫［音符，水鸭］与雁。

弋言加［中鸟］之，与子宜［调和］之。宜言饮酒［叶子咬切］，与子偕［音皆，同也］老。琴瑟在御，莫不静好。

知子之来［德致其来］之，杂佩以赠之。知子之顺［同心一德］之，杂佩以问［候也］之。知子之好［亲爱］之，杂佩以报之。

人情多溺于宴安①，家道每贫于懒惰。至于亲贤修德，尤非妇人所知；而贪爱服饰，又其骄奢常性。鸡鸣妇人，既以勤劳相警戒，又以静好相绸缪②，非情欲之私也。望夫取友成德，服饰亦所不惜，皆道义之爱也。古贤夫妇之相与固如此。

吕语今译

人之常情多沉溺于安逸，而家道常常由于人的懒惰而陷于贫困。至于亲近贤人、自修德行，尤其不是妇人所知晓的。而贪爱服装饰物又是妇人常有的骄奢性情。《女曰鸡鸣》这首诗歌当中描写的妇人，既用勤劳的品德警戒丈夫，又用娴静和好的方式与丈夫恩爱缠绵，而非出于情欲的私心。她希望丈夫择得益友、成就德性，即使用上好的佩饰来赠送友人也不感到可惜，这是基于道义的爱情。古时候贤良的夫妻就是这样相处的。

| 简注 |

① 宴安：安逸、逸乐。
② 绸缪：亲密、缠绵。

| 实践要点 |

本条指出夫妻相处不能只贪求放纵逸乐，而应当互相以德相规。如上文所说，真正的爱情，是希望对方能得到进步，成就自我。在现代社会，女子可能习惯于通过赠送礼物、烹饪佳肴、完成丈夫心愿等方式表达对丈夫的爱意，今后不妨效仿古代贤妻，时时劝诫丈夫培养德性、结交良友，让丈夫能够成为一个顶天立地、受人尊敬的大丈夫。

◎鸡既鸣矣，朝既盈矣。匪鸡则鸣，苍蝇之声。

东方明［叶弥羊反］矣，朝既昌矣。匪东方则明，月出之光。

虫飞薨薨，甘与子同梦［叶蒙］。会且归矣，无庶予子憎［音增］。

古之贤妃，侍寝于君，警戒之心切，宴安之意忘，忽闻苍蝇之声，误以为鸡，而告君曰："鸡既鸣矣，来朝之臣，既盈廷矣。"忽见月出之光，误以为日，再告君曰："东方明矣，来朝之臣，既盛集矣。"三告君曰："虫飞薨薨①有声，天明之候也，承子衽席②之宠，遂吾缱绻③之私，岂不甘心与子同寝而梦哉，但会朝之臣，待君不出，且散而归矣，岂不相憎曰：'妃之惑君心也如此，君之耽女宠也如此。'是以我之故，为子之憎也，无庶予子憎哉！"夫忧勤者，人君之事；依恋者，妇人之常。贤妃忍于拂④君之乐，惟怀勤政之心，可为万世宫闱⑤之法矣。

吕语今译

（《鸡鸣》这首诗歌讲的是）古代贤良的后妃，侍奉君主寝眠，警戒之心迫切，忘却了贪图安逸的心意。忽然听到了苍蝇的声音，误以为是雄鸡在鸣叫，于是告诉夫君说："雄鸡已经鸣叫了，来朝见的臣下已经站满在朝廷之上了。"忽然又看见月亮的光芒，误以为是太阳，又再次告诉夫君说："东方已经明亮起来了，来朝见的臣下已经大量的聚集在一起了。"尔后又第三次告诉夫君说："虫子飞舞发出嗡嗡的声音，这是天亮的征候。承蒙君上赐予我同寝的宠幸，满足了我与君上缠绵的情意，我怎么会不想与君上继续同眠而共梦呢？但是，来朝会的臣下久久等待而君主不上朝的话，他们便会四散而归。他们肯定会心生憎怨，私下议论说：'后妃蛊惑君主之心使他如此怠慢朝政，而君主沉迷女色之宠，竟然到了不临朝听政这样的地步。'这样因为我的缘故，使得臣下都憎恨你，我真的不希望君上受到臣下的憎恨啊。"

一般来说，人君应该忧心政事、勤劳不辍，而依恋逸乐是妇女常有的事情。贤良的后妃忍心违逆君主享乐的心思，心中满怀让君主勤于政事的心意，这样的做法可以成为后世宫中妃妾们的榜样。

| 简注 |

① 薨薨（hōng）：象声词，虫子飞舞时发出的声音。
② 衽席：用于睡觉的床席。
③ 缱绻（qiǎn quǎn）：情谊缠绵，不愿分离。
④ 拂：逆。
⑤ 宫闱（wéi）：后宫，这里指后宫妃妾。

| 实践要点 |

古代男子最忌沉迷美色，不务正业，今人亦然。此条提醒现代读者，作为妻子的应当劝喻丈夫不应贪图逸乐、沉湎于声色犬马，而当进德修业，勤奋有为。

◎乃生女子，载寝之地，载衣之裼［音替，包儿大衣］，载弄之瓦［纺砖］。无非［不宜有过］无仪［不欲多能］，唯酒食是议，无父母诒罹［利叶梨，忧也］。

《斯干》之诗，群臣颂祷①天子之女也。天子之女，不与士庶同，而群臣祝天子之女，不过曰寝之地而已，不得同男子在床，示卑顺之义也。不得同男子衣裳，但以裼②包裹之而已，示无以加也。不得弄③以贵重之物，但弄纺砖，示以妇人所有事而已。无有过失，不用才能，但讲求酒食之事④，以养舅姑夫子，不遗父母之忧而已。夫以帝女王姬，世号金枝玉叶，视诸侯大夫之女，百倍不同，而所祝愿者，不过民间妇人之事。况士庶人之女，敢不安柔顺勤劳之分？忽舅姑夫子之尊，致夫家之武怒⑤，遗父母之忧辱乎？此章诗乃古今女道之准也，读者宜三思焉。

| 吕语今译 |

《斯干》是群臣祝贺周天子女儿的诗作。天子的女儿，地位尊贵，和士庶人的女儿不一样。然而群臣祝贺天子的女儿，不过是说要让她睡在地上而已，不得

和男孩一样睡在床上,以此来示意女孩应当谦卑和顺的义理。不得和男孩一样穿着上衣下裳,只用襁褓之布包裹着身体而已,以此来示意不能过分地宠爱。不能让她玩弄贵重的东西,只让她玩耍纺布用的纺砖,以此来示意妇人应从事于纺织之事。(女子)不要有过失,不用追求多才多能,只要会做酒菜饭食等家务事,用来奉养公公、婆婆和丈夫,不让自己的父母担忧就可以了。

帝王之女被世俗之人称为"金枝玉叶",其地位比诸侯大夫的女儿尊贵百倍,但群臣们的祝辞也不过是民间妇人的事务,何况是士庶人的女儿呢?难道她们敢不安守柔顺勤劳的本分吗?她们敢忽视公公、婆婆和丈夫的尊严,引致夫家人的威怒,给自己的父母带来担忧和耻辱吗?这一章诗讲的是古今女子之道的准绳,读者应当仔细思量。

| 简注 |

① 颂祷:祝福赞美。

② 褓:包裹婴儿用的布。

③ 弄:玩耍。

④ 酒食之事:酒菜饭食等家务事。《列女传·母仪·邹孟轲母》:"孟母曰:'夫妇人之礼,精五饭,审酒浆,养舅姑,缝衣裳而已矣。'"

⑤ 武怒:威怒。

| 实践要点 |

　　此条的主旨是强调男女有别,对于男孩和女孩的养育施教方式应从小就有所区别。古人受时代的局限,此处提到的做法有重男轻女的倾向,现代读者不必全盘接受。但针对男女不同的生理和心理特点来进行养育施教,这一观点是值得肯定的。如孩子从小的衣着打扮就应当符合性别特征:男孩好动,发型以短发为宜,衣着则以舒适整洁、便于运动的装束为宜;女孩娇俏,发型长短皆可,衣着则以可爱灵动、大方得体为宜。如此才能保证孩子从小就养成正确的性别认知,对于日后的身心健康发展有良好的促进作用。

　　◎间关①车之舝[音匣,车轴]兮,思娈[美也]季[少也]女逝兮。匪饥匪渴,德音来括[会也]。虽无好友,式燕②且喜。

　　依彼平林③,有集维鷮[音交,雉也]。辰彼硕[音石,大也]女,令德来教[音交]。式燕且誉[称颂],好尔无射[音亦,叶渡,厌也]。

　　虽无旨酒,式饮庶几④。虽无嘉肴,式食庶几。虽无德与女[配合],式歌且舞。

　　陟彼高冈⑤,析[音昔,批也]其柞[音作,栎也]薪。析其柞薪,其叶湑[胥上声,盛也]兮。鲜我觏尔[罕见],我心写[舒畅]兮。

高山仰［音羊］止，景行［大道］行［叶向，平声］止。四牡［公马］骓骓，［音非，常行］六辔如琴［调和］。觏尔新昏［有德少女］，以慰我心。

聘⑥女问容，娶妇亟欲，此世儿之通态也。又其甚者，入门之夕，或见颜色不丽，或见奁箧⑦不丰，则怏怏然不乐，谁复问德哉？维此《间关》之诗，一章言德音来括，极其愿见之怀也。二章言令德来教，望其相成之益也。三章言无德与女，愧其媲美之难也。四章言鲜我觏尔，欣喜如获百朋也。五章言高山景行，爱慕而欲师法也。读此诗而女子之德信美，诗人之好德亦诚矣，可为娶妇之法。彼女子无德可称，但冶容以矜容貌之华，盛张以炫资装之厚，其夫亦因以喜之。致长骄肆之心，积成忍怯之势，岂非两不肖人哉！

| 吕语今译 |

与女方家里订立婚约的时候要问新娘的容貌是否好看，迎娶新妇的时候又只看嫁妆是否能满足自己的贪欲，这是世俗男子的普遍情态。更有甚者，新娘

入门当晚，发现她的样子长得不好看，或者是嫁妆不丰盛，心中就闷闷不乐。有谁还会关注新娘是否有德行呢？《间关》这首诗歌，第一章说有贤良之德的女子前来相会，满足了他愿见有德之女的心愿。第二章说有美德的女子前来指教，希望两人能相互成就德性，从而获益。第三章说自己没有美德可以和女子相配，愧疚自己难以和女子媲美。第四章说自己很少遇到有如此美德的女子，现在娶进门了，心中欣喜若狂，犹如获了很多的财富。第五章说女子的品德犹如高山般崇高，犹如大道般通达，自己对她心生敬爱仰慕之情，很想向她效法学习。

读这首诗可以看到这个女子的品德确实很美好，而诗人好德之心也十分地真诚。这种论德娶妇的做法值得后人效法。女子若是没有德行可以称颂，便通过打扮矜夸自己的容颜好看，通过盛大铺张的排场来炫耀嫁妆的丰厚，而她的丈夫又因之而欢喜。这样会助长女方的骄傲放肆之心，而男方也累积形成了强忍怯懦的态势，那么，两个人岂不是都成为了品行不好的人吗？

| 简注 |

① 间关：象声词，安装车轴时发出的声音。
② 式燕：式，发语词。燕，宴会，宴饮。
③ 依彼平林：依，树木茂盛的样子。平林，平原上的树林。
④ 虽无旨酒，式饮庶几：庶几，希望，但愿。意思是虽然没有好的酒，希

望你也来品饮一下。下句略同。

⑤ 陟（zhì）彼高冈：陟，登。高冈，高的山坡。

⑥ 聘：订立婚约。

⑦ 奁（lián）箧（qiè）：放置陪嫁物品的小箱子，文中指代嫁妆。

| 实践要点 |

本条强调男子娶妇应看重女子的德性，不能仅考虑女子的容颜与嫁妆的多少。事实上，无论男女，都应该以对方的德性作为择偶的首要原则。若对方品性顽劣，无论相貌和经济条件如何，都不必予以考虑。

◎挚［音至，国名］仲氏［中女］任［姓也］，自彼殷商，来嫁于周，曰嫔［音贫］于京。乃及王季，维德之行［非德不行］。大［音泰］任［即仲氏］有身，生此文王。

王季之德，积功累仁，难乎为配。而太任乃挚国之女，来嫁于我周京①，与我王季，一德相成，两心契合，凡有所行，一本于德，是以和气致祥，维天眷②德，太任有身，生此文王焉。

吕语今译

（《大明》这一章讲的是）王季德行高尚，建立了不少功业，做了许多有仁德的事情，很难找到一个能与之相匹配的妻子。而太任是挚国国君的女儿，嫁到了我们周国的京城，成为了王季的妻子。他们同心同德，两人心心相契，所有的行为都依照道德仁义来执行，因此，他们夫妻之间一团和气，招致了吉祥，又由于上天眷顾有德之人，太任有了身孕，生下了周文王。

简注

① 京：国都。
② 眷（juàn）：顾念。

实践要点

周文王的仁德历来为古人所称颂，是天下间的圣人。此条指出，正是王季、太任夫妻的言行合乎德义，受到上天的眷顾，因此才生下了周文王这个有圣德的孩子。对于现代读者而言，这可以理解为，正是作为父母的王季、太任都有良好的道德修养，因而周文王在父母言传身教的潜移默化之下，也成为了一个有道德的君子。由此可见，在家庭教育当中父母以身作则的重要性。

◎大邦［莘国］有子［女也］，伣［如也］天之妹①。文定厥祥②，亲迎于渭。造［作也］舟为梁［桥也］，不显其光。

有命自天，命此文王。于周于京，缵女维莘③。长子维行，笃生武王。

太姒，莘国长女也。生有圣德，如天之妹。既择祥日文定，又至渭水亲迎，作舟为桥，迎此淑女，岂不光显朝野之观耶！天既集大命于文王矣，今莘国长女，能继太任，又嫁于我周焉。是以窈窕之德，配徽柔④之圣，钟灵毓秀，笃生圣德之武王焉。

愚谓天欲昌人之后，必配以贤圣之妻。子有象德之光，必钟于贤圣之母。文王之圣，太任之子也；武王之圣，太姒之子也。尧、舜之朱、均⑤，鲧、鲧⑥之舜、禹，此千古万一事耳，岂常理哉？

| 吕语今译 |

（《大明》这一章讲的是）太姒是莘国国君的大女儿，生来便有圣贤般的品德，如上天的妹妹一样。周文王既已选取了吉日行文定之礼，又亲自迎娶于渭河之畔，以船只相连为桥，迎娶这个贤淑的女子。岂不是光辉显耀于朝廷上下吗？

上天既然已将平天下的重大使命寄托在周文王身上,现在莘国的大女儿能继承太任的德行,嫁给了周文王,这是把有娴静美好品德的女子许配给了有美善温和品德的圣人。如同天地聚集灵气能够作育出精英之才,周文王和太姒两德相合,便生下了有圣贤德性的周武王。

我看上天若是想昌盛一个人的子孙后代,必定会许配给他一个贤良圣明的妻子。先下来的孩子有德性的光彩,必定是源于贤良圣明的母亲。周文王有圣贤之德,因为他是太任的儿子;周武王有圣贤之德,因为他是太姒的儿子。至于说尧、舜生下了不肖子朱和均,瞽、鲧生下了圣人舜和禹,这是千古以来万分之一事情,怎么会是常理呢?

简注

① 俔(qiàn)天之妹:譬如上天的妹妹,指她的德性和上天相仿。

② 文定厥祥:即传统婚礼的礼节之一,男方问得女方名字之后,占卜得吉,而行纳币之礼,定其吉祥。

③ 缵(zuǎn)女维莘(shēn):缵,继承。意谓莘国长女太姒嫁给周文王之后,能继承太任的事务。

④ 徽柔:徽,美善。柔,温和。

⑤ 朱、均:朱,即丹朱,尧的儿子。均,即商均,舜的儿子。史传称朱、均都是不肖子,因而尧、舜禅让天下。

⑥ 瞽(gǔ)、鲧(gǔn):瞽为舜父,有顽劣之名。鲧为禹父,治水无功。

| 实践要点 |

本条紧接着上条,强调了在家庭教育环节父母以身作则的重要性,并进一步指出了母亲的教育对孩子而言尤其关键,即所谓"子有象德之光,必钟于贤圣之母"。这提示现代读者,必须重视母亲对孩子的陪伴和教育。现代社会大多数家庭父母都要上班工作,有的母亲更是职场的女强人,为了事业往往牺牲了陪伴、教育孩子的时间。如此一来,便会对孩子的成长产生不利的影响,可谓是得不偿失。因而,作为母亲,无论上班多苦多累,都应当多抽空陪伴孩子,和孩子一起玩耍、一起学习,并且以身作则,引导孩子成为一个明德守礼的人。

◎思齐[音斋]太任,文王之母。思媚周姜[太王之妃],京室之妇。大姒嗣徽音,则百斯男[尼寅切]。

妇人之德,每病于轻浮,莫难于端庄。子妇于姑,每病于疏薄,莫难于亲爱。彼斋①庄之太任,乃文王之母也,实能亲媚②周姜,称我京室之妇。太任徽美之音如此,难乎其继。而太姒又能幽闲贞静,亲媚大任而继其美德之声名焉。恩及众妾,子盛百男,圣母贤妻,周家三世如此,可谓盛矣。

吕语今译

妇人的德性，总是因为举止轻浮而出问题，而往往难以做到行为端庄。儿媳对待婆婆，总会出现疏远淡薄的情况，而难以做到亲近敬爱。（《思齐》这一章讲的是）那位诚敬端庄的太任，是周文王的母亲，确实能做到亲近顺悦婆婆周姜，堪称是我们国都妇人的典范。太任美好的名声传遍国中，后人难以为继。而太姒又能做到幽深娴淑、贞正文静，亲近顺悦婆婆，而继承了她的美好名声。她们恩惠遍及众妾，因而子孙众多。既有圣明的母亲，又有贤良的妻子，周家三代都这样美满，可算得上是家族兴盛了。

简注

① 斋：敬。
② 媚：爱，亲顺。

实践要点

此条提示现代读者关于处理好婆媳关系的重要性。婆媳关系处理好了，一家人就能和顺安乐。要处理好婆媳关系，首先需要为人儿媳妇的端正好自己的行为态度，谦虚恭敬而不轻佻浮躁，并主动亲近关心婆婆。而为人婆婆的，也应将心比心（毕竟自己也有过为人儿媳的经历），善待媳妇。

◎哲夫成城，哲妇倾城，懿厥哲妇，为枭[音哓]为鸱[音痴]。妇有长舌，维厉之阶[叶基]，乱匪降自天[叶铁因]，生自妇人。

周幽王宠褒姒，生伯服，听其谮言，废申后及太子宜臼。其后犬戎杀幽王，虏褒姒，诗人伤之。言丈夫聪明，则国家赖以成；妇人智巧，则国家因之败。美哉褒姒，真哲①妇也，言出其口皆成祸，犹鸱、枭②鸣处皆为凶耳。妇人静默，祸安从生？褒姒巧辩能言，真是长舌之妇，实造祸乱之梯。人皆曰祸自天降，天何心于祸人哉？乃生自长舌之妇人耳。赫赫宗周，以万乘之尊，四海之大，不能当一女子三寸舌，竟至灭亡，可畏哉！盖妇人以多言为凶，以谨口为德。世俗妇人，对丈夫则道兄弟妯娌短长，见父母则言舅姑姊妹是非。蹑[音聂]足附耳，诡态伴声，言则戒人慎密，听者深为掩覆，嫌成怨结，家破人亡，而彼立身于不败之地。故先王七出③，多言居其一焉，为鉴深矣。呜呼！言者之祸，成于听者；听者之罪，大于言者。世有不喜听言之人哉？世有听言而能察之人哉？世有能察而罪言者之人哉？彼固痴为人役，而犹悦其厚已也。故圣④谗莫如勿听，止谤莫如自修。谚云：耳硬舌结，目硬舌灭。

卷一　嘉言

吕语今译

周幽王宠爱褒姒，生下了儿子伯服，后来又听信了她的谗言废黜了申后和太子宜臼。后来犬戎杀了周幽王，掳走了褒姒，诗人于是作了《瞻卬》这首诗歌来伤悼周朝的国运。诗中说：丈夫聪明，则国家赖以有所成就；妇人智巧，则国家因之而败亡。褒姒是那么的美丽啊，是明哲的妇人。她口中说出的话都会招来祸害，犹如鸱枭啼叫的地方都会有凶事。妇人保持安静沉默的话，祸害哪里会产生呢？褒姒能言善辩，真可谓是长舌之妇，着实是祸害踏来的阶梯。人们都说祸害从天而降，其实上天哪会有祸害人们的心思呢？祸害乃是源于长舌的妇人。

显赫的周朝，有兵车万乘的尊贵，富有四海之内的广大土地，却不能抵挡一个女人的三寸不烂之舌，终至灭亡，这是多么的可怕啊！所以说妇人以话多为凶，以谨慎言语为德行。世俗的妇人，对着丈夫则说兄弟妯娌之间的短长，见到父母则说公公婆婆以及姐妹的是非。走到别人身边脚挨脚、耳贴耳地说人长短，还摆出一副煞有其事的姿态，发出装模作样的声音，说完之后还告诫别人要保密，让听的人为她作掩护。等到别家嫌隙已成、相互结怨，落得个家破人亡的下场，而她自己却置身事外，仿佛立于不败之地。为此，先王制定的允许休妻的七个条款当中，多言便是其中一种罪过，这多么有远见啊！

呜呼！言者招来的祸患，在听者那里实现。听者的责任要比言者大。世界上有不喜欢听信谗言的人吗？有听到谗言却能考察其真实性的人吗？有能考察谗言真伪而责罪进谗者的人吗？那些听信谗言的人，本来就愚痴地任人摆布，还心生喜悦，以为言者厚爱自己。因此，厌恶谗言不如不要听信谗言，要制止别人的诽谤不如自修其身。谚语说：耳朵硬的人听不进谗言，则进谗者的舌头便会打结（说不出谗言）；目光锐利的人明辨是非，那么长舌之言便会灭绝。

| 简注 |

① 哲：聪明，有智慧。
② 鸱枭（chī xiāo）：猫头鹰一类的猛禽。
③ 七出：休弃妻子的七种理由，详见下文"古语"部分的"妇有七去"条。
④ 疾（jí）：疾恶。

| 实践要点 |

吕坤于此生动地描写了长舌妇人的丑态。长舌，即搬弄是非。有的妇人喜欢背后道人是非，挑拨离间，给别人带来不良的影响，有的时候甚至害人终害己。因此，女子应该引以为戒，谨慎言语。

此外，吕坤借用周幽王、褒姒的事例，指出听信谗言的人理应为谗言所招致的祸患负责。因为亲昵之情而不考察言语真伪，这是没能做到以理御情。夫妻之间切忌因对对方的溺爱而混淆是非、丧失理智。

春 秋

左 传

《左传》属辞,皆比于事,摘语则意不明,故辞事并录。

吕语今译

《左传》的文辞都和史事相关,只摘录只言片语的话,文意便晦暗不明,因此文辞、史事一并摘录。

◎鲁桓公十八年,与夫人姜氏如齐,申繻[须如二音]曰:"男有室,女有家,无相渎[乱杂]也,谓之有礼,易[慢易此礼]此,必败。"不听,公薨于齐[姜氏至齐,与其兄襄公通。桓公知之,不悦。姜与襄公谋,遂杀桓公]。

亲如兄妹,可以无嫌矣。鲁桓公一犯而有彭生之祸①,况在他人?《泉水》《竹竿》《载驰》诸女,卒守礼畏义,而不敢归宁归唁者,有文姜为之覆车②也。文姜之罪,不容诛矣,而犹祔③于鲁庙,可恨哉!

吕语今译

按常理说,作为亲生骨肉的兄妹之间应该不会存在什么有嫌疑的事情。然而鲁桓公一违反了礼法的规定,马上就招致了彭生之祸。贵族之间尚且会发生这种事情,更何况其他人呢?《泉水》《竹竿》《载驰》诗中的女子,遵守礼法、敬畏道义,而不敢回家省亲吊唁,是因为有文姜的覆车之鉴。文姜犯下的过错不容不诛,却仍把她的灵位放在鲁国宗庙祔祭,实在可恨啊!

简注

① 彭生之祸:彭生,齐国公子,受齐襄公指使杀害鲁桓公。其事详见《春秋公羊传》:夫人谮公于齐侯,公曰:"同非吾子,齐侯之子也。"齐侯怒,与之饮酒。于其出焉,使公子彭生送之。于其乘焉,搚干而杀之。

② 覆车:翻车,比喻失败的经验教训。

③ 祔(fù):《说文解字》:"祔,后死者合食于先祖。"即与先祖合祭。

实践要点

此前提到诸侯夫人在父母过世后不得回娘家省亲的礼法,其制定的原意在于防微杜渐,避免诸侯夫人回娘家后与他人通奸的情况。现代人对此可能会觉得不可思议,女子回娘家怎么会与通奸联系起来呢?本条便提到了一个乱伦通奸的实例：鲁桓公到齐国会见齐襄公，其妻文姜随同前往。结果，文姜回娘家之后便与兄长齐襄公私通，而鲁桓公也因而被杀于齐国。此事被载入史册，成为了当时贵族的一大丑闻。前文述及，礼缘人情而作，女子思念父母兄长是人情之正，而男女乱伦是人情之僻，顺遂人情之正而泽止一家，防禁人情之僻则惠遍天下，因此，宁取防禁之礼而不遂女子思归之情，如此亦是以理御情。现代读者于此记取慎防男女之别即可。

◎鲁庄公二十四年秋，哀姜至［自齐初嫁鲁］，公使宗妇［大夫妻］觌［音狄，见也］。用币，非礼也。御孙曰："男贽[1]，大者玉帛［公、侯、伯、子、男用玉，世子、附庸[2]、孤卿[3]用帛］，小者禽鸟［雉雁之类］，以章物［别贵贱以物］也。女贽不过榛栗枣修，以告虔［敬］也。今男女同贽，是无别也。男女之别，国之大节也，而由夫人乱之，无乃[4]不可乎？"[5]

| 简注 |

[1] 贽（zhì）：同"挚"，执物以为相见之礼，即见面时所带的礼物。

[2] 附庸：附属于大国的小国的君主。

[3] 孤卿：少师、少傅、少保的合称。

[4] 无乃：岂不是，表达委婉的语气。

⑤ 本条目吕坤作了简注,没有按语。下文《礼记》"妇人之挚"条目与本条目相关,可相互参看。

| 实践要点 |

见下文《礼记》"妇人之挚"条。

◎楚令尹[上卿]子元,欲蛊[音古]文夫人[息妫,文王夫人,子元欲诱淫之],为馆于其宫侧而振万[舞名]焉。夫人闻之,泣曰:"先君以是舞也,习戎备①也。今令尹不寻诸仇雠②而于未亡人[夫死自称]之侧,不亦异乎?"子元曰:"妇人不忘袭仇,我乃忘之?"秋,子元伐郑。

妇人喜视听而骇③新奇,故挑诱妇女者,多以新奇之视听惑之。宋谚云:美女莫观灯,美男莫观春,知此道矣。然人心正,则所见皆触其正念;人心邪,则所见皆触其邪念。子元之邪谋,不足以动息妫,而息妫之正论,乃足以愧子元。息妫,息侯夫人也,为楚文王所掳,生堵敖、成王二子。息仇虽报④,而妇节已失。然持正之语,犹足以息邪臣之奸,而化于正。况端谨淑身之妇,孰敢萌不肖之心哉!

吕语今译

妇人喜欢视听之娱而为新鲜奇怪的事物而感到好奇。因此，挑逗引诱妇人的人多半会用新奇的视听去诱惑她们。宋代的谚语说"美女不要去看灯会，美男不要去看春天"，这正是知道了其中的道理。然而，若人心正直，那么所看到的东西都会触发他正直的念头。人心邪僻，那么所看到的东西都会触发他邪恶的念头。子元的邪恶图谋，不足以诱动息妫。而息妫的正直言论，却足以让子元感到羞愧。息妫本是息侯的夫人，被楚文王俘虏，生下了堵敖、成王两个儿子。息国的仇恨虽然已经报复了，而她的妇人贞节也失掉了。然而她秉持正道的言语，足以息止邪恶臣子的奸计，并使他受到感化而归于正道。更何况那些端庄谨慎、贤淑自身的妇女呢？谁敢对她们萌生不轨的念头呢？

简注

① 习戎备：戎备，即武备。前文所说的万舞兼武舞与文舞，其中跳武舞时舞者需使用干、戚等兵器。因而排练万舞能让士兵熟习兵器，做好战斗的准备。

② 雠（chóu）：同"仇"。

③ 骇：惊。

④ 息仇虽报：《春秋左传·庄公十四年》云："蔡哀侯为莘故，绳息妫以语楚子。楚子如息，以食入享，遂灭息。以息妫归，生堵敖及成王焉，未言。楚子问之。对曰：'吾一妇人，而事二夫，纵弗能死，其又奚言？'楚子以蔡侯灭息，

遂伐蔡。"绳，赞誉。楚文王因为蔡哀侯对息国夫人息妫的赞誉，灭掉了息国，掳走了息妫；后来又为了讨好息妫而攻伐蔡国。由于息国覆亡的罪魁祸首是蔡哀侯，因而说息国灭亡之仇已报。

| 实践要点 |

本条值得现代读者思考的有以下三点：

一、吕坤指出，女子大多喜欢满足视听之娱，容易被新奇好玩的事物所吸引。而别有用心的男子往往会利用这一点去引诱女子。这提示现代读者，女子要时刻保持警惕，不要因为自己的好奇心而蒙蔽理智，落入男子设下的圈套。

二、吕坤提出"人心正，则所见皆触其正念；人心邪，则所见皆触其邪念"，这是说人的道德修养会影响他对外界事物的理解和判断，进而影响他的行为。如息妫看到士兵跳万舞时，想到的是练兵复仇而非放纵逸乐，遂以义正言辞打消了子元的邪念。现代社会光怪陆离，女子也要端正内心，念念皆正，如此才能避免堕入邪行。

三、女子若是恪守贞德、谨慎言行，身边的人也能受到感化。本条中子元感于息妫之言而攻郑，便为其证。此外，在夫妻日常生活之中，妻子言行合度，也能端正丈夫的行为。如沈复在《浮生六记·闺房记乐》中回忆道：

芸作新妇，初甚缄默，终日无怒容，与之言，微笑而已，事上以敬，处下以和，然未尝稍失。每见朝暾上窗，即披衣急起，如有人呼促者然……余虽恋其卧而德其正，因亦随之早起。

沈复的妻子陈芸敬以立身，行有德容，沈复也受之影响，养成了早起的习惯。由此可见，妻子的行为合乎法度，丈夫也能化归于正。

◎郑文夫人芈［音米，楚姓］氏、姜氏，劳①楚子于柯泽［郑地］。楚子［伐宋救郑］使师缙［乐官］示之俘［音浮］馘［音国，截耳］。君子曰："非礼也，妇人送逆［迎也］不出门，见兄弟不逾阈［门限］，戎事不迩［近也］女器［戎事凶勇，不近女物］。"

| 简注 |

① 劳：慰劳。

| 实践要点 |

本条的大意是：楚国伐宋救郑，郑文公夫人芈氏、姜氏在柯泽慰劳楚王。楚王派师缙把俘虏的耳朵切下来给她们看。在古代的君子看来，这是不符合礼法规定的，因为古代妇人送迎客人不出房门，会见兄弟不出门槛，而芈氏、姜氏竟然出宫慰劳楚王。此外，女子慰劳军队会导致军心涣散，因而芈氏、姜氏的行为并不合适。本条实际上也是强调男女有别之礼。对于现代读者的启发是，女子在向

异性致谢时,要注意掌握分寸,避免出现不恰当的语言或行为导致对方产生误解。

◎周襄王以狄伐郑,取栎[音立,郑邑]。王德狄人,将以其女[隗氏]为后。富辰谏曰:"不可。臣闻之,报者倦[竭力]矣,施者未厌[无足]。狄固贪惏[音蓝,不足],王又启之。女德无极[近之则情无足],妇怨无终[远之则怨无穷],狄必为患。"弗听。

王竟以狄女为后。后通于襄王之母弟①子带。王疏后。子带以狄伐周,大败周师,王出适郑,处②于汜。

| 吕语今译 |

周襄王最终还是娶了狄人的女子作为王后。王后与襄王同母之弟子带私通。襄王于是疏远王后。子带勾结狄人攻伐周室,大败周人的军队。襄王被迫出逃至郑国,住在汜水边上。

| 简注 |

① 母弟:同母之弟。周襄王的继母为惠后,惠后后来又生下了子带,因此

子带是周襄王的同母之弟。

② 处：居处。

实践要点

本条又是贵族之间通奸的案例，这次受害的是周天子。看了这些案例，也不难理解为什么古人这么重视男女有别的礼法。在家国一体的古代社会，若不严防男女之别，容易引起纷争，导致政局混乱，家国覆亡。对于现代读者而言，无论男女都应该谨守男女有别的意识，避免自身的不当行为破坏了自己或别人的家庭幸福。

◎郑徐吾犯［郑之大夫］妹美，公孙楚聘之矣，公孙黑［楚之堂兄］又使强委禽［奠雁］焉。犯惧［未知所与］，告子产。子产曰："是国无政，非子之患也，唯所欲与。"犯请于二子，使女择焉，皆许之［二子皆许来聘］。子晳［黑］盛饰入，布币［陈设聘币］而出。子南［楚］戎服入，左右射［张弓作射状］，超乘［车走而登］而出。女自房观之，曰："子晳信美矣，抑子南夫也［刚健豪雄，丈夫之道］，夫夫妇妇［夫象夫，以刚健为德；妇象妇，以柔顺为良］，所谓顺也。"适子南氏。

徐妹可谓知夫道矣。世之狡童，学妖态以惑女，而女亦悦其丰标①，遂不有躬②。此倡家荡子，艳调邪情，彼此相悦以济其欲者也。不知居室之道③，男当严毅而刚方，女当温柔而静正。童心媚态，一毫不形，然后消人窥觊④之心，获免乱亡之祸。室家之道，莫良于此。乃徐妹又有微意焉，贞一之心，不更初聘，盖借此以绝子晳耳。不然，以信美之容，上大夫之贵，即盛饰布币，亦婚礼之常，何至非夫哉？心与始从，而言与道合，读其传者，当知之。

| 吕语今译 |

徐妹可说是懂得择夫之道。世俗的轻狂男子，学习妖媚的容态来诱惑女子，而女子也喜欢他们美好的外表，于是自己的贞操也失掉了。这是犹如娼优一般浪荡邪僻的人，以艳色调弄不正的情欲，双方互相媚悦以满足自己的欲望。他们不懂得居室之道，男子应当严厉坚毅而刚直方正，女子应当温顺柔和而娴静贞正。童稚之心、妖媚之态分毫不形于外，然后打消别人窥探觊觎的念头，免于丧乱覆亡的祸患。室家自处之道，没有比这样更好的了。此外，徐妹又有微细的心思，她贞正从一之心，不想改变最初的聘约，于是借机来回绝子晳。不然的话，子晳

既有英俊美好的容貌，又身居上大夫的尊贵职位，还穿着华丽盛大的服饰、携同布币聘礼，符合婚礼的正常做法，何至于说不是做丈夫的合适人选呢？徐妹的心意和初始之时相一致，而言语合乎道义，读这段传记的人应当知道当中的含意。

| 简注 |

① 丰标：风度、神采。
② 遂不有躬：躬，身体。遂不有躬即失身，意谓女子失去贞节。
③ 居室之道：泛指夫妇、男女相处之道。下文"室家之道"相类。
④ 窥觊（jì）：窥探觊觎。

| 实践要点 |

对于现代读者而言，本条的启示在于：婚姻的目的并不在于满足情欲，因此女子在选择夫婿时不应该看夫婿是否拥有俊俏的外表以及富贵权势，而应该看对方是否有严毅刚方的德性（夫象夫，以刚健为德）。而女子也应当培养自己温柔静正的德性（妇象妇，以柔顺为良），只有这样才能处理好夫妻之间的关系。此外，无论男女，也都应当坚定自己的心志，选定了合适的对象就从一而终，切忌花心。

礼 记

曲 礼

◎男女不杂出[交错混行]，不同椸枷[音移，架搭衣者]，不同巾栉[音即，梳枇]，不亲授[亲手与物]，嫂叔不通问[不亲问安否]，诸母庶母不漱[音嗽，洗也]裳[近身亵服，一敬父，二远嫌]。

◎外言不入于梱[音细，门限]，内言不出于梱[男聚不言内，女聚不言外]。

◎女子许嫁，缨[项下结带，示有系也]。非有大故[如丧、祭、水、火、疾、盗]，不入其门[父、兄、子弟亦然]。

◎姑、姊、妹、女子子，已嫁而反[回家]，兄弟弗与同席而坐，弗与同器而食。

◎男女非有行媒，不相知名[不通名]。非受币[已许聘]，不交不亲。故日月以告君[娶期]，斋戒以告鬼神，为酒食以召乡党僚友，以厚其别也。

> 行媒，然后名相通；受币，然后情相及。告君告庙，示不敢专也。召乡党僚友①，示不敢私也。凡若此者，皆所以重男女之伦，以明远别之道，不苟亲就如此。近世纳币之礼，亦召亲族，但女子加髻而登筵②遍拜，虽缙绅之家间有，甚为陋俗，好礼者宜改之。

| 吕语今译 |

通过媒人然后两方家庭才拿到对方的姓名和生辰字；女方接收了聘礼，然后两家的婚姻情谊才算是定了下来。婚姻之事必须禀告尊长以及宗庙，表示不敢自己擅作主张。召集乡党同僚朋友来参加婚礼，表示不敢私自成婚。上述的这些礼节，都是为了重视男女之间的伦理常道，用以彰明男女之间应当疏远有别的道理，不能苟且亲近将就。近来的纳币之礼，也会召集亲戚族人参加，但新娘髻上头发之后就到各个筵席之上拜见亲戚族人，即使乡绅士族的婚礼也会偶尔出现这种情况，这是甚为粗陋的风俗，好守礼法的人应该改掉它。

| 简注 |

① 僚友：同事。

② 筵：竹席，此处指婚宴时的席位。

| **实践要点** |

上述诸条是男女有别之礼的具体规定，现代读者可结合实际情况选择采用。其中的关键即是保持男女之间的距离。

◎取妻不取同姓［不止一族，但姓同便是］，买妾不知其姓［恐有同姓］，则卜之［但吉即可］。

◎寡妇之子，非有见［即无家教，必无识见］焉，弗与为友。

若才能卓异，则不可槩①论矣。于此见母教亦不可无，否则人将弃其子矣，故寡妇姑息②易，教诲难。

| **吕语今译** |

寡妇的儿子若是才能卓立、异于他人的话也不可一概而论。由此可见母亲的教导不可或缺，不然的话，别人将会嫌弃她的儿子。所以说寡妇容易姑息纵容自己的儿子，难于管教诲导。

| 简注 |

① 槩（gài）：同"概"。
② 姑息：纵容溺爱。

| 实践要点 |

"取妻不取同姓"条，即为防止乱伦，明男女有别之礼。

"寡妇之子"条，诚如吕坤所说，体现出母教的重要性。为人母亲者本来就容易溺爱自己的孩子，而寡妇的处境更为难堪，一方面要承担家庭生计的责任，另一方面又要演绎父亲的角色去管教孩子，还可能会受到别人的非议。在这种情况之下，寡妇要教育好孩子便要付出更多的辛劳。尽管如此，纵观历史，由寡妇抚养成才的孩子也不在少数，如孔子、孟子、欧阳修均幼年丧父，由母亲抚养成人，其后均德建名立，成为后人所敬仰的圣贤之士。在现代社会，单亲家庭不在少数，本条对单亲妈妈的启示便是要从严管教孩子，不能过于溺爱。

◎君不名［不呼其名］卿老［大臣］、世妇［两媵］，大夫不名世臣［父之老臣］、侄［妻兄弟女］娣［妻妹皆从嫁者］，士不名家相［掌家］、长妾［或年长或有子］。

◎天子之妃［音配］曰后［主后宫］，诸侯曰夫人［扶助君子］，大夫曰孺人［弱子不敢强壮］，士曰妇人［妇，伏也，服于丈夫也］，庶人曰妻［齐也，与夫敌体①］。

◎妇人之挚［音至，与赘同，初见人所执者］，椇［音矩，果名］、榛、脯［音甫］、修、枣、栗。

妇人卑细，不当执大挚②，故果则椇③、榛、枣、栗，果之小者。肉则修脯，肉之干者。鲁庄公娶哀姜，使妇人④觌见夫人，皆用币，春秋讥之，以为乱男女之礼，而哀姜卒不允于鲁⑤。此礼之衰久矣，君子不可不讲也。

| 吕语今译 |

妇人地位卑下，不应该拿厚重的礼物行见面礼。因此，给妇女送果品的话就送椇、榛子、枣子、栗子，这些都是细小的果实。送肉的话就送肉脯，这是风干的肉类。鲁庄公迎娶哀姜，让大夫的妻子（宗妇）带着币作见面礼，而《春秋》讥讽这件事，认为这样会扰乱男女有别之礼，而哀姜死的时候也不得在鲁国善终。这种礼法已经衰败了很长的时间了，有道德的君子不可以不讲究。

| 卷一　嘉言 |

简注

① 与夫敌体：敌，相当之意，意谓妻子的尊卑地位与丈夫相当。与之相关的是，妾的地位则较低，不能与夫敌体。

② 大挚：《春秋左传·庄公二十四年》："秋，哀姜至，公使宗妇觌用币，非礼也。御孙曰：'男贽，大者玉帛，小者禽鸟，以章物也，女贽，不过榛、栗、枣、修，以告虔也。'"大挚即玉帛、币等贵重的见面礼。

③ 椇（jǔ）：《礼记正义》疏云："椇，枳也。即今之白石李，形如珊瑚，味甘美。"

④ 妇人：此处指宗妇，大夫的妻子。

⑤ 哀姜卒不允于鲁：《春秋左传·文公四年》有云："君子是以知出姜之不允于鲁也。"章炳麟《春秋左传读》曰："允当借为遂，终也，此谓出姜不终于鲁，还复归齐耳。"据此，"不允于鲁"即不得善终于鲁。哀姜、出姜并非同一人，但两人死的时候都不在鲁国，因而都是"不允于鲁"。哀姜因私通乱国，被迫出奔邾国，后被齐桓公召至齐国鸩而杀之。哀姜死后，其尸体才被运回鲁国安葬。

实践要点

"君不名卿老、世妇"条，其中"君不名卿老、世妇"按今本《礼记》应为"国君不名卿老、世妇"。不直呼其名，实质是表示对他人的尊敬。现代读者也应注意，对于尊长者，不能直呼其名。

"天子之妃曰后"讲的是对身份地位不同的人的妻子有不同的称谓，而这些称谓的背后有其相关含义。孔子主张"必也正名乎"，"名不正，则言不顺；言不顺，则事不成……故君子名之必可言也，言之必可行也。君子于其言，无所苟而已矣"。这些称谓的背后实质上就包含了在其位者应尽到的本分。对于现代读者而言，也要重视自己的家庭地位角色，作为丈夫就该尽到做丈夫的职责，不能愧对"丈夫"的称谓，妻子亦然。

"妇人之挚"条，吕坤强调送妇人见面礼时要强调男女有别的礼法，礼品不宜厚重。事实上，行见面礼的主要目的在于向陌生人表达心中的尊敬，而讲究礼品的丰厚反而容易失却了"礼主敬"的本义。这对于现代读者的启示在于，在拜见陌生人时应带上见面礼，而礼品不必过于贵重，能够表达敬意即可。

檀弓

◎文伯之丧，敬姜据［音具，依也］其床而不哭，曰："昔者吾有斯子也，吾以将为贤人也，吾未尝以就公室［入其从政之处观其所行］，今其死也，朋友诸臣，未有出涕者，而内人皆行哭失声，斯子也，必多旷于礼矣［见善行］①。"

◎季康子之母死，陈亵衣［里服］②。敬姜曰："妇人不饰，不敢见舅姑。将有四方之宾［疏于舅姑］来，亵衣何为陈于斯？"命撤之。

近世妇人之丧，以影堂③当人之拜。年高而辈尊者，犹可。若卑幼，则不惟失内外之体，又失尊卑之伦。夫礼也者，通于生死者也。都下缙绅，妻丧不受吊奠，亦此义与。

| 吕语今译 |

近来妇人的丧事，设置影堂让吊唁者前去祭拜。对于年事已高而辈分尊贵的逝者，这样做是可以的。若逝者的地位卑微或年龄幼小，这样做的话不仅会失掉了内外有别的体统，又失掉了尊卑有等的伦常。礼法是贯通于人的生存和死亡之中的，活的时候要讲究，去世了也得讲究。京都里的士大夫，妻子死了不接受别人的吊唁祭奠，和这里讲的内外有别、尊卑有等是一个意思。

| 简注 |

① 在下文卷三"善行"部分有"鲁季敬姜"条目，详述敬姜的事迹。
② 亵（xiè）衣：贴身的内衣。

③ 影堂：古人在亲人去世之后会立木主（木制的神位）进行祭祀，即今人所谓的"神主牌"，上面或会用文字刻上逝者的尊称。后来又出现了设置影堂拜祭先人的做法，即在堂内放置逝者的画像以供祭祀。

实践要点

"文伯之丧"条，敬姜"未尝以就公室"，实质是男女有别之礼，男主外、女主内，妇人主中馈，不得预政事。

"季康子之母死"条，实际上讲的也是男女有别之礼，亵衣为贴身之衣物，前来吊唁者为四方之宾客，故不宜示众。

关于为逝者设置影堂，吕坤在其著作《四礼疑·通礼》中有专门的讨论，当中提到宋代大儒程颐不赞成设置影堂，而吕坤则认为孝子慈孙为先人设置木主和影堂都是出于心中的思慕之情，因而不必有，也不必无。此处吕坤不赞成为年轻早折的妇人设立影堂，实质也是强调男女有别之礼。女子在世时尚且不轻易出门见人，死后又怎能设立画像供人参拜呢？这就是所谓的内外有别的体统。

◎子思之母［为伯鱼所出而更嫁者］死于卫，赴［报丧］于子思，子思哭于庙。门人至，曰："庶氏之母［言他人之母］死，何为哭于孔氏之庙乎［母出与庙绝］？"子思曰："吾过矣！吾过矣！"遂哭于他室。

> 出母不嫁，尚不敢复入子家，况嫁乎？子，吾子也。生不得享其养，死不得受其哭，祭不得食其余[1]，出母亦可哀矣。故妇人不可不修德，一遭遣斥，是夫子两绝，生死永隔也。可不慎哉！

吕语今译

被休弃的人母若不改嫁，尚且不敢再次进入儿子的家里，更何况已经改嫁的呢？儿子是自己的，在生的时候不能享用他的奉养，死了之后也不能接受他的恸哭吊唁，家庙举行祭祀时候也不能享用余下的祭品。为人母者若被休弃的话，是那么的可悲啊！所以妇人不可以不修德，否则一旦被抛弃，便与丈夫、儿子两两断绝来往，生死永隔一方。可以不慎重对待吗？

简注

[1] 祭不得食其余：在古人看来，被休弃的人母，与家庙断绝了关系，因而死后灵位不得放入家庙之内，在天之灵不能享用祭祀的贡品。

| 实践要点 |

在古代社会,被丈夫休弃的妻子要遭受和亲生儿子生离之痛。这对现代读者的启示是,无论男女,都要重视维护好夫妻之间的关系,若双方关系破裂,便有可能要遭受与至亲骨肉离别之苦楚。

月 令

◎是月[三月]也,命野虞[主田野山林之官]毋伐桑柘[可饲蚕],鸣鸠拂其羽[以翼拍身],戴胜[织纴之鸟]降于桑。具曲[薄也]植[架薄]籧[音举,圆器]筐[方器],后妃齐[音斋]戒,亲东乡[音向,东迎春气]躬桑[亲采]。禁妇女毋观[音贯,妆饰],省[生上声,减也]妇使[针线缝制之类]以劝蚕事。蚕事既登,分茧,称丝[分茧于众,称丝之多少],效功①,以供郊庙之服②,毋有敢惰。

古人重桑,与农事等。皇后诸侯夫人,莫不亲蚕,况其下乎?针线缝制,一切停止,况其他乎?后世妇人,冶容以美众观,厌劳而耻力作,观此而不猛省者,真下愚矣。

| 吕语今译 |

古人重视蚕桑之事，其重要性和农耕之事相等同。皇后、诸侯夫人们都会亲自参与蚕桑之事，何况地位比她们要低下的妇女呢？到了采桑养蚕的时节，针线缝纫的工作都会停止，何况其他的事情呢？后世的妇人，重视打扮容颜来取得别人的赞美，厌恶劳动而以亲力亲为为耻辱，倘若她们看到这段经典仍不猛然醒悟的话，真可谓是下愚之人。

| 简注 |

① 効功：通过称量蚕丝的重量考核妇女养蚕缫丝的工作效果，以劝勉蚕事。
② 以供郊庙之服：郊是祭祀天地，庙是祭祀宗庙。养蚕缫丝是为了提供缝制天子祭天祭祖时用的礼服。

| 实践要点 |

本条意在劝导妇人要勤于劳动，不要过多地浪费时间在打扮妆容等不能为家庭带来实际利益的事情之上。实践要点可参看上文《孟子》中的"五亩之宅"条。

曾子问

◎孔子曰:"嫁女之家,三日不息烛,思相离[音利]也。取[音趣]妇之家,三日不举乐,思嗣亲也①。三月而庙见[三月之内称女,三月后见于祖庙,始执妇功],称来妇[某氏来为妇]也。择日而祭于祢[音你,父庙②],成妇之义也。"③

婚礼,女道之终,妇道之始也。先王重之,故其礼隆,其义详。及入门之后,骄惰顽恣,见恶于舅姑,见薄于夫子,见笑于姻族④,反而思之,足以当此礼否乎?故三月之内,有过出,无过则反焉而后庙见,言许其为妇也。

| 吕语今译 |

(对于女子而言)婚礼昭示着女子之道的终结,妇人之道的开端。先王对之十分重视,因此婚礼的仪节十分隆重盛大,当中意义十分详细。当新妇入门之后,若因为骄傲懒惰、顽劣自恣而被公公婆婆所厌恶、被丈夫所薄待、被亲戚族人所嘲笑,那便要回头反思一下,她对得起这么隆重的婚礼吗?所以新妇入门三月之内,如果犯了大的过错,就要被休弃。若无过错,则再反思一下是否确定让

她入门，可以的话就带她去宗庙拜见祖先，这就是说准许她入门为妇。

| 简注 |

① 三日不举乐，思嗣亲也：男子娶妻意味着要传宗接代、生儿育女，这昭示着家族代谢，父辈、祖辈即将年老凋零。娶妇之家念此而悲哀伤感，三日不奏乐。

② 父庙：祭祀亡父的宗庙。

③ 三月而庙见……成妇之义也：关于三月而庙见之礼，《礼记正义》疏解如下：依郑玄的注，这是在公公婆婆已过世的情况下所应当奉行的礼节；但按照贾逵、服虔的说法，大夫以上，无论公公婆婆是否在世，均需要待三月庙见之后才能正式成婚。

④ 姻族：有婚姻关系的双方家族。

| 实践要点 |

现代人举办婚礼多有弊病，或讲排场、重攀比，或设置各种低俗、恶趣味的迎接新娘、闹洞房仪式，贪图虚荣、肆意放纵，没能深入地领会婚礼的含义。通过本条，现代读者可以看到，婚礼是一件严肃的事情，它昭示着女子社会角色的转变、家族传承的迭代更新，庄严肃穆才是婚礼应该有的基本氛围。此外，古人的三月庙见之礼提醒了现代读者，经历了隆重的婚礼仪式之后，夫妻双方都要意

识到自己必须尽好自己的家庭责任，以礼修身，敬慎行事，否则会被对方家族所唾弃。

礼　器

◎太庙之内敬矣，君亲牵牲［迎牲牵入宰所］，大夫赞币而从［告杀］。君亲制祭［既杀牲，君亲制肝以祭］，夫人荐盎［盆也，盛熟牲］；君亲割牲［割熟牲］，夫人荐酒。卿大夫从君，命妇［卿大夫妻］从夫人，洞洞［表里无间］乎其敬也，属属［音竹，始终无间］乎其忠［至诚无伪］也，勿勿［恳切］乎其欲其飨①之也。

宗庙之祭，夫妇亲之，与生养同，子妇各伸其敬也。祭祀之礼，馔②设而祖考③未尝食，酒设而祖考未尝饮，惟是一腔诚敬之心，思无再养行孝之时，尽吾追养继孝之念耳。若心昏忽而事苟且，物简略而礼虚文，则何以祭为哉！商纣谓祭无益，葛伯④放而不祀，皆以虚文视祭祀故耳。众妇⑤不得荐豆⑥，众妾不得陪祭，惟诸侯夫人、大夫士妻，得与宗庙之祭，亦重矣。而又不尽诚敬，不惟不称子孙之妇，而神且降之殃矣，可不慎乎！

卷一　嘉言

吕语今译

在宗庙祭祀祖先时，夫妇二人要亲力亲为，和祖先在生时亲自奉养他们一样，儿子、媳妇各自申明他们心中的敬爱之意。祭祀的仪式当中，祭品摆放在那里但祖先并不食用，祭祀用酒摆放在那里而祖先也并不饮用，准备这些祭品其实仅仅是出于子女们的一腔诚实敬慎的心意，想到祖先逝世后，自己再也没有奉养尽孝的机会了，于是通过祭祀仪式穷尽自己继续向祖先表达孝敬的念头罢了。如若祭祀时，子女的心神昏沉疏忽而行事苟且，祭品过于简单而仪式只讲求形式，那祭祀还有什么意义呢？商纣王说祭祀没有益处，葛伯放纵无道、不祭祀祖先，他们都是把祭祀看作是没有实际意义的虚文。祭祀时，众妇不得进献祭品，众妾侍不能陪同参与祭祀，只有诸侯的夫人、大夫和士的正妻可以参加宗庙的祭祀，可见这是件重大的事情。而祭祀时若不极尽心中的诚敬之意，不但不能胜任子孙之妇的职责，而神祇也将会降下灾殃，难道可以不谨慎对待吗！

简注

① 飨（xiǎng）：接受献祭的祭品。

② 馈：祭祀用的食品。

③ 祖考：祖先。

④ 葛伯：夏朝时人，因不祀先祖等恶行遭到成汤的攻伐，其事详见《孟子·滕文公下》。

⑤ 众妇：嫡长子之妻为冢妇，诸子之妻为众妇。

⑥ 荐豆：荐，进献。豆，盛祭品的礼器。

| **实践要点** |

本条意在强调祭祀活动的重要性，并指出祭祀祖先时夫妻双方都要亲力亲为，用以表达对祖先的诚敬之心。若说祭祀先人时要竭尽诚敬，那双亲在世时就更加应该尽力奉养了。对于现代读者而言，本条的积极意义在于提醒夫妻双方要竭诚事奉双亲。尤其在现代社会，子女成家之后往往会与父母分居，容易疏忽对父母的关怀和照料。在这种情况下，夫妻双方就更应该时时检点自己的孝亲行为是否做到了位。

郊特牲

◎昏礼，万世之始也①。取于异姓，所以附远厚别也。币必诚，辞无不腆［音忝，厚也］，告之以直信，信事人也，信妇德也。

同姓男女近，则嫌于无别，故附托于异姓之远，厚其别也。币丰洁②，又亲致币，则诚。辞谦谨，又数致辞，则腆。此皆直信之礼，欲告女子以诚直忠信，使以此事舅姑夫子，以此修妇人之德。

| 吕语今译 |

同姓的男女相亲近，则有男女无别的嫌疑，因此结婚的对象要从疏远的异姓家庭中寻得，这是把男女之别看得很重要。聘礼要丰盛洁净，又由男方亲自送上，这样便能体现心中的诚意。男方言辞谦虚谨慎，又多次致辞，这能体现心中的厚意。这些都是体现正直诚信的礼节，用以告诫女子要诚实正直、贞忠守信，让她用这些品德去奉事公公婆婆和丈夫，从而修持妇人的德性。

| 简注 |

① 昏礼，万世之始也：昏礼即婚礼。男女以婚礼结合，然后可以繁衍子孙后代，所以说婚礼是血脉连绵万世的开端。
② 币丰洁：币，泛指财物，用于聘礼。丰洁，即丰盛洁净。

| 实践要点 |

古人创设的婚礼仪式，其背后都有深远的寓意。本条指出通过婚礼仪式告诫女子要以诚直忠信为品德。对于现代女子而言，若能修持自身诚直忠信的德性，在家庭或者职场当中都能无往而不利。

◎一与之齐①，终身不改，故夫死不嫁。

一夫一妇，敌体相齐，众妾不得与夫齐矣。

吕语今译

一夫一妇，尊卑地位相等，而众妾侍不得与丈夫地位相等。

简注

① 齐：《礼记正义》注云："齐，谓共牢而食，同尊卑也。"婚礼时夫妻共食一牲，是为共牢之礼。

实践要点

本条的经典原文强调了妻子要从一而终、丈夫死后也不改嫁。在现代社会，不如此，女子自行决定即可。有意思的是，吕坤对本条的按语则强调夫妇之间的尊卑地位是相等的，而妾侍则不得如此。值得现代读者注意的是，根据经典的说法，夫妻的地位应该是相等同的，而非丈夫尊贵、妻子卑贱，这和现代提倡的男女平等的进步思想是一致的。

◎男子亲迎［音映］，男先［音羡］于女，刚柔［刚倡柔从］之义也。天先乎地，君先乎臣，其义一也。

◎执挚［音至］以相见［奠雁］，敬章别也［行敬以明夫妇之别］。男女有别［男尊女卑，男外女内，皆有别之道也］，然后父子亲［有男女而后有父子］，父子亲，然后义生，义生，然后礼作，礼作，然后万物安［皆始于男女之有别］。无别无义，禽兽之道也［禽兽男女淫杂，故无礼义］。

◎婿亲御，授绥［音虽，引车绳］，亲之也。亲之也者，亲之也。敬而亲之，先王之所以得天下也。出乎大门而先，男帅女，女从男，夫妇之义，由此始也。妇人，从人者也，幼从父兄，嫁从夫，夫死从子。夫也者，夫［音扶］也。夫也者，以知帅人者也。

礼，丈夫亲迎于女家，亲御妇车，其轮三周，为我先祖继嗣，敬之也。亲以手授妇绥，亲之也。女子无先亲男子之礼，故先亲以倡之。合卺①先献，脱衣先妇，凡三亲而后妇应，所以全女子之贞，尽阳倡之道②也。先王之得天下，不出"爱""敬"两字，特举闺门而推之耳。夫也者，扶助妇人，为之依也。曰帅人以智，则不智不可以为夫矣。

吕语今译

根据礼法，丈夫亲自到女方家里迎娶妻子，丈夫亲自驾御婚车，并且要围绕车子走三圈，这是因为新妇将来能为自己的祖先生育子嗣，所以藉此表达对新妇的敬意。丈夫亲手把拉车的绳子交给新妇，这是表示对她的亲爱。女子没有主动亲近男子的道理，所以丈夫先采取主动来倡导亲近。合卺交杯时，丈夫先敬酒，脱衣服的时候丈夫先脱。丈夫三次主动亲近然后新妇才随之响应，这是为了保全女子的贞节，尽到阳倡阴和的道理。先王之所以能得到天下，原因不外乎"爱"和"敬"两个字，这里也不过是特别举出闺门夫妇之道而推广出去罢了。丈夫的"夫"字，是指要扶助妻子，成为她的依靠。这里说丈夫要凭智慧来统帅妻子，那么，没有智慧的人就不可以成为别人的丈夫了。

简注

① 合卺（jǐn）：匏瓜一分为二剖开而制成的酒器为卺，婚礼时夫妻各执一卺喝酒，是为合卺之礼。

② 阳倡之道：意谓在婚姻关系中，男方应采取主动，即吕坤在经文简注之中所谓的"刚倡柔从"。《白虎通义·嫁娶》有云："礼男娶女嫁何？阴卑不得自专，就阳而成之，故《传》曰：'阳倡阴和，男行女随。'"

| 实践要点 |

以上诸条经典原文讲述了古代婚礼仪式背后的具体含义。如吕坤所指出的，迎亲仪式所体现的是丈夫对妻子的尊敬和亲爱，而婚礼仪式中的多个环节丈夫要主动亲近妻子，这体现出"阳倡之道"。所谓的"阳倡之道"，实际就是要求丈夫要在婚姻关系中发挥主动性，带头承担家庭职责、履行家庭义务，成为家庭当中的表率。因而，当古人讲妇人在家要从夫的时候，往往没有讲清楚"从夫"的前提是丈夫尽到了做丈夫的职责，有丈夫应当有的样子，如有主见、有担当精神、有责任感、有智慧、敬爱妻子等等。若丈夫出现胸中毫无主见、喜欢推卸责任、愚昧无知、对妻子颐指气使等情况，可以说是没有尽到做丈夫的职责，甚至有愧于"丈夫"的称谓。如此一来，妇人又如何能"从夫"呢？这便提醒了现代读者，男子作为丈夫，应该尊敬、亲爱自己的妻子，并主动成为妻子一生的依靠；而女子若是觅得一个有担当、有智慧又疼爱自己的夫婿的话，难道不愿意听从他的意见吗？所以说，要做到夫妻和睦，最关键的地方在于夫夫妇妇，即夫妻双方都各自尽到了自己的职责。

◎玄冕斋戒，鬼神阴阳也，将以为社稷主，为先祖后，而可以不致敬乎？

夫妇者，阴阳之人，玄冕①斋戒而告鬼神，阴阳之义也。一娶妇耳，而敬慎如此者何？有子，则社稷②有主，先祖有后，可不敬乎？

吕语今译

夫妇是一阴一阳的两个人。婚礼时要提前斋戒并穿着玄冕服去宗庙里禀告鬼神,这是合乎阴阳之道的做法。娶妇这件事情,为何要如此恭敬谨慎呢?这是因为,妇人有了孩子,那么天下社稷便后继有主,祖先也有了后代,这样的话可以不敬慎吗?

简注

① 玄冕:祭祀时所穿的礼服。
② 社稷:社为五土之神,稷为谷神,均能生养万物,君主祀之。后泛指天下国家。

实践要点

在古人眼中,夫妻成婚的意义之一,便是能够生儿育女、传宗接代,为宗族开枝散叶。因而,婚姻不仅仅是夫妻双方的事情,而是一整个家族的大事。而现代人大多倾向于把婚姻看作是个人的事情,因而对婚姻的重视程度不高,有的人甚至将之视作儿戏,导致社会出现了闪婚闪离、单亲家庭、婚外情等现象,对夫妻双方、子女以及家族造成了极大的伤害。若现代人能效法古人敬慎婚姻之事,那么夫妻关系定能更加地和谐,家庭成员也能更加地幸福美满。

◎共牢［俎①也］而食，同尊卑也，故妇人无爵②，从夫之爵，坐以夫之齿③。

夫尊妇卑，共牢，同尊卑之义，通其情也。妇从夫，故爵以夫为尊卑，坐以夫为长幼。

| 吕语今译 |

丈夫地位尊贵，妇人地位卑下。夫妇婚礼时所行的共牢之礼，有齐同他们尊卑地位的含义，促进两人的情感相通。妇人随从丈夫，因此妇人的尊卑身份由丈夫的爵位所决定，参加宴会时的座次也以丈夫的年龄长幼来确定。

| 简注 |

① 俎（zǔ）：用以放置祭品的礼器。
② 爵：爵位。
③ 齿：年龄。《春秋左传正义·隐公十一年》疏云："《礼记·文王世子》曰：'古者谓年龄，齿亦龄也。然则齿是年之别名，人以年齿相次列，以爵位用次列，亦名为齿，故云齿列也。'"

| 实践要点 |

本条再次强调了夫妻之间的尊卑地位是平等的,不仅在外人看来妻子与丈夫有相等爵位,更重要的是夫妻内部之间的地位也是平等,因而能做到情感相通。这对于现代读者的启示在于,夫妻之间要互相敬重,那些强调妻子要绝对服从丈夫、任劳任怨的"大男子主义"既不符合传统婚义、又不符合现代精神,应当加以摒弃。

◎厥明,妇盥[音贯,洗手]馈[进食],舅姑卒食[食毕],妇馂[音俊]余[食舅姑余食],私之也[亲爱]。舅姑降自西阶,妇降自阼[音做,东阶]阶,授之室也①。

此待长子妇之礼也。舅姑主家,故升降皆由东阶。今长妇代我者也,故以东阶与妇,而自由西阶以下。代我则主家,故以室家之事付之。

| 吕语今译 |

这是对待嫡长子的妻子的礼节。婆婆主持家事,因此进入厅堂时上下都走东边的台阶。现在,嫡长子的妻子替代了我(婆婆),所以把东边的台阶留给她,

而自己从西边的台阶走。替代我便是由她主持家事，因此把家里的事务都交付给她。

| 简注 |

① 授之室也：把主持家室事务的职责交托给嫡长子的妻子。

| 实践要点 |

本条讲的是婆婆对待嫡长子妻的礼节。在古代社会，公公过世之后，若婆婆的年纪比较大，就要把主持家事的权力和职责移交给嫡长子妻。对于现代人来说，婆媳关系是婚姻之中的一大难题。产生婆媳矛盾的原因有很多，其中之一便是媳妇进门之后婆婆还继续干涉夫妻两人的家事，导致婆媳争吵不止。本条启发现代读者，作为婆婆，若媳妇进门了，就要主动、安心地把自己的儿子交给儿媳妇照顾，控制好自己对儿子及家庭的控制欲和占有欲，不要主动干预夫妻之间的事情。

◎昏礼不用乐，幽阴之义也。乐，阳气也。①

| 简注 |

① 古人认为音乐能鼓动人的意志情感，因此说是"阳气也"。"昏礼不用乐"是为了让妇人体会到妇道应该以蓄娴静为正，因而避免用音乐去扰动妇人的情志。

| 实践要点 |

现代人喜欢在婚礼环节设置迎亲、闹洞房等活动，希望看到场面热闹。好事者则趁机设置低俗的游戏，动荡新人以及在场亲友的情志，鄙陋尤甚。本条婚礼不用乐的要求不必尽守，但其背后避免扰动妇人情志的思想则值得今人借鉴。

内 则

> 此篇论事亲，则恭敬之意多而和乐之情少。乃寒不敢袭，则近于君臣矣。至于酒食诸品，极口腹之欲，尽鲜酨之美，与圣王菲饮食、养生家薄滋味之理，大相悖谬。吾取妇人之事舅姑者以示法焉，盖礼节虽繁，皆孝子之道也。

吕语今译

这篇谈论如何侍奉亲人，更多地注重恭敬的心意，而少谈和顺快乐的情感。里面讲到冬天寒冷也不敢多穿衣服，这便是接近君臣之间的礼节了。至于讲到酒食饭菜要满足口腹的欲望、极尽鲜美醇厚的佳肴，这和先王、养生家淡薄饮食滋味的道理大相违背。我取用妇人侍奉公公婆婆的礼节来展示正确的行孝之法，虽然礼节繁琐，但这些都是孝子所应遵行的道理。

◎妇事舅姑，如事父母。鸡初鸣［五更］，咸盥［洗面］、漱［净口］、栉［理发］、縰［音洒，黑缯①包发作髻］、笄［以簪固髻］、总［又以缯括发而垂余于髻后曰总］、衣绅［大带］。左佩纷［以拭器］、帨［音瑞，拭手］、刀［小刀］、砺［磨石］、小觿［音挥，锥属。解结］、金燧［取火于日］。右佩箴［即针字］、管［针在管中］、线、纩［音旷］②，施縏［音盘］袠［音绖］③；大觿、木燧④。衿［结也］缨［香囊］、綦［音忌］屦⑤。以适舅姑之所。及所，下气［气降］怡声［声和］，问衣燠［音郁，温也］寒，疾痛苛痒，而敬抑搔之。出入则或先或后，而敬扶持之。

孝子省而不问，问者修文，省者修心。亲安不安，形气自别，似不必于安寝之时，琐琐惊动。亲所有侍者，至旦问侍者可也。

吕语今译

孝顺之妇省察公公婆婆的气色而不必细问。口头上问双亲安否是修持外在的文教,而省察双亲的气色则是修持自己的内心。双亲身体安然与否,通过他们的形体气色自然能够辨别出来,似乎不必在双亲安寝睡眠的时候繁琐地细问、惊动他们休息。他们身边有侍从,等到第二天天明的时候询问侍从即可。

简注

① 缯(zēng):帛的总称。

② 纩(kuàng):棉絮。

③ 施縏袠(pán zhì):縏袠是小囊袋。施縏袠,是指把上述的箴、管、线、纩四物放置在小囊袋里面。

④ 木燧(suì):木制的取火用具。

⑤ 綦屦(jù):綦,鞋带,于此用作动词,意谓系鞋带。屦,鞋子。这是指系上鞋带,穿好鞋子。

◎进盥,少者奉盘,长者奉水,请沃[音屋]盥。盥卒,授巾。问所欲而敬进之,柔色以温之,饴[音怡,饧也]蜜以甘之,滫[音修,上声]瀡[音髓]以滑之①,脂[音之]膏[音高]以膏[音告]之②[皆调和饮食之味],舅姑必尝之而后退。

| 简注 |

① 潃滫（xiǔ suǐ）以滑之：潃，淘米水。滫，滑。古人的一种烹饪方式，用淘米水让食物变得口感软滑。

② 脂膏以膏之：把动物的油脂加入食物之中，让食物变得口感香美。

◎父母舅姑将坐，奉［上声］席，请何乡［即向字］。将衽［音忍，卧席，此将寝之时］，长者奉席，请何趾［足何向］。少者执床与坐［执床与舅姑坐］，御者举几［音纪，与舅姑凭］，敛席［此既起之后］与簟，县［即悬字］衾［音勤，被也］箧［音歉，竹箱也］枕，敛簟而襡［音独，韬也］之。

席①上有簟②，簟上有衾，衾、簟、枕，皆亲身之物，故衾则束而悬之，枕则入于箧中，簟则卷而韬③之，恐污秽也。

| 吕语今译 |

父母舅姑睡觉所用的床席上面有簟席，簟席上有衾被。衾被、簟席和枕头都是与身体密切接触的物品。因此衾被要收束并悬挂起来，枕头要放入箱子里面，

簟席要卷起来藏好，这是害怕这三件东西会被弄脏。

简注

① 席：床席，古人席地而卧，在地上铺床席，床席之上再铺簟席。
② 簟（diàn）：簟席，古人睡觉时垫在身下、置于床席之上的竹席。
③ 韬：藏。

◎父母舅姑之衣、衾、簟、席、枕、几，不传［不那移］。杖、屦，祗敬之，勿敢近［不得挨倾亵弃也］。敦［音怼］、牟［俱盛黍稷］、卮［音支，盛酒］、匜［音移，盛浆］，非馃，莫敢用［此指器用］。与［及也］恒食饮，非馃，莫之敢饮食［此指饮食］。

◎在父母舅姑之所，有命之，应"唯"敬对。进退周旋慎齐［音斋］①，升降出入揖游②，不敢哕［音哕］噫［音隘］、嚏［音帝］咳［音慨］、欠［张口］伸［伸手］，跛［音庇，足偏］倚［依物］、睇视［邪视］、唾［音拖，去声。口液也］洟［音替，鼻液也］。寒不敢袭［重衣］，痒不敢搔，不有敬事，不敢袒裼③，不涉不撅［音厥，揭裳］④，亵衣衾不见里⑤。

凡此数者，皆敬谨之至也。

吕语今译

上述的这些事项,都是极其恭敬谨慎的表现。

简注

① 齐:斋庄恭敬。

② 升降出入揖游:升降,上下台阶。揖指前进的时候身体略俯,如拜揖之礼;游指后退的时候扬起原本前俯的上身。

③ 袒裼:脱衣见体。

④ 不涉不撅:不涉水就不掀起下裳。

⑤ 亵衣衾不见里:不要将贴身内衣和被衾的里子露出来。

◎父母唾洟,不见[皆掩垫之]。冠带垢,和灰请漱[平声]。衣裳垢,和灰请浣[音缓]。衣裳绽[音站]裂,纫[音刃]箴请补缀[音坠缉也]。五日则燂[音潜,温也]汤请浴[洗身],三日具沐[洗头],其间面垢,燂① 汤请靧[音会,洗面],足垢,燂汤请洗。

此亦俟父母舅姑之命,有命即行,不得定以日期,强所不欲。

吕语今译

这几件事情也是要听候父母公婆的吩咐,有吩咐便去做,不可以提前定下日期,强迫他们做不想做的事情。

简注

① 燂(qián):用火烧热。

实践要点

以上六条,均是古人日常事奉父母以及公公婆婆的具体做法。古今生活环境、条件不尽相同,当中的仪节不一定能在现代社会得以施行,现代读者可根据实际情况参考选用。尽管具体的仪节不尽适用,但其背后体现的孝心以及敬意却是现代为人子女媳妇者应当取法的。事实上,真正的孝行是发自于诚敬的孝心。知道奉事父母公婆的具体仪节固然重要,但更关键的是要有一颗真诚而纯粹的孝心。王阳明和弟子徐爱曾就相关的问题进行讨论,现摘录如下供读者参考:

爱曰:"闻先生如此说,爱已觉有省悟处。但旧说缠于胸中,尚有未脱然者。如事父一事,其间温清定省之类有许多节目,不知亦须请求否?"先生曰:"如何不请求?只是有个头脑,只是就此心去人欲、存天理上请求。

就如讲求冬温,也只是要尽此心之孝,恐怕有一毫人欲间杂;讲求夏清,也只是要尽此心之孝,恐怕有一毫人欲间杂;只是请求得此心。此心若无人欲,纯是天理,是个诚于孝亲的心,冬时自然思量父母的寒,便自要去求个温的道理;夏时自然思量父母的热,便自要去求个清的道理。这都是那诚孝的心发出来的条件。却是须有这诚孝的心,然后有这条件发出来。譬之树木,这诚孝的心便是根,许多条件便是枝叶,须先有根然后有枝叶,不是先寻了枝叶然后去种根。《礼记》言:'孝子之有深爱者,必有和气;有和气者,必有愉色;有愉色者,必有婉容。'须是有个深爱做根,便自然如此。"①

◎男女非祭非丧,不相授器。其相授,则女受以筐,其无筐,则坐[男女相向]奠[置物于地]之,而后取之。

◎内外不共井,不共湢[音必,浴室]浴,不通寝席[或移席或卧床],不通乞假[借也],不通衣裳。

皆远嫌别疑之意。

---

① 王守仁撰,吴光、钱明等编校:《王阳明全集(全二册)》,上海古籍出版社,2006年4月,第2页。

吕语今译

这些都是远离嫌疑的意思。

◎男子入内,不啸[音哄]不指①,夜行以烛,无烛则止。女子出门,必拥蔽其面,夜行以烛,无烛则止。

◎道路,男子由右,女子由左。

相遇之时,男右避女,女左避男。

吕语今译

男女道上相遇的时候,男子靠右走以避开女子,女子靠左以避开男子。

简注

① 不啸不指:不叱人、不指物。

| 实践要点 |

以上四条,均是男女有别之礼的具体仪节。虽不尽适用于现代社会,但其背后保护女子人身安全意识、避免男女之间发生不正当关系的出发点则值得现代人效法。

◎父母舅姑之命,勿逆[不从]勿怠[迟误]。若饮食之[尊者与之饮食],虽不耆[与嗜同],必尝而待。加之衣服[尊者与之衣服],虽不欲,必服而待。加之事,人代之[尊者又使人代之],己虽弗欲[虽不欲人代],姑与之而姑使之[教之为],而后复之[见代者不善事而后己复自为]。

◎舅没则姑老[告老而传家于冢妇],冢[嫡长子妻]妇所祭祀宾客,每事必请于姑,介妇[1][冢妇老,介妇摄]则请于冢妇。

◎舅姑使冢妇,毋怠。不友[友作敢]无礼于介妇[怨介妇不代己],舅姑若使介妇,不敢敌耦于冢妇[攀冢妇助己][2],不敢并行[须让一肩],不敢并命[同使一人],不敢并坐。

行则随。坐则隅,非冢妇自当并行并坐,但不得并命以陵长耳。

| 吕语今译 |

介妇在行走的时候要跟在冢妇之后,坐的时候则坐在角落。除冢妇以外的介妇自然应当并肩而行、同席而坐,只是不能同时使唤同一个仆人而侵陵长者。

| 简注 |

① 介妇:家族当中,嫡长子之妻为"冢妇",诸子之妻为"介妇"。介妇亦即前文所说的"众妇"。

② 不敢敌耦于冢妇:依《礼记正义》注疏的说法,介妇即使受到了婆婆的差遣,也不敢与冢妇相绞讦。而吕坤的注解是说,介妇即使受到了婆婆的差遣,也不敢命令冢妇协助自己做事。

◎子妇将有事,大小必请于舅姑。

◎子妇无私货,无私畜,无私器。不敢私假[暗借],不敢私与[暗与]。

私货私畜,谓以公财为私积也。若妇家妆奁①衣饰之类,自非舅姑兄弟之物,不得谓之私货私畜矣。

吕语今译

私货私畜是指把公共财物据为己有。若是娘家给的梳妆镜匣、衣服、首饰等嫁妆,自然不是公婆兄弟的财物,不得视作是私货私畜。

简注

① 妆奁（lián）：放置镜子的匣子，泛指嫁妆用具。

◎妇或与之饮食、衣服、布帛、佩帨，茝［音采］兰，则受而献之舅姑。舅姑受之则喜，如新受赐①；若反赐之，则辞。不得命②，如更受赐，藏以待乏③［近世此礼久废，舅姑耻受妇财，恐生爱憎之嫌，不如因其俗可也］。妇若有私亲兄弟，将与之，则必复请其故赐［舅姑所不受者］，而后与之。

简注

① 如新受赐：若婆婆接受所献之物，则妇人心中喜悦，如同刚接受赐赠之物时的心情。

② 不得命：不被允许。指婆婆坚持要妇人收下反赐之物。
③ 藏以待乏：收藏婆婆的反赐之物，待婆婆有所匮乏时再次进献。

| 实践要点 |

以上六条讲述妇人和家庭成员相处的具体仪节，涉及如何执行父母公婆之命、嫡长子妻和众妇之间的礼节、妇人如何处理私人财产和家族公共财产等问题。这些都是古人在家族聚居的情况下，日常生活当中所会碰到的实际问题。处理这些问题的原则总结起来无非是两条：人事讲究尊卑分明，尊尊而敬老；财物则讲究公私分明，受赠则献，献不敢私。这两条原则对于现代家庭也是适用的。

◎夫妇之礼，虽及七十，同藏［同室而寝］无间。故［旧］妾虽老，年未满五十，必与五日之御［妾五日一侍寝］。妻不在，妾御莫敢当夕［当妻之夕］。

◎妻将生子，及月辰①，居侧室②。夫使人日再问之③，作［将产胎动］而自问之。妻不敢见，使姆［音母，女师］衣服而对。至于子生，夫复使人日再问之。妾将生子，及月辰，夫使人日一问之。

嫡妾有贵贱，而情礼之隆杀因之。

吕语今译

正妻和妾侍有地位贵贱的不同。而人情礼节也因之而有繁简。

简注

① 及月辰:《礼记正义》疏云"谓生月之辰,初朔之日",意谓及至临盆之月的初一日。

② 居侧室:古代贵族家中前有正室(或名路寝)、后有燕寝、燕寝之旁有侧室。一般情况下丈夫居正室、妻居燕寝、妾侍居侧室,因而正室、燕寝较侧室为尊贵。古人认为妇人接近临盆产子之时可能会产生秽亵不洁之物,如脓血、羊水等,因此正妻临盆之月要迁居侧室,避免秽亵之物沾染燕寝之中。

③ 夫使人日再问之:丈夫派人每天去侧室问候两次。

◎大夫之子有食母[乳母],士之妻,自养其子。

近世家家有食母,惟力是视,不知古人名分,自有差等。士有官者,自养其子,下可知矣。

吕语今译

近来很多人的家中都有乳母,(聘请乳母时)只考虑是否有经济能力去聘请乳母,却不知道古人看重名分,根据地位的不同而去决定是否请聘请乳母。古时候有官衔的士人家里,也要自己喂养子女,不聘请乳母,地位更低的人就更不能聘请乳母了。

◎七年[七岁],男女不同席①,不共食②。

◎女子十年不出[十岁不出门],母教婉[音远,言语委曲]娩[音晚,容貌温和]、听从[不专辄,不执拗]。执麻枲[音洗]③,治丝茧,织纴[音任,缯帛之类]、组[音祖,织也]紃[音巡,似绦]。十有五年而笄[加鸡头簪],二十而嫁,有故[父母舅姑之丧],二十三年而嫁。聘则为妻,奔[私合]则为妾。

简注

① 不同席:不同坐一席。
② 不共食:不一起进食。

③ 执麻枲（xǐ）：枲，麻类植物。执麻枲即从事纺麻制衣之事。

| 实践要点 |

以上五条为夫妻生育、教养儿女的具体仪节，涉及了妻妾尊卑、男女有别等问题，对于现代社会不尽适用。其中值得现代读者注意的是，古人从小教育女子要言语婉转、容貌温和、不固执己见（"母教婉、娩、听从"），并在女子成年的时候举行成人礼以告诫其成人的义务（"十有五年而笄"），这些做法十分值得现代读者借鉴。

大 传

◎名著而男女有别，其夫属乎父道者，妻皆母道也。其夫属乎子道者，妻皆妇道也。谓弟之妻妇者，是嫂亦可谓之母乎？名者，人治之大者也，可无慎乎？

言弟妻不可谓之弟妇，妇对子而言。见舅姑之称，非称于兄长之前者也。

吕语今译

弟弟的妻子不可以称作弟妇。"妇"是相对于子道而言的,公公婆婆才可以把儿子的妻子称作"妇",在兄长面前就不要把弟妻唤作"妇"。

实践要点

慎重对待对他人的称谓,实际上是尊敬他人的表现。对于现代读者而言,也要谨慎地称呼家族成员,尤其是对于很少会碰面的亲戚,家族聚会的时候要弄清对方的辈分,避免称呼出错。

◎系[音计]之以姓而弗别,缀之以食[燕会]而弗殊,虽百世而昏姻不通者,周道然也。

此因同姓系祖宗之血属,虽百世之远,男女不可昏姻,重同祖之伦也。

吕语今译

这是因为同姓是属于同一个宗祖的血脉。即使相隔了百代那么遥远,同姓男女也不可以通婚,这是重视同一个祖宗的伦常之道的缘故。

实践要点

本条提醒现代读者要重视家庭伦常。

经　解

◎昏姻之礼废,则夫妇之道苦,而淫辟[音批,邪也]之罪多矣。

实践要点

本条再次强调婚礼的重要性。对于现代读者而言,这提醒了未婚男女日后成婚时应举办一场庄严隆重的婚礼,通过仪式感让夫妻双方转换家庭角色,自觉承担起各自的职责。

仲尼燕居

◎以之闺门之内有礼,故三族[①]和也。

既能宜其家人,自能敦睦三族。

吕语今译

既然能够让家庭和睦相宜,自然也可以让三族的关系敦厚和顺。

简注

① 三族:根据上下文不同,"三族"有不同的含义。据《礼记正义》,此处以父、子、孙为三族。

实践要点

本条对于现代读者的启发是,若是家庭成员都安分守礼,各尽其责,则一家人便能和睦相处,其乐融融。

坊 记

◎子云:"夫礼,坊①民所淫②,章民之别,使民无嫌,以为民纪者也。"故男女无媒不交,无币不相见,恐男女之无别也。诗云:"取妻如之何,匪媒不得。"以此坊民,民犹有自献其身[女悦男而从之]。

简注

① 坊:防范。
② 淫:贪。意谓礼用于防范民众所贪欲之事。

实践要点

本条强调礼法用于区分男女之别,但仍有男女无视礼法,私遂其欲。本条再次提醒现代读者和异性交往时要敬慎守礼,谨记男女有别。

杂　记

◎妇人非三年之丧①，不踰封②而吊。

吊非三年，尚不踰封，况非吊乎。

| 吕语今译 |

若不是父母之丧尚且不能越过国界回母国吊唁，更何况不是因为吊唁而出国呢？

| 简注 |

① 三年之丧：父母之丧。
② 踰封：跨越国境。

| 实践要点 |

本条再次强调男女有别之礼。可参看前文几处涉及诸侯夫人归宁条目的实践要点。

◎妻出，夫使人致之曰［致辞于父母家］："某不敏，不能从而［汝也］共［音公］粢［音资］盛［音成］，使某［使者］也敢告于侍者［妻父母家侍者］。"主人［妻父兄］对曰："某之子不肖，不敢避诛，敢不敬须［待也］以俟命［候诛］。"使者［夫家人］退，主人拜送之。

妻而可出，必有罪者。古人温厚和平犹如此，况平居夫妇相得之时，有不以礼相将者乎？后世夫妇，相亲爱，则极嫌嫚①之情；相怨尤，则极丑诋之语。古人云："出妻令其可嫁。"其忠厚如此。

吕语今译

被出休的妻子必定有过罪。（休妻的时候）古人尚且如此温厚和平，那么平时夫妇相处和睦时候，会有不以礼相待的道理吗？后世的夫妇，相亲相爱时就极尽亵渎轻慢的情感；相互怨恨责备时，就极尽丑陋诋毁的语言。古人说，"休弃了妻子，要让她可以改嫁别家"。这是多么忠诚宽厚啊。

简注

① 媟嫚（xiè màn）：亵渎轻慢。

实践要点

本条指出夫妻之间应以礼相待，即使在关系决裂、劳燕分飞的时候，也应以诚相待，不互相诋毁，并希望对方能找到合适的归宿。真正的爱情，应该是真诚地为对方着想，不管两人是否有缘能白首偕老。在现代社会，离婚似乎成了一件平常的事情，而离婚时夫妻双方为了财产分割、争夺儿女抚养权等闹个你死我活的事情也并不罕见，言行上的相互诋毁抹黑更不在话下。曾经浓情蜜意的两人却反目成仇，这是多么让人遗憾的事情啊！古人离婚时的宅心仁厚实在值得后人借鉴。此外，引人深思的是，为何有的夫妇在平安无事时亲密无间、不分你我，在相分离时则极尽丑陋诋毁的语言、势如仇寇呢？原因也许是，这些夫妻最初结合时仅仅为了满足情欲之私或迫于家人催婚的压力，并非真心欣赏、爱戴对方。因而，无事时便极尽情欲、形影不离，有事时便怨恨丛生、势不两立。这提醒未婚男女，要慎重对待婚姻，认真选择对象，婚后要处之以礼、相敬如宾。如此，即使最终不能获得一段美满的婚姻，至少也不树立一个让自己痛心疾首的敌人。

◎妻之衣裳，不敢县［即悬字］于夫之楎［音灰］椸［音移，衣架］①，不敢藏于夫之箧［音歉］笥［音四］。夫不在，敛枕箧簟［音店，竹席也］席，襡［音独，韬也］器而藏之。

◎母之讳，宫中讳［一门之内皆讳］，妻之讳，不举诸其侧［惟不在妻旁面犯之而已］②。

| 简注 |

① 楎椸（huī yí）：古人悬挂衣服所用的架子。
② 古人在亲人过世之后要讳避其名，以表达对逝者的尊敬，同时避免生者触景生情，过度悲伤。若母亲有亲戚过世，家里所有人在家中任何地方都要讳避逝者之名。若妻子有亲戚过世，丈夫仅需在妻子面前要讳避逝者之名。

| 实践要点 |

"妻之衣裳"条给现代读者的启发是，整理夫妻各自的衣物、床上用品时要讲究个人卫生，有序放置。

"母之讳"条讲的是讳避过世亲人之名的礼法。古人对此十分重视，其尊敬死者、抚慰生者的精神值得现代读者借鉴。

古　语

> ◎《列女传》曰:"古者妇人妊［音认，身怀孕也］子，寝不侧，坐不边［偏也］，立不跸［音毕，一足歇］，不食邪味，割不正不食，席不正［四正四隅皆正也］不坐，目不视邪色，耳不听淫声，夜则令瞽①诵道正事②。如此，则生子形容端正，才德过人矣。"

| 简注 |

① 瞽：乐师。
② 诵道正事：今本《列女传》为"诵诗、道正事"。

| 实践要点 |

从这条可以看出古人极其重视胎教，当中谈到的具体做法值得现代孕妇借鉴效法，其要点在于孕妇本人的言行举止要合乎正道，而眼、耳、口、舌等感官所接触到的事物也须是端正无邪的。此外，要注重音乐的教育，晚上要给胎中的婴儿唱念、吟诵《诗经》以及合乎正道的历史故事。

◎孔子曰："妇人，伏于人也①。是故无专制②之义，有三从③之道，无所敢自遂也。教令不出闺门，事在馈［音馈，饷也］食之间而已矣。"

| 简注 |

① 伏于人也：《白虎通义·三钢六纪》："妇者，服也，以礼屈服。"
② 专制：专，擅。制，断。专制即擅作主张。
③ 三从：从，听从。《白虎通义·嫁娶》："女者，如也，从如人也。在家从父母，既嫁从夫，夫没从子也。"

◎是故女及日［犹言终日］乎闺门之内，不百里而犇［音奔］丧［有三年之丧则越境］，事无擅为，行［去声］无独成，参［谋于人］知而后动，可验［有证据］而后言。昼不游庭，夜行以火，所以正妇德也。

| **实践要点** |

上述两条讲的都是妇德的问题。对于"三从",在古代社会制度条件之下有其合理性,而且古人对于妇女所从之人(父母、丈夫、儿子)都有严格的道德约束,要求父母、丈夫、儿子首先要尽好自身的职责,有担当、有主见、有智慧,如此妇人才能言听计从。而妇人之从也非盲目服从,而是唯道是从、唯理是从、唯礼是从。反过来说,妇人之言若合乎道义礼法,则父母、丈夫、儿子也应当听从(下文"善行"部分即有相关的事例)。对现代读者而言,不妨将妇人的"三从"理解为从道、从理、从礼,若妇人能做到"三从",则有助于夫妻和顺,营造良好的家庭氛围。

◎女有五不取①:逆家[不忠不孝]子,不取;乱家[内外淫媟]子,不取;世有刑人[弃于官法],不取;世有恶疾,[天疱、癞风、体气之种]不取;丧[去声]父长子[无家教],不取。

此五不取,惟乱家犹有可择,然子顽烝于宣姜②,而生三子二女,皆有贤德,为世所称,似不可以乱家弃之。至于丧父长子,终身可不嫁乎?且又不言众女,皆不可晓者。

吕语今译

这五种不娶的情况当中，对于乱家之子可以有所拣择，像子顽与宣姜通奸，生下三个儿子、两个女儿，女儿们都有贤良的德性，被世人所称誉，（这样看来）似乎不能因为女子出身于淫乱之家而放弃她们。至于说那些父亲死掉了的家庭，家中的长女难道可以一辈子都不嫁人吗？而且也没有言及长女以外的其他女儿，这都让人摸不着头脑。

简注

① 女有五不取：女子若有这五种情况的话不能娶进门。《春秋公羊传注疏·庄公二十七年》注中亦载有五不取："丧妇长女不娶，无教戒也；世有恶疾不娶，弃于天也；世有刑人不娶，弃于人也；乱家女不娶，类不正也；逆家女不娶，废人伦也。"可对照参看。

② 子顽烝于宣姜：《春秋左传·闵公二年》："齐人使昭伯烝于宣姜，不可，强之。生齐子、戴公、文公、宋桓夫人、许穆夫人。" 昭伯即子顽。宋桓夫人、许穆夫人皆有令名。宋桓夫人为春秋五霸之一的宋襄公的母亲，前文著录《诗经》中的《泉水》《河广》二诗据旧说即为宋桓夫人的作品。许穆夫人入载《列女传·仁智传》，前文著录《诗经》中的《载驰》一诗据旧说即为许穆夫人的作品。

◎妇有七去[上声]①：不顺父母，去；无子，去；淫，去；妒②，去；有恶疾，去；多言，去；窃盗，去。

无子、有疾，虽圣人所不免，世岂无无子之丈夫乎？设数出数娶，而竟无子，何以处之？伯牛有恶疾，设是长子，亦当废礼矣。此二妇者，出之，于情未安，虽先祖之嗣、宗庙之礼固重，亦在善处之而已。

| 吕语今译 |

没有子嗣和身患恶疾，这样的事情虽在圣人身上也不能避免。世上难道没有生不出孩子的丈夫吗？假设多次休妻又多次再娶，而最终还是没有子嗣，那又该如何处理这个丈夫呢？伯牛有恶疾，假设他是长子的话，（因为有疾在身而不能为祖先传宗接代）也算是废坏了礼法。这两种情况下，他们的妻子若是被休弃了，在情理上说不过去，虽然说先祖的子嗣、宗庙的礼法固然应当重视，但也要妥善地根据实际情况去处理休妻的问题。

| 简注 |

① 七去：若妻子符合这七项当中任何一项的话，丈夫可以休妻。《春秋公羊

传注疏·庄公二十七年》注中载有七弃:"无子弃,绝世也;淫泆弃,乱类也;不事舅姑弃,悖德也;口舌弃,离亲也;盗窃弃,反义也;嫉妒弃,乱家也;恶疾弃,不可奉宗庙也。"可对照参看。

② 妒:害善为妒。

◎有三不去①:有所取[娶时父兄在],无所归[而今父兄不在],不去;与更[平声]三年丧②,不去;先贫贱,后富贵,不去。

妇人窃盗,不过亡财,犹可宽也。然则父母听其不顺,淫听其淫,妒听其妒,多言乱家,听其多言乎?愚谓"五不取"以下,皆非孔子之言,而后世制礼立法,咸以是为准,然则礼由天降地出,不自人情中来矣?

| 吕语今译 |

妇人偷东西,不过是损失些财物罢了,尚且可以宽恕。然而,父母听任妇人不顺妇道,她淫乱便听任她淫乱,她嫉妒便听任她嫉妒,多言会败乱家风,也听任她多言吗?我认为"五不取"以下的规定,都不是孔子说的话,而后代的人制

定礼法、律法，都把这些规定作为准则，然而，礼法果真是由上天降下、地上长出来的死规定，不是依据人情实际制定出来的吗？

| 简注 |

① 有三不去：《春秋公羊传注疏·庄公二十七年》注中载有三不去："尝更三年丧不去，不忘恩也；贱取贵不去，不背德也；有所受，无所归不去，不穷穷也。"可对照参看。

② 与更三年丧：更，经历。和丈夫一起经历了公公婆婆的三年之丧。

| 实践要点 |

上述"五不取""七去""三不去"三条涉及古人对娶妻休妻的标准。这三条据说为孔子之言，然而正如吕坤所指出的，当中有些规定不合情理，应为后人伪托。纵观条文的具体规定，不尽适用于现代社会。可是，这些条文的订立从侧面反映出了古人相当重视娶妻休妻之事。男子娶妻，并不是随随便便地看上了谁家的闺女就向谁家提亲。男子休妻则必须是符合"七出"和"三不去"之条，而不是丈夫看妻子不顺眼就可以随意休弃。相比之下，现代人对于结婚、离婚的态度则较为儿戏。这提醒了现代读者，要想成就幸福的家庭生活，首先必须要以审慎的态度对待婚姻。

◎《士昏礼》曰，父醮［焦去声，戒命之酒］子命之曰："往迎尔相［妻相夫］，承我宗事［嗣先祖］，勖［音旭，勉也］帅［先也］以敬先妣之嗣［共祭祀］，若［汝也］则有常。"子曰："诺［努，平声］。"唯恐弗堪［勖勉］，不敢忘命。

◎父送女，命之曰："戒之［无非为］敬之［勉善行］，夙夜无违命［舅姑夫子之令］。"母施衿［音琴，小带］，结帨［音税，佩巾］，曰："勉之敬之，夙夜无违宫事［闺门之事］。"庶母［父妾］及门内施鞶［音盘，大带］，申［重言父母之命］之以父母之命，命之曰："敬恭［言敬又言恭，恐其忽忘也］，听尔父母之言，夙夜无愆［过也］，视诸衿鞶。"

视衿鞶，则思父母之命矣。衿鞶二带，欲其重重收敛。帨，欲其日日清洁。真西山①曰："夫之道，在敬身以帅其妇；妇之道，在敬身以承其夫。"孰谓闺门为放肆之地，夫妇为亵狎之人哉？

吕语今译

（女子出嫁之后）看见衿和鞶，便会想起父母的诫命。衿和鞶这两条衣带，是想让女子一重又一重地收敛自身。（母亲给女子）帨巾，是希望她能每天保持清洁。宋代的真西山先生说："丈夫之道，在敬慎己身来统帅自己的妻子；妇人之道，在于敬慎己身来承事自己的丈夫。"谁说闺门之内是放肆的地方呢？谁说夫妇是亵渎狎玩的人呢？

简注

① 真西山：真德秀，字景元，一字希元，后改作景希，号西山，谥文忠，宋代大儒，著有《大学衍义》《文章正宗》等传世。

实践要点

上述两条是古人婚礼之上的具体仪式。古人婚礼注重仪式感，而每个仪节背后都有相应的含义。当中最值得现代读者参考的是真德秀的这句话："夫之道，在敬身以帅其妇；妇之道，在敬身以承其夫。"无论丈夫和妻子，都应该以敬修身、相敬如宾。在此基础上，丈夫应带头做妻子的表率，主动承担家庭责任，而妻子则应辅助丈夫，为丈夫排忧解难。

◎鲁师春姜曰:"妇以顺从为务,贞悫①为首,故妇人事夫有五:平旦缡[音洒,韬发]笄②而朝,则有君臣之严;沃盥馈食,则有父子之敬;报反[出报行,回告反]而行,则有兄弟之道;规过成德,则有朋友之义。惟寝席之交,而后有夫妇之情。"

夫妇相与,严居其四,和居其一,近世则知和而和矣。

| 吕语今译 |

夫妇之间相处,严谨占五分之四,和乐占五分之一,近世的夫妇只知道为了和乐而和乐。

| 简注 |

① 悫(què):诚实、谨慎。
② 缡笄(xǐ jī):缡,束头发用的帛布。笄,发簪。此处用作动词,束簪头发。

| 实践要点 |

本条讲的是妻子要为丈夫做的五件事情,包括:早上起来要整理好仪容才去见丈夫,洗好手后再给丈夫端去食物,出门进门都跟丈夫打招呼,要规劝丈夫改正过错、成就德性,以及和丈夫寝席交欢。前四项都讲究严肃敬慎,而只有最后一项才讲究和乐之情。由此可见,夫妻相处之道在于以敬相待。本条可为现代女子所参考借鉴。

◎太公曰:"妇人之礼,语必柔细,行必缓步,止则敛容,动则跬跙[音祥沮,从容若难进之状],耳无余听[听不了],目无余视[看不了],出无谄容[媚人之色]。"

| 实践要点 |

本条详细地讲述了妇人的言行之礼,包括:说话时要温柔细语,行走时要缓慢步行,静止的时候要收敛容色,动作的时候要从容不迫,耳朵不听不该听的,眼睛不看不该看的,出门见人的时候没有谄媚的容色。不难想象,妇人若能做到上述规范,便能气度深沉,大方得体。这些礼节对于现代社会也适用,值得现代女子效法。

汉

> 曹大家班昭,作《女诫》①七篇,今录其四,而尤撮其切要云。

| 吕语今译 |

曹大家班昭作《女诫》七篇,现在摘录其中的四篇,特别能体现《女诫》的思想要点。

卑 弱

> ◎谦让恭敬,先人后己,有善莫名[休自矜夸],有恶莫辞[即自知过],忍辱含垢[音苟,污秽],常若畏惧,是谓下人也。晚寝早作,勿惮夙夜,不辞剧[音吉,繁难]易,所作必成,是谓执勤也。正色端操,以事夫主,清静自守,无好戏笑,洁齐酒食,以供祖宗,是谓继祀也。三者备,而患名称之不闻,黜辱之在身,未之见也。

妇　行

◎女有四行：一曰妇德，二曰妇言，三曰妇容，四曰妇功。妇德不必异才奇行也，妇言不必辨口利辞也，妇容不必颜色美丽也，妇功不必工巧过人也。幽闲贞静，清洁整齐，行已有耻，动静有法，是谓妇德。择辞而说，不道恶语，时然后言，不干他事，是谓妇言。盥洗尘秽，衣服鲜［音先］洁，雅饰淡妆，不从俗好，是谓妇容。尽心正务，不作无益，精于衣食以裕生计，是谓妇功。

专　心

◎夫有再娶之义，妇无两适之文，故曰：夫者，天也。天不可逃，夫不可离。行违神祇［音其］，天则罚之；礼义有愆［音谦，过也］，夫则薄之。故《女宪》曰："得意一人［得夫之意］，是谓永毕［永尽一生之事］；失意一人［失夫之心］，是谓永讫［音乞，止也］。"然求得夫意，非为佞而苟亲也，莫若专心正色，耳无妄听，目无邪视，出无冶容，入无废饰。无聚会群小，无看视门户，此谓专心正色矣。若夫动静轻脱，视听邪偷，入则乱发毁容，出则饰观作态，说所不当道，观所不当视，此谓不能专心正色矣。

和叔妹

◎妇人之得于夫，由舅姑之爱己也。舅姑爱己，由叔妹之誉己也。由此言之，叔妹之心，尤不可失也。是故室人和，则谤掩；外内离，则恶扬。自非圣人，鲜能无过，而况妇人乎？易曰："二人同心，其利断金[其锋铦利可以截金铁]。同心之言，其臭[气也]如兰[香草]。"是谓明哲谦顺之人，轻利以笃好，崇恩以结援，使美善彰闻而过差隐蔽，舅姑欢悦而夫主亲依。声誉达于乡邦，光荣及于父母。若夫蠢愚之人，于嫂则托名以自高，于妹则因尊以生嫌，形迹日着，恩义斯乖，是以美隐而过宣，姑怒而夫愠，毁訾[音子，谤言]布于中外，耻辱逮于家门，荣辱之召，叔妹为本，可不和与？

和非曲意阿徇之谓也，舅姑之子，当为舅姑体之；夫之弟妹，当为夫爱之。衣食欲其温饱，礼貌欲其谦逊，颜色欲其温和，财物欲其分施，言语欲其忍让，疾苦欲其将惜，过失欲其掩覆，谤讪欲其昭雪，如此，虽处夷狄寇仇，亦如腹心骨肉矣。但妇人以薄恶待同室，而又于母家作怨语，盖千人而千，百人而百也。及至两家生嫌，必致一身无措，非败辱其名，则不得其死，祸由己作，岂独人非？为妇人者，可以省矣。

吕语今译

"和"并不是委曲心意、阿谀徇己的意思。对于公公婆婆的子女,应当替公公婆婆体察他们;对于丈夫的弟弟妹妹,应当为了丈夫而爱护他们。在穿衣进食方面想着让他们得到温饱;在礼节容貌方面想着让自己变得谦虚温驯;在脸色方面想着对他们流露出温恭和顺的脸色;在财物方面想着和他们平均分配、不吝施与;在言语方面想着对他们谦恭忍让;他们有痛苦的时候想要去爱惜帮助他们;他们有过失时候想要替他们掩护;他们受到诽谤讪笑的时候想要帮他们昭雪平反。这样的话,即使身处于夷狄寇仇之地,也能够做到和家人像腹心骨肉一般关系亲密。

但是,妇人往往以刻薄憎恶的态度对待同室之中的亲人,而在娘家又说些怨恨夫家家人的话,大概一千个人当中有一千个人会这样做,一百个人当中有一百个人会这样做。待到夫家和娘家两家人产生嫌隙的时候,必然会导致自己无处安身,不是落得一个耻辱的名声,就是不得善终。这种祸害由自己造作,难道仅仅是别人的过错吗?身为妇人的,由此可以自省。

简注

①《女诫》:西汉曹大家(gū)班昭所著的女教经典,对后世产生了重大的影响。本书另附有《〈女诫〉译注》对之进行专门的解读,此处不作简注。

实践要点

本条吕坤对"和"的解释甚为精当,并具体地指出了妇人应该如何与夫家的家庭成员相处,值得现代读者借鉴。总而言之,妇人应当把丈夫的亲人当作自己的亲人对待,切忌在娘家人中搬弄夫家人的是非。

◎匡衡①曰:"匹配之际②,生民之始,万福之原。婚姻之礼正,然后品物遂而天命全。孔子论《诗》,以《关雎》为首,言太上者,民之父母,后夫人之行,不侔[似也]乎天地,则无以奉[九庙]神灵之统,而理[九宫]万物之宜。故《诗》曰:'窈窕淑女,君子好逑。'言能致[极也]其贞淑,不贰其操[节操始终如一]。情欲之感,无介乎容仪;宴私③之意,不形于动静,然后可以配至尊[天子]而为宗庙主。此纲纪之首,王教之端也。"

帝后上配天地之阴阳,下表臣民之夫妇,故后妃之德,端庄静一,无狎媚媱妖之态,足以敛人君之德容,而消其邪念,然后象地配天,母仪天下。若亲昵嬉狎,侬媚留连,专后宫之宠,亏损君德,而憔悴其身,则国家之祸基也。然则匡衡之言,盖为飞燕④忧与?

吕语今译

皇帝皇后在上体现了天地的阴阳和合之道,对下是臣民夫妇之道的表率。因此,后妃的德性,在于端庄娴静,始终如一,没有狎亲妖媚、淫妷放荡的姿态,能够收敛整束人君的德容,而打消他邪僻的念头,然后能像大地配对上天一样,以母道之仪慈爱天下百姓。若是亲昵嬉笑,凭借媚色留连君王身边,独专君王的宠爱,亏损人君的德性,而使得人君身体憔悴,那么这便是国家的祸乱之基。匡衡这番话,大概是担忧赵飞燕会祸害国家吧。

简注

① 匡衡:匡衡,字稚圭,西汉经学家,汉元帝时官至丞相,封乐安侯,食邑六百户。

② 匹配之际:意谓婚配之事。匡衡的这段话见载于《汉书·匡张孔马传》,是匡衡上疏戒妃匹之语。此处吕坤摘录的"匹配之际",今本《汉书》载为"妃匹之际"。

③ 宴私:安逸之意。

④ 飞燕:赵飞燕,西汉成帝皇后,妹为昭仪。姊妹二人专宠,但都没有子嗣,因而嫉妒后宫妃妾。其后赵昭仪独宠,说服成帝杀尽其他妃妾所生子嗣,无论男女一概不留。最终使得成帝至死也没有子嗣继后。

实践要点

本条对于现代读者而言,"后妃之德,端庄静一,无狎媚嫋妷之态,足以敛人君之德容,而消其邪念"一句是最值得借鉴的。此处的"后妃之德""人君之德容",可替换为妻子之德、丈夫之德容。换言之,妻子应该端正自身的德性和仪态,从而让丈夫也受到感化,打消贪求情欲的邪念。

◎司马迁曰:"《易》基乾坤①,《诗》首关雎②,《书》美厘降③,《春秋》讥不亲迎④。夫妇之际,人道之大伦也,礼之用,唯昏姻为兢兢。"

兢兢,战惧谨慎之意。世人皆以为乐,而圣人以为惧;世人皆以为合,而圣人以为别。其虑远,其计深矣。

吕语今译

兢兢,是恐惧谨慎的意思。世人都把婚姻看作是件快乐的事情,而圣人对之十分恐惧谨慎。世人皆把婚姻看作是男女的交合,而圣人则重视男女有别。圣人的思虑是那么地有远见,其夫妇有别的计谋是那么地有深意啊!

| 简注 |

①《易》基乾坤:《易经》以乾坤两卦作为基础,在其基础上衍生出六十四卦。

②《诗》首关雎:《诗经》以《关雎》为首篇。

③《书》美厘降:厘降即帝尧下嫁二女于舜,其事见前文。

④《春秋》讥不亲迎:《春秋公羊传·隐公二年》载云:"纪履繻来逆女……外逆女不书,此何以书?讥。何讥尔?讥始不亲迎也。"

| 实践要点 |

本条再次提醒现代读者,要重视婚姻之事,并由始至终都要以谨慎的态度处理婚姻之事涉及的问题。

◎蔡邕①《女训》曰:"心犹面也,是以甚致饰焉。世人咸知饰面,不知修心。面不饰,愚者谓之丑,心不修,贤者谓之恶。面丑犹可,心恶尚得谓之人乎?故览镜拭[音式,洗擦]面,则思心当洁净;傅脂,则思心当点检;加粉,则思心当明白;泽发,则思心当柔顺;用栉②,则思心有条理;立髻,则思心当端正;摄鬓,则思心当整肃。"

简注

① 蔡邕（yōng）：蔡邕字伯喈，东汉著名学者、书法家。
② 栉（zhì）：梳子。

实践要点

儒家讲修己以敬，强调反躬自省的功夫。本条讲女子修饰面容时应当想到要修饰内心，实际亦是反躬自省功夫，极为贴近女子日常，十分值得现代女子效法。鉴于本条实践性强，而吕坤又未作解说，现将全文翻译如下：

蔡邕的《女训》说："内心犹如人面，因此也要注重修饰。世人都知道打扮修饰面容，却不知道要修整内心。女子的面容不打扮，愚钝的人说她是丑；内心不修饰，贤明的人说她是恶，面丑尚且可以接受，心恶的话还配自称为人吗？因此，女子在看着镜子洗面时，要想到内心也应当保持洁净。给面敷上胭脂时，要想到内心也应当保持洁净。给面扑粉时，要想到内心也应该明明白白，光明正大。润泽头发时要想到内心也要保持温柔和顺，用梳子梳头时，要想到内心也要有条理。立上发髻时要想到内心也要保持端正。整理发鬟时内心也应当保持整齐严肃。"

三　国

◎吴虞翻[1]与其弟书曰:"长子容[侄名],当为求妇。远求小姓,足使生子。天福其人,不在贵族,芝草无根,醴泉无源[2]。"

天道无常盈之运,男女皆贵族,美先尽矣。盛之盛者,继美为难。名花根少,珍果种稀,但非恶族辱门,何害贫家贱士?惟是女欲贤善聪明,家欲忠良仁厚,或同类相求,或同心相结,人不昏愚,志不污下,皆为善矣。

| 吕语今译 |

天道的运行没有常盈不虚的道理。婚姻之事,若男女两家都是贵族的话,美好幸福在刚开始的时候就已经到了尽头。当兴盛之家遇上兴盛之家,双方结合之后要继承这种美好便十分困难。有名的花卉数量疏少,珍贵的果品种子稀缺,只要不是有大恶大辱的家庭背景,贫困人家又有什么不好的呢?只要这个女子贤良善美、聪明懂事,她的家人忠良仁厚,或者选择同一性格的,或选择情投意合的,只要为人不昏庸愚昧,志向不污秽下流,那都是好的。

| 简注 |

① 虞翻：虞翻，字仲翔，三国时孙吴著名学者。
② 芝草无根，醴泉无源：芝草，即灵芝。醴泉，甘甜的泉水。古人认为芝草和醴泉都是上天降生的祥瑞，如《前汉纪·序》云："凡祥瑞：黄龙见、凤皇集、麒麟臻、神马出、神鸟翔、神雀集、白虎仁兽获、宝鼎升、宝磬神光见、山称万岁、甘露降、芝草生、嘉禾茂、玄稷降、醴泉涌、木连理。"

| 实践要点 |

本条对现代读者的启示是，男子选择妻子时无需过分考虑对方的家境是否富裕，而应看重女子及其家人的品性，如吕坤所说"惟是女欲贤善聪明，家欲忠良仁厚"。

◎荀爽曰："圣人制礼，以隔阴阳①。七岁之男，王母［祖母］不抱；七岁之女，王父［祖父］不持。亲非父母，不与同车；亲非兄弟，不与同筵②。非礼不动，非义不行。"

| 简注 |

① 以隔阴阳：用以分隔男女。

② 不与同筵（yán）：筵，席子。即《礼记·内则》云："七年男女不同席，不共食。"

| 实践要点 |

本条讲述孩子从小就应该注重讲究男女有别之礼。在现代社会，猥亵儿童、性侵、强奸未成年人的案件时有发生，为了保护孩子的身心健康与安全，不仅在家中要讲男女有别之礼，在外也需注意保护孩子免受他人的侵犯。

隋

◎文中子［王通］①曰："婚娶而论财，贪鄙之道也，君子不入其乡。古者男女之族，各择德焉，不以财为礼。早婚少聘，教人以偷［真性早凿，情欲早肆］；妾媵［音映］无数，教人以乱。且贵贱有等，一夫一妇，庶人之职也。"

> 天子三宫、九嫔、二十七世妇、八十一御妻[2]。诸侯娶九女，卿五，大夫三，士二，皆有爵者，故妾媵亦有等。庶人一夫一妇，所以谓之匹夫匹妇。然法有四十无子取妾之文，所以重后嗣也。

| 吕语今译 |

/

天子有三宫、九嫔、二十七世妇和八十一御妻。诸侯娶九女，卿五，大夫三，士二，他们都是有爵位的，因此妾媵的数量因地位不同而数量不一。平民一夫一妇，所以叫作匹夫匹妇。然而，礼法有条文说平民过了四十岁没有子嗣的话，丈夫可以取妾侍。这是重视后继有嗣的缘故。

| 简注 |

/

① 文中子：王通，字仲淹，隋朝著名思想家，效法孔子删述《六经》，著有《论礼》《乐论》《续书》《续诗》《元经》《赞易》，谓之"王氏六经"。明代大儒王阳明曾称之为"贤儒"。

② 古代家国同构，天子和后各立其官以辅理内外的事务，天子有三公，后亦有三夫人，即此处所说的三宫。夫，扶也，所谓夫人，是指"扶持于王"。天

子有九卿，后有九嫔，嫔是妇人的美称，取"可宾敬"之意。天子有二十七大夫，后有二十七世妇。妇，服也，所谓世妇，是指"进以服事君子"。天子有八十一元士，后有八十一御妻。御妻即进御于王，侍其燕寝。

| 实践要点 |

本条值得现代读者借鉴的是王通的教诲，其中尤其有意义的是以下两点：

一、谈论婚事应以品德为拣择标准，不以财物多寡为礼节；

二、年纪轻轻就结婚的话，会让人过早地放肆情欲，因而不宜早婚。

唐

◎柳开仲涂①曰:"皇考[父也]治[平声]家孝且严,旦望诸妇等拜堂下,毕,即上手[拱手]低面[低头],听我皇考训诫曰:'人家兄弟,无不义者。尽因娶妇入门,异姓相聚,争长竞短,渐[音尖]渍[音自]日闻,偏爱私藏,以致背戾,分门割户,患若贼仇,皆汝妇人所作。男子刚肠②者几人,能不为妇言所惑?吾见罕矣,若等宁有是耶?'退[诸妇]则惴惴[音坠,恐惧],不敢出一语为不孝事。开辈抵此,赖之得全其家云。"

愚尝谓妇人有五认得:认得丈夫是自家丈夫,子女是自家子女,财帛是自家财帛,父母兄弟是自家父母兄弟,奴仆是自家奴仆。其夫家尊卑长幼,俱是路人。妯娌皆怀此心,家产安得不分?妇人日浸此言,兄弟安得无嫌?谚曰:"兄弟一块肉,妇人是刀锥。"言任其剸割也。"兄弟一釜羹,妇人是盐梅。"言任其调和也。妇人可畏哉!大抵妇人轻利而寡言,恩多而怨少,庶几不作人家灾星祸鬼云。

| 吕语今译 |

我曾说过,妇人有五认得:认得丈夫是自己的丈夫,子女是自己的子女,财物是自己的财物,父母兄弟是自己的父母兄弟,奴仆是自家的奴仆。她夫家的人无论尊卑长幼,都不过是路边的人。妯娌都抱有这种心态,家族财产又怎能不被分割呢?妇人每都说分家的话,兄弟间又怎能没有嫌隙呢?谚语说:"兄弟本是同一块肉,妇人是刀锥。"这是说兄弟亲情任由妇人分割。"兄弟是一锅肉羹,妇人是盐和酸梅。"这是说兄弟亲情任由妇人调和。这样说来,妇人是那么的可怕啊!妇人若能做到轻视利益而少说不好的话语,恩情多而怨气少,大概便不会成为家的灾星祸鬼了。

| 简注 |

① 柳开:柳开,字仲涂,号东郊野夫、补亡先生,北宋文学家,是宋代古文运动的倡导者。
② 刚肠:心肠刚硬。

| 实践要点 |

本条讲本来情如手足的兄弟容易受妇人的教唆而形同路人。将兄弟分家完全归咎于妇人,未免以偏概全、有失公允。但现代读者无论男女,也应时时反省自己有否因私废公、伤害了亲人之间的感情,要尽量避免出现本条所说的情况。

宋

◎司马温公[1]曰:"凡议婚姻,当先察婿与妇之性行,及家法何如,勿苟慕其富贵。婿苟贤矣,今虽贫贱,安知异时不富贵乎?苟为不肖,今虽富贵,安知异时不贫贱乎?妇者家之所由盛衰也,苟慕一时之富贵而娶之,彼挟富贵,鲜有不轻其夫而傲其舅姑者。养成骄妒之性,异日为患,庸有极乎?借使因妇财以致富,依妇势以取贵,苟有丈夫之志气,能无愧耶?"

| 简注 |

[1] 司马温公:司马光,字君实,号迂叟,世称涑水先生,去世之后追赠太师、温国公,谥号文正,北宋著名政治家、史学家、文学家,曾主持编修《资治通鉴》。

| 实践要点 |

本条讲的是择偶之法。其言当理又切于日用,鉴于吕坤对之未作解说,现将全文翻译如下:

司马温公说:"凡是议论婚事,应当先察看未来女婿或媳妇的性格和品行,以及他（她）的家教之法是怎样的，切勿只贪慕对方的富贵。未来女婿若是贤明的，现在即使贫贱，怎么知道将来不会富贵呢？若是不肖的活，怎么知道将来不会由富贵变成贫贱呢？妇人是家庭兴盛或衰落的缘由。若贪慕一时的富贵而娶入门，若她挟持自家的富贵，很少会有不轻慢丈夫而傲怠婆婆的。如此养成了骄傲嫉妒的品性，他日必将成为家里的祸患，哪里会有尽头呢？假设丈夫因为妇人的钱财而致富，依靠妇人的势力而取得贵位，即使他有大丈夫的志气，能做到无愧于心吗？"

◎又曰："女子六岁，始习女工①之小者，七岁诵《孝经》《论语》，九岁讲解《孝经》《论语》及《女诫》之类，略晓大义。今人或教女子以作歌诗，执俗乐，殊非所宜也。"

| 简注 |

① 女工：古代女子所从事的针织刺绣活动。

| 实践要点 |

本条对现代读者的启发是，家长从小要教导女孩子学习做简单的家务，并背诵学习《孝经》《论语》等传统文化经典，端正三观。而对于现代电视电台广播、互联网等媒体上充斥着的一些低俗的视听节目、音乐、动漫、小说等，家长要注

意甄别，避免孩子沉迷其中而受到不良影响。

◎安定胡先生[1]曰："嫁女必须胜吾家者，胜吾家，则女之事人，必钦[2]必戒。娶妇必须不若吾家者，不若吾家，则妇事舅姑，必执妇道。"

◎郑卫之音[3]导淫［只是声调便淫，不但词曲］，以教女子，非所宜也。

| 简注 |

① 安定胡先生：胡瑗，字翼之，世称安定先生，北宋大儒，与孙复、石介并称为宋初三先生。

② 钦：敬。

③ 郑卫之音：原指春秋战国时，郑国、卫国的民间音乐，《礼记·乐记》云："郑卫之音，乱世之音也。"后泛指使人心邪僻不正、萎靡放荡的世俗音乐。

| 实践要点 |

上文提到，在谈婚论嫁的时候，首要的择偶标准是看对方及其家人的人品，

而不必过分地考虑对方家境是否富裕。"嫁女必须胜吾家者"条则从另一角度出发，认为要以女方家境不如男方为宜。这样的话，女子进门之后便能遵守妇道，敬重夫家。若是女子有贤良的德性，无论家境如何也能尊敬夫家。然而，真正有贤良德性的女子也不容易觅得。因而，只能退而求其次，以双方家境优劣作出嫁娶的判断。这多少有点以势压人的意味，现代读者不必尽取。然而，由此引发另一个相关的问题是，男女双方在家境差距太大的情况下，容易由于从小养成的人生观、价值观、世界观以及生活习惯、消费习惯等的不一致而产生矛盾。这个时候，需要双方将心比心，从对方的角度出发，努力地包容、体贴对方。

"郑卫之音导淫"条讲的是靡靡之音能误导人的情志，因而不适宜用于教育女孩子。换言之，也是强调家长要注意选取孩子的信息来源，防止不良信息给孩子带来负面的影响。

◎《颜氏家训》[1]曰："妇主中馈，唯事酒食［音四］衣服之礼耳。国不可使预政，家不可使干［经营］蛊［音古，坏也］，如有聪明才智，识达古今，正当辅佐君子，劝其不足，必无牝鸡晨鸣[2]，以致祸也。"

◎兄弟者，分形连气[3]之人也。方其幼也，父母左提右挈，前襟后裾，食则同案，衣则传服，学则连业，游则共方。虽有悖乱之人，不能不相爱也。及其壮也，各妻其妻，各子其

> 子，虽有笃厚之人，不能不少衰也。娣［弟妻］姒［兄嫂］之比兄弟，则疏薄矣。今使疏薄之人，而节［裁限］量［计较］亲厚之恩，犹方底而圆盖，必不合矣。唯友悌深至，不为傍人之所移者，免夫。

简注

① 《颜氏家训》：北齐颜之推撰，论述立身治家之道，对后世产生广泛的影响。

② 牝鸡晨鸣：牝鸡即母鸡。古人认为早晨打鸣是雄鸡的职责，若母鸡晨鸣则不合常理，会招致不祥的祸害。意指妇人不应该干预政事，否则会造成不良的后果。武王伐纣时就曾经引用"牝鸡无晨，牝鸡之晨，惟家之索"的古语，详见前文《书经》部分摘录。

③ 分形连气：指兄弟血脉相通，虽形体分别而同属一气。

实践要点

"妇主中馈"条讲妇人不要干预政事，要专心治理家中事务。若妇人有聪明才智，学识通达古今，恰好应该去辅助夫君，规劝他的不足，不要专横地替夫君作主。如前所述，要现代的妇人专主中馈是不切实际的。然而，要求妻子不过分地干预丈夫在工作方面的事情，并在需要的时候协助丈夫、规劝其不足，这也不失情理。

"兄弟者分形连气之人也"条，讲兄弟不要因为妇人的唆使而破坏手足之间的情谊。实践要点可参考上文"柳开仲涂曰"条。

◎李氏《女戒》曰："贫者安其贫，富者戒其富。"[又云]"弃和柔之色，作娇小之容，是为轻薄之妇人。藏心为情，出口为语，言语者，荣辱之枢机，亲疏之大节也。亦能离坚合异，结怨兴仇，大则覆国亡家，小则六亲离散。是以贤女谨口，恐招耻谤。或在尊前，或居闲处，未尝触应答之语[他人说话，傍边接声]，发谄谀之言。不出无稽之词，不为调戏之事，不涉秽浊，不处嫌疑。"

| 实践要点 |

本条提到的要点包括女子要安贫戒富以及敬慎言语，值得现代读者在日常生活当中借鉴。鉴于本条切于日用，而吕坤未作解说，现将全文翻译如下：

李氏《女戒》说："贫穷的人要安于贫穷。富贵的人要戒慎于富贵。抛弃温和柔顺的脸色，伪作娇小的容貌，这是轻薄的妇人。藏在心中的情感情绪，说出来便成为了语言。言语是招致荣辱的关键，是决定亲密疏远关系的重要环节，既可以拆分坚固密切的关系、撮合相分离异的人，也可以结下仇怨、树立敌人。严重的话，可以覆亡社会家庭，轻则导致亲戚离散。因此，贤良的女子谨慎其言，恐怕会招致耻辱诽谤。在尊长者面前、或在闲居之处，都未曾插嘴接话，说出谄谀的话语，也不说没有证据的话，不做调笑嬉戏的事情，不涉足污秽的地方，不处于嫌疑之处。"

卷二　善行

女子之道

妇道母仪，始于女德，未有女无良而妇淑者也。故首女道，为类六，得二十八人。

一、孝女。女未适人，与子同道。孝子难，孝女为尤难。世俗女子在室，自处以客，而母亦客之①。子道不修，母顾共衣食事之焉。养骄修态，易怨轻悲，亦未闻道矣。今录其可法者，凡十四人：

齐伤槐女　赵津女娟　齐太仓女　曹娥求父　卢氏代母　杨香扼虎

赵娥刺仇　谢娥杀盗　王女击贼　叔祎祷疾　妙真祝寿　杨女辨冤

袁氏同焚　康氏乳弟

二、烈女。女子之道，守正待求，不惟从一而永终，亦须待礼而正始。命之不谷②，时与愿违，朱颜无自免之术，白刃岂甘心之地？然而一死之外，更无良图，所谓舍生取义者也。彼浣纱之女，死于伍员③，轻矣。未嫁之女，死以殉④夫，过矣。是不可以已乎？今录死得其正者[5]三人：

　　奉天二窦　詹氏全亲　倪氏被刺

　　三、贞女。女子守身，如持玉卮[6]，如捧盈水。心不欲为耳目所变，迹不欲为中外所疑，然后可以完坚白之节，成清洁之身，何者？丈夫事业在六合[7]，苟非孅伦，小节[8]犹足自赎[9]。女子名节在一身，稍有微瑕，万善不能相掩。然居常处顺，十女九贞。惟夫消磨糜烂之际，金久炼而愈精；滓泥污秽之中，莲含香而自洁。则点节[10]者亦十九也。故取贞女以示训焉，得三人：

　　木兰代戍　韩氏从军　高邮死蚊

　　四、廉女。视利如尘垢，若将浼[11]焉者也。凡一人：

　　季女却钱

　　五、贤明之女。慎检名节，通达理道者也。凡五人：

　　齐宿瘤女　楚成郑瞀　齐钟离春　齐孤逐女　鲁漆室女

　　六、诗女。女子无仪，且不以学名，况诗乎？录诗女者何？古今诗女多矣，录二人者何？非以诗也，非以二女也。男女者，万物之情，惟圣人能通之。节义者，生人之纪，惟圣人能植之。喜二女之遇，余为世道幸也。

　　寄征人诗　上刑官诗

吕语今译

妇人的道义、人母的仪范,始源于女子的德性,没有哪个品行不良的女子在出嫁之后能成为贤淑的妇人的。因此,把女子之道放在了在"善行"部分的开端,分成了六类,共记录了二十八个女子的事迹。

一、孝女。女子尚未出嫁的话,应该与男子遵行同样的孝子之道。做一个孝顺的儿子很难,做一个孝顺的女儿则更加的困难。世俗社会,女子在家中多以客人般尊贵的身份自居,而她的母亲也把她当作客人般对待。身为女儿的不修持孝子之道(事奉父母),而母亲则想着为女儿提供饭食衣服等东西来事奉她。如此一来,女子养成了骄傲的性格,日常只顾修饰自己的容态,心中容易生起怨恨和悲伤的情绪,也未曾得闻孝子之道。现在著录为人女儿者中值得后人效法的事迹,共十四人:

齐伤槐女　赵津女涓　齐太仓女　曹娥求父　卢氏代母　杨香扼虎

赵娥刺仇　谢娥杀盗　王女击贼　叔祎祷疾　妙真祝寿　杨女辨冤

袁氏同焚　康氏乳弟

二、烈女。女子之道,在于坚守贞正、等待男子的追求,不仅要做到婚后遵从一夫而终身不改嫁,也需要在刚开始的时候就端正态度,讲求婚嫁之礼、非礼不嫁。若是女子的命途不善,时运与心愿相违背(遭遇男子非礼之事),美好的容颜无法避免强暴之徒的摧残,这时候以白刃自裁又岂是心甘情愿的做法呢?然而,除了自求一死以保存贞节以外,也没有更好的办法了,这便是所谓的舍生取义。那个浣纱少女因为伍员而自尽,也未免太轻率了。还没出嫁的女子为了未婚夫而殉情，这种做法也过了头（不符合中庸之道）。（这些无谓的牺牲）难道不可以避免吗？现在著录为了守节而死得其所的三个女子（以供后人借鉴）：

奉天二窦　詹氏全亲　倪氏被刺

三、贞女。女子守持自身的贞洁，要像拿着玉做的酒器一样（小心谨慎），要像捧着一盘充盈满溢的水一样（战战兢兢）。内心不想因为耳目等感官的干扰而变节，行迹不想被家庭内外的人所怀疑，这样才能完整地保守坚贞洁白的节操，成就清白洁净的身体。为什么这样说呢？丈夫为了事业在外打拼，若不是亵渎伦常的话，在男女关系上犯一些小的过错，还是可以自己去弥补的。而女子的名誉节操在自己的身上，稍微有一点过错的话，再多的优点也不能掩盖。然而，在平常安居顺境的时候，十个女子中有九个能保持贞节。只有当女子遭遇消磨糜烂的特殊境遇之时（才有机会真正地展示她的贞节之志），这就像金子久经淬炼而精度愈高，像荷花出于污泥而清香洁净。（在经历考验的时候）则十个女子中有九个会玷污自己的贞节。因此，下面著录恪守贞节的女子以示训诫，一共三个人：

木兰代戍　韩氏从军　高邮死蚊

四、廉女。（廉女是指）把钱财利益看作是灰尘污垢、生怕为之玷污的女子。著录一人：

季女却钱

五、贤明之女。（贤明之女是指）谨慎检点自身名誉节操、通达于理道的女子。共著录五人：

齐宿瘤女　楚成郑瞀　齐钟离春　齐孤逐女　鲁漆室女

六、诗女。女子若是没有仪范的话,尚且不能以博学而闻名,更何况以善于作诗而出名呢?那为什么这里要著录诗女呢?自古至今,会作诗的女子那么多,为什么只著录这两个呢?这里之所以选取她们不是因为诗写得好,也不是因为这两个女子本身。男女之事能体现出万物的情实,这当中的道理只有圣人能通达明了。节操与正义,是天下生民的纲纪,只有圣人才能树立推广。我为这两个女子遇到了圣贤的君主而心生欣喜,为那样好的世道而感到庆幸。

寄征人诗　上刑官诗

| 简注 |

① 自处以客,而母亦客之:女儿自视为客人,而母亲也像对待客人一样对待女儿。此处所谓客人的身份,或暗含两层含义。一是母亲爱女心切,视女儿为掌上明珠,因而像对待客人一样,尽诚竭力地照料伺候,而女儿也恃宠生骄、自视尊贵。二是古代社会中,女子注定在出嫁之后便成为丈夫家族中的一员,与本家族的亲疏关系疏远有隔,在某种意义上说是本家族之外的"外人"。因此,尽管女子在家尚未出嫁,也以宾客(外人)的身份视之。

② 谷:善。

③ 浣纱之女,死于伍员:伍员,字子胥,春秋时期楚国人,后来成为吴国大夫。浣纱女死于伍员之事见载于《吴越春秋》《越绝书》。据《吴越春秋》的说法,伍员在逃奔吴国的路上腹中饥饿,遂向在濑水河边浣洗棉纱的女子乞求饭食。女子刚开始时为了防范男女嫌疑而不肯施食,在伍员的再次请求下最终还是

施与了饭食。伍员食毕之后准备离去，因为怕被后面追捕的人发现行踪，所以叮嘱女子要收藏好饭具，不要被其他人看到。女子叹道："我独自一人和母亲居住了三十年，坚守自己的贞操，不愿嫁人。怎么适宜给陌生男子送饭吃呢？施与你饭食让我越过了男女有别的礼法，那是由于我不忍心看到别人饥饿难耐的缘故。你快点走吧。"伍员走后回头再看女子，发现她已经跳进濑水河自杀了。

④ 殉：以身从物。这里指女子为了未婚夫而自愿送死。

⑤ 死得其正者：即死得有意义、有价值。

⑥ 卮（zhī）：盛酒的器具。

⑦ 六合：天地四方为六合。此处指丈夫在外谋取生计。

⑧ 小节：琐碎的事情。此处指不乱大伦的过错。

⑨ 自赎：自己弥补过错。

⑩ 点节：点，污。点节即玷污节操。

⑪ 浼（měi）：同"浼"，玷污。

| **实践要点** |

女子之道，即未出嫁的女子所应遵从的立身处世之法。吕坤将女子的模范事迹分成了六类，除了最后一类"诗女"之外，其余的五类都体现了未出嫁的女子所应具有的品德，分别是"孝""烈""贞""廉""贤明"。

于现代读者而言，对女子"孝""廉""贤明"的要求应当较为容易理解与接受，但要求女子做到"烈"和"贞"却容易引起异议。贞，即是守持正道，心定不移，以礼守身，不因外界的诱惑而改变心志。烈，即是愿意为心中坚守的信念而甘愿牺牲生命。坚贞者往往节烈，因而"烈"和"贞"是紧密联系在一起的。"烈"和"贞"本来都是高尚的品德，对于贞烈之士而言，无论男女，求仁而得仁，死而无怨。然而，在传统社会，"烈""贞"的品德由于男女之间的不平等而蒙上了一层遭现代人诟病的阴影。

此处，吕坤谈到"贞女"时，说道："丈夫事业在六合，苟非嬻伦，小节犹足自赎。女子名节在一身，稍有微瑕，万善不能相掩。"允许丈夫失节，要求女子守身，这种关于"贞"的双重标准与现代社会讲求男女平等的精神相违背，这是我们在阅读下文时需要注意扬弃的。

而谈到"烈女"时，就连吕坤也不禁要指出，女子只有在迫不得已之时才应舍生取义以保持节操，若轻易求死，也非死得其正。尤其在现代社会，若女子遭受了歹徒的侵犯，一方面，要发扬"烈女"们大义凛然的精神，冷静地采取迂回的策略保护自己，若实在无法避免侵害，则尽可能保留犯罪证据；另一方面，不要轻易产生轻生的念头，而要勇敢地使用法律武器将坏人绳之于法。

夫妇之道

《易》之《家人》曰:"夫夫妇妇,而家道正。"夫义妇顺,家之福也。故择夫妇之贤者,以示训焉。使知刑于之化[1],不独责之丈夫,而同心协德,内助亦有力焉,得九人:

鲁黔娄妻　柳下谥惠　楚于陵妻　郤缺如宾　梁孟夫妻　王章夫妻

王霸夫妻　鲍桓夫妻　吕范夫妻

吕语今译

《易经》中的家人卦说:"丈夫、妻子各尽其职,家道便能端正。"丈夫坚守正义,妻子顺从协助,这是家庭的福气。因此,下面选择贤明的模范夫妻以示训诫。让后人知道,端正家风、教化家人,这不仅仅是丈夫的责任,而夫妻同心同德,妻子作为丈夫的贤内助也该尽力而为,下面著录九对夫妻:

鲁黔娄妻　柳下谥惠　楚于陵妻　郤缺如宾　梁孟夫妻　王章夫妻

王霸夫妻　鲍桓夫妻　吕范夫妻

| 简注 |

① 刑于之化：刑于，语出《诗经·大雅·思齐》："刑于寡妻，至于兄弟，以御于家邦。"刑于之化，意谓教化家人。

| 实践要点 |

可参考"嘉言"部分"易经"中的"家人"条。

女子之道

齐伤槐女

◎齐景公有爱槐，使衍守之，下令曰："犯槐者刑，伤槐者死。"于是衍醉而伤槐，景公怒，将杀之。女婧惧，乃造晏子①请曰："妾父衍，见风雨不时，五谷不滋，祷祠于名山神水，不胜曲蘖②之味，先犯君令，罪固当死。妾闻明君之治国也，不为畜伤人，不以草伤稼，昔者宋景公时，大旱三年，卜人曰：'当以人祀③。'景公乃降堂北面稽首曰：'所以请雨者，为吾民也。必欲人祀，寡人愿自当之。'言未卒，天大雨，以能顺天慈民也。今吾君以槐杀妾之父，孤妾之身，妾恐伤执政之法，害明君之义也。邻国闻之，谓君爱树而贱人也。"晏子惕然。明日朝，谓景公曰："君极土木以匱民④，又杀无罪以滋虐，无乃殃国乎？"公曰："寡人敬受命矣。"即罢守槐之役，而赦伤槐者。君子曰：伤槐女能以辞免。

吕氏曰：势之尊，惟理能屈之，是故君子贵理直。伤槐女之言，岂独能救父死？君相能用其言也，齐国其大治乎！

吕语今译

对于地位尊贵的人，只有通过讲道理才能使他屈服。所以君子注重自身的理直气壮。伤槐者女儿的言辞中所包含的道理，岂止能解救他父亲，齐国的君主和宰相能用她说的道理去治理国家的话，齐国一定能治理得很好。

简注

① 晏子：晏婴，齐国大夫，齐景公任用为相，以贤著称。
② 曲糵（qū niè）：酿酒所需的酒母，在此指代衍祭祀时候用的酒。
③ 人祀：即用活人作为祭品，杀人以祭。《春秋左传·僖公十九年》记载宋襄公打算杀人祭社，司马子鱼谏曰："小事不用大牲，而况敢用人乎？祭祀以为人也。民，神之主也。用人，其谁飨之？"可见，春秋时还存留着人祀的野蛮习俗，但已经遭到了人们的反对。宋景公"所以请雨者，为吾民也"和子鱼"祭祀以为人"的见解如出一辙，体现了先秦时期的民本思想。
④《史记·齐世家》谓齐景公"好治宫室、聚狗马，奢侈、厚赋、重刑"，《论语·季氏篇》云："齐景公有马千驷，死之日，民无德而称焉。"可见齐景公不务正业，不得民心。

实践要点

齐伤槐者之女的"孝"体现在她不顾自己卑微的身份，去找位高权重的晏婴据理力争，最终救回了被判死刑的父亲。吕坤由此提出了"势之尊，惟理能屈之"的命题，从中体现出儒者不畏强权、唯理是从的风骨。吕坤在女教书中提出"势之尊，惟理能屈之"的思想，无疑对古代社会男尊女卑的思想作出了重要的修正。根据"有理能屈势尊者"的理论，位卑的女性如理直气壮，则不一定要盲目顺从处于统治地位的男性。从切于当代实践的角度看，吕坤在这里给我们的启发是，无论社会地位的高低，我们做任何事情都要光明正大，合乎道义，同时以身作则教育子女做事要"唯理是从"，那么，遇到任何事情时我们也能理直气壮，问心无愧。

赵津女娟

◎女娟者，赵简子①夫人也。初，简子伐楚，与津吏期②。简子至，津吏醉不能渡，简子欲杀之。娟对曰："妾父闻主君来渡不测之水③，祷祀九江三淮之神④，既祭饮福⑤，不胜杯酌余沥⑥，醉至于此。妾愿以贱躯代父之死。"简子曰："非女子之罪也。"娟曰："妾父尚醉，恐其身不知痛，而心不知非也，愿醒而伏辜⑦焉。"简子释其父弗诛。

将渡，少楫［音节，篙也］者一人，娟攘卷［伸手折袖］而请曰："愿备父役。"简子曰："不谷将行，选士大夫与俱，义不与妇人同舟渡也。"娟对曰："昔者汤伐夏，左骖⑧牝［音殡，畜母也］骊⑨，右骖牝黄，而放桀；武王伐殷，左骖牝骐，右骖牝䮷［音留］，而克纣。主君但欲渡耳，与妾同舟，又何伤乎？"简子许之。

中流，娟发《河激》之歌⑩以鸣其意，简子悦，曰："昔者不谷梦娶，岂此女乎？"将使人祝祓［音弗，祭也］以为夫人。娟再拜，辞曰："妇人之礼，非媒不嫁。妾有严亲在，不敢闻命。"遂辞而去。简子归，乃纳币于父母，而娶以为夫人。君子谓女娟通达而有辞。

吕氏曰：女娟救父有辞，而处身以礼，贤矣哉！

| 吕语今译 |

这位名叫娟的女子振振有辞，挽救了父亲的性命，又能以礼法立身处事，实在是贤良啊！

| 简注 |

① 赵简子：赵鞅，又称赵孟，春秋时任晋国的正卿。
② 与津吏期：津吏，掌管渡口摆渡之事的官吏。期，约。与津吏期，即与津吏约好了渡河的时间。
③ 不测之水：指河水湍急，渡河时或会发生意想不到的事故。

④ 九江三淮之神：此处泛指河水之神。

⑤ 既祭饮福：古人祭祀完毕之后会饮用祭祀神明的祭酒，以求得神明的福佑。

⑥ 沥：饮酒将尽时剩下的酒滴。

⑦ 伏辜：辜，罪。伏辜，即服罪，承担罪过。

⑧ 骖（cān）：古人驾马车时，前方外侧左右两马为骖。

⑨ 骊（lí）：深黑色的马为骊。下文的黄即黄白色的马；骐即青黑色的马；駵，同骝，即赤身黑鬃的马。

⑩ 《河激》之歌：据《列女传·赵津女娟》，其歌词为："升彼阿兮面观清，水扬波兮查冥冥。祷求福兮醉不醒，诛将加兮妾心惊。罚既释兮渎乃清，妾持楫兮操其维。蛟龙助兮主将归，呼来櫂兮行勿疑。"

实践要点

娟的父亲因为喝醉酒而误了和赵简子渡河的约定，犯下了死罪。娟以巧妙的言辞相救，免父于难，这是"孝"的体现。其后，娟替父摆渡时又以义正的言辞斥责赵简子对女性的轻视（"义不与妇人同舟渡也"），这彰显了女性自信自强的精神。最后，娟又非礼不嫁，这是女子贞正守礼的最好诠释。对于现代读者而言，这三点都值得认真品味。

关于尽孝，孝顺子女不仅要在日常生活中事奉双亲，当双亲遇到艰难险阻时更要主动替他们解围。对于女子而言，在这种紧急关头要保持沉着冷静，不要惊慌失措，并且善用智巧而非蛮力去应对。

关于女性自信自强的精神，人们总是误认为古代的女子都是阴柔懦弱，只知"三从"而不知自立。事实上，古代也不乏自信自强的女子，而她们的品德、见识、勇气、能力、气节丝毫不逊色于大丈夫。在提倡男女平等的现代社会，古代女性这种自信自强的精神尤其值得现代读者借鉴。她们自信自强的底气并不在于出身高贵与否、家庭富裕与否、容貌出众与否，而是行乎仁义、言动合礼、不辞辛劳。现代女子大多都有独立的经济来源，用劳动赢得尊严，撑起了半边天，这固然值得男子敬重。若能在此基础上，做到以礼修身、涵养品德的话，则又不是只顾挣钱吃喝玩乐、打扮化妆的女子所能比拟的。

关于贞正守礼，"嘉言"部分多有述及，可作参考。

齐太仓女

◎齐太仓女者，汉太仓令淳于公①之少女②也，名缇萦[音提盈]。公有女五人，无子。孝文皇帝时，公有罪当刑，诏系③长安。会逮④，公骂曰："生女不生男，缓急非有益。"缇萦悲泣随之，至长安，上书曰："妾父为吏，齐中皆称为廉平。今坐法⑤当刑，妾伤夫死者不可复生，刑[肉伤]者不可复属⑥，虽后欲改过自新，其道无由也。妾愿入身为官婢，以赎父罪，使得自新。"书奏，天子怜其意，乃下诏曰："盖闻有虞之时，画衣冠、异章服⑦而民不犯，何至治也！今法有肉刑五⑧

而奸不止，其咎安在？非朕德薄而教不明欤？吾甚愧焉。《诗》云：'恺悌君子，民之父母。'今训道不纯，愚民陷焉而断支体、刻肌肤，何其忍而不德也？其除肉刑。"淳于公遂得免焉。自是之后，凿颠者髡［音坤］⑨，抽胁者笞［音痴］⑩，刖［音月］足者钳［音虔］⑪。

吕氏曰：生男未必有益，顾用情何如耳。若缇萦者，虽谓之有子可也。故千载名垂青史。为人子者，可以愧矣！

| 吕语今译 |

生男孩也未必有益处，要看他对你的感情深厚与否。若生下像缇萦这样有勇有谋的女儿的话，也可以说是有了一个儿子了。因此，缇萦被载入史册、千载流芳，为人儿子者看了她的事迹可以感到惭愧了！

| 简注 |

① 汉太仓令淳于公：太仓令是汉代的官职名。据《汉书·百官公卿表上》，太仓令是大司农（掌谷货）的属官。据《后汉书·百官三》，太仓令俸禄六百石，主受郡国传漕谷。淳于公，又称太仓公，名意，临淄人，精通医术。太史公司马

迁在《史记》将其与名医扁鹊合作一传，即《扁鹊仓公列传第四十五》。

② 少女：排行最小的女儿。

③ 诏系：诏，下诏令。系，捆绑，此处指将犯人押解至西汉的都城长安。

④ 会逮：接受逮捕的时候。

⑤ 坐法：犯法。

⑥ 刑者不可复属：属，续。意谓遭受了肉刑的人身体不可复原。

⑦ 画衣冠、异章服：画衣冠，即在罪犯的衣冠上涂画。异章服，即让罪犯穿上不同颜色的衣服。传说唐（帝尧）虞（帝舜）之时的刑罚不伤害罪犯的身体（即所谓的肉刑），而是施以"象刑"，即此处画衣冠、异章服一类的象征性刑罚。

⑧ 肉刑五：《汉书·刑法志》亦载有缇萦救父而上令废除肉刑之事，文中的说法是"肉刑三"，颜师古引孟康注曰"黥、劓二，刖左右趾合一，凡三也。"黥（qíng），在面上刺字涂墨。劓（yì），割掉鼻子。刖（yuè），砍脚。

⑨ 凿颠者髡：颠，头顶。髡，剃光头。

⑩ 抽胁者笞：抽胁，抽掉肋骨。笞，用刑具击打。

⑪ 刖足者钳：钳的本意为用铁具来加以束缚，此处应为戴上脚镣，限制行动。

| 实践要点 |

缇萦真切的情感、恳切的言辞，不仅挽救了父亲的性命，还感动了孝文帝，使之下令废除肉刑、惠及天下百姓，如此千古佳话，暗合了儒家"老吾老以及人之老"的精神。

传统社会多有重男轻女的偏见，而这种偏见在现代社会也屡见不鲜。这种偏见认为，相较于女孩，男孩在长大成人之后能为家庭做出更多的贡献，如淳于公所说"生女不生男，缓急非有益"。难道生男孩真的会比生女孩更有益处吗？至少在现代社会，答案是否定的。吕坤于此道出了关键所在："生男未必有益，顾用情何如耳。"儿女能否为父母承担起奉养照料的责任、对家庭做出贡献，最关键的地方在于父母有没有从小就培养儿女心中关爱父母、尊敬长辈的情感。只要有孝亲的情感，无论男女都可以为父母、家庭尽到应尽的责任。这提醒现代父母，教育儿女时要注重亲子情感的培养，在闲余的时间多陪伴自己的儿女。而为人儿女者，也要时常检点自身，有没有被私欲所蒙蔽，忘却了对父母的爱。

曹娥求父

◎曹娥者，上虞①曹盱[音吁]之女也。盱能抚剑长歌，婆娑乐神②，以汉建安二年五月五日，迎伍君[子胥]逆涛[音桃]而上，为水所没，不得其尸。娥年十四，沿江号哭③，十七昼夜不绝声④，遂自投江以死。经五日，抱父尸出。县长度尚，改葬娥于江南道傍，为立碑焉。

吕氏曰：曹娥求父，十有七日，而孝念不衰。投江五日，而负尸以出，至诚所格，江神效灵。千古谈及，尚使人挥泪。江名曹娥，万古流芳矣。

吕语今译

曹娥寻找父亲找了十七天，而心中的孝念毫无衰减。她跳入江中五日之后，抱着父亲的尸体浮出江面，这是她的至诚之心感格天地，因而江河之神为之显灵。她的事迹虽历经千古，后人谈及时仍会感动得为之挥洒热泪。（为了纪念她）人们把那条江名作曹娥，她的事迹也因之流芳万世。

简注

① 上虞：地名，今属浙江省。
② 婆娑（pó suō）乐神：婆娑，跳舞。婆娑乐神，即在祭祀迎神时跳特定的舞蹈来悦乐神灵。
③ 号哭：放声哭泣。
④ 不绝声：哭声不绝。

实践要点

曹娥求父的故事体现了淋漓尽致的孝亲之情。对于现代读者而言，这再次强调了作为儿女要为父母尽到自己的责任，在平素起居之时要多多关怀照料父母；当父母遇到疾病、危难的紧急情况，要竭尽所能为父母排忧解难。

卢氏代母

◎卢氏，永嘉①人。一日与母同行，遇虎。将噬[音世，吞也]母，女以身当之。虎得女，母乃免。后有人见其跨虎而行。里人建祠②于永宁乡③，宋理宗朝，封曰"孝佑"。

吕氏曰：世岂有不畏虎之人哉？况一胆怯女子，独当母前，惟恐虎不我噬焉，此何心哉？一情所笃，万念俱忘。虎何尝噬卢氏？天固假之以章孝应耳。

| 吕语今译 |

世上哪里会有不畏惧老虎的人呢？何况一名胆怯的女子，独自挡在母亲面前，只怕老虎不把自己吃掉（而去吃自己的母亲），她心里想的是什么呢？（在那一瞬间）她的孝亲之情笃定如此，其他的念头都忘掉了。老虎何尝吃掉了卢氏呢？不过是上天假借此事来彰显孝心的效应罢了。

| 简注 |

① 永嘉：地名，今属浙江省。

② 建祠：建立祭祀的场所（神祠）供奉卢氏。供奉卢氏的孝佑宫现为浙江省永嘉县重点文物保护单位。

③ 永宁乡：隶属于永嘉县的乡镇。

杨香搤虎

◎杨香，南乡县杨丰女也。随父田间，丰为虎所噬，香年十四，手无寸刃，乃搤［音额，手握也］虎颈，丰因获免。太守闻之，赐谷，旌其门闾①。

吕氏曰：惟义能勇。胆莫怯于女子，力莫弱于闺门之少年。猛憨②多力，莫强于噬人之虎。香也乃能搤其颈，而救父以生，向非孝念迫切奋不顾身，以勇以力，岂能自敌哉？幸而两全，亦有天佑。若香之心，则俱死亦无恨矣。

| 吕语今译 |

只有正义感才能激发心中的勇气。若论胆量，没有人会比女子更加怯弱，若论力气，也没有人会比闺中少女更加柔弱。若论凶猛呆笨，没有其他动物会比吃人的老虎更加强大。杨香能掐住老虎的颈部，从虎口之中拯救了父亲的生命，假

| 卷二 善行 |

如不是救亲之心迫切，让她奋不顾身地紧掐虎颈，只凭她平时的勇气和力量的话，岂能自己一人和老虎为敌呢？幸运的是，她和父亲两人都保全了性命，这也是得到了上天的保佑。若论杨香当时的心态，即使敌不过老虎、和父亲一同葬身虎口的话，心中也不会有遗憾。

| 简注 |

① 旌（jīng）其门闾（lǘ）：旌，旌表，古时对于有忠孝节义的人，朝廷会赐与匾额挂于其家门之上，或树立牌坊，以示表彰。

② 猛憨（hān）：凶猛呆笨。

| 实践要点 |

卢氏代母、杨香搤虎两条所记载的故事大致相同，都是柔弱的女子为解救至亲而敢于与猛虎搏斗。在危难面前，舍己救亲，这是孝亲之情的极致体现。对于现代读者而言，这两条的启发在于，为人子女者要时刻反省，自己有没有把父母双亲放在心中最重要的位置。一般而言，我们都知道要孝顺父母，然而很多时候孝顺父母这件事情在心目当中并没有处于一个优先的地位。有的人可能先把自己的生活、工作、学习安顿好了，然后才去思考孝顺父母的事情。如此一来，可能到了最后也没有精力和时间去真正孝顺父母。这看上去是心有余而力不足，但实际是没有重视孝亲的重要性。古人在性命攸关的时候尚且知道要把父母放在第一

位，那么我们在日常生活之中为何不懂得把孝亲作为最重要的事情而放在日程安排里面呢？这尤其值得我们深思反省。

赵娥刺仇

◎赵氏女，字娥。父为同县人所杀，而娥兄弟俱故①，娥阴怀感愤②，隐刃以候仇家③，十余年不能得。后遇于都亭④，刺杀之，因诣县⑤自首曰："父仇已报，请就刑戮。"福禄长⑥尹喜义之，解印绶，欲与俱亡。娥不肯去，曰："偿[音常]身死，妾之明分；结罪治狱，君之常礼。何敢苟生以枉公法？"后遇赦，得免，适庞氏，生涓。

吕氏曰：十年耻共戴天⑦，娥也不亦孝乎！都亭能杀父仇，娥也不亦勇乎！既杀愿甘就刑，娥也不亦公乎！此丈夫行而女身，今之人而古心者也，吾敬服之。

| 吕语今译 |

十多年来耻于与仇人共处在同一天空下，赵娥是多么的孝顺啊！在都亭能杀死杀害父亲的仇人，赵娥是多么的勇敢啊！杀人之后心甘情愿地接受刑罚，赵娥

是多么的公正啊！这是大丈夫的行为体现在女子的身上，是近世之人而拥有古人的心志，我敬重佩服她。

简注

① 兄弟俱故：兄弟皆亡故。

② 阴怀感愤：心中暗怀感慨悲愤。

③ 隐刃以候仇家：隐藏兵器以等待仇人出现。

④ 都亭：供行人休息住宿的房舍。

⑤ 诣（yì）县：前往县里的官府。

⑥ 福禄长：福禄，地名，今属甘肃省。福禄长即福禄县的长官。

⑦ 戴天：《礼记·曲礼上》："父之仇，弗与共戴天。"《礼记正义》疏云："父是子之天，彼杀己父，是杀己之天，故必报杀之，不可与共处于天下也。天在上，故曰戴。"

谢娥杀盗

◎谢小娥，幼有志操，许聘段居真。父与居真同为商贩，盗申兰、申春杀之。小娥诡服为男子①，托佣申家。因群盗饮酒，兰、春与群盗皆醉卧，娥闭户斩兰首，大呼捕贼。乡人擒春，得赃巨万，娥乃祝发为尼②。

> 吕氏曰：小娥之节孝无论，至其智勇，有伟丈夫所不及者。娥许聘未嫁，一柔脆女子耳，谁为之谋？又何敢与他人谋？乃托身于危身之地，竟遂其难遂之心，何智深而勇沉耶！吾谓之女子房③。卒之祝发，抑赤松④与游之类乎？

| 吕语今译 |

谢小娥在守节尽孝方面已经做到了极致，让人无可挑剔，至于她的智力和勇气，有大丈夫也比不上的地方。小娥虽已许聘段氏而仍未出嫁，不过是一个柔弱易折的女子罢了，谁会帮她出报仇的计谋呢？她又怎么敢和别人共谋杀仇之计呢？她把自己置于危险的贼巢，最后也实现了看上去难以实现的心愿，她的智力是那么的深远、勇气是那么的沉厚啊！我说她就是女子当中的张子房。最终，她削发为尼，或许她是那种能和赤松子一同云游的人物吧？

| 简注 |

① 诡服为男子：乔装打扮成男子。
② 祝发为尼：断发为尼姑。

③ 子房：张良，字子房，汉代开国功臣，被封为留侯，以谋略著称。晚年学辟谷之术，道引轻身。

④ 赤松：赤松子，传说中的神仙人物。据《史记·留侯世家》，张良曾经说过："愿弃人间事，欲从赤松子游耳。"吕坤把谢小娥称为女张良，因此说她或许也是和赤松子同游之人。

王女击贼

◎王氏，王广之女也。美姿容，性慷慨，有丈夫之节。广事刘聪，为西扬州刺史①。蛮杨芳陷扬州②，广被杀。女时年十五，芳纳之。女于是夜暗室中，击芳不中，芳曰："何故反？"女曰："蛮畜，我诛父贼。吾闻之，父仇不同天，母仇不同地。汝害人父母，复以无礼凌人，吾所以不即死者，欲诛汝耳，所恨不得枭汝首③于通衢④，以塞大耻！"乃自杀。

吕氏曰：王广女、谢小娥，其心一也。术工不工，遇幸不幸耳。设广女倾心以事芳，待其寝熟，即于卧内杀之，亦甚易易。惜也积忿所激，不甘一夕之欢；暗室所加，不中当死之处。荆卿⑤所以抱千古之悲也。

吕语今译

王广的女儿和谢小娥,她们杀敌报仇的心愿都是一致的。就是在报仇的过程中有做法精不精当、运气好不好的区别。假设王广的女儿倾尽心机以事奉仇人杨芳,等他熟睡之时,就在卧席之中把他杀掉,这样的话就很容易能得手。只可惜她被心中积聚的忿怒所激荡,不甘心白白让仇人享受一夜云雨之欢;在黑暗的房间之中进行击杀,又没有击中要害之处。王广的女儿落空了致命一击,这也是当年荆轲刺秦失败,含恨千古的原因啊。

简注

① 刺史:地方官职名。《汉书·百官公卿表上》:"武帝元封五年初置部刺史,掌奉诏条察州,秩六百石,员十三人。"

② 蛮杨芳陷扬州:王广之女的事迹见于《晋书·列传第六十六·列女》,其中载云"蛮帅梅芳攻陷扬州"。吕坤摘录本条时或将"梅芳"误录为"杨芳"。蛮,蛮夷之人,古称南方的部族为南蛮。

③ 枭汝首:把人头砍下来悬挂在木架之上为枭首。汝,你。

④ 通衢(qú):衢,即能通往四个不同方向的道路。通衢,意谓四通八达、行人众多的大路。

⑤ 荆卿:荆轲,战国末年卫国人,古代著名刺客,为燕国太子丹刺杀秦始皇嬴政,最终行刺未遂被杀。

| 实践要点 |

　　赵娥刺仇、谢娥杀盗、王女击贼三条都是关于女子杀贼报仇的故事。古人认为"父仇不共戴天",这三位女子报仇雪恨的事情都是合乎道义的。然而,以私刑复仇,这和法治精神相违背,我国至少从西汉开始就有禁止私自复仇的法令。无论如何,这三条提醒了现代读者,孝顺父母,不仅是侍奉父母、为之排忧解难,还必须要为父母伸张正义、讨得公道。尤其在现代社会,不少诈骗分子往往喜欢向中老年人下手行骗。若自己父母的钱财性命以及正当权益被不法分子侵犯了,为人儿女者要运用法律的武器为父母"报仇",举报检控犯罪分子,维护父母的合法权益。

叔祎祷疾

◎羊氏,名叔祎[音挥],南兰陵人,萧矫妻,性至孝。居父丧①,哭辄②吐血。母尝有疾,叔祎日祈祷。忽见一人自称枯桑君,曰:"若人无患,令泄气在亥③,西南求白石镇之。"言讫不见。明日如言而疾愈。

吕氏曰:心真则事诚,事诚则神应。叔祎之感枯桑君,所以祷之者诚也。人孰无父母哉?读羊氏传,可以愧矣。

吕语今译

心意真切则做事诚恳,做事诚恳的话神明会前来和应。叔祎的心意感动了枯桑君,让他前来相助,这是她祈祷时心念真诚的缘故。哪个人没有自己的父母亲呢?读了羊氏的事迹之后,(若反思发现自己孝顺之心不够真切的话)可以感到惭愧了。

简注

① 居父丧:在为亡父守丧的时候。
② 辄(zhé):总是。
③ 令泄气在亥:泄气,排放污秽之气。亥,或指亥时(21时—23时),或指方向,西北偏北。

妙真祝寿

◎葛妙真,元宣城民家女。九岁,闻日者言,母年五十当死。妙真即悲忧祝天,誓不嫁,终身斋素以延母年①。母后年八十一卒。事上②,赐旌异③。

> 吕氏曰：葛妙真笃母子之情，废夫妇之道④，可谓卓绝之行，纯一之心矣。人定胜天，孰谓命禀于有生之初哉！

吕语今译

葛妙真对母亲的孝心挚深至厚，竟然自愿废除夫妇之道，可谓超越古人、卓绝后世的行为，唯有精纯的孝心，方有精纯的孝行，人定胜天，谁说人的寿命长短自一出生便被老天注定了？

简注

① 以延母年：以延长母亲的寿命。
② 事上：事迹上报朝廷。
③ 旌异：旌表，见上文"杨香搤虎"条"旌其门闾"注。
④ 废夫妇之道：意指妙真誓不嫁人。

三者蓋女人之常道禮法之典教矣謙讓恭敬先人後己有善莫名〖不自名己之善也〗有惡莫辭〖忍含垢常若畏懼〗是謂卑弱下人也晚寢早作〖作起也〗勿憚夙夜執務私事不辭劇易〖劇猶難也劇食也〗所作必成手跡整理是謂執勤也正色端操以事夫主清靜自守無好戲笑潔齊酒食以供祖宗〖傳曰潔齊豐盛也〗是謂繼祭祀也三者苟備而患名稱之不聞黜辱之在身未之見也三者苟失之何名稱之可聞黜辱之可遠哉夫婦第二夫婦之道參配陰陽通達神明信天地之弘義人倫之大節也是以禮貴男女之際詩著關雎之義〖禮記曰昏禮者將合二姓之好上以事宗廟而下以繼後世也〗

乾隆四年校刊

清武英殿本《后汉书》中所收录的《女诫》

明代刊本《新镌图像注解曹大家七诫》书影

閨範序

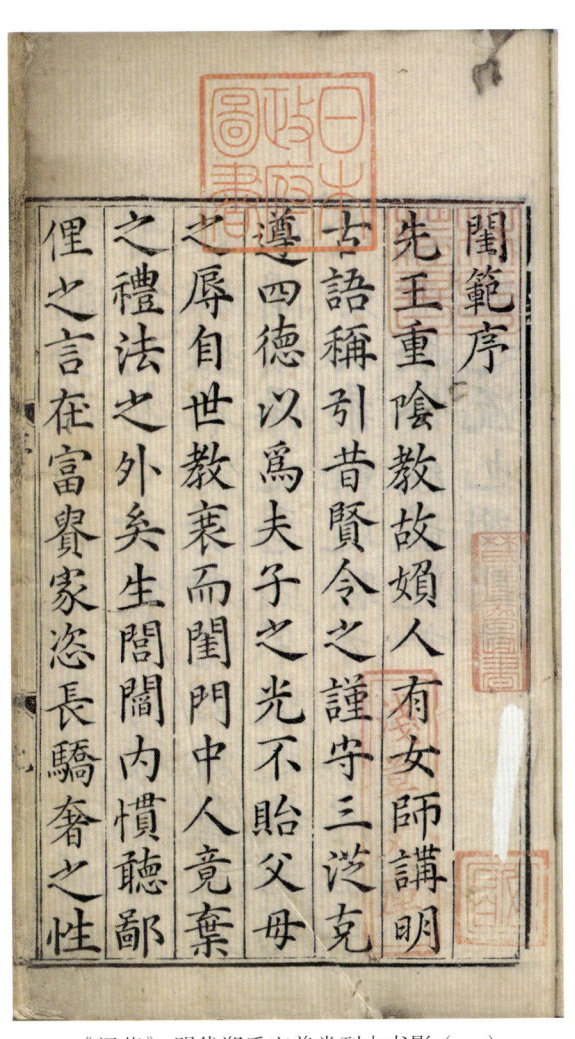

先王重陰教故嬪人有女師講明古語稱引昔賢令之謹守三從克遵四德以為夫子之光不貽父母之辱自世教衰而閨門中人竟棄之禮法之外矣生閭閻內慣聽鄙俚之言在富貴家恣長驕奢之性

《閨范》明代鄭氏寶善堂刊本書影（一）

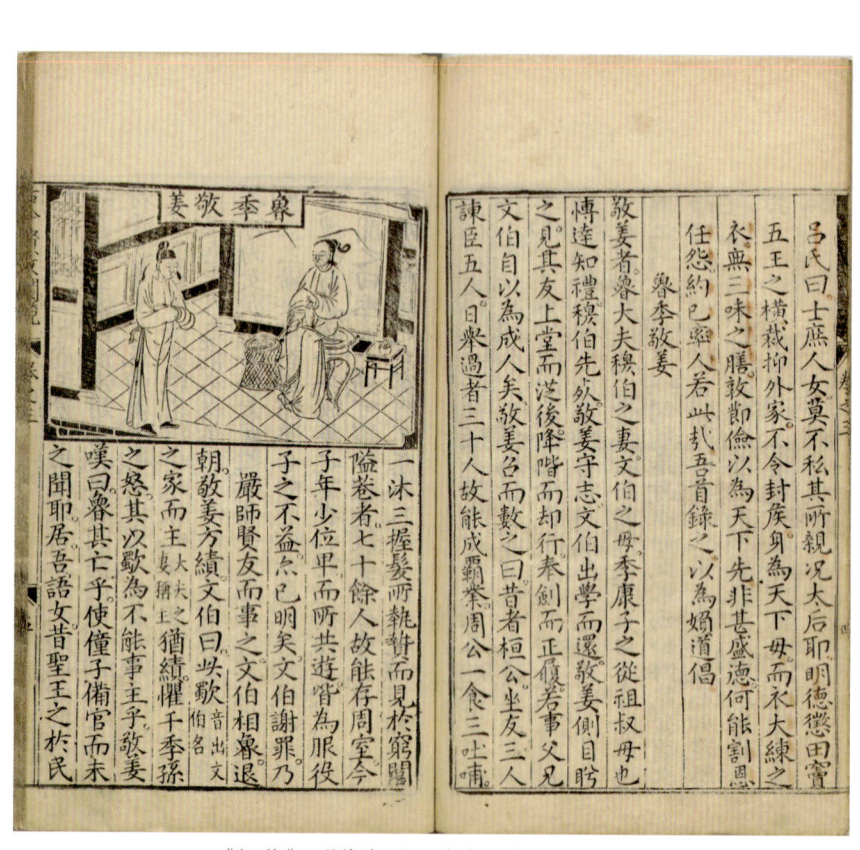

呂氏曰士庶人女莫不私其所親況太后明德懲田竇
五王之橫裁抑外家不令封侯身為天下母而衣大練之
衣無三味之膳敦卽儉以為天下先非甚盛德何能割恩
任怨約已卹人若此我吾首錄之以為媯道倡

魯李敬姜

敬姜者魯大夫穆伯之妻文伯之母季康子之從祖叔母也
博達知禮穆伯先外敬姜守志文伯出學而還敬姜側目盼
之見其友上堂而從後降階而卻正覆若事父兄
文伯自以為成人矣敬姜呼而數之曰昔者桓公坐友三人
諫臣五人日舉過者三十人故能成霸荼周公一食三吐哺

一沐三握髮所藝贄而見於窮閭
隘巷者七十餘人故能存周室今
子之年少位早而所共遊宵為服役
之不益點已明矣文伯謝罪乃
嚴師賢友而事之文伯相魯
朝敬姜方績文伯曰以歜之
家而主猶績懼干季孫
之怒其以歜為不能事主乎敬姜
嘆曰魯其亡乎使僮子備官而未
之聞卽居吾語女昔聖王之於民

《閨範》明代鄭氏寶善堂刊本書影（二）

激勸嗟夫孝賢貞烈根於天性彼流芳百
世之人未必讀書而誦習流芳百世者乃
不取法其萬一焉可愧矣予因序前賢
以警後學云

大明萬曆庚寅十月戊子寧陵呂坤書

書刻閨範緣起

夫泛海者瞻斗極則東西不迷處奧者睹白日
則幽暗立破垂世書固人之斗極也烈夫
理根情性事切閨關眞能端七原偒千秋鏡
者何丁不亟爲流通哉子壱　閫則之多愁世
風之　信閫中不可無範顏安得沁目一書
俾之朝夕省覽以佐胎教之不逮耶會太阿金
道尊以閨範睨示其間嘉言善行圖贊其陳先

《閨範》明代泊如齋刊本書影（一）

木蘭代戍

木蘭唐商丘人父病不能從軍為有司所苦木蘭代父戍邊十二年人不知其女也清白之操可比氷玉歸戍邊詩一篇云促織何唧唧木蘭當戶織不聞機杼聲惟聞女嘆息問女何所思問女何所憶女亦無所思女亦無所憶昨夜見軍帖可汗大點兵軍書十二卷卷卷有即名阿卯無大木蘭無長兄顧為市鞍馬從

《閨范》明代泊如齋刊本書影（二）

吕坤墓（来源：河南省文物局官网）

吕坤墓（来源：河南省文物局官网）

| 实践要点 |

　　叔祎祷疾、妙真祝寿两条大意相同，都讲女子为了母亲的健康而诚心请求神明保佑，终于如愿以偿。抛开当中封建迷信的成分不谈，这两位女子希望母亲安然无恙的诚心着实让人感动。对于现代读者而言，当双亲生病时，首先要有叔祎、妙真的孝诚之心，然后要竭尽所能带父母到正规的医疗机构求医问药，细致关怀照料，切忌病急乱投医或者迷信民间偏方。另外，平时自己也要多积累健康养生方面的知识，带动父母养成健康的生活习惯，提前预防疾病，为父母的健康多花心思。

杨女辨冤

◎罗江张氏者，家富，夫亡。妻杨氏，与一女寡居。一日亲党①婚会，母携女行，其典库雍乙②者从行，先归，死于库。提刑③张文饶，疑杨有私，命石泉军劾治④。拷掠备至⑤，终不服。女曰："母以清洁受诬，死将上讼于天。"大号哭而死于厅事⑥。于是石泉连三日地大震，天雨雪⑦。勘官⑧李志宁夕坐，恍有猿坠于面前，自念杀人者非袁氏乎？有门卒忽言，张氏佣夫曰袁大。执而讯之，即伏曰："适盗库金，遇乙，恐发觉，遂杀之。"杨乃得免。人以为孝感，郡守扁⑨其居曰孝感坊。

> 吕氏曰：张女朝夕母氏，洁耶污耶，固所真知。一旦加以所无之恶，苦以难堪之刑，女也一哭而死，盖悲愤所激哉！猿何从来？女之英灵托事以悟勘官也。张文饶欲以谫⑩识成狱，可为听讼者之永鉴矣！

吕语今译

张氏女日夜陪伴着母亲，母亲的节操是贞洁的还是污秽的，固然只有她才知道得千真万确。一旦母亲被加上了子虚乌有的罪名，遭受了难以忍受的刑讯之苦，作为女儿的也痛哭而亡，大概是被心中的悲伤愤怒所气死的吧！猿猴是从哪里来的呢？兴许是张氏女的亡灵假托猿猴来让勘审案子的官员醒悟的吧。张文饶想依据浅薄的见识来判定讼狱，（由此产生的冤情）可以让听断讼狱的人作为借鉴啊！

简注

① 亲党：亲戚。
② 典库雍乙：典库，管理库房的人。雍乙，人名，即被袁大杀死的受害者。
③ 提刑：宋代设置的官职，主管司法、刑狱和监察方面的事务。

④ 劾治：审问。

⑤ 拷掠备至：拷掠，即拷打，严刑逼供。备至，即用尽各种刑讯。

⑥ 厅事：审讯问案的公堂。

⑦ 雨（yù）雪：雨为动词，落下。雨雪，即下雪。

⑧ 勘官：勘察案情的官员。

⑨ 扁：同"匾"，加挂匾额。

⑩ 谫（jiǎn）：浅薄。

| 实践要点 |

本条意在讲述至孝能感动天地鬼神，而吕坤的"英灵托事"的解说则为本条蒙上了浓厚的神秘主义色彩，现代读者应当审慎分辨。面对母亲遭人诬陷，张氏女不惜牺牲自己的生命，以求"上讼于天"，为母亲讨回公道，这种精神实在让人敬佩。其背后折射出的是当时司法的不公，草民难以从正当途径求得公道，因而只能寄希望于天地鬼神。在现代法治社会，法制日益完善，我们应当注重提升自身的法律意识和素养，当父母和家人遭受不公时，能以正当的方式维护他们的正当权益。

袁氏同焚

◎袁氏女，元溧水[1]人，年十五。其母严氏，孀居[2]，极贫，病瘫痪，卧于床。女事母极孝。至正中，兵火延其里，邻妇强女出避[3]，女泣曰："我何忍舍母去乎？"遂入室抱母，力不能出，共焚而死。

吕氏曰：袁氏以孱[音川]弱女子，抱病废之母以出，岂不量力？意甘同死，不忍使母之独死耳。道固当尔，则杀身乃所以成仁。若宋伯姬[4]者，无乃过乎？

| 吕语今译 |

袁氏以孱弱的女子之身，想把生病瘫痪的母亲抱出来，岂不是不自量力吗？她的心意是甘愿和母亲一起送死，不忍心让母亲独自死去罢了。道义本该如此的话，那便放弃自己的生命以成就仁德。（同样是葬身火海的）宋伯姬，她投火的理由就有点过当了。

| 简注 |

① 溧（lì）水：地名，今属江苏省。

② 孀居：守寡而居。
③ 强女出避：强，劝。劝说袁氏女逃出家外躲避火灾。
④ 宋伯姬：见下文"妇人之道"的"宋恭伯姬"条。

| 实践要点 |

本条提醒了现代读者，不能以自己能力不足为由而拒绝做本该做的孝亲之事。袁氏女虽然身体孱弱，却还奋不顾身地拯救母亲，这是儒家"知其不可为而为之"的精神。现代人也应如此，无论自己能力如何，都要想方设法地事奉双亲。尽心尽力过后，即使结果不能令人满意，也算是做到了问心无愧。

康女乳弟

◎康孝女，本朝①济源②人。父友贤③，年老无子，择王珏［音角］入婿④。女劝母纳妾，生子而乏乳，女亦生女，遂舍之，乳其弟。曰："吾父老矣，女可得，而弟不可再得也。"母尝遘疾⑤甚，女尝粪甘苦。夫早没，誓不再适。时人称之。

吕氏曰：康女事亲之孝，爱弟之友，从夫之贞，是谓三不可及。

吕语今译

康女事奉双亲的孝心,关爱弟弟的友悌之情,追随丈夫的忠贞不渝,在这三件事情上,一般人都难以做得到像她一样极致。

简注

① 本朝:即明朝。
② 济源:地名,今属河南省。
③ 友贤:人名。
④ 择王珏入婿:王珏,人名。入婿,即夫婿入赘女家。
⑤ 遘(gòu)疾:遘,遇到。遘疾,即遭遇了疾病。

实践要点

正如吕坤所说,康女事亲之孝、爱弟之友、从夫之贞,一般人很难做得到。尤其对于现代读者而言,诸如劝导母亲同意父亲纳妾、舍弃自己的女儿而去哺育自己的弟弟、为母亲尝粪等事情实在难以效仿。事虽难学,其心可鉴。康女愿意为父母付出一切的纯孝之心值得现代读者借鉴,在日常生活之中要做到多从父母的角度思考处理问题,关注父母的所思所想。

本条是吕坤摘录的孝女事迹的最后一条。从"齐伤槐女"到"康女乳弟",

这十四个条目当中体现的大多都是在特殊情形之下的孝行。平居无事时孝顺双亲不是难事,然而在双亲遇到危难、疾病等特殊情况时,这些女子仍然能贯彻孝行,这才是最难能可贵之处。现代读者当引以为戒。

奉天二窦

◎奉天①窦氏二女,长者年十九,幼者年十六,少有志操,皆美姿容。永泰②中,群盗数千人,剽掠③其村,二女匿④岩穴间,盗曳⑤出之,驱迫以前,临壑谷,深数百尺。其姊曰:"吾宁就死,义不受辱。"即投崖而死。盗方惊骇,其妹继之,折足破面流血,群盗舍之而去。京兆尹第五琦⑥,嘉其贞烈,奏之。诏旌表门闾,永免其家丁役⑦。

吕氏曰:奉天二窦,烨烨⑧[音叶]载籍间,古今称烈女矣。及考史志诸书,如琼州二韩,眉山二师,胶州二王,长沙二尹,嘉兴二钱,皆遇盗不辱,节义成双。而女非同姓,又纷纷不可胜书。嗟夫!乱离妇女,委身于兵刃,寄命于蓬蒿,逃无所往,生难自存,亦可悲矣。尧舜在上,宁有是哉?夫人君淫纵豪奢,多欲喜事,则赋敛日急。赋敛急,则海内日贫。凶民壮士,负气不平,衣食无赖，而有司法令烦苛，胥肆诛求⑨，以激其不逞⑩之怒。由是劫掠货财，屠戮男女，江河流赤子之血，原野积征夫之骨，兵连祸结，而社稷遂亡。人君亦何利哉？始知保四海之民者，乃所以奠万世之安，而君崇节俭，官诛贪饕⑪[音叨]，乃已乱之源⑫也。

吕语今译

奉天窦氏两姐妹的事迹光辉彪炳，被记载在史册之中，古往今来的人都把他们称作是烈女。当翻看记录历史的书籍，像琼州二韩、眉山二师、胶州二王、长沙二尹、嘉兴二钱等都遭遇强盗却毫不屈辱，姐妹两人成就节义之名。而姓氏不同的女子遇盗不屈的事情，又多得数不胜数。嗟夫！身处乱离之世的妇女，寄身于兵荒马乱之中，在颠沛流离中苟且偷生，最后无处可逃，难以保存自己的生命，实在让人感到悲哀。若是像尧舜一样的圣王在朝廷之上的话，会发生这些事情吗？当君主淫乱放纵、贪求豪奢，欲求众多又好大喜功的话，就会每天都急着征敛赋税。赋税烦杂的话，社会就日益贫困。凶恶的贫民和豪壮之士，本来就怨气填膺而不得平息，他们的衣食也无所依赖，加上官府的法令烦多苛刻，官吏又全都肆意索求利益，这样便激荡起他们心中不满朝廷的怒火。于是抢劫、掠夺钱货财物，屠杀男女，使得江河流淌着新生婴儿的血液，平原荒野堆积着出征男子的骨头，兵灾连绵、战祸日结，而天下社稷随之而覆亡。这样的话，君主又能获得什么利益呢？可见，保护好天下间的民众，是用以奠定万世安定繁荣的基础，而君主崇尚节约俭朴、诛杀掉贪腐的官吏，这是停止祸乱的根本做法。

| 简注 |

① 奉天：地名，今属辽宁省。

② 永泰：永泰（公元765年—766年）为唐代宗使用的年号。

③ 剽掠：抢劫掠夺。

④ 匿：藏匿。

⑤ 曳：牵引。

⑥ 京兆尹第五琦：京兆尹，官职名，京都地区的行政长官。第五琦，字禹珪，唐代政治家。

⑦ 丁役：成年男子被强制服劳役。

⑧ 烨烨（yè）：光辉璀璨。

⑨ 胥（xū）肆诛求：胥，全部。肆，肆意。诛求，索求。

⑩ 不逞：不满。

⑪ 官诛贪饕（tāo）：贪饕，贪婪。官诛贪饕，诛杀贪腐的官吏。

⑫ 已乱之源：已，止。已乱之源，即息止祸乱的根本做法。

詹氏全亲

◎詹氏女，绍兴初①，年十七。淮寇②号"一窠蜂"，破芜湖③，女叹曰："父子俱无生理，我计决矣。"顷之，贼至，执其父兄将杀之。女泣拜曰："妾虽窭［音吕，贫也］陋，愿相从，赎父兄命。不然，且同死无益也。"贼释父兄缚，女麾④之曰："亟走⑤，无相念。我得侍将军，足矣。"从贼行数里，过市东桥，跃入水中而死。贼相顾骇叹⑥而去。

吕氏曰：宋儒有云："死天下事易，成天下事难。"⑦故圣人贵德，尤贵有才之德。詹女委曲数言，忍死数里，而父兄俱脱于兵刃之下。向使骂贼不屈，阖门⑧被害，岂不烈哉？而一无所济，智者惜之。若詹烈女，可为处变法矣。

吕语今译

北宋大儒邵雍曾经说过："为了天下之间的事情而死很容易，要成就天下之间的事情却很难。"所以圣人看重人的德性，尤其看重有才华的有德者。詹氏女委曲心意说了几句话，忍着就义的念头走了数里路，而使得父兄都能在兵刃之下逃脱。假使她不屈服地辱骂贼寇，致使全家人都被杀害，岂不是很壮烈吗？然而这样做的话，一无所得，有智慧的人会替她可惜。像詹氏烈女的做法，可被视为处事变通之法，值得后人取法。

| 简注 |

① 绍兴：绍兴（公元1131年—1162年）为宋高宗使用的年号。

② 淮寇：淮，地名，即今安徽省内。寇，流寇。

③ 破芜湖：攻破芜湖城。

④ 麾（huī）：本为军队的将旗。此处指詹氏劝使父兄赶紧逃跑。

⑤ 亟（jí）走：亟，疾。走，奔走。亟走，即快跑。

⑥ 骇叹：惊讶感叹。

⑦ 宋儒指北宋大儒邵雍，"死天下事易，成天下事难"出自其著作《观物内篇》。

⑧ 阖（hé）门：全家。

倪女被刺

◎倪氏，后魏①泾州②人，许嫁彭老生。家贫，常自谷汲③以养父母。老生往犯④之，不从。老生曰："汝终不为吾妇耶？"女曰："女道正终，妇道正始，礼未及成，何得相辱？"老

> 生苦相逼，女变色⑤坚拒，老生怒而刺之。女曰："我所以执节自固，正为君守身，不敢苟从耳。君乃见杀耶？"言讫而绝。老生遂论死⑥。诏旌其墓曰"贞女"。
>
> 吕氏曰：倪女贤乎哉！固吾夫也，而合卺[音谨]⑦未行，宁死不为苟合之事，况非其夫者乎？彼窥穴踰墙者⑧，其夫耶，非耶？

吕语今译

倪氏女是多么的贤良啊！（彭老生）固然是自己的未婚夫，但没有正式举行过婚礼仪式的话，宁愿去死也不愿意和彭老生做苟且偷合之事，（对待未婚夫尚且如此）何况不是自己未婚夫的其他男子呢？对于那些与男子私自苟合的女子而言，男子是不是她的丈夫呢？

简注

① 后魏：南北朝时鲜卑族拓跋珪在北方自立为王，国号魏（公元386年—557年），亦称北魏、拓跋魏、元魏。

② 泾州：地名，今属甘肃省。

③ 谷汲：到山谷之中取水。

④ 犯：侵犯，作出非礼之事。

⑤ 变色：改变脸色。此处指倪女以严肃的神色拒绝彭老生的非礼行为。

⑥ 论死：被判处死刑。

⑦ 合卺：合卺之礼，指代婚礼仪式。

⑧ 窥穴踰墙者：窥穴，从洞穴中与异性相见。踰墙，翻过围墙去和异性幽会。窥穴踰墙者意谓私自苟合的人。《孟子·滕文公下》："不待父母之命，媒妁之言，钻穴隙相窥，踰墙相从，则父母国人皆贱之。"

| 实践要点 |

奉天二窦、詹氏全亲、倪女被刺三条均是贞烈之女的事迹。她们的刚烈体现在面对好色无礼之徒的侵犯，宁愿结束自己的生命也不让歹徒的奸计得逞。她们坚持心志、无惧死亡的精神值得后人敬佩。对于现代读者而言，这种敢于与歹徒抗争的精神无疑是值得借鉴的，但若是在现实生活当中真的遭遇了歹徒的侵犯，更应沉着冷静地应对，以智谋化解危难，而不是轻易地以死明志。

除了遇事时敢于有智慧地与歹徒抗争，更重要的还是在于事前的预防措施。对于女子而言，最关键的是要提高自己的安全意识。出行的时候要提高警惕，尽量避免独自一人前往人烟稀少、灯光昏暗的地方；独居的女性要尽量避免让陌生人进入家中；平时的衣着打扮以大方得体为宜，避免衣着暴露；外出约会、吃饭时不要吃喝离开过自己视线的食物和饮品；随身可以携带防狼喷雾、报警器等防身用具等。

木兰代戍

◎木兰，唐商丘①人。父病不能从军，为有司所苦，木兰代父戍［音树］边，十二年，人不知其女也。清白之操，可比冰玉。归赋戍边诗一篇云："促织何唧唧②，木兰当户织。不闻机杼［音主］声，惟闻女叹息。问女何所思？问女何所忆？女亦无所思，女亦无所忆。昨夜见军帖，可汗大点兵。军书十二卷，卷卷有耶③名。阿耶无大儿，木兰无长兄。愿为市④鞍马，从此替耶征。东市买骏马，西市买鞍鞯［音笺］⑤。南市买辔头⑥，北市买马鞭。旦辞耶娘去，暮宿黄河边。不闻耶娘声唤女，但闻黄河流水声溅溅［音笺］。旦辞黄河去，暮宿黑山头。不闻耶娘唤女声，但闻胡骑声啾啾。万里赴戎机，关山度若飞。朔气传金柝［音托］⑦，寒光照铁衣。将军百战死，壮士十年归。归来见天子，天子坐明堂。策勋十二转，赏赐百千强。可汗［称天子］问所欲，木兰不用尚书郎。愿驰千里足，送儿还故乡。耶娘闻女来，出郭扶相将。阿妹闻姨来，当户理红妆。小弟闻姐来，磨刀霍霍向猪羊。开我东阁门，坐我西间床。脱我战时袍，着我旧时裳。当窗理云鬓，挂［音卦］镜帖花黄，出门看火伴，火伴皆惊忙。同行十二年，不知木兰是女郎。雄兔脚扑捉［或作"扑朔"］，雌兔眼迷离。双兔傍地走，安能辨我是雄雌？"

吕氏曰：世之君子，坚白之真，不足以当磨涅⑧；瓜李之地，不敢顾其履冠⑨。夫惟不可试，故不敢以自试；不自信，故不足以信人。若木兰者，人何尝有失身之议哉？三军之众，十二年之身，人且不知其为女也，又何从而议之？士君子处世，独知之心，可质⑩天日；同人之迹，可和尘光⑪。木兰其我师哉！

| 吕语今译 |

世上有些所谓的正人君子，其所谓坚贞洁白的真心，有时候不足以抵挡世俗的考验；处于瓜田李下之处，不敢顾看自己的鞋履冠帽（怕引起嫌疑）。正是因为他们害怕经不起考验，所以不敢去考验自己；他们自己都不相信自己，因此也不足以取信于别人。像木兰那样正直的话，别人又何尝会去议论她在军伍之中是否失去女子的贞节呢？军队之中人数众多，木兰伪装了十二年的男子身，别人尚且不知道她是女子，那又有什么理由去议论她是否失身呢？士君子立身处世，自己的心思虽然只有自己能清楚明了、别人无法探知，（却没有半点虚伪）可以取信于上天和太阳；自己的行为和同于众人，锋芒不露。木兰真的可以成为我的老师啊！

简注

① 商丘：地名，今属河南省。

② 促织何唧唧：促织，即蟋蟀。唧唧为蟋蟀的鸣叫声。

③ 耶：同"爷"，父亲。

④ 市：购买。

⑤ 鞍鞯：鞍，即马鞍。鞯为放置在马鞍下的垫子。

⑥ 辔（pèi）头：笼络在马头用以控制马匹的缰绳、口勒等器具。

⑦ 朔气传金柝：朔气，北方的寒气。金柝，用以报更、警戒的铜器。

⑧ 磨涅：涅，即黑色的染料。磨涅意谓考验、磨难。《论语·阳货》有云："不曰坚乎，磨而不磷；不曰白乎，涅而不缁。"意谓经历考验、磨炼也不改变坚贞、洁白的心。

⑨ "瓜李之地"句：在瓜田不俯下身子整理鞋履，怕被人误会要偷地上的瓜；在李子树下不伸手整理头上戴的冠，怕被人误会要伸手摘李子。意谓不做容易让人怀疑的事情。古乐府诗《君子行》有云："君子防未然，不处嫌疑间。瓜田不纳履，李下不正冠。嫂叔不亲授，长幼不比肩。劳谦得其柄，和光甚独难。周公下白屋，吐哺不及餐。一沐三握发，后世称圣贤。"

⑩ 质：信。

⑪ 同人之迹，可和尘光：同人，和同于人，《易经》同人卦一阴爻处五阳爻之中，与木兰孤身混杂行伍之中相类。可和尘光，化用《道德经》"和其光，同其尘"，意谓不露锋芒、与俗相从。

韩氏从军

◎韩氏,保宁①人,年十七。元末遭明玉珍②兵乱,虑为所掠,乃伪为男子服,混处民间。既而被虏,居兵伍七年,人莫知其为女子也。后从玉珍兵掠云南还,遇叔父赎归成都,以适尹氏,犹然女身③。称为韩贞女云。

吕氏曰:慷慨以全节,勇者事也;明智以全身,智者事也。死者,无可奈何之见[音现]着④耳。苟取义不必舍生,圣人岂贵死哉?若韩氏者,权而不失正者也。

| 吕语今译 |

慷慨激昂以保全贞节,这是勇敢的女子所做的事情;运用聪明才智去保全自己的处子之身,这是有智慧的女子所做的事情。死亡,这是无可奈何的情况下为了保全贞节的最后着数。若是在求取正义的同时不必舍弃生命的话,圣人又怎么会看重死亡呢?像韩氏的例子,就是权宜而不失正道的做法。

| 简注 |

① 保宁:地名,今属四川省。

② 明玉珍：元末农民起义军将领，曾臣服红巾军首领徐寿辉。同为义军将领的陈友谅杀徐寿辉自立称帝，明玉珍亦自立为陇蜀王。其后，明玉珍在重庆僭称帝位，国号为夏，年号为天统。明玉珍死后，其子升继位，后于明洪武四年降明。

③ 女身：处女之身。

④ 见着（zhāo）：见，同"现"，当下现有的。着，策略。见着，即在无可奈何的情况下所能执行的策略。

高邮死蚊

◎江南有一女子，父系狱，无兄弟供朝夕①，女与嫂往省②之。过高邮［音由］③，其郡蚊盛，夜若轰［音烘］雷，非帐中不能避。有男子招入帐者，嫂从之。女曰："男女别嫌，阿家④为谁而可入耶？"独露宿草莽中。行数日，竟为蚊嘬⑤而死，筋有露者。土人立祠祀之，世传为露筋庙。

吕氏曰：高邮不志其事而有祠。吾里人有谒其祠者，又载之刘叔刚《启蒙故事》云。嗟夫！姑嫂同行，旦夕不相离，即投民舍，少避须臾，谁得而议之？贞女守礼爱名，重于生死固如此。古侍从无人，虽母子父女不同室。近世远别之道不明,翁妇相避,夫兄弟妻相避,而叔嫂妻妹,嫚骂昵谑;兄弟姊妹,同食私语;男仆与主人少妇,理衣上食,觌面交谈,不但授受之亲而已。即心可自信,而迹易生疑。无别而不苟合者有矣,未有苟合而不始于无别者也。故先王远男女于天壤⑥,明嫌微于毫发。岂惟口语是忧,而实死亡祸败之为惧也。

| 吕语今译 |

高邮的地方志没有记录这件事情,然而祭祀该女子的祠堂确是存在的。我的同乡有去拜谒过那个祠堂,而女子的事迹又记载在刘叔刚的《启蒙故事》之中。嗟夫!姑嫂一起出行,早晚不相分离,就算去别人家里借宿,稍为避开一下(那些蚊子),谁又能说些什么呢?贞正的女子恪守礼节、重视名声,固然把礼节、名声看得比生死更为重要。古时候的人若身边没有侍从在的话,即使是母亲和儿子、父亲和女儿也不能同处一室之中。近来在社会上男女远别之道晦暗不明,只知道公公和媳妇、哥哥和弟妇之间要相互回避,而叔叔和嫂子、姐夫和妻子的妹妹之间,却互相谩骂亲昵;兄弟姊妹之间,同坐共食、私下聊天;男仆和主人少妇之间,则男仆为妇人整理衣服、送上食物,见到面了还一起聊天,这不仅是传递物品之时的密切接触了。(像上面的这些交往行为)即使男女的内心都自信(不会做出败坏伦常的事情),然而在行迹上容易产生嫌疑。男女之间密切交往而能

做到不苟且偷合的人是有的，可是没有哪对苟且偷合的男女不是从交往密切而开始发生关系的。因此，先王设立男女有别的礼节让男女之间远隔得像天和地一样，明辨男女之间的嫌隙比毛发还要细小。这哪里仅是口头上的担忧呢？而实在是畏惧男女无别所招来的死亡祸败。

| 简注 |

① 供朝夕：早晚供给饭食。

② 省：探望。

③ 高邮：地名，今属江苏省。

④ 阿家（gū）：阿家，即丈夫的母亲。此处指婆家。

⑤ 嘬（zuō）：叮咬。

⑥ 天壤：天地。

| 实践要点 |

木兰代成、韩氏从军两条大意相同，都是讲女子混迹行伍之中却不失处子之身，而高邮死蚊则讲述了女子为了守节而被蚊子咬死。前两条是关于守节的正面例子，而后一条则是较为负面的例子，与上文的烈女事例也有本质的不同。烈女们面对歹徒的威胁不得不死，而高邮女子本可与嫂子同投民宿以避蚊嘬，最终却囿于名节而死，因而是不得其正死。关于女子要不要为了守节而死的问题，吕坤

指出"死者,无可奈何之见着耳。苟取义不必舍生,圣人岂贵死哉"。换言之,以死来保持贞节并不值得提倡鼓励,而是无可奈何之举。

对于现代读者而言,更值得思考的问题不在于女子要不要为了贞节而死,而是女子要不要坚守自己的贞节。毋庸讳言,在当今社会,婚前性行为、婚后出轨等现象不再罕见,女子拥有自主选择的权利。但无论如何抉择,切勿为了满足儿女私情而罔顾家庭道义,要充分考虑后果,三思而后行。此外,既然木兰、韩氏在军队当中也可以保持贞节,那么在日常生活中女子要保持贞节的话也不是什么难事,关键在于心中是否能坚持自己的信念而已。

季女却钱

◎曹修古①,知②兴化军③,卒于官,贫不能归葬。宾佐④赠钱五十万,妻欲受之,季女泣,白其母曰:"我先人在,未尝受宾佐馈遗,奈何以赙[音父]钱⑤累其身后?"母从之,尽却不受。

吕氏曰:父之廉,见信于女。女爱父以德,宁不能归葬,而不受宾佐之赠焉。此岂世俗之见所能及哉?礼,丧有赙,孔孟亦所不辞,吾未见女子之狷介⑥如是者,故录之以示训焉。

吕语今译

父亲的廉洁，被女儿信奉。女儿以合乎德义的方式来表达对父亲的敬爱，宁愿不把父亲遗体带回家乡安葬，也不愿意接受父亲的幕宾佐吏的馈赠。这怎么会是世俗的见识所能企及的呢？根据礼法，丧事是允许接受赙金的，想必孔子、孟子也不会推辞，我没见过有女子这么狷介的，因此摘录下来以示训诫。

简注

① 曹修古：曹修古，字述之，宋真宗大中祥符元年（公元 1008 年）进士，以清廉著称。

② 知：知掌，管理。

③ 兴化军："军"为宋代的特殊地方行政区划。兴化军的辖境即今天的福建省莆田市。

④ 宾佐：幕宾佐吏。

⑤ 赙（fù）钱：别人赠予的用于办理丧事的钱财。

⑥ 狷介：狷，安守本分，有所不为。介，坚毅不拔。此处意谓曹女以廉处事，坚守己见。

实践要点

本条强调了女子以廉为德的重要性。廉，即正直不贪，时刻收敛检点自身，不强求不当得的东西，包括名、利、财物等。《韩诗外传·卷一》有云："廉者不求非其有，是以害远而名彰也。"廉，不仅是高尚的道德操行，更是让自身远离祸害的全身之道。尤其在现代社会，人们在工作和生活之中都面临着各种诱惑和陷阱，且不说在工作上贪污腐败所带来的恶果，就算是在生活当中贪取一些不触犯道德底线的小利也可能会给人带来烦恼和祸害。如贪图小便宜，看到商家"促销""打折"就买来了一堆根本用不着的商品，不仅浪费钱财，又白白占用了家里的储存空间。又如贪图投机厚利，容易听信不法分子"低投入、高回报"的甜言蜜语，从而陷入投资诈骗陷阱，最终落得个钱财散尽、欲哭无泪的悲凉境地。

那么，如何才能做到"廉"？古人时常将"廉"与"耻"并称，大概要做到"廉"，首先要做到"知耻"。孟子有云"人不可以无耻"。彰明自己的羞恶之心，树立正确的荣辱观，正其义而不计其利，知其耻而有所不为，这是戒贪行廉的基础。其次要做到"慎独"。在众目睽睽之下容易做到"廉"，但在人所不知、己所独知之处保持廉正之心，则需要时刻反省自己的念头，贪念一起便要加以克治。最后，要注意行为习惯的养成。古人云"勿以恶小而为之"，从小处做起，不贪图蝇头小利，逐渐形成廉洁不贪的生活作风。

齐宿瘤女

◎齐闵王出游，至东郭[1]，百姓尽观，宿瘤［音流］女采桑不顾[2]。王怪之，召而问焉。对曰："妾受父母教采桑，不受教观大王。"王曰："此奇女也，惜哉宿瘤［项有大疣］。"女曰：

"婢妾之职，慎德勤事，苟称任使，宿瘤何伤？"王悦，曰："此贤女也。"命载之③。女曰："使妾不受父母之教，而随大王，是奔女也，大王又安用之？"王大惭，归，命使者以金百镒[音一]往聘之。父母惊惶，欲洗衣加衣，女曰："昔以恶衣见王，今变容更服，是修文④也。"乃如故入宫。闵王以见诸夫人，曰："昨日出游，得一圣女，今至，斥汝属⑤矣。"诸夫人皆怪之，盛服以待。及至，宿瘤也，宫中皆掩口而笑。王曰："无笑，不饰耳。夫饰与不饰，固相去十百也。"女曰："昔者尧、舜、桀、纣，俱天子也。尧舜自饰以仁义，虽为天子，安于节俭，茅茨不剪⑥，采橼[音船]不斫[音卓]⑦，后宫衣不重采，食不重味，至于数千岁，天下归善焉。桀、纣自饰以暴虐，习为苛文，造为高台深池，后宫蹈绮[音岂]縠[音谷]⑧，弄珠玉，意非有餍时⑨也。身死国亡，为天下笑。至今千余岁，天下归恶焉。由是观之，饰与不饰，相去千万，尚不足言，何独十百也？"于是诸夫人皆大惭。闵王立以为后。出令，卑宫室，填[音田]池泽，损膳，减乐，后宫不得重采，期月之间，化行邻国，诸侯朝之。侵三晋⑩，惧秦、楚，一立帝号，宿瘤女有力焉。女死而王怠政，其后燕遂屠齐，闵王逃死。

吕氏曰：女子岂专在色哉？一宿瘤也，识高见远，后宫美女皆面愧心服，齐国因之大治。彼尤物⑪者，徒倾人城国耳，何以为哉！何以为哉！

吕语今译

对于一个女子,怎能只看重她的外貌呢?一个脖子上长有大疣疮的女子,见识高远,让齐王后宫的美女们都面露惭愧、心悦诚服,齐国也因为她(对齐王的道德感化)而变得繁荣昌盛。那些绝色的美人,只能倾覆人君的城池、国家罢了,娶她们有什么用处呢?

简注

① 东郭:郭,外城。此处指东边外城的城郊。

② 采桑不顾:顾,看。宿瘤女专心采桑,对齐闵王的游行队伍不屑一顾。

③ 命载之:齐闵王下命把宿瘤女用车载回去皇宫。

④ 修文:修饰虚文。

⑤ 属:从属。

⑥ 茅茨(cí)不剪:茅茨,用茅草做的屋顶。茅茨不剪,即不裁剪修饰茅草做的屋顶。《韩非子·五蠹》有云:"尧之王天下也,茅茨不翦,采椽不斫,粝粢之食,藜藿之羹,冬日麑裘,夏日葛衣,虽监门之服养不亏于此矣。"

⑦ 采椽不斫:采,栎木或柞木。椽,架在桁上用以承接木条及屋顶的部件。斫,同"斫",刮削、雕刻。采椽不斫,即用栎木或柞木制作椽,不在上面做过多的装饰。

⑧ 蹋绮縠(hú):蹋,践。绮縠,绫绸绉纱等丝织品。蹋绮縠,即脚踩着用绮縠做的衣裙的下摆,意谓后宫穿着华丽贵重的服饰。《史记·孟尝君列传》

有云："今君后宫蹈绮縠而士不得短褐。"

⑨ 餍（yàn）：满足。

⑩ 三晋：韩、赵、魏三家分晋，因此称韩国、赵国、魏国为三晋。

⑪ 尤物：尤，异。尤物指绝色美人。《春秋左传·昭公二十八年》有云："夫有尤物，足以移人；苟非德义，则必有祸。"

实践要点

本条强调女子应该注重培养自身的德性和见识，而非只专注于美色装扮。现代读者容易形成一个刻板的意见，认为古人提倡"女子无才便是德"，似乎女子不需要什么才识见地，也无需读书学习。然而，正如吕坤在此所指出的，识高见远的女子对国家、社会有着深远积极的贡献。纵观《闺范》一书，当中不乏有德有智、有勇有谋的女子，她们的见识谋略丝毫不逊色于男子汉、大丈夫。这提示现代女子，要注重培养自身的品德和智慧。

在消费主义盛行的现代社会，商家往往打着追求"美"的旗号，倡导衣装打扮要合乎潮流时尚，吸引了不少的女性消费者花费大量时间在讲究衣着打扮之上。出门必化妆、闲时必购物、睡前必护肤，每天大量的时间都用在了修饰容颜之上。当然，修整好外在的仪容仪表是应该的，但无需过度用功在其上。在保持仪表大方整洁的基础之上，更应节省下用于装饰仪容的精力、时间和金钱，用以提升自身的品德素养和知识水平，如此才能真正地实现自我增值。若是现代女性能做到出门必行善、闲时必读书、睡前必自省，其修持出来的气质之美足以堪称绝代芳华。

楚成郑瞀

◎郑瞀［音茂］者，楚成王之媵［音孕］也。初，成王登台，临后宫，人皆倾视，子瞀直行不顾。王曰："行者顾，吾与汝千金。"不顾。又曰："顾，吾以女为夫人。"不顾。又曰："顾，吾封若父兄。"子瞀遂顾。于是王下台而问曰："夫人，重位也；千金，厚利也。一顾可得，而竟不顾，何也？"子瞀曰："妾闻妇人以端颜正体为容，大王在台上而妾顾，是犯礼也。告以夫人之尊，示以千金之重，而妾顾，是贪利也。犯礼而贪利，何以事王？"王曰："善。"遂立以为夫人。

处期年，王将立公子商臣为太子，问之令尹子上，子上曰："君之齿未也①，而又多宠，既置而黜之，必乱。且其人蜂目而豺声，忍人也②，不可立也。"王退而问子瞀，子瞀曰："令尹之言是也。"王弗听。其后商臣谮子上而杀之，子瞀谓其保③曰："昔者子上言太子之不可立也，太子谮王杀之，王不明察，遂辜无罪。且王多宠子，皆欲得国，嫡庶分争，祸必兴焉。"王又欲立公子职，子瞀曰："不可。"王又弗听，子瞀谓其保曰："吾闻信不见疑。今王易太子，吾惧祸乱之作也，而言之王，王不应，其以太子非吾子，而疑吾谮之者乎？不如死以明之。"乃自杀。是时太子知王之欲废之也，果作乱，围王宫。王请食熊蹯［音烦］而死④，不许，遂自经⑤。

> 吕氏曰：好视喜听，女子常态也。律以静正之容，则非矣。郑瞀不顾楚王，可以观闲定之养；不动以富贵，可以观淡泊之心；顾于父兄之封，可以观孝友之道。一顾不顾也，而天下闻其贤，后世仰其德。然则女子一言一动，可不慎乎？及因谏不行而自杀，则过矣。

| 吕语今译 |

喜好耳目视听，是女子的常态。用娴静端正的容态来约束自己，则不是每个女子都能做得到的。郑瞀对楚王不屑一顾，可以看出她安闲正定的修养；她的心意不为富贵所动摇，可以看出她的淡泊之心；为了父兄能得到封赏而去顾视楚王，可以看出她遵行孝敬双亲、友爱兄弟的孝悌之道。看不看楚王的这一件事情，让世上的人都听说了郑瞀的贤良，让后世的人都敬仰她的德行。这样说来，女子的言语行动，可以不谨慎吗？她后来因为劝谏不行而自杀，这种做法就有点过头了。

| 简注 |

① 君之齿未也：齿，年龄。意谓君上的年岁尚小，还未到置立太子的时候。
② 忍人也：忍，能忍行不义。忍人，即大恶不义之人。
③ 保：保母，保养贵族子女的妇女。

④ 王请食熊蹯而死：熊蹯，即熊掌。熊掌难以煮熟，需花长时间烹饪。楚成王被商臣的乱党包围王宫时，为了争取时间以待援兵，因而提出了吃完熊掌再自杀的请求。

⑤ 自经：自缢。

实践要点

本条对现代读者的启示体现在以下两方面：

一是女子应当矜持自身言行，不应因为外界的声色犬马而涣散精神、失礼丧节。西人有谓："好奇害死猫。"外界对感官的诱惑容易勾起人的好奇心，而过分炽热的好奇心则容易把理性烧为灰烬。现代社会有不少女性被诱骗、诱拐、诱奸的案例都是由于犯罪分子抓住了"好视喜听"的心理特点，用新奇的视听感观诱导受害者一步步走进陷阱。对此，现代女性一方面应提高警惕之心，另一方面可以遵行孔子关于"非礼勿视，非礼勿听，非礼勿言，非礼勿动"的教诲，以礼守身，以礼远祸。

二是女子应处理好"义"和"利"的关系。上文"季女却钱"条中强调了女子以廉为德的重要性。本条郑瞀"不动以富贵"，固然是"廉"的表现，是为轻"利"而重"义"。但其后为了父兄之"利"而顾视楚王，则又是孝亲敬长之心的真实流露，是"利"泽父兄而不失其孝悌"义"。孔子云："富而可求也，虽执鞭之士，吾亦为之。如不可求，从吾所好。""义"和"利"的可求与否，需谨慎权衡，不可一概而论。

齐钟离春

◎钟离春者，齐无盐邑①女，宣王之正后也。其人臼头②，深目，长指，大节③，卬［音昂］鼻，结喉，肥项，少发，折腰④，出胸⑤，皮肤若漆⑥，年四十，无所容，乃拂拭短褐，自诣宣王，谓谒者曰："妾，齐之不售女⑦也。闻君王之圣德，愿备后宫。谨顿首司马门外⑧，唯王幸许之。"谒者以闻，宣王方置酒于渐台⑨，召见之，谓曰："昔者先王为寡人娶妃匹，皆已备有列位矣。今女子不容于乡里，而以布衣干万乘，亦有奇能乎？"钟离春对曰："善隐。"王曰："隐固寡人所愿也。"言未卒，忽不见。宣王大惊，明日又召而问之，不以隐对，但张目吐舌，举手拊膝曰："殆哉！殆哉！"如此者四，宣王曰："愿遂闻命。"钟离春曰："今大王之君国也，西有衡秦之患，南有强楚之仇，内聚奸臣，众心不附。春秋四十，壮男不立。不务众子而务众妇，尊所好，忽所恃，一旦山林崩弛［音施，废也］，社稷不定，一殆也。渐［音尖］台五重，黄金白玉，琅玕［音郎干］⑩交疏，翡翠珠玑，幕［音暮］络连饰，万民罢［音皮］极，二殆也。贤者匿于山林，谄谀强于左右，邪伪立于本朝，谏者不得通入，三殆也。饮酒沉湎［音免］，以夜继昼，女乐俳［音排］优，纵横大笑，外不修诸侯之礼，内不秉国家之治，四殆也。故曰'殆哉！殆哉！'"宣王喟然叹曰："痛乎无盐君之言，乃今一闻。"于是毁渐台，罢女乐，退谄谀，去雕琢，选兵马，实府库，四辟［音批］公门⑪，招进直言，延及侧陋，卜择吉日，立太子，进慈母，拜无盐君为后。而齐国大安者，丑女之力也。

吕氏曰：无盐色为天下弃，而德为万乘尊，亦大奇哉！世之妇女，丑未必无盐，而为夫所弃者，当亦自反矣。以无盐之陋，出切直之语，而齐王犹尊宠之。狂惑之夫，不受妇人之谏者，当亦自愧矣。

| 吕语今译 |

无盐女钟离春的容貌被世人所嫌弃，但她的德行则被万乘之国的君主所尊崇，这是一件大奇事啊！世上的妇女，说是长得丑的话未必比无盐女要丑，却被丈夫休弃，这种情况应该要去反省一下自己。无盐女长得这么丑陋，还说出一些切中要害的直率话语，而齐王尚且尊重宠信她。那些狂傲迷惑的丈夫，不接受妇人的劝谏，自己应当感到愧疚了。

| 简注 |

① 无盐邑：地名，今属山东省。
② 臼（jiù）头：头顶内陷。
③ 大节：骨节硕大。
④ 折腰：腰部弯曲。
⑤ 出胸：胸骨向前突出。
⑥ 皮肤若漆：皮肤像漆一样黑。
⑦ 不售女：嫁不出去的女子。
⑧ 顿首司马门外：顿首，以头叩地而拜。司马门，即宫门，《新书·等齐》："天子宫门曰司马，阑入者为城旦；诸侯宫门曰司马，阑入者为城旦。"
⑨ 渐台：台名。古人筑土为高台，用以登高观望。
⑩ 琅玕：似玉的石头。
⑪ 四辟公门：辟，打开。公门，国君之门。四辟公门或指人君广开言路，招贤纳才。

齐孤逐女

◎即墨①有女，少孤②貌丑，过时不聘。齐相妇死，逐女造襄王之门而见谒者，曰："妾三逐于乡③，五逐于里，孤无父母，摈弃于野，无所容止④，愿当君王之盛颜，尽其愚辞⑤。"

左右复于王⑥，王辍食吐哺⑦而起。左右曰："是孤逐也，王何辱⑧焉？"王曰："吁！夫牛鸣而马不应，非不闻也，异类故也。此人必有与人异者。"遂见。与之语，女曰："大王知国之柱乎？"王曰："不知。"女曰："相国是也。夫柱不正，则栋不安；栋不安，则榱［音崔］橑［音老］⑨堕［音惰］；榱橑堕，则屋几覆矣。屋坚与不坚，在乎柱；国家安与不安，在乎相。今大王明哲，而国相不可不审。"王曰："吾相奚若？"女曰："比目之鱼也。外比内比，然后能成其事，就其功⑩。"王曰："吾相可易乎？"女曰："中才也，求之未可得也。如有过之者，易何不可？今则未有。妾闻明王之用人也，在知类，故楚用虞丘子而得孙叔敖⑪，燕用郭隗［音委］而得乐毅⑫。大王诚能厉⑬之，则此可用矣。"王曰："奈何？"女曰："昔者齐桓公尊九九而有道归⑭，越王敬螳螂而勇士至⑮，叶公好龙而龙下⑯，类⑰也。"顷⑱，王曰："善。"遂尊事国相，以孤逐妻之，齐国大治。

吕氏曰：有道哉！孤逐之言也。女子抱豪杰之识，田野怀庙堂之忧，"比目之鱼"四语，可为万世相鉴。"明王用人"数语，可为万世任相之鉴。

按无盐、孤逐，皆齐之奇女，惟是自荐于王，伤女道之正，余故列于诸女之后焉。

吕语今译

孤逐女讲的话很有道理啊!孤逐女虽是女子却抱有豪杰的见识,在田野之中却心怀朝廷的忧虑,"比目之鱼"四个字,可以被后世的国相所借鉴。"明王用人"几句话,可供后世君主任用国相时以作借鉴。

按:无盐、孤逐,都是齐国的奇女子,只是由于她们两人都自荐于君王,(这种过于主动的行事方式)有损女子娴静自处、以礼待求的正道,因此我将她们列在齐宿瘤女、楚成郑瞀的后面。

简注

① 即墨:地名,今属山东省。

② 少孤:在小时候就成为了孤儿。

③ 三逐于乡:被人三次驱逐出乡,意谓不见容于乡人。下文"五逐于里"大意相同。

④ 无所容止:没有安身之处。

⑤ 愿当君王之盛颜,尽其愚辞:意谓希望能当面见到君王陈述自己的想法。

⑥ 复于王:像齐王禀告,复述孤逐女的话。

⑦ 辍食吐哺(bǔ):停止进食,吐出口中的食物。意谓殷勤对待贤能之士。

⑧ 辱:降尊纡贵。

⑨ 榱橑:屋椽。

⑩"比目之鱼"句：古人认为比目鱼需要两两相并才能前行，如《尔雅·释地》有云："东方有比目鱼焉，不比不行，其名谓之鲽。"这里讲的"外比内比"，按刘向《列女传·齐孤逐女》原文，孤逐女解释为："明其左右，贤其妻子，是外比内比也。"大意是，相国就像比目鱼一样不能独自行动，在外需要得到贤明的同僚的辅助，在内需要得到贤良的妻子儿女的规劝，这样才能成就功业。

⑪楚用虞丘子而得孙叔敖：虞丘子、孙叔敖均为楚国令尹。据《说苑·至公》的记载，虞丘子担任令尹时向楚庄王举荐孙叔敖，并辞职让位，让孙叔敖代替自己执掌国政。

⑫燕用郭隗而得乐毅：据《史记·燕召公世家》记载，燕昭王卑身厚币以招贤纳士，为郭隗改筑宫室而师事之，其后乐毅、邹衍等名士都来投燕国。燕昭王时，乐毅为燕国立下赫赫战功，攻下了齐国七十多个城池。

⑬厉：劝勉。

⑭齐桓公尊九九而有道归：据《说苑·尊贤》记载，齐桓公礼待一个懂得九九乘法的人，其后四方的贤士也闻风而往。

⑮越王敬螳螂而勇士至：据《淮南子·人间训》记载，齐庄公出猎时，一只螳螂在车轮前面想与之相搏。御车的人说螳螂不自量力，而齐庄公却认为螳螂勇武，于是下令回车而避开螳螂。其后勇武之士都归附齐国。《韩诗外传》卷八也记载此事。此处说是"越王敬螳螂"，或是同一故事的不同版本。

⑯叶公好龙而龙下：据《新序·杂事五》记载，叶公子高好龙，在屋子里都画满了龙的图像，于是龙闻而下之。

⑰ 类：同类相从。按照上下文，孤逐女的意思是，相国虽然只是中等之才，但齐王若能礼待中等人才的话，便能展现求贤若渴的心意，在中才之上的贤能之士便会闻风而往。

⑱ 顷：顷刻之后。

实践要点

"齐钟离春""齐孤逐女"两条大意相类，都是讲样貌丑陋的女子以德才见重于齐国，分别成为了齐王夫人、齐相之妻，为齐国的安定繁荣作出了积极的贡献，这与褒姒、妲己等尤物以美色倾国倾城、覆亡社稷形成了鲜明的对比。前者以德才兴国，后者却以红颜祸国，当中的治乱之机不在于男子是否听用妇人之言，而在于妇人之言是忠言，抑或是谗言。

这两条再次提醒现代女性，应当追求自身品德和智慧的提升，而不要过分注重修饰自身的容颜。毕竟女性自立自强的关键，还是在于提升自身的素养和能力。如钟离春、孤逐女虽然样貌丑陋，却凭借自身的德才安定齐国，为后世所称赞，样貌与德才孰轻孰重，当下立判。可怜现代某些女性，为流俗的审美观念所绑架，不惜花费大量精力、金钱和时间，仅为了迎合浪荡之徒的色心和淫欲。更有甚者，不惜毁伤自己的身体发肤，忍寒露体、绝食挨饥、丰胸隆鼻、削骨磨皮，用自己的健康和生命换取别人的肤浅赞美，如此种种实在令人痛心惋惜。

鲁漆室女

◎漆室女者，鲁漆室邑①之女也。过时未适人，时鲁穆公老而子幼，女倚柱而啸［音笑，长出气也］。邻妇曰："何啸之悲也。子欲嫁耶？吾为子偶［寻夫］。"漆室女曰："嗟乎！始吾以子为有知，今无知也。吾岂为不嫁而悲哉？鲁君老，太子幼。"邻妇笑曰："鲁大夫之忧也，妇人何与焉？"漆室女曰："不然。昔晋客舍吾家，系马园中，马佚驰走，践吾葵②，使我终岁不食葵。邻人有奔女③，其家倩［借也］吾兄追之，逢霖水④出，溺流而死，令吾终身无兄。吾闻河润九里，渐洳［音孺］三百步⑤。今鲁君老悖⑥，太子少愚，鲁国有患，祸及众庶，妇人独安所避乎？"三年，鲁果乱。齐楚攻之，男子战斗，妇人转输⑦，不得休息。君子曰：远矣！漆室女之思也。《诗》云："知我者，谓我心忧。不知我者，谓我何求？"此之谓也。

吕氏曰：女子无忧，即忧，亦不过衣食之计耳。漆室之私忧，鲁大夫之所窃笑者也。吾录之，不谓漆室奇，所以愧谋国之臣，甘为处堂燕雀⑧，而不怀漆室之忧耳。安车饱食，焉用尔为！

吕语今译

一般说来,女子都没有什么忧心的事情,即使有,也不过是和衣食温饱相关的事情。漆室女私下所忧心的事情,鲁国大夫们知道的话可能会偷笑她杞人忧天。我记录这件事情,不是为了突出漆室女是个传奇的女子,而是为了让出谋划策的大臣们感到惭愧,他们甘心做堂前的燕雀,而不去思考漆室女所担忧的事情。(你们这些大臣们)都安坐车中而饱食终日(不为国事而忧心),哪里用得着你们呢!

简注

① 漆室邑:地名,今属山东省。

② 葵:古人食用的一种蔬菜。《诗经·豳风·七月》有云:"七月亨葵及菽。"

③ 奔女:私奔的女子。

④ 霖水:霖,连续下三天以上的大雨。霖水,即由于雨下不止而引发的洪水。

⑤ 河润九里,渐洳三百步:润,滋润。渐洳,泥泞的滩涂。河流能滋润九里以内的土地,河岸三百步之内都是泥泞的滩涂。意谓一件事情的发生会对周围的人事物产生影响。

⑥ 悖:乱。此处指鲁穆公因年老而变得糊涂。

⑦ 转输:运输作战所需的物品。

⑧ 处堂燕雀：《吕氏春秋·谕大》："燕雀争善处于一屋之下，子母相哺也，姁姁焉相乐也，自以为安矣。灶突决，则火上焚栋，燕雀颜色不变，是何也？乃不知祸之将及己也。为人臣能免于燕雀之智者寡矣。"意谓人臣养尊处优，思虑短浅，不知大祸即将临头。

| 实践要点 |

吕坤摘录本条，意在借用思虑深远的鲁漆室女嘲讽朝廷之中尸位素餐、不怀国忧的大臣。从"不谓漆室奇"一语可以看出，在吕坤看来女子也应当具备智慧计谋，而非仅会制作酒食、照料老少等家务活。这和上面"齐宿瘤女""楚成郑瞀""齐钟离春""齐孤逐女"四条所说的大意是一致的。

寄征人诗

◎唐开元①中，恤边士之苦，纩［音况，绵衣］衣多制于宫中。有边士于衣中得诗，献帅，帅以诗闻②。玄宗③遍示宫中，曰："作者无隐，不汝罪也。"一宫人叩头，自言万死。上深闵④之，遂以嫁得诗者，曰："吾为汝结今生缘。"三军闻之，莫不感泣。其诗曰："沙场征戍［音树］客，寒苦若为眠。战袍经手作，知落阿谁边？"情可悲已。

吕氏曰：宫禁传诗，礼法所禁。玄宗闵其志而嫁之，仁矣哉！前代英君常放宫女，多者三千，郁阴一畅，积怨尽消。如此而不酿天地之和、弭⑤水旱之灾、培社稷之福、广胤嗣⑥之祥者，未之有也。我朝选用宫人，不拘妇女。妇人入宫，年至五十，愿还乡者听。女子入宫十数年，愿回乡及适人者，听从其便，又不但出放而已。圣祖⑦体天地之心，顺阴阳之气，闵人物之情，委曲周至如此。唐玄宗怜一宫人，此盛德事。向使推情众女，择其年深者，大为出放，或十年一选放，如前代故事⑧焉，岂不尤盛德哉？惜乎其未之及也。

吕语今译

皇宫向外流传诗句，这是礼法所禁止的。玄宗怜悯作诗者的心志而让她嫁人，这是多么的仁慈啊！前代的英明君主经常放还宫女，多的时候甚至达到三千多人，（这样一来）宫女抑郁的心情便马上变得通畅，宫中累积的怨气也全部消除了。这样做却不能酝酿天地之间的和气、止息洪水干旱的灾祸、栽培天下社稷的福气、增广子孙后代的吉祥吗？没有这样的事情。我们明朝选用宫女，不限制女子是妇人还是闺女。若是已嫁的妇人入宫做事，等年满五十岁后，若想归还家乡的话，宫中允许放人。若是未婚女子入宫做事做了十几年，想回乡以及嫁人的，宫中允可她们的想法，又不仅仅是放她们出去而已。圣明的太祖体察天地的心意，和顺阴阳之气，怜悯百姓的情感，做到这么委婉周到。唐玄宗怜惜一个宫女，这是大德之事。假使他能推广怜悯之情以体恤一众宫女，挑出年龄大的宫女，大规模地出放，或每十年选择出放一次，像前代的君王那样做，岂不是更加有盛德吗？可惜他未能做到。

| 简注 |

① 开元：开元（公元713—741年）为唐玄宗使用的年号。

② 帅以诗闻：闻，闻达。将帅把得诗之事向唐玄宗报告。

③ 玄宗：李隆基，唐朝中兴之主，其治下出现了盛极一时的"开元盛世"，但其后发生的安史之乱使得唐朝由盛转衰。

④ 闵（mǐn）：同"悯"，怜悯。

⑤ 弭（mǐ）：止息。

⑥ 胤（yìn）嗣：子孙后代。

⑦ 圣祖：此处指明太祖朱元璋。

⑧ 前代故事：据《通典·职官》所载，唐太宗李世民执政时，曾于唐武德九年（公元626年）、贞观二年（公元628年）大规模遣还宫女，其中唐武德九年出放了三千余人，或即上文所谓"多者三千"。此外，唐玄宗本人于开元二年（公元714年）也曾下诏遣还妃嫔以下的宫女。

上刑官诗

◎铁铉，南阳邓州①人，为山东布政②时，靖南兵③攻济南，不下，铉百计坚守，几犯圣躬④。文皇入正大统⑤，杀铉，妻女发教坊司隶乐籍⑥。二女皆有文学⑦，入司数月，终不受辱。司刑官⑧有至教坊者，二女各献以诗，长女诗有"云鬟⑨半挽临妆镜，雨泪倾流湿绛衣⑩"、小女诗有"览镜自怜倾国色，向人羞学倚门妆"之句。官得诗上闻，帝曰："彼终不屈耶。"乃赦之，皆适为士人妻。君子谓圣王能体悉人情，贤女能保全名节。

吕氏曰：古罪人不孥⑪，当族⑫者，有诛而无辱。汉以后，有输织室⑬者，劳之也；有没为官婢者，贱之也；有流窜远方者，困之也。隶于倡优⑭自唐始。肃宗⑮以阿思布⑯之妻入掖庭⑰，使衣绿衣，杂俳舞⑱。政和公主⑲曰："不可。使思布为逆，妻不宜近至尊。倘刑与罪当，何可辱良家子，丧人名节？"乃出之。则知教坊之发，所从来远矣。夫男女之伦，圣王所重。女子自重其身，有甘万死而义不受辱者。文皇怜二女之节，悉放从良，大哉圣人之德，维持风教，可为万世帝王法矣。

吕语今译

古时候处罚犯罪之人时不会牵连到他的妻子儿女,若是罪当灭族的,只会诛杀族人而不会羞辱他们。汉代以后,有把犯罪者的妻子女儿送去织室参与纺织工作的,这是劳累她们;有没收为官员的婢女的,这是卑贱她们;有发配流放到偏远地区的,这是困苦她们。把她们入隶倡优,这种做法是从唐代开始的。唐肃宗把阿思布的妻子送去掖庭,让她穿绿色衣服,排练杂戏舞乐。政和公主说:"不可以这样做。若阿思布做了叛逆的事情,他的妻子不适宜作为倡优接近君上。倘若对阿思布个人的刑罚已经与罪名相一致,怎么可以羞辱良家女子,毁丧他妻子的名节呢?"唐肃宗于是把阿思布的妻子放走了。由此可知,把犯罪者的妻子女儿发配到教坊,这种做法的源头可以追溯到很久之前。男女之间的伦常,是圣明的君王所看重的。女子重视自身的名节,有的甘愿死一万次来坚守正义、不受污辱。文皇怜悯这两个女子的气节,让她们都脱离乐籍而嫁人,有伟大的圣人之德,可以起到维持风化、教育百姓的作用,可被后世的帝王所效法。

简注

① 南阳邓州:地名,今属河南省。

② 布政:布政使,明代官职名,一省的最高行政长官。

③ 靖南兵:公元 1399 年,明太祖第四子燕王朱棣以诛讨奸臣齐泰、黄子澄为名,在北京举兵南下争夺皇位,最终于公元 1402 年攻陷南京,继位为明成

祖。此次出兵被称为"靖难之役",朱棣率领的军队称为"靖难军",即此处所说的"靖南兵"。

④ 几犯圣躬：圣躬,圣上的身体。意谓铁铉在守城的战事中几乎侵害了朱棣的性命。

⑤ 文皇入正大统：文皇,即朱棣。入正大统,指朱棣攻陷南京取得了皇位。

⑥ 教坊司隶乐籍：古时宫中举办宴会,有专人表演歌舞音乐,管理这些演出以及演出人员的机构即为教坊。隶乐籍,指女子被发配到教坊司时要入籍登记。

⑦ 文学：文才。

⑧ 司刑官：主管司法刑罚的官员。

⑨ 云鬟（huán）：形状像云的发髻。

⑩ 绛（jiàng）衣：深红色的衣服。

⑪ 罪人不孥（nú）：孥,即妻子儿女。罪人不孥,指刑罚只限于犯罪者本身,不牵连其妻子儿女。语出《孟子·梁惠王下》："昔者文王之治岐也,耕者九一,仕者世禄,关市讥而不征,泽梁无禁,罪人不孥。"

⑫ 族：刑罚连及罪人的家属亲人。

⑬ 输织室：织室,汉代宫中掌管丝帛礼服等织造的机构。输织室,即把女子输送到织室。

⑭ 倡优：倡,表演音乐舞蹈的艺人。优,以杂技戏谑娱人的艺人。

⑮ 肃宗：唐肃宗李亨,唐玄宗李隆基第三子。

⑯ 阿思布：蕃将。

⑰ 掖庭：后宫中妃嫔居住的地方。

⑱ 杂俳（pái）舞：供人娱乐的杂戏舞乐。

⑲ 政和公主：当作"和政公主"，唐肃宗排行第三的女儿，其事见下文"姊妹之道"中的"和政公主"。

| 实践要点 |

"寄征人诗""上刑官诗"两条意在歌颂仁君主政能体悉人情，即使是地位卑下的宫中女子也能得幸圣恩，觅得好的夫婿。从另一角度看，正好说明了女子想觅得好的归宿是人之常情。作为"女子之道"的最后两条，这也暗合了女子之道的终结是觅得如意郎君、共偕连理，从而步入下文的"夫妇之道"。此外，两个条目当中的女子都敢于用诗句诉说衷肠，这提醒现代读者要用正确的方式去抒发心中的情感。尤其当女子心有郁结时，要适时找朋友诉说，或者用其他恰当的途径去表达自己心中的情感。不要独自闷闷不乐、郁郁寡欢，或是流连酒肆、买醉浇愁。

夫妇之道

鲁黔娄妻

◎鲁黔[音乾]娄①先生死,曾子与门人往吊之。上堂,见尸在牖下,枕墼[音急,土块],席槁[草荐]②,缊袍不表[粗恶衣,表破尽],覆以布被,手足不尽敛,覆头则足见,覆足则头见。曾子曰:"斜引其被,则敛矣。"其妻曰:"斜而有余,不如正而不足也。"曾子不能应,遂哭之,曰:"嗟乎!先生之终也,何以为谥③?"其妻曰:"以康为谥。"曾子曰:"先生在时,食不充口,衣不盖形;死则手足不敛,旁无酒肉,何所乐而谥为康乎?"其妻曰:"昔先生在日,君欲授之政以为国相,辞而不为,是有余贵也;君尝赐之粟三十钟,辞而不受,是有余富也;彼先生者,甘天下之淡味,安天下之卑位,不戚戚于贫贱,不忻忻于富贵④,求仁而得仁,求义而得义,其谥为康,不亦宜乎?"曾子曰:"惟斯人也,而有斯妇!"君子谓黔娄妻乐贫行道,《诗》曰:"彼美淑姬,可以晤言。"此之谓也。

吕氏曰:黔娄之妻,圣人之识趣也,千古而下,令人起敬。彼妇人衣锦绣,耀金珠,傅朱粉,以财色骄人,而抵死口中无一道义语。甚者怨夫家之贫而求去,如朱买臣妻⑤者,可为三叹。

吕语今译

黔娄的妻子,有着圣人的见识和意趣,千年以来,让人心生敬意。那些妇女穿着锦绣做的衣服,炫耀身上戴着的金珠,脸上傅上胭脂水粉,以财富和容色来傲视他人,而嘴里终究说不出一句合乎道义的话语。更有甚者,埋怨夫家贫穷而请求离婚,像朱买臣的妻子那样,实在让人再三叹息。

简注

① 鲁黔娄:黔娄,春秋鲁国人。《汉书·艺文志》、皇甫谧《高士传》则谓之齐国人,其思想属道家流派。

② 席槁(gǎo):槁,吕坤释为草荐,即草垫子。席槁,即以草垫子为席铺在地上。

③ 谥:古人死后有谥号,用以彰显其生前的行为。

④ 不戚戚于贫贱,不忻(xīn)忻于富贵:戚戚,忧戚。忻忻,喜悦。不因贫贱而忧戚,不因富贵而喜悦。

⑤ 朱买臣妻:朱买臣,字翁子,西汉汉武帝时人,曾受诏将兵破东越,因功而位列九卿。据《汉书·朱买臣传》,朱买臣年过四十而家境贫寒,好读书而不治产业,其妻认为朱买臣终将饿死沟渠之中、不能荣华富贵,因而与朱买臣离婚。其后,朱买臣被任命为会稽太守,在路上看到前妻及其丈夫在修筑道路,便将他们接到太守舍的园中住下来,并供给饮食。一个月后,朱买臣前妻自缢而死。

| 实践要点 |

　　根据吕坤说法,本条大意是妻子应该做到安贫乐道,以品德道义为追求,不能因为家境贫困而生离异之心。对于现代读者而言,启发在于夫妻之间应该要有共同的人生观、价值观和世界观。从黔娄妻和曾子的对话可以看出,黔娄妻十分了解自己丈夫高洁的心志,夫妻之间已经形成了默契,在三观方面高度一致。这也是为什么黔娄妻可以做到安贫乐道,对丈夫不离不弃。与之形成鲜明对比的是吕坤所提到的朱买臣妻。朱买臣还是一介寒士时,他的妻子不能理解他的志向,以为他心无大志,因此提出了离婚。无可厚非,经济基础对家庭生活的影响至关重要,尤其在现代社会,很难要求每一个妻子都甘愿接受安贫乐道的生活。因此,在夫妻双方共结连理之前,一定要加深相互的了解,尤其要考虑大家的三观是否一致。若三观不合,无论感情多么深厚,终究无法填补两人之间的鸿沟。若是三观一致,双方有共同的价值追求,夫妻同心同德,那么无论家境是殷实或是清贫,两人都能克服困难、共同进退。

柳下谥惠

　　◎鲁大夫展禽,家居柳下,谥曰"惠"。惠有圣德,妻亦贤人,情甚得,心甚知也。惠官鲁,三黜而不去[1],忧民救乱。妻曰:"无乃渎乎?君子有二耻:国无道而贵,耻也;国有道而贱，耻也。今当乱世，被三黜而不去，亦近耻矣。"惠曰："油油之民②，日在水火，吾能已乎？污君③可仕，小官可为，吾何耻焉？"惠死，门人高其行也，将诔④之。妻曰："将诔夫子之德耶？则二三子不如妾之知也。"乃诔曰："夫子之不伐［自矜功德］兮！夫子之不竭［过尽人情］兮！夫子之信诚［忠信诚实］而与人无害兮！屈柔从俗，不强察［强用刚。察用明］兮。蒙耻［君不信任］救民，德弥大兮。虽遇三黜，终不芥［不以一毫芥蒂于心］兮。岂弟［和乐］君子，永能厉［不以三公易介⑤］兮。吁嗟惜哉！乃下世兮。呜呼哀哉！神魂泄兮。夫子之谥，宜为惠兮。"门人从之以为诔。

吕氏曰：士君子之行，孚朝著⑥易，孚闺门难。妇人于夫，知其内行易，知其外行难。惠也，平生心事、居官治迹、为人节概，其妻皆能一一道，可谓两贤矣。丈夫平生不为妇人所知，其人品可概见。相与终身，而不知夫子为何如人，其妇人亦可知矣。

| 吕语今译 |

士君子行事，易于取信朝廷之上的人，却难于取信闺门之中的妇人。妇人对

于自己的丈夫，易于知悉他在家中的行为，却难于知悉他在外面的行为。柳下惠平生的心事、做官的政绩、为人的气节，他的妻子都能逐一地说出来，可以说夫妻两人都很贤良了。丈夫平生的作为不被妻子所知悉，大概可以看出他的人品（不太好）。（若是妻子和丈夫）相处了一辈子，却不知道丈夫是个怎样的人的话，这样也可以知道这位妻子（不太贤能）。

| 简注 |

① 三黜（chù）而不去：黜，罢黜。柳下惠担任鲁国的典狱之官，三次被罢黜而不肯离开鲁国。

② 油油之民：油油，即"悠悠"，油油之民意谓天下间众多的百姓。

③ 污君：滥恶之君。

④ 诔（lěi）：追述死者生前事迹以表哀悼。

⑤ 不以三公易介：语出《孟子·尽心上》："孟子曰：'柳下惠不以三公易其介。'"《孟子注疏》注云"介，大也"，疏云"柳下惠不以三公之荣位而移易己之大志也"。

⑥ 孚（fú）朝著：孚，信。朝著，古代群臣朝见帝王时朝堂上的列班。孚朝著，意谓取信于朝廷之上的人。

| 实践要点 |

本条大意是强调夫妻之间应当心意相通，互相有深入的了解。吕坤指出：

"丈夫平生不为妇人所知，其人品可概见。"大意是说，如果妻子不真正了解丈夫的为人的话，大概这个丈夫的人品也不太好。反之亦然。夫妻二人朝夕相对、同枕共席，理应对对方都有深入的了解。若是不了解，说明对方有意隐瞒，如此一来，或是对方人品不好（不诚实），或是两人之间的感情出了问题，不再关怀对方。对现代读者而言，这条提醒了夫妻之间应敞开心扉，坦诚共对，互相关怀。夫妻相处，需要双方付出精力和时间去经营婚姻关系，而不是结了婚就一了百了、高枕无忧。夫妻关系往往会遇到很多问题和挑战，若是某天发现自己和对方之间有了陌生感，这也许是感情疏远的一个预兆。这个时候要加强和对方的沟通交流，找到问题的所在，从而打破隔阂，维护双方之间的关系。此外，也不能过分奢求对方能完全了解自己心中的所思所想。因此，心有不满时要及时和对方沟通，避免因误解和积怨破坏了两人之间的亲密关系。

楚于陵妻

◎楚王闻于陵①子终②贤，欲以为相，使使者持金百镒③，往迎之。子终曰："仆④有箕帚妻⑤，请与计之。"入谓其妻曰："楚王欲以我为相，遣使者持金来，今日为相，明日结驷连骑，食前方丈⑥，可乎？"妻曰："夫子织屦为食⑦，左琴右书，乐亦在其中矣。夫结驷连骑，所安不过容膝；食前方丈，所甘不过一肉。今以容膝之安，一肉之味，而怀楚国之忧，可乎？乱世多害，妾恐先生以身易身外之荣也。"于是子终辞使者，遂相与逃而为人灌园⑧。

> 吕氏曰：仕非不义也，不仕非达节也。乃若不戚戚于贫贱，不耽耽于富贵，求之妇人，盖亦难矣。余录黔娄、子终二妇，以为安贫乐道之训云。

吕语今译

出仕当官并非不义之事，不出仕当官也不是真正地合乎节义。至于说，不忧心贫贱，不沉迷富贵，要求妇人能做到这样的话，也是一件很难的事情。我记录黔娄、子终两人的妻子，是用来作为安于贫贱、乐于道义的训诫。

简注

① 于陵：地名，今属山东省。

② 子终：陈仲子，战国著名思想家，孟子以之为齐国士人之中的巨擘（众指中的大拇指）。

③ 镒（yì）：古代重量单位。

④ 仆：我，谦称。

⑤ 箕帚（zhǒu）妻：箕，簸箕。帚，扫帚。箕帚指代由妻子主理的家务活。古人谦称自己的妻子为箕帚妻。

⑥ 结驷连骑，食前方丈：结驷连骑，车马连接成队，意谓地位显赫。食前方丈，食物摆在面前方丈之地，意谓家境富裕。

⑦ 织屦（jù）为食：屦，麻草织造的鞋子。织屦为食，即通过编织鞋子来维持生计。

⑧ 灌园：浇灌园圃。

实践要点

吕坤指出，摘录本条和"鲁黔娄妻"都是意在倡导妻子要做到安贫乐道。同时，他也提到要做到安贫乐道不是一件容易的事情。事实上，对于现代社会的读者而言，安贫乐道是一个比较高的理想境界。大多数人都形役于柴米油盐之中，维持家庭、抚育子女、赡养父母等各种家庭责任使人难以安于贫，也见不着道在何处，更遑论乐道了。然而，若人生没有一个高远的志向追求，便难免沦为流俗，庸碌一生。本条对于现代读者的启示在于，对夫妻家庭生活的追求不能只停留在衣食无忧、财务自由等物质追求的境界，还必须关注对精神境界的追求。若夫妻两人奋斗拼搏之后，家境仍然一贫如洗，那么便努力尝试做到安贫乐道，不要因为柴米油盐的琐事而伤害双方的感情。若安贫乐道不易做到，至少可以争取做到知足常乐，夫妻相互鼓励扶持。此外，若家庭富裕，夫妻两人也要注意做到"富而好礼"，而不是仗恃殷实的家境恣意妄为、贪饱私欲。

郤缺如宾

◎晋冀邑^①人郤缺^②,夫妇相敬如宾客。一日缺耨[乃豆切,耘也],其妻馌[音叶,送饭],持餐奉夫甚谨,缺亦敛容受之。晋大夫臼季^③过而见之,载以归,言诸文公^④曰:"敬,德之聚也。能敬必有德,德能治民,君请用之。"文公以为下军大夫^⑤。

吕氏曰:夫妇非疏远之人,田野非几席之地,馌饷非献酬之时,郤缺夫妇,敬以相将,观者欣慕焉。则事事有容,在在不苟,可知矣。余尝谓闺门之内,离一"礼"字不得。而夫妻反目,则不以礼节之故也。郤缺夫妇,真可师哉!

吕语今译

丈夫和妻子并非关系疏远的人,田野之中并非摆放了几和席的地方,妻子送饭到田野并非宴会中宾主相互敬酒的时候,郤缺夫妇,相处以敬,旁观的人也感到欣赏仰慕。(从这件事情上)可以看出来他们夫妻俩做每一件事的时候都讲究礼容,在每一方面都不苟且行事。我曾经说过,在闺门之内,不能离开一个"礼"字。而夫妻之间反目成仇,则是因为平时相处时不讲求礼节。郤缺夫妇(相敬如宾),真的值得人们学习啊!

简注

① 冀邑:地名,今属山西省。

② 郤(xì)缺:郤缺,晋国大夫郤芮之子。郤芮曾拥立晋惠公为君,后又企图杀害晋文公,最终逃亡秦国,被秦穆公诱杀。郤缺因父罪不得入仕,故躬耕于野。因臼季的举荐,郤缺被晋文公任命为下军大夫。晋襄公时,郤缺因擒获白狄的首领,被任命为卿。晋成公时,郤缺又替代赵盾执掌晋国的政事。

③ 臼季:臼季,即胥臣,胥氏,名臣,字季,食邑于臼,故称"臼季"。曾与公子重耳(晋文公)出亡在外。重耳即位后,任命臼季为司空。

④ 文公:晋文公,晋献公之子,名重耳,在位期间成就晋国霸业,为春秋五霸之一。

⑤ 下军大夫:晋国官职名。晋国军制,分上、中、下三军,皆设大夫。下军大夫位在下军将、佐之下,候长之上,协助将、佐管理军务。

实践要点

本条郤缺夫妇的"相敬如宾"被传为千古佳话。这涉及夫妻在日常生活之中的相处之道。夫妻相处的最根本原则在于一个"敬"字。一般人可能会认为夫之间的感情好是最重要的，只要浓情蜜意、互相讨好、对对方无条件的让步就能维护好婚姻关系。事实上，新婚过后，夫妻之间干柴烈火的爱情会逐渐转变为细水长流的亲情，原本的浓情蜜意也会慢慢减退。因此，长久维持夫妻关系还必须要有对对方的由衷敬意。夫妻相敬如宾，意味着要尊重自己和对方的人格和意愿，给予对方一定的私人空间，两人真诚交流、坦诚相对，敢于用恰当的方式指出对方的缺点和错误，共同分担家庭责任，不过分亲昵，也不要开过分的玩笑，说话态度要不卑不亢，日常交往过程中的言行举止都要合乎正道。

梁孟夫妻

◎梁鸿妻孟光，肥丑而黑，德行甚修①。乡里多求者，光辄不肯行②。年三十，父母问所欲，对曰："欲节操如梁鸿者。"时鸿未娶，世家多愿妻之，亦不许。闻孟光语，遂求之。光盛饰入门，七日而礼不成［不同床席］。光跪而问曰："窃闻夫子高义，愿侍巾栉③。今来而见择，请问其故？"鸿曰："吾欲得荆布④之妻，与共遁世⑤。今乃衣绣冶容，非鸿所愿也。"孟光曰："妾固有隐具⑥。"乃更粗衣，椎髻⑦而前。鸿喜曰："是吾妻也。"字之曰"德耀"，共遁霸陵⑧山中。后复相从至会稽⑨，赁舂［顾与人舂］为事。虽杂佣保之中，孟光每进食，必举案［食盘］齐眉，不敢正视⑩。

吕氏曰：女子之爱憎，色居其先，而德为轻，此俗子庸夫，淫邪之陋识也。传称孟光貌陋而梁鸿贫，二人者，以德相求。鸿不丑光之色，光不厌鸿之家。至于绮罗脂粉，亦愠不使御，鸿之心，岂以色为重轻哉？有道之识自别。果色美而可欲也，则古今美妇人多矣，史册班班，孰非败国亡家之祸本哉！

| 吕语今译 |

对于女子的爱憎与否，往往先看她的容颜是否好看，而轻视她的德性好坏，这是世俗平庸男子的邪淫粗陋的见识。传说孟光相貌丑陋而梁鸿贫贱，夫妻两人互相追求的都是对方的德性。梁鸿不以孟光的容色为丑，孟光不厌恶梁鸿的家贫。至于说，当孟光刚入门时穿着绮罗衣裳、涂抹了脂粉，梁鸿却心生愠怒而不肯与之交合，梁鸿心意，岂是以妻子的外貌来作权衡呢？有道之人的见识自然与凡夫俗子有区别。若是说女子因为外貌美丽就值得去追求的话，那么古往今来好看的妇人多不胜数，史书上都有众多的记载，有哪一个不是败国亡家的祸乱根源呢！

简注

① 德行甚修：修，善。意谓德行十分美好。

② 不肯行：不愿意出嫁。

③ 愿侍巾栉（zhì）：巾栉，毛巾和梳子。巾栉为盥洗之具，指代家务事，意谓愿意作为妻子主掌内务、事奉丈夫。

④ 荆布：荆，荆条做的发钗。布，粗布做的衣服。荆布，即朴素的服饰。

⑤ 遁世：逃离俗世，隐居山林。

⑥ 妾固有隐具：隐具，隐居之服。《后汉书·逸民列传》载有梁鸿孟光之事，其中与此处相应的语辞为："以观夫子之志耳，妾自有隐居之服。"

⑦ 椎髻：形状如锥的发髻。

⑧ 霸陵：地名，今属陕西省。

⑨ 会稽：地名，今浙江、江苏省交界一带。

⑩ 举案齐眉，不敢正视：孟光在端送饭食时讲究礼仪，把放置饭具的食盘举到和眼眉一样高，不敢正视梁鸿，这体现了梁孟夫妻之间的敬慎之情。

实践要点

本条中的"梁孟夫妻"也是历史上有名的模范夫妻。和古代戏剧中才子佳人的设定不太一样，孟光丑而梁鸿贫，两人以德相合，婚姻美满。这再次提醒现代读者，一段美好的婚姻不是单靠外貌、金钱所能维系的，最关键的地方在于夫妻两人是否同心同德、愿意共同进退。再好看的外貌，若是看多了便会失去新鲜感，没有吸引力。再富裕的家境，若是夫妻两人不求上进、不努力奋斗拼搏，总有一天会家道中落。因此，夫妻之间应做到以敬相处、以爱互助、以义相求。

王章夫妻

◎王章，字仲卿，汉时泰山人。初为诸生①，游学长安，独与妻居。家贫无被，病，卧牛衣［编乱麻为之］中。与妻涕泣，妻厉声曰："仲卿，京师尊贵，在朝廷人，谁踰仲卿者？今疾病困厄，不自激昂，乃作儿女子态，何鄙也？"成帝时，章为京兆尹，王凤以帝舅当权，浊乱朝政，杀人指顾间②。章虽为凤所举，独不附凤，欲上书弹③之。妻曰："人当知足，独不念牛衣中涕泣时耶？"章曰："非女子所知。"书上，果下廷尉，妻子皆收系④。章小女年可十二，夜起号呼曰："平生［常日］狱上呼囚，数常至九，今八而止，我君［父也］素刚，其先死乎？"明日问之，章果死，妻子皆徙合浦⑤。章为京兆二年，死不以罪，众庶冤之。

吕氏曰：夫妇有同德以相济者，于陵、黔娄是已；有异见以相成者，王章与妻是已。牛衣之悲，儿女之态也，而其妻鄙之，章遂能自奋以显其身。凤书之止，章妻世俗之情也，而章竟不从，遂至直言以成其志。论成败，则妻不为不智；论是非，则章不为不忠。彼同恶者胥陷于非，乖戾者各执其是，非德业之赖也。古贤夫妇为闺门好友，故彼此相观，而一言一动不藏，辄恐相愧。吾于此传有感。

吕语今译

夫妇之间有同心一德互相成就的，像于陵、黔娄夫妇；有以不同意见而相辅相成的，像王章和他的妻子。当日王章在牛衣之中悲泣，像小孩子一样，而他的妻子鄙视他，使得王章能够自立奋发而扬名于世。王章妻子劝止王章上书弹劾王凤，这是出于世俗之情，而王章最终没有听从劝诫，于是因为正直的言论而杀身成仁。若论成败，王章的妻子不是不明智；若论是非，王章不是不忠诚。有的夫妇共同作恶，最终都会陷于不义，而有的夫妇意见相背，又会出现各执其是的情况，这些做法对于夫妻提升自身道德修养没有什么益处。古时候贤良的夫妇就像是闺门之中的好朋友，因此互相监督着对方，若自己有不好的言行，就怕愧对自己的伴侣。我对王章夫妻的传记深有感悟。

简注

① 诸生：求学之人。
② 杀人指顾间：指，手指。顾，目视。意谓随意杀人、草菅人命。
③ 弹：弹劾。
④ 收系：拘禁牢狱之中。
⑤ 合浦：地名，今属广西省。

王霸夫妻

◎王霸少立高节①，光武②时，连征不仕，妻亦美志行。霸初与同郡令狐子伯为友，后子伯为楚相③，其子为郡功曹④，子伯令之奉书⑤于霸，车马服从⑥，雍容如也。霸之子方耕于野，闻宾至，投耒⑦而归，见令狐子，惭沮⑧不能仰视。霸目之，有愧容。客去，久卧不起。妻怪，问之。霸曰："吾与子伯素相若，向见其子，容服盛光，举措有适。而我儿蓬发历齿⑨，见客有怍⑩容。父子恩深，不觉自失耳。"妻曰："君少修清节，不顾荣禄。今子伯之贵，孰与君之高？奈何忘宿昔而惭儿女子乎？"霸崛［音掘，猛起］起而笑曰："有是哉！"遂相与终身隐遁。

> 吕氏曰：富贵不足荣，亦不为辱；贫贱不足慕，亦不为羞。使霸有可行之道，何必慕箕颍⑪以为名高？霸无仕进之心，何必见赵孟⑫而生愧色？总之真识不定，道心未纯耳。其妻对景当局，不知视霸何如？然"清节"数语，则确然隐君子之高蹈⑬也。

吕语今译

富贵不足以让人感到光荣，也不必为之而感到耻辱；贫贱不足以让人仰慕，也不必为之而感到羞愧。假使王霸有可行乎天下的大道，又何必仰慕许由、以隐逸避世为名节高尚呢？假使王霸没有出仕做官的想法，又何必看到赵盾而露出惭愧的容色呢？总的来说，王霸对于事理的识见还没有定型，他的求道之心还未达到精纯的境界。若是他的妻子也看到了当时的情景，不知道会不会也像王霸一样感到惭愧呢？然而，她说"清节"的那几句话，则确实流露出了隐世君子的超然志向。

简注

① 王霸少立高节：王霸，字儒仲，太原广武人。王霸自少时便有清高的气节，在王莽篡位期间，拒绝与官宦结交，在光武帝时又拒绝出仕。

② 光武：汉光武帝刘秀，汉代中兴之主。

③ 楚相：东汉时分封藩王，有藩国楚国。楚相即藩楚的国相。

④ 功曹：官职名，汉代每郡设有功曹史，简称功曹，处理人事和部分政务。

⑤ 奉书：送书信。

⑥ 车马服从：车马随行。

⑦ 投耒（lěi）：投，放下。耒，耕地用的农具。

⑧ 惭沮：惭愧、沮丧。

⑨ 蓬发历齿：蓬发，头发蓬乱。历齿，牙齿稀疏。

⑩ 怍：惭愧。

⑪ 箕颍：箕，箕山。颍，颍水。传说帝尧要让位给许由，许由不受，于是去到箕山之下、颍水之阳耕食终身（见《吕氏春秋·慎行论·求人》）。后人多以"箕颍"指代许由隐逸之事。此处意谓无需追慕许由隐世的高名。

⑫ 赵孟：晋国正卿赵盾。赵盾理政期间，权倾朝野，位极人臣。此处意谓无需惭愧权势功业不及赵孟。

⑬ 高蹈：超脱。

| 实践要点 |

"王章夫妻""王霸夫妻"两条大意相同，讲述了夫妻之间应当像挚友一样互相鼓励、互相规劝、互相成就，而不仅是终日沉浸在卿卿我我或柴米油盐之中，这也是"相敬如宾"的具体表现，因而吕坤说："古贤夫妇为闺门好友，故彼此相观，而一言动不藏，辄恐相愧。"夫妻之间互相鼓励、规劝，双方首先要端正态度，明确鼓励、规劝的最终目的是希望对方可以有所进步，而不是出于指责、

嘲讽或者好为人师的心态。规劝时应注意说话方式和态度，不要带有指责、教训的语气。被规劝者要虚心地接受意见并加以改进，不要负气争辩。此外，双方都要注重自身知识、素养和能力的提升，只有成为更好的自己，这样才能促进夫妻双方的进步。

鲍桓夫妻

◎汉鲍宣①妻桓氏，字少君。宣尝就少君父学，父奇其清苦②，以少君妻之，资装③甚盛。宣不悦，曰："少君生富骄，习美饰④，而吾实贫贱不敢当。"妻曰："大人⑤以先生修德守约，故使妾侍执巾栉。既承奉君子，唯命是从。"宣笑曰："能如是，是吾志也。"妻乃悉归侍御服饰，更着短布裳，与宣共挽［音晚］鹿车。归乡里，拜姑礼毕，提瓮出汲⑥，修行妇道，乡邦称之。

吕氏曰：少君以富家少女，幡然⑦甘贫妇之行，毁妆露面，汲水挽车。古称习气难脱，士君子累岁穷年，不能渐变，而况斯妇乎？少君可谓勇于义矣。鲍宣甘心苦节，视势利纷华，若将浼焉，岂不介石⑧君子哉？乃有利妇家之财，得之则喜，不得则怒，日填溪壑⑨而不足者，视此当亦汗颜。

吕语今译

少君本来是富家小姐,出嫁之后马上变得甘心于过贫贱妇人的生活,不事装扮而抛头露面,还亲自打水、拉车。古人说不良习惯难以改变,士君子经过长时间的修身,也不一定能渐渐改变身上的不良习惯,更何况像少君这种出身于富贵人家的女子呢?少君可算是勇于遵行道义。鲍宣甘心刻苦守节,把权势、利益等荣华之物视作将会玷污自己德性的东西,他难道不是一个耿介守节的君子吗?有的人把媳妇家的财物看做是利益,得到了就欢喜,得不到则愤怒,每日去填塞自己欲望的溪谷却永不满足,看到鲍桓夫妻的事迹应该感到汗颜。

简注

① 鲍宣:字子都,汉哀帝时为谏大夫,世有贤名。
② 清苦:清高刻苦,安贫乐道。
③ 资装:嫁妆。
④ 习美饰:习惯于打扮修饰。
⑤ 大人:对父亲的敬称。
⑥ 提瓮(wèng)出汲:提着陶瓮出门打水。此处意谓桓氏过门后亲自操持繁重的家务。
⑦ 幡然:变动之貌。
⑧ 介石:《易经》豫卦六二卦辞:"介于石,不终日,贞吉。"介,即耿介,

坚守节操。

⑨ 溪壑：溪谷，此处指无法满足的贪欲。

实践要点

本条讲述了富家女下嫁贫苦之家的故事。桓氏入门之后一改富家之女的习气，成为了朴素的妇人，如此即是上文所说的"安贫乐道"。对于现代读者而言，桓氏更难能可贵的地方在于，她奉父命嫁给鲍宣，夫妻两人之间本没有那种愿意为对方放弃一切的轰轰烈烈的爱情。换言之，她纯粹是为了遵守道义而改变富贵习气，过上朴素的生活。在现实生活当中，有的人为了爱情可以奋不顾身，而桓氏的事例则提醒我们，有比爱情更高尚的东西，那便是道义。共同追求德性生活，这是鲍桓夫妻给现代读者的最大启发。

吕范夫妻

◎吕荣公①夫人仙源［夫人字也］，尝言与侍讲②为夫妇，相处六十年，未尝一日有面赤。自少至老，虽衽席③之上，未尝戏笑。荣公处身如此，而每叹范内翰④以为不可及［范名镇，字景仁，忠文公，成都华阳人也］。

> 吕氏曰：夫妇之间，以狎昵始，未有不以怨怒终者。荣公夫妇，惟其衽席无嬉戏，是以终身无面赤。吾录之以为夫妇居室之法云。

| 吕语今译 |

夫妇之间，刚开始在一起就狎玩亲昵的话，没有不会因为怨恨愤怒而告终的。吕荣公夫妇，即使在床席之间也没有嬉戏失敬，因而能做到一辈子都不生气吵架。我记录他们的事迹作为夫妇居室相处的法则。

| 简注 |

① 吕荣公：吕希哲，字原明，世称荥阳先生，少年时师从焦千之、石介、胡瑗，后又从学于程颢、程颐、张载。
② 侍讲：官职名，负责为君王、太子讲学。
③ 衽席：睡觉用的床席。
④ 内翰：翰林学士的别称。

实践要点

本条讲述了夫妻之间不闹矛盾的诀窍,那便是以敬相待,即便在床笫之上也不戏谑玩笑。吕坤所说的"居室之法",实际就是夫妇二人独处一室时的相处方法。在世人看来,夫妻独处本应亲密无间,讲究太多规条似乎显得有所隔阂。但不以敬相待、以礼相处的话,在一起的日子长了双方便容易养成傲慢、懈怠的情绪,久而久之便会引起争吵,伤害双方的感情。如吕坤所说"夫妇之间,以狎昵始,未有不以怨怒终者"。

卷三 善行

妇人之道

妇人者,伏①于人者也。温柔卑顺,乃事人之性情;纯一坚贞,则持身之节操。至于四德②,尤所当知。妇德尚静正,妇言尚简婉,妇功尚周慎,妇容尚闲雅。四德备,虽才拙性愚,家贫貌陋,不能累其贤。四德亡,虽奇能异慧,贵女芳姿,不能掩其恶。今采古人之贤者,分为八类,得六十三人。

一、兼德。妇人备有众善,一长不足以尽之也,故列诸首,凡五人:
明德马后　鲁季敬姜　晋羊叔姬　乐羊子妻　张氏求夫

二、孝妇。万善百行,惟孝为尊,故孝妇先焉,凡六人:
陈寡孝姑　唐氏乳姑　庞氏感泉　赵妇感火　俞新之妻　韩太初妻

三、死节之妇。身当凶变,欲求生必至失身,非捐躯不能遂志。死乎不得不死,虽孔孟亦如是而已。惟越姬可以不死，而以死明信，以正成死，所以愧徇情苟死者也。凡十三人：

楚昭越姬　杞梁之妻　皇甫规妻　荀采归阴　京妇代夫
周迪之妻　梁氏重生　谭氏八砖　撒合辇妻　潘氏投火
赵运使妾　翠哥代死　善歌妇人

四、守节之妇。视死者之难，不啻十百，而无子女之守为尤难。余列之死者之后，愍死者之不幸也。天地常经，古今中道，惟守为正。余甚重之，凡十人：

共世子妻　卫宣夫人　梁寡割鼻　令女毁形　行义桓嫠
房氏截耳　李氏断臂　王氏毁容　李氏恨梦　江文铸妻

五、贤妇。爱夫以正者也，成其德，济其业，恤其患难，皆正之谓也。凡八人：

晋文齐姜　晋伯宗妻　齐相御妻　陶答子妻　盖将之妻
高睿之妻　晋弓工妻　汉冯昭仪

六、守礼之妇。谨勅身心，慎修名节，一言一动，必合于礼而不苟。凡五六人：

楚昭贞姜　宋恭伯姬　齐孝孟姬　荆信公主（二人）
韩氏家法

七、明达之妇。见理真切，论事精详，有独得之识，有济变之才，亦妇人之所难也。凡十人：

齐桓卫姬　晋圉怀嬴　楚野辩女　齐女徐吾　狄仁杰姨
符承祖姨　徐氏诛妫　鲁妇守砦　余洪敬妻　淮帅仆妻

八、文学之妇。文学之妇，史传所载，班班脍炙人口。然大节有亏，则众长难掩，无论蔡文姬[3]、李易安[4]、朱淑贞[5]辈，即回文绝技[6]，咏雪高才[7]，过而知悔，德尚及人，余且不录焉，他可知矣。然亦有贞女节妇，诗文不录者，彼固不以文学重也。凡五人：

班氏婕妤　班氏惠姬　徐妃疏谏　秦宣文君　管仲妾婧

| 吕语今译 |

所谓妇人，就是服从别人的意思。温和阴柔、谦卑和顺，这是妇人事奉家人时应有的性情；纯洁专一、坚定贞正，这是妇人持守己身时应有的节操。至于四德，妇人尤其应该知道。妇人的德性崇尚娴静中正，妇人的言语崇尚简洁委婉，妇人的事功崇尚周密谨慎，妇人的容貌崇尚安闲文雅。女子若是具备这四种德行，即使她的才华拙劣、天性愚钝，家境贫穷、相貌丑陋，也不会拖累她的贤惠。若没有这四种德行，即使她有令人称奇的才能、异于常人的智慧，或是富贵人家的闺女、有绝代芳华的姿色，也不能掩盖她的不足。现在采录古代贤惠的妇人，分成八类，共六十三人。

一、兼德。下列的妇人具有众多长处，仅说其中一种长处的话不足以概括总体的德行，因此把她们列在首位，共五人：

明德马后　鲁季敬姜　晋羊叔姬　乐羊子妻　张氏求夫

二、孝妇。万种善事、百种善行之中，以孝顺为最尊贵，因此孝妇也列在前面，共六人：

陈寡孝姑　唐氏乳姑　庞氏感泉　赵妇感火　俞新之妻　韩太初妻

三、死节之妇。面对凶险变故，想保存生命的话必然会失去自身的节操，（在这种特殊的情况之下）不舍弃身躯不能遂顺心志。在必须死的时候不得不去死，即使是孔子、孟子遇到同样的情况也会选择就义。而楚昭越姬在不必送死的情况下，却以死亡来表明自己的忠信，以正道而死，她的做法可以让狗于私情、苟且送死的人感到惭愧。共十三人：

楚昭越姬　杞梁之妻　皇甫规妻　荀采归阴　京妇代夫　周迪之妻
梁氏重生　谭氏八砖　撒合辇妻　潘氏投火　赵运使妾　翠哥代死
善歌妇人

四、守节之妇。（守节）比死节的难度要大得多，不仅是十倍百倍，而没有子女的守节妇人尤为困难。我把守节妇人列在死节妇人之后，是怜悯死者的不幸。天地之间的恒常之规，古今以来的中庸之道，惟有坚守节操是正确的。我甚为重视守节的妇女，共十人：

共世子妻　卫宣夫人　梁寡割鼻　令女毁形　行义桓嫠　房氏截耳
李氏断臂　王氏毁容　李氏恨梦　江文铸妻

五、贤妇。（贤妇即懂得）以正确的方式敬爱丈夫，成就他的德性，辅助他的事业，体恤他的患难，这都是所说的"正"。共八人：

晋文齐姜　晋伯宗妻　齐相御妻　陶答子妻　盖将之妻　高睿之妻

晋弓工妻　汉冯昭仪

六、守礼之妇。（守礼之妇）能诚谨地整饬自己的身和心，敬慎地修持自身的名节，一言一动，必定合于礼法而不苟且。共五、六人：

楚昭贞姜　宋恭伯姬　齐孝孟姬　荆信公主（二人）　韩氏家法

七、明达之妇。（明达之妇）真切地明白事理，谈论事情的时候精到详尽，有独到的见识，有懂得应变的才华，也是一般妇人所难做到的。共十人：

齐桓卫姬　晋圉怀嬴　楚野辩女　齐女徐吾　狄仁杰姨　符承祖姨

徐氏诛奶　鲁妇守砦　余洪敬妻　淮帅仆妻

八、文学之妇。文学之妇，史传有所记载，事迹显著、脍炙人口。然而大节有所亏损的话，则长处虽多也难以掩盖，不要说蔡文姬、李易安、朱淑贞那些人，即使有回文诗的绝技、咏雪诗的高才，有过错而知悔改，（改过后）德行比得上别人，我尚且不摘录，其他人就更不用说了。然而也有些贞正的女子、守节的妇人，她们的诗文没被著录，她们本来就不以文学而为世所重也。共五人：

班氏婕妤　班氏惠姬　徐妃疏谏　秦宣文君　管仲妾婧

| 简注 |

① 伏：服。《白虎通义·三纲六纪》："妇者，服也，以礼屈服。"
② 四德：即下文所说的妇德、妇言、妇功、妇容。

③蔡文姬：蔡邕之女，名琰，字文姬。她博学有才辩，又妙于音律，是东汉末年著名的才女。她一生经历坎坷，先是嫁给卫仲道，夫亡无子，归宁于家。后又被胡人骑兵所获，在胡人之地生活了十二年，给南匈奴左贤王生下了两个孩子。曹操素来与蔡邕关系很好，不想看到他没有子嗣，于是派遣使者将蔡文姬赎回，并把她改嫁给董祀。

④李易安：李清照，号易安居士，宋代著名女词人。李清照先是嫁给了赵明诚，才子佳人，天作之合，可惜赵明诚早死。其后，据说李清照又改嫁给张汝舟，不久之后又离了婚。

⑤朱淑贞：又作朱淑真、朱淑珍，号幽栖居士，宋代著名女词人。她与丈夫的婚姻生活不如意，抑郁不得志，作诗多忧怨之思，以写其心中不平之愤，最终抱恚而死。

⑥回文绝技：回文，即以一定形式排列、回环往复均可诵读的诗文。据王士禛《池北偶谈·谈艺五》，朱淑贞撰有《〈璇玑图〉记》，是解读回文诗《璇玑图》的作品。

⑦咏雪高才：朱淑贞曾写咏雪诗：六出花飞四面来，连山接水皓皑皑。玲珑天地苍茫合，的皪园林烂漫开。庾岭腊梅寒散乱，章台风柳絮萦回。自言空有孤吟癖，览竟惭无谢氏才。

实践要点

上文的"夫妇之道"主要摘录模范夫妻的事迹，彰显夫妻之间的相处之道，而"妇人之道"则摘录模范妇人的事迹,侧重展示为人妇者所应具有的品行。在古代社会,妇人的职责主要在于掌管家庭事务,侍奉丈夫舅姑、照料孩子,要遵循"三从四德"的教诲。"三从"在上文中已多有涉及,在现代社会谈不上有任何实践指导意义。然而,若抛开对"三从四德"桎梏妇女的刻板印象,重新审视"四德"(妇德尚静正、妇言尚简婉、妇功尚周慎、妇容尚闲雅),现代读者仍然能从中得到有益启发。在现代社会,若女子能做到德性娴静中正、言语简洁委婉、做事周密谨慎、容貌安闲文雅,她必定会被认为是一名气质优雅、大方得体的淑女佳人。因而吕坤所说的"至于四德,尤所当知"这句话,在现代社会依然是适用的。

若说"四德"是所有女性(无论未婚已婚)都应当追求的基本品行,那么对于已婚妇女而言,她们作为妻子所体现出来的独特品行又体现在行孝、守节、相夫、守礼等方面。吕坤在此把模范妇人的事迹分成了八类,其中兼德、孝妇、贤妇、守礼之妇、明达之妇、文学之妇的事迹对现代读者而言有指导实践的意义。至于死节之妇、守节之妇,对现代读者而言其义可鉴、其心可悯,但其行偏颇,不宜照例而行。

妇人之道

明德马后

◎明帝①后马氏，伏波将军援②之女也，能诵《易》，善读《春秋》《楚辞》，尤善《周官》。初为贵人③，后正位中宫④，谦抑节俭，不私所亲。肃宗⑤即位，欲封⑥诸舅，太后不听。明年夏，大旱，言事者以为不封外戚之故。太后乃下诏曰："凡言事者，皆欲媚朕以希恩⑦耳。昔王氏同日五侯⑧，其时黄雾四塞⑨，不闻澍［音住，甘雨］雨之应。田、窦［田蚡⑩、窦婴⑪］贵宠横恣，倾覆之祸，为世所传。故先帝慎防舅氏，不令在枢机之位。诸子之封，裁［才同］令半楚、淮、扬诸国，尝谓'我子不得与先帝子等'。今有司奈何欲以马氏比阴氏⑫乎？吾为天下母，而身服大练［粗熟绢帛］，食不求甘，左右但着布帛，无香熏之饰者，欲以身率下也，以为外戚见之，当伤心自敕。但笑言太后素好俭。前过濯龙⑬门上，见外家［马氏］问起居者，车如流水，马如游龙，苍头衣绿褠⑭［音沟，裤衣］，领袖正白，顾视御者［马后侍从］，不及远甚。故不加谴怒⑮，但绝岁用而已。冀以默愧其心，而犹懈怠无忧恐心。知臣莫若君，况亲属乎？吾岂可上负先帝之命，下亏先人之德，重袭西京败亡之祸⑯哉？"帝省诏，悲叹。

吕氏曰：士庶人女，莫不私其所亲，况太后耶？明德惩田、窦、五王之横，裁抑外家，不令封侯。身为天下母，而衣大练之衣，无三味之膳，敦节俭以为天下先，非甚盛德，何能割恩任怨，约己率人若此哉？吾首录之，以为妇道倡。

| 吕语今译 |

出身于士庶人家庭的女子，没有不偏私袒护自己的亲戚的，更何况是太后呢？明德马皇后担心会出现田、窦、五王等外戚专横的局面，于是削减抑制外家的势力，不让他们封得侯爵。她身为天下人的母亲，却穿着朴素的大练之衣，不吃美味的饭食，笃行节俭的行为以倡导于天下，若不是有高尚的德性，怎能做到割舍亲戚的恩情而任由他们怨恨，约束自己去作为天下人的表率呢？我首先摘录她的事迹，来作为妇道的倡导。

| 简注 |

① 明帝：东汉孝明帝刘庄，光武帝之子，年号永平。
② 伏波将军援：伏波将军马援，字文渊，东汉著名将领。
③ 贵人：女官官职名，地位次于皇后。

④ 正位中宫：即成为皇后。

⑤ 肃宗：东汉孝章皇帝刘炟，汉明帝第五子。

⑥ 封：分封土地爵位。

⑦ 希恩：希望得到恩宠。

⑧ 王氏同日五侯：汉成帝在同一日册封太后的弟弟王谭、王商、王立、王根、王逢时为关内侯。从此，外戚势力日益强大，其后更有王莽篡汉称帝，颠覆刘氏政权。

⑨ 黄雾四塞：黄色的雾气充塞四方。古人以之为天降异象，是人君有所过错的征兆。

⑩ 田蚡（fén）：汉景帝王皇后同母弟武安侯，官至丞相。

⑪ 窦婴：汉文帝窦皇后从兄之子魏其侯，官至丞相。

⑫ 阴氏：汉光武帝皇后阴丽华。

⑬ 濯龙：汉宫苑名。

⑭ 褠：据《后汉书·明德马皇后纪》注，同"鞲"，臂衣、臂套。吕坤解为"裈衣"，即裤子，未知何据。

⑮ 谴怒：谴责。

⑯ 西京败亡之祸：西汉因外戚专权而遭受了王莽篡汉的祸乱。

| 实践要点 |

本条主要讲述了马皇后不私所亲、为天下社稷着想的事迹。对于现代妇女而

言，本条的启发在于在日常生活中应妥善处理好自己与夫家人以及娘家人（外戚）之间的关系，不能偏私娘家人。尤其在涉及家族成员的事务上，要平衡好两方的关系，对两方的成员都要有同样程度的用心。例如，妇人在给自己父母庆祝生日的同时，也要想到给公公婆婆庆祝生日；娘家人找自己帮忙时尽力而为，夫家人找自己帮忙时同样也要尽力而为；给娘家的小孩准备礼物时，也要想到为夫家的小孩准备礼物。当然，这并非是简单地给予两方完全一致的对待，而是综合平衡好自己与两方的关系，避免因为过分偏心其中一方而引起另外一方的非议。尤其不要因为过分偏心娘家人而引起夫家人的非议，因为这会影响到自己和丈夫的关系，给自己的家庭带来影响和伤害。

鲁季敬姜

◎敬姜者，鲁大夫穆伯①之妻，文伯②之母，季康子③之从祖叔母④也，博达知礼。穆伯先死，敬姜守志，文伯出学⑤而还，敬姜侧目盻之⑥，见其友上堂而从后，降级而却行⑦，奉剑而正履，若事父兄，文伯自以为成人⑧矣。敬姜召而数之曰："昔者桓公⑨，坐友⑩三人，谏臣五人，日举过者三十人，故能成霸业。周公一食三吐哺，一沐三握发，所执贽而见于穷闾隘巷者，七十余人，故能存周室。今子年少位卑，而所与游皆为服役⑪，子之不益，亦已明矣。"文伯谢罪，乃择严师贤友而事之。

文伯相鲁，退朝，敬姜方绩⑫，文伯曰："此歜[音出，文伯名]之家而主[大夫之妻称主]犹绩，惧干季孙之怒⑬，其以歜为不能事主⑭乎？"敬姜叹曰："鲁其亡乎！使僮子备官而未之闻耶？居，吾语女。昔圣王之于民也，择瘠[音即]土而处之，劳而用之，故长王天下。夫民，劳则思，思则善心生；逸则淫，淫则忘善，忘善则恶心生。沃[音屋]土之民不材⑮，淫也；瘠土之民向义，劳也。是故天子、公、侯、王后、夫人，莫不旦暮忧勤，各修其职业[省文]。今我寡也，尔又在下位，朝夕虔事，犹恐忘先人之业，况敢怠耶？"

文伯卒，敬姜戒其妻妾曰："吾闻之，好内，女死之；好外，士死之⑯。今吾子夭死，吾恶其以好内闻也。二三妇毋瘠面，毋挥涕，毋陷膺[捶胸]，毋忧容，有降服，毋加服⑰，从礼而行，是昭吾子。"敬姜之处丧也，朝哭穆伯，暮哭文伯⑱。仲尼闻之曰："季氏之妇，可谓知礼矣。"

敬姜尝如季氏，康子与之言朝，不应。从之及寝门，不应而入⑲。康子拜曰："肥[康子名]也不得闻命，无乃罪耶？"敬姜曰："天子诸侯，合⑳民事于内朝，自卿大夫以下，合官职于外朝，合家事于内朝。寝门之内，妇人治其职焉，上下同之。夫外朝，子将业官职；内朝，子将莅[音敝，治也]家政，皆非吾所当言，又何应焉？"康子尝至，敬姜闱[音委，斜开]门而与之言，不踰阈[音域，门限]。仲尼谓敬姜别于男女之礼矣。

> 吕氏曰：敬姜之内教备矣，无一而不善，可为妇人持身之法。

| 吕语今译 |

敬姜在闺门之内的教化很完备，没有一件事情是处理不好的，敬姜的做法可作为妇人修持己身的法则。

| 简注 |

① 鲁大夫穆伯：公父穆伯，季悼子之子。
② 文伯：季悼子之孙，公父穆伯之子，鲁国大夫。
③ 季康子：名肥，季桓子之子，为鲁国大夫，专掌国政。
④ 从祖叔母：祖父兄弟的妻子。
⑤ 出学：卒业。《礼记正义·王制》注云："出学，谓九年大成，学止也。"
⑥ 侧目眄（xì）之：侧目，斜眼。眄，看。
⑦ 降级而却行：降级，下阶级。却行，倒退而行，以表示敬意。
⑧ 成人：成年。
⑨ 桓公：齐桓公，春秋五霸之一。

⑩ 坐友：坐，对理、对质。坐友，即互相辩论质疑的朋友。

⑪ 服役：服劳仆之役。

⑫ 方绩：方，正在。绩，把麻揉成线，泛指纺织之事。

⑬ 干季孙之怒：干，干犯。季孙，据《国语·鲁语下》韦昭注，季孙指季康子。论辈分，文伯辈分较季康子高，但季康子身居尊位，又为季孙氏的大宗，因而文伯惧怕会惹怒季康子。

⑭ 事主：主，指敬姜。意谓事奉自己母亲。

⑮ 不材：不能成材。

⑯ "好内"句：好于闺门之内的女色，则女子愿意为之而死。好于家门之外的政事，则有识之士愿意为之而死。

⑰ 有降服，毋加服：古代礼法对于守丧期间的服饰有相应的规定，若轻于礼法所规定的为"降服"，重于礼法所规定的为"加服"。

⑱ 朝哭穆伯，暮哭文伯：《礼记·檀弓下》有云："穆伯之丧，敬姜昼哭；文伯之丧，昼夜哭。"《礼记正义》注云："丧夫不夜哭，嫌思情性也。"意谓寡妇不在晚上痛哭思念亡夫，用以远离情欲。

⑲ "敬姜尝如季氏"句：《国语·鲁语下》："公父文伯之母如季氏，康子在其朝，与之言，弗应，从之及寝门，弗应而入。"敬姜到季康子家里，季康子正在朝堂之上与家臣讨论政事，见到从祖叔母敬姜来了，就和她说话。但由于男女内外之别，敬姜在朝堂之上没有应答季康子，而是直接进入寝门之内。这里体现的是男主外、女主内，女子不预政事的礼法精神。

⑳ 合：考合，即研究讨论。

| 实践要点 |

本条展示了敬姜教化家人的几个场景，充分展现了敬姜家教有方、持身有道，因此吕坤认为"无一而不善，可为妇人持身之法"。现代读者从中可汲取以下智慧：

一是引导孩子结交良朋益友。看到儿子文伯的朋友阿谀奉承（若事父兄），滋长了文伯骄傲自满之心（自以为成人），敬姜用齐桓公、周公的事例教导他，使之"严师贤友而事之"。在现代社会，子女在学校接受教育的时间较长，老师、同学对子女会产生潜移默化的影响。因此要注重选取学风优良、师生素养较高的学校。此外，也要引导子女在课余时间谨慎交友，尤其要警惕预防子女在网络上结交不良的损友。这里的关键是，让子女知道那些能促进自身进步、规劝自身改过的朋友才值得结交。

二是教育孩子要努力工作，不要好逸恶劳。敬姜以身作则，辛勤纺织，告诫文伯不能淫逸怠工。在现代社会，有的人好逸恶劳，幻想不劳而获，最终容易落入不法分子诈骗、传销等圈套，甚至自己也走上了犯罪道路。因此，现代家长也要从小教育子女美好的生活不是免费午餐，也不是天上掉下来的馅饼，必须通过勤劳奋斗才能创造幸福的人生。

三是严守男女有别之礼。敬姜处文伯之丧，告诫其妻妾从礼而行、不要过于悲痛，目的是为了让文伯远离"好女色"的不良名声。她丈夫去世时，不在晚上痛哭思念亡夫，目的是为了让自己远离男女之情。这些都是谨守男女有别之礼的体现。如上文已多次述及，男女有别之礼对现代社会也有积极的作用，读者可以借鉴敬姜以礼守身的精神，践行男女有别之礼。

晋羊叔姬

◎叔姬者,羊舌子①之妻,叔向[名肸]、叔鱼[名鲋]之母也。羊舌子好正,不容于晋,去而之三室之邑②。三室邑人,相与攘羊③而遗之,羊舌子不受。叔姬曰:"夫子居晋不容,去之三室之邑,又不容,不如受。"羊舌子受之,曰:"为肸与鲋享之。"叔姬曰:"不可。南方有鸟,名曰'干吉',食其子不择肉,子常不义。今肸与鲋,童子也,随大人而化,不可食以不义之肉,不若埋之。"于是乃盛以瓮,埋垆[灶也]阴。后二年,攘羊之事发,吏至,羊舌子曰:"吾受之,不敢食也。"发而视之,羊舌尚存,吏曰:"君子哉羊舌子,不与攘羊之事矣。"

申臣氏④之女美,夏姬生也,叔向欲娶之。叔姬曰:"子灵[巫臣]之妻,杀三大夫、一君、一子而亡一国、两卿矣⑤。且吾闻之,有奇福者,必有奇祸;有甚美者,必有甚恶。是郑穆少妃姚[姓]之子,子貉之妹也⑥。子貉早死无后,而天钟爱于是人,将必大有败也已。昔有仍氏⑦生女,发黑而甚美,光可鉴[照人]人,名曰玄妻。乐正夔⑧娶之,生伯封,实有豕心⑨,忿戾无期⑩,贪婪[音兰]无餍,谓之'封豕'⑪。有穷后羿[音异]灭之,夔用不祀⑫。且三代之亡,共太子之废,皆是物也⑬,汝何以为哉?夫尤物足以移人,苟非德义,则必有祸。"叔向惧,不敢娶。平公强使娶之,生杨食我⑭。叔姬往视之，闻其号[音毫，哭也]也，而还，曰："豺狼之声也。狼子野心，灭羊舌氏必矣。"遂不见。及长，与祁胜为乱，晋人杀食我，羊舌氏以亡。

叔鱼之生也，叔姬曰："是虎目而豕喙[音惠，嘴也]，鸢眉而牛腹⑮，溪壑可盈，是不可餍也，必以赂死。"长，为国赞理，邢侯与雍子争田，雍子入其女于叔鱼以求直，邢侯杀叔鱼与雍子于朝⑯。韩宣子患之⑰，叔向曰："三奸同罪⑱，请杀其生者，而戮其死者。"乃杀邢侯，而尸叔鱼、雍子于市⑲。

吕氏曰：叔姬之识，卓乎不可及矣。受盗遗，惧祸也；不以食子，教义也；埋之以瓮，怀刑也。惩夏姬之女，知不善之余殃也。甚美必有甚恶，明气化之无全盛也。惟是叔鱼食我之前知，则不可解矣。岂善恶前定于声容，教化不能转移耶？

| 吕语今译 |

叔姬的见识卓绝高远，其他人恐怕难以企及。接受盗贼的馈赠，是因为畏惧祸败；不把赃物给儿子吃，是教导他们要讲求正义；把赃物埋在瓮中，是敬畏刑罚。戒止叔向迎娶夏姬的女儿，这是深知不善之物会继续带来祸害。知道甚为美

好的事物必定会有甚为丑恶的一面，这是明白化生万物的天地之气的变化运行没有全盛不衰的道理。只是提前预知叔鱼、食我将以悲剧告终，这一点则让人不能理解。难道说人的善恶由他先天的声音容貌就提前确定下来了，后天的教育感化不能起到改变的作用吗？

简注

① 羊舌子：羊舌职，春秋时晋国大夫。其子羊舌肸（xī）、羊舌鲋，即叔向和叔鱼，均为晋国大夫。

② 三室之邑：三室，即祖宗三庙。三室之邑，即祖宗三庙所在的城邑。

③ 攘（rǎng）羊：偷羊。

④ 申臣氏：申公巫臣，本名屈巫，字子灵，原为楚国大夫，后携夏姬出奔晋国。

⑤ "子灵之妻"句：子灵之妻，即夏姬，是郑穆公的女儿，以美色而闻名，列国贵族争相聘娶，经历了多段婚姻。据《春秋左传·昭公二十八年》，"杀三大夫"应为"杀三夫"。杀三夫、一君、一子，指夏姬的三任丈夫（陈御叔、楚襄老、巫臣）、陈灵公（与夏姬通奸，被夏徵舒射杀）以及她的儿子夏徵舒都因她而被杀害。亡一国、两卿，指陈国因夏姬与陈灵公、公孙宁（陈国大夫）、仪行父（陈国大夫）通奸的事情而覆亡，陈灵公、公孙宁也在陈灵公被射杀之后放弃卿大夫的职位而出奔楚国。相关故事详见刘向《列女传·陈女夏姬》。

⑥ "是郑穆少妃姚之子"句：据《春秋左传·昭公二十八年》"是郑穆少妃姚之子"应为"是郑穆少妃姚子之子"。子貉，郑灵公。

⑦ 有仍氏：上古时代的诸侯。

⑧ 乐正夔（kuí）：乐正，官职名，典乐之官。夔是帝舜的典乐之官。

⑨ 豕心：猪心，意谓贪婪而无耻。

⑩ 忿戾无期：忿怒暴戾，无有期度。

⑪ 封豕：封，大。封豕即大猪。

⑫ "有穷后羿（yì）灭之"句：有穷后羿，夏代有穷国的君主羿，善射术。不祀，绝后。

⑬ "且三代之亡"句：三代之亡，指夏以妹喜而覆亡、商以妲己而覆亡、周以褒姒而覆亡。共太子之废，指晋国申生本为太子，但遭到其父晋献公的宠妾骊姬的陷害，最终太子之位被废、自杀身亡。皆是物也，指上述的祸乱都是因为绝色美女所造成的。

⑭ "平公强使娶之"句：平公，即晋平公。杨食我，叔向之子伯石，杨为叔向所封之城邑。

⑮ 鸢（yuān）眉而牛腹：《国语·晋语》作"鸢肩而牛腹"。鸢，鹰科猛禽。

⑯ "为国赞理"句：赞理，佐理。当时晋国负责讼狱之事的官员士景伯到楚国出访，让叔鱼来代摄其官。邢侯，巫臣之子，巫臣出奔晋国时，晋君把邢（地名）赐给了巫臣。雍子，原楚国的大夫，出奔晋国。

⑰ 韩宣子患之：韩宣子，名起，晋国六卿之一。患之，即不知该如何判决涉及这三个人的案件。

⑱ 三奸同罪：叔鱼收受贿赂（雍子之女）而判决不公，雍子以女儿作贿赂妨害司法公正，邢侯非司寇之官而滥杀叔鱼和雍子，均为犯罪行为。

⑲ 尸叔鱼、雍子于市：把叔鱼、雍子的尸体放在市中示众。

| 实践要点 |

本条体现了叔姬卓越的见识，对于现代读者而言，启发在于以下方面：

一、处事要考虑长远的后果。叔姬劝谏羊舌子收下盗羊者的馈赠，这是迫不得已的选择，但收下之后她又预料不义之事迟早会东窗事发，于是埋而不食，最终祸不及门。在日常生活中，我们处理事务时也要谨慎考虑后果，尤其有的时候明知道不好的后果不可避免，那么便要提前想好应对补救的办法。

二、娶妇时要慎重选择。一般而言，男子娶妻看重女子的美色。但正如叔姬所说："夫尤物足以移人，苟非德义，则必有祸。"对于平庸的男子而言，娶了美貌如花的妻子，一方面可能会沉迷美色淫欲，怠于德业，甚至影响身体健康；另一方面，又要时常提心吊胆，提防其他男子的勾引。因此，平庸的男子迎娶绝色的妻子并非是一件好事。而作为父母，在儿子娶妇时要提醒忠告，谨慎地选择婚嫁对象，不要仅仅因为对方长得好看就迎娶进门。

乐羊子妻

◎乐羊子妻,不知何氏女。羊子尝行路,得遗金①一饼,与其妻。妻曰:"妾闻志士不饮盗泉之水,廉者不受嗟来之食,况拾金以污其行乎?"羊子大惭,乃捐于野。尝远寻师学,一年来归,妻跪问故。羊子曰:"久行怀思,无他意也。"妻乃引刀就机②而言曰:"此织生自蚕茧,成于机杼,一丝之累,以至于寸,累寸不已,遂成丈匹。今若断斯织也,则捐成功③,废时月。夫子积学,当日有成,若中道而归,何异断斯织乎?"羊子感其言,还就学,七年不反。妻躬勤养姑,又远馈④羊子,俾之卒业。尝有盗入其家,欲犯之。不得,乃劫其姑。妻闻,操刀而出,盗曰:"速从我。不从,我杀汝姑。"妻仰天恸哭,举刀自刎颈而死。盗大惭,舍其姑而去。太守闻之,赐钱帛,以礼葬之,号曰"贞义"。

吕氏曰:贤哉乐羊子之妻乎!遗金不受,临财之义也;乐守寂寥,爱夫之正也;甘心自杀,处变之权也。值此节孝难全之会,一死之外无他图矣。史逸其名,惜哉!

| 吕语今译 |

乐羊子的妻子是多么的贤惠啊！不收受别人遗失的金子，这是对待财物的正义之举；甘于独守寂寥的闺房（而不愿影响丈夫求学），这是敬爱丈夫的正道；（面对歹徒）甘心自杀，这是应对突发情况的权宜之计。在这贞节、孝道难以两全的时刻，除了自杀以外，没有其他更好的办法了。史书没有记下她的名字，多么让人痛惜啊！

| 简注 |

① 遗金：别人遗失的金子。
② 机：织布机。
③ 捐成功：捐，放弃。成功，已成之功。
④ 远馈：给远方求学的丈夫馈送物品。

| 实践要点 |

乐羊子妻以廉洁大义规劝丈夫，又甘心独守空房、让丈夫安心学习，实在是个贤惠的妻子。现代读者从中可得到以下启发：

一、夫妻应以道义相互规劝。在日常生活之中，人们总是容易犯错误。人在小时候犯了错误，有父母和师长劝导指正。但成年之后，父母、师长不在身边，犯了错误就只能靠自己或者身边的伴侣检点指正。因此，夫妻之间要互相扶持、互相规劝，最终共同进步，成就德性。

二、不要苟且于儿女私情。现代社会有人会把爱情看作是生命当中最重要的东西，为了爱情可以放弃一切。然而，生命中还有很多值得追求的东西，爱情并非当中最重要的部分。而且，真正的爱情也不是占有对方，而是希望对方能实现自我、变得更加完善。如乐羊子妻鼓励丈夫在外安心学习便是爱情的正确表达方式，而不是汲汲于朝夕相对的儿女私情。现代人容易把儿女私情当作是真正的爱，有的妻子还想方设法地占有丈夫的所有时间，如要求丈夫随时回复自己发的信息、不允许丈夫参加朋友的聚会、到外地出差时要随时视频"报到"等，如此种种无益于夫妻之间情感的增进，还会让丈夫感到厌烦，实在是有弊而无利。

张氏求夫

◎李五妻张氏，济南邹平县人。年十八，夫戍福建之福宁州，死于戍[①]。时舅姑老，家贫无子，张蚕绩以为养。及舅姑殁，张叹曰："夫死数千里外，不能归骨以葬者，以舅姑无依，不能远离也。今大事尽矣[②]，而夫骨终弃远土，妾何以生？"乃卧积冰上，誓曰："使妾若能归夫骨以葬，即幸不冻死。"卧月余，不死。乡人异之，乃相率赠以钱粮，大书其事于衣以行。

由邹平至福宁，五千余里，不四十日而至。其侄补戍在焉，张氏见之，问夫葬处，已忘之矣。张哀号欲绝，忽其夫降神，道别及死状③，且指骨所④。张如言求之，果得以归。有司上其事旌表焉。

吕氏曰：张氏孝节，可谓审于先后矣。夫死而舅姑无依，则我身重于夫，故代夫为子，而夫死若忘。舅姑死而夫为客鬼，则夫身重于我，故忍死间关⑤而夫尸竟得，孰谓贫妇而有斯人！

| 吕语今译 |

张氏孝顺舅姑、坚守名节，在处事先后方面可以说得上是精审周密了。丈夫死了而公公婆婆生活没有依靠，那么自己比丈夫更为重要，于是代替丈夫履行人子奉养双亲的义务，似乎忘掉了要处理丈夫的身后事。公公婆婆死了而丈夫的尸骨魂魄客留他乡，那么丈夫的尸骨比自己重要，于是不畏死亡、历经艰险（去寻找丈夫尸骸），最终如愿寻得，谁说贫穷的妇女当中没有像这样贤淑的人啊！

| 简注 |

① 死于戍：在戍守期间死去。

② 大事尽矣：大事，即孝养公公婆婆。公公婆婆既已去世，则孝养的义务也完成了。

③ 道别及死状：与妻子道别，并说出了自己死时的具体情况。

④ 骨所：自己骸骨所在之处。

⑤ 间关：崎岖艰险的路途。

| 实践要点 |

抛却丈夫降神的迷信情节不论，本条值得现代读者借鉴的是处事要分清本末缓急。如张氏在丈夫死后先侍奉好公公婆婆，等他们百年终老再去寻觅丈夫遗骸。现代人工作繁忙，往往把事业放在了第一位，却缺少时间去陪伴照料家人。很多人养育孩子的职责尚未做好，更遑论去侍奉双亲了。更有甚者，不仅没时间侍奉双亲，还得劳烦双亲来帮忙照料家务、接送孩子，这完全是本末倒置。我们要时刻谨记，无论工作多少忙碌，都要关怀父母和家人、关爱自己的健康，这才是生命中最重要的东西。

陈寡孝姑

◎孝妇者,陈①之少寡妇也。甫②嫁而夫当戍,将行,属③孝妇曰:"我生死未可知,幸有老母,无他兄弟备养,吾不还,汝肯养吾母乎?"妇应曰:"诺。"夫果死不还。妇无子,养姑,慈爱愈固,纺绩以为业,终无嫁意。居丧三年,其母将取而嫁之④,孝妇曰:"妾闻信者人之干也,义者行之节也。妾始嫁时,受严命⑤而事夫。夫行,属妾以母,妾既诺之矣。受人之托,岂可弃哉?弃托不信,背死不义。"母百计劝之,孝妇曰:"所贵乎人,贵其行也。生子而娶之妇,非以托此身乎?姑老矣,夫不幸,不得终为子,而妾又弃之,是负夫之心,而伤妾之行也。行之不修,将何以立于世?"欲自杀,父母惧而从之。养姑二十八年,姑死,终奉祭祀。淮阳太守以闻汉文帝,高其义,赐黄金四十斤,复⑥其家,号曰"孝妇"。

吕氏曰:孝妇夫亡时,年甫十八耳。别时一诺,持以终身,既守妇节,又尽子道,艰苦几经,不二其心。设非孝妇,母也不为沟壑之枯骨乎?古孤子不从军。文帝,汉英君也,仁心宜无不及,而绝人之嗣、寡人之妻、独人之母,为勾践⑦所悲。岂非德政之累哉?盛世之民,何其幸与!

吕语今译

孝妇的丈夫死亡时,年龄才刚到十八岁。对于夫妻别离时的一句诺言,孝妇终身守持,既守了妇节(不改嫁),又尽了子道(孝敬婆婆),历经艰辛,也不改变自己的心意。假设没有孝妇,她丈夫的母亲不就死去成为沟壑之中的枯骨吗?古代家中的独子不用服兵役。文帝,是汉代英明的君主,他的仁慈之心应该遍及天下,然而他却让独子参军,致使这位独子断绝了子嗣、独子的妻子守寡、独子的母亲孤独无依,越王勾践看到这种情形也会感到悲伤。这难道不是德政不周全所带来的负累吗?生活在太平盛世之下的民众,是多么的幸运啊!

简注

① 陈:地名,今属河南省。
② 甫:刚刚。
③ 属:叮嘱。
④ 取而嫁之:取夺女儿守节的心志,让她改嫁。
⑤ 严命:严父之命。
⑥ 复:免除徭役赋税。
⑦ 勾践:春秋时越国的国君,被吴王夫差击败后卧薪尝胆、发奋图强,最终成功报仇灭吴,成为霸主。在准备复仇期间,勾践曾与越国百姓同甘共苦,归附民心。若勾践看到绝人之嗣、寡人之妻、独人之母的情况,也会为之而感到悲伤。

实践要点

孝妇遵守诺言,终身守寡,孝养婆婆,这种精神实在值得赞叹。在现代社会,且不说寡妇会不会孝养婆婆,就是丈夫健在,婆媳之间也常冲突不断。更有甚者,不但自己不向婆婆尽孝,更不许自己的丈夫孝顺婆婆,强行隔断母子之情,这实在是丧尽天良。为人妇者对此应当有所注意,无论婆婆对自己好不好,她都是丈夫的母亲,要做到爱屋及乌,承担孝养婆婆的责任。

唐氏乳姑

◎唐夫人者,中书侍郎崔远①之祖母也。夫人事姑孝,姑长孙夫人,年高无齿,唐夫人每旦拜于阶下,即升堂乳其姑。长孙夫人不粒食②数年,而康宁。一日疾病,长幼咸集,宣言无以报新妇恩,愿新妇有子有孙,皆得如新妇孝敬。则崔氏之门,安得不昌大乎?

吕氏曰:妇事姑,菽水③时供,不失妇道。即以孝称者,日竭甘旨,极意承欢,母不能食,亦付之无可奈何耳。唐夫人事姑,乃夺子之乳以乳之,非真心至爱出于自然,何能思及此哉?是故有孝亲之心,不患无事亲之法。

吕语今译

妇人事奉婆婆,按时供给食物,这样就算是不亏损妇道了。即使那些以孝顺而著称的妇人,每天竭诚制作美味的食物,全心全意地讨亲人欢心,若是母亲没有牙齿,不能吃东西了,她们也束手无策。唐夫人事奉婆婆,把本该用来喂养子女的乳汁用来喂婆婆,若不是对婆婆有出于自然的真心实爱,怎么能想出这种办法呢?所以说,只要有孝亲心意,就不怕没有事奉亲人的方法。

简注

① 中书侍郎崔远:中书侍郎,官职名,唐宋时多以中书侍郎为宰相职衔。崔远,字昌之,在唐昭宗、唐哀帝时担任宰相,后死于白马驿之祸。

② 不粒食:不吃谷物。

③ 菽(shū)水:菽,豆子。水,清水。《礼记·檀弓下》有云:"孔子曰:'啜菽饮水尽其欢,斯之谓孝。'"后人以菽水指代孝子对双亲的奉养。

实践要点

本条最发人深省的是吕坤关于"有孝亲之心,不患无事亲之法"的教诲。在日常生活中,我们都知道要孝顺亲人。但有时候遇到困难便容易心生退意,安慰自己说有孝心就可以了,至于孝行能不能实现则不太重要。但事实上,有纯孝的心，便会千方百计地满足双亲的需求。因此，现代读者在行孝的时候，不妨反复思考，自己是否已经尽力而为了呢？有没有更好的方法去满足双亲的需求呢？双亲的心意到底是怎样的呢？多花心思，自然可以更好地尽孝。

庞氏感泉

◎广汉姜诗[①]，事母至孝。妻庞氏，奉顺尤笃。母好饮江水[②]，去舍六七里，其妻取水值风，还不及时，母渴，诗怒而遣之。妻寄止邻舍，昼夜纺绩，市珍羞，因邻母以达于姑[③]。久之，姑怪问，邻母具对。姑感惭，还之，恩养愈谨。其子因远汲溺死，妻恐姑哀伤，托以远学不在。姑嗜鲙[④]，又不能独食[⑤]，夫妇常力作供鲙，呼邻母共之。舍侧忽涌泉，味如江水，每日跃出鲤鱼一双，常供二母之膳。赤眉贼经诗里，弛兵而过，曰："惊大孝，必触鬼神。"[⑥]其孝感如此。

吕氏曰：孝子之事亲也，养口体易，养心志难；顺一时易，顺终身难；事慈亲易，事严亲难。庞氏小过被逐，怨怼不生，而托邻母以致养；力作求鲙，不惟供母，又养邻母以陪欢。孝无以加矣。余非人子耶？余甚愧之。安得起九泉人，复伸姜孝子一日之心耶！

吕语今译

孝子事奉亲人，奉养他们的口体容易，满足他们的心思意志却很难；孝顺一时容易，孝顺一辈子却很难；事奉慈祥的亲人容易，事奉严厉的亲人却很难。庞氏因为小小的过错而被逐出家门，却没有心生怨恨，反而托邻居老妇来送食物给自己的婆婆；夫妻两人卖力劳作来买鲙鱼给母亲吃，不但供给自己的母亲，又让邻居老妇过来一起陪着吃，以欢愉母亲的心志。他们的孝心可说是无以复加了。我不也是人子吗？（看到他们的事迹）我甚为惭愧。怎么才能让九泉之下的亲人复活，让我用一天的时间来伸张像姜孝子那样的孝心呢！

简注

① 广汉姜诗：广汉，地名，今属四川省。姜诗，事母至孝，东汉明帝时以孝廉举，被任命为郎中，后为江阳令。

② 好饮江水：喜欢喝长江的水。

③ 因邻母以达于姑：通过邻居老妇把珍馐送给婆婆吃。

④ 鲙（kuài）：鲙鱼。

⑤ 不能独食：不能独自一个人吃。

⑥ "赤眉贼经诗里"句：赤眉贼，汉末农民起义军。弛兵而过，放下武器而走过，原因是害怕惊动孝子姜诗、庞氏而触犯鬼神。

赵妇感火

◎赵孝妇,早寡家贫,为人织纴,得美食,必持归奉姑,自啖粗粝[音腊]。尝念姑老,后事无资,乃鬻①次子于富家,得钱百缗②,买木治棺。棺成,南邻失火,顺风而北,势迫矣。孝妇亟③扶姑出,而棺重不可移,乃伏棺大哭曰:"吾卖儿得棺,无能为我救者,天乎!天乎!"言毕,火越而北④,人以为孝感所致。

吕氏曰:孰谓回禄⑤无知哉?止火即异,越孝妇而北,不尤异乎?至诚而不动者,未之有也。

| 吕语今译 |

谁说火神回禄无知呢?若是停止了火势即是怪异的事情了,此处是大火越过了孝妇的家而继续往北蔓延,不是更加的怪异吗?心有至诚而不能感动上天,没有这样的事情。

简注

① 鬻（yù）：卖。

② 缗：古代计量单位，通常以一千文为一缗。

③ 亟（jí）：急切。

④ 火越而北：火越过赵孝妇家而继续向北蔓延。

⑤ 回禄：火神。

俞新之妻

◎俞新之妻，绍兴人，闻氏女也。新殁，闻尚幼，父母虑其不能守①，欲更嫁之。闻哭曰："一身二夫，烈妇所耻，妾可无生②，可无耻乎？且姑老子幼，妾去，当谁依也？"即断发自誓。父母知其志笃，乃不忍强。姑久病风，失明，闻手涤溷［音混］秽③，时漱口上堂舐［音是］其目④，目为复明。及姑卒，家贫无资⑤，与子亲负土葬之，朝夕悲号，闻者惨恻。

吕氏曰：未有贞妻不为孝妇者。闻氏事姑至舐目复明，非至孝感通，孰谓舌能愈目哉？乃有欺其不见而以蟫具食⑥者。

卷三 善行

吕语今译

没有哪个贞正的妻子不是孝顺的媳妇。闻氏事奉婆婆,甚至用舌头舔她的眼睛使之重获光明,若非至孝之心能感通上天,谁说只凭舌头就能治愈眼疾呢?有些人却欺负别人眼睛看不见东西,而以金龟子幼虫做成食品喂给失明者吃的。

简注

① 守:守寡。

② 无生:没有生命,即送死。

③ 溷秽:肮脏污浊。

④ 舐其目:用舌头舔婆婆失明的眼睛。

⑤ 无资:没有钱财。

⑥ 欺其不见而以蟦(cáo)具食:蟦,金龟子的幼虫。具食,准备食物。据《晋书·列传第五十八》所载,广陵人盛彦的母亲王氏因病失明,其婢怀恨王氏,趁盛彦不在家的时候,把蟦炙熟给王氏吃。

实践要点

"庞氏感泉""赵妇感火""俞新之妻"三条大意相同,都讲述了孝子孝妇以真诚的孝心感动了上天鬼神,因而发生了神异之事。抛却故事当中的怪力乱神不论,庞氏、赵妇、闻氏的孝心实在让人敬佩。这三条对现代读者最有价值的启发

是以下三点:

一是既要满足双亲的物质需求,也要关怀他们的精神生活。如"庞氏感泉"条,夫妻二人不仅辛勤劳作以满足母亲的口体之欲,同时还考虑到母亲喜欢和别人一起分享美食,于是叫上邻居来陪吃。让老人家心生欢喜,这是孝敬双亲的最高追求。

二是双亲生病时要尽力照料,不要嫌脏嫌累。如"俞新之妻"条,闻氏亲手为婆婆清理排泄污秽之物,并亲自用舌头为婆婆舐目。

三是侍奉双亲要有恒常的耐心。尽孝不是一时半刻的事情,如吕坤所说"顺一时易,顺终身难",不能有急功近利的心态,要把孝顺双亲当作自己生活的一部分。

韩太初妻

◎韩太初妻刘氏,新乐人。太初仕元[1]为显官,洪武七年,家徙和州,刘氏奉姑宁氏以行。至南宫,姑仆[音付,跌也]地伤腰,刘氏祷天,刺[音七]臂血,和药以进,遂愈。至瓜洲,姑复病,再进,再愈。至和州,一年,姑患风疾,不能起便[大解]溺[音尿,小解],刘氏亲手扶拭[音失,刷洗]。时盛暑,刘氏日夜挥逐蚊蝇;蛆[取,平声]生枕席,刘氏啮[音涅,口咬]之,蛆不复生。姑病寻愈。一日姑忽病危,啮刘氏手指,意欲永诀[死别之言]。刘氏不悟,刺指血和汤以进,姑病骤愈。越月而卒,五年未得归葬,刘氏哀伤如一日。

> 吕氏曰：子妇事亲，无过分之事。至于割股②、刺臂、啮蛆、尝粪③，皆一念迫切至情，足以动天地、感神明。然而圣贤未尝为者何，道不出于中庸，在人子自尽④则可，以之示训，则不可也。若刘氏者，绳⑤孝不可及矣。吾录之，以愧世之薄于舅姑者。

| 吕语今译 |

儿子媳妇事奉亲人，没有什么事情是过分的。至于说割股、刺臂、啮蛆、尝粪等事情，都是出于在紧急关头流露出的至孝之情，足以感动天地、神明。然而圣贤之人为何不曾这样做呢？因为事亲之道不外乎行合中庸，（对于超乎中庸之道的孝行）为人子者可以尽自己的心意去做，但用来示训天下的话则不可行。像刘氏所拥有的这般无穷无尽的孝心，一般人很难比得上。我摘录她的事迹，是想让薄待公公婆婆的妇人感到惭愧。

| 简注 |

① 仕元：在元朝做官。
② 割股：割下大腿上的肉入药以为亲人治疗疾病。如《宋史·列传第

二百一十五》载云："刘孝忠,并州太原人。母病经三年,孝忠割股肉、断左乳以食母;母病心痛剧,孝忠然火掌中,代母受痛,母寻愈。"

③ 尝粪:《全相二十四孝诗选》载有"尝粪忧心":"南齐庾黔娄为孱陵令……时父疾始二日。医曰:'欲知愈剧,但尝粪,苦则佳。'黔娄尝之甜,心甚忧之。至夕,稽颡北辰,求以身代父死。"

④ 自尽:自尽其心,意谓割股刺臂、啮蛆尝粪等超乎中庸之道的孝行不能勉强去做,要视乎情况,由孝子自觉为之。

⑤ 绳:延绵不绝。

| 实践要点 |

本条讲述刘氏侍奉婆婆极尽所能,再次证明了上文所说的"有孝亲之心,不患无事亲之法"。值得注意的是,吕坤指出了"子妇事亲,无过分之事。"在现代读者看来,古人有很多孝行是不可思议的,如割股、刺臂、啮蛆、尝粪等。然而这些行为都是孝子在迫切的关头不得不做的事情。这体现出孝子把孝亲这件事情放在了心中最重要的位置,其他事情与之相比也微不足道,因而做出了让人不可思议的行为。这并非鼓励现代读者也去践行割股、刺臂、啮蛆、尝粪等孝行,而是要体会古人孝顺双亲的那份深切的感情,当双亲遇到疾病和困难时,也要奋不顾身地照料双亲,为他们排忧解难。

楚昭越姬

◎越姬者，勾践之女，楚昭王之姬也。昭王燕游，蔡姬在左，越姬参右①。既欢，乃问二姬曰："乐乎？"蔡姬对曰："乐。"王曰："吾愿与子生若此，死又若此。"蔡姬曰："昔敝邑寡君，不能以黎民之役，事君王马足，故以婢子之身，为苞苴玩好②。今比③于妃嫔，幸矣。愿生俱乐，死同时。"王顾谓史④："书之。蔡姬许从孤死矣。"复谓越姬，越姬对曰："昔者我先君庄王，淫乐三年，不听政事，终而能改，卒霸天下。妾以君王为能法我先君，将改斯乐而勤于政也。今则不然，而要婢子以死⑤，其可得乎？且君王以束帛乘马，纳婢子于敝邑，寡君受之太庙也，不约死。妾闻之诸姑，妇人以死章君，若苟从于邪，以益君之过，而笑诸侯，妾不敢闻命。⑥"于是王悟，敬越姬之言，而犹亲嬖⑦蔡姬也。居二十五年，王救陈，二姬从，王病军中，有赤云夹日如飞鸟。王问周史，史曰："是害王身。然可移⑧，移于将相。"王曰："将相之于孤，犹股肱也。"不听。越姬曰："大哉君王之德！以是，妾愿从死矣。昔日之游，淫乐也，故不敢许。今君王复于礼，国人皆将为君王死，而况妾乎？请先驱狐狸于地下⑨。"王曰："昔之游乐，吾戏⑩耳。若将必死，是彰孤之不德也。"越姬曰："昔者妾虽不言，心既许之矣。妾闻信者不负心,义者不虚语。妾死王之义,不死王之好也。"遂自杀。王病甚,卒薨⑪于军中,蔡姬竟不能死。王弟子闾,与子西子期谋曰:"母信者,其子必仁。"乃伏师闭壁⑫,迎越姬之子熊章,立,是为惠王。

吕氏曰:贤哉越姬,不可及矣。柔情昵好,生死为轻,此淫邪者之童心耳。越姬不死于情而死于义,不死于言而死于心,岂不贞信君子哉?惜也,可以无死矣。

| 吕语今译 |

越姬是多么的贤惠啊,一般人无法企及。柔情似水、亲昵所好,把生死看得很轻,这是淫邪好色之人的幼稚想法罢了。越姬不为儿女私情而死却为了道义而死,不为言语而死却为了心中的信念而死,她难道不是贞正守信的君子吗?可惜的是,她本来可以不送死。

| 简注 |

① 参右:参乘,在右边陪乘。
② 苞苴(bāo jū)玩好:馈赠。蔡姬意谓自己本是蔡国用以馈赠楚王的玩

物，以博得楚国对蔡国的眷顾，想不到楚王竟然这么喜欢自己。

③ 比：并列。

④ 史：史官。

⑤ 要婢子以死：婢子，越姬对自己的谦称。要婢子以死，即约我同死。

⑥ "妾闻之诸姑"句：诸姑，父亲的众姐妹。本句大意是，妇人应该以死亡来彰显君主的仁善，若没有正当的理由而苟且与君主相约送死的话，只会增加君主的过错，让君主遭受其他诸侯的耻笑，因此越姬不愿意与楚昭王约死。

⑦ 嬖（bì）：宠幸。

⑧ 移：转移。意谓可以把楚昭王遭受的灾害转移到其他人的身上。

⑨ 请先驱狐狸于地下：意思即是越姬愿意以己身替楚昭王攘灾，先赴黄泉。

⑩ 戏：说笑。

⑪ 薨（hōng）：诸侯逝世名为"薨"。

⑫ 伏师闭壁：伏师，潜伏军队。闭壁，关闭围墙。伏师闭壁是为了防范外敌趁机伐楚，同时预防楚国国内诸公子为夺位而发起的内乱。

杞梁之妻

◎齐庄公袭莒①，杞梁②死于战。其妻迎尸，庄公将吊之③。妻曰："殖[杞梁名]之有罪，君何辱焉？若免于罪，则有先人之敝庐在，妾不得与于郊吊④。"庄公吊诸其家而去。梁家于城下⑤，妻枕尸哭十日，城为之崩。既葬，叹曰："上无父母，下无子女，中无兄弟，人生之苦，亦至是乎？吾何归矣？"乃仰天恸哭，赴淄水⑥而死。

吕氏曰：夫终正寝，而妇自杀以殉，余不录。录殖之妻者何？郊吊有辞，重节义之礼也；国俗为变⑦，极哀痛之诚也。自伤无依而投淄水，非世俗儿女子情矣。余哀其贤而数奇，非以节也。临难不夺之谓节，茹苦不变之谓节，持一念以终身之谓节。

吕语今译

丈夫自然死亡，而妻子自杀以殉情的，我不摘录。为何要摘录杞梁殖的妻子呢？她辞绝齐庄公在野外吊唁杞梁的想法，这是重视节义的礼法；齐国的风俗因为她而改变，这是极尽哀痛的诚心。她因为无依无靠而独自伤悲，最后投淄水而死，这不是出于世俗的男女私情。我哀叹她贤惠而命途多舛，不是因为她的气节。面临大难不改心志，这叫做有气节；经历苦楚而初心不变，这叫做有气节；终身坚守同一个信念，这叫做有气节。

卷三 善行

简注

① 莒（jǔ）：地名，今属山东省。

② 杞梁：杞梁殖，齐国大夫。

③ "其妻迎尸"句：杞梁的妻子在迎接丈夫尸首的路上，遇到了齐庄公。齐庄公想在路上吊唁杞梁，但这种行为是不符合礼法的，因而杞梁的妻子说了下面的话来拒绝。

④ "殖之有罪"句：大意是，杞梁若是有罪过，则君上何必屈尊吊唁呢？若是无罪，则应该在杞梁的家中（先人之敝庐）进行吊唁，因为杞梁的妻子作为女子不得参与在外举行的丧吊之事（郊吊）。

⑤ 梁家于城下：杞梁的家位于城墙之下。

⑥ 淄（zī）水：河川名。

⑦ 国俗为变：据刘向《列女传·齐杞梁妻》记载，杞梁的妻子枕尸而哭，路上的行人看到了也都为之挥泪。

皇甫规妻

皇甫规①妻，不知何氏女，美姿容，能文，工书②，时为规答书记③，人怪其工，后乃知之。规卒，妻年方少，董卓④为相，聘以軿辎⑤百乘、马二十匹、奴婢钱帛充路⑥。妻乃缞服诣卓门⁷,跪自陈请⁸,辞甚酸怆⁹。卓使侍者拔刀围之,谓曰:"孤之威令,四海风靡,乃不行于一妇人乎?"妻知不免,乃起骂卓曰:"君羌胡之种⑩,毒害天下,犹未足耶?妾先人清德奕世⑪,皇甫氏文武上才,为国忠臣。君其趣[与趋义同]走吏⑫,敢行非礼于尔君夫人耶!"卓乃引车庭中⑬,以其头悬轭⑭,鞭扑交下⑮。妻谢⑯杖者曰:"重加之,令我速死。"遂死车下。后人图画⑰,号曰"礼宗"云。

◎吕氏曰:哀哉皇甫妻也,有色、有文、有行,而天不祚其身。义哉皇甫妻也,诱之以利,怵之以兵,而竟不夺其志。至于跪卓乞免,积诚意以感动之,可谓从容不迫矣。不爱死,不求死,不得已而后死,其善用死者哉!

| 吕语今译 |

皇甫规的妻子多么悲哀啊!她有美色、有文才、有德行,而上天却不福荫其身。皇甫规的妻子多么守义啊!董卓用利益去引诱,让官兵去恐吓,而她最终也没有被夺去自己不屈从的心志。至于说她向董卓下跪去乞求免于改嫁,想用诚意来感动他,可说是从容不迫的做法。不喜欢死亡,不求取送死,在不得已的情况下才就义而死,这便是善于运用死亡。

简注

① 皇甫规：字威明，东汉著名大将，被封为护羌校尉。皇甫规为将门之后，其祖父皇甫棱为度辽将军，其父皇甫旗为扶风都尉。因而下文说皇甫家族是文武上才、国之忠臣。

② 工书：擅长于书法。

③ 答书记：答，回复。书记，书牍。

④ 董卓：字仲颖，东汉末年挟天子以令诸侯，专擅朝政，后为其麾下大将吕布所杀。

⑤ 辎軿（zī píng）：辎车、軿车。泛指有帷盖的车子。

⑥ 充路：充塞道路。形容物品的数量很多。

⑦ 缞（shuāi）服诣卓门：穿着丧服前往董卓家门。

⑧ 跪自陈请：下跪自述却聘的请求。

⑨ 辞甚酸怆：言辞甚为酸楚悲怆。

⑩ 羌胡之种：羌族和胡族，均为古代西北部的少数民族。

⑪ 清德奕（yì）世：清德，清高的德行。奕世，代代相传。

⑫ 君其趣走吏：此即辱骂董卓是为皇甫家族奔走效劳的小官吏。

⑬ 引车庭中：把车拉到庭院中间。

⑭ 轭（è）：车前横木，用于驾车时挂在牛马的脖子之上以牵引车辆。

⑮ 鞭扑交下：鞭，鞭子。扑，用于行刑的棍棒。交下，交相而下。

⑯ 谢：以言辞相告。

⑰ 图画：绘画。

荀氏归阴

◎阴瑜妻荀氏，名采，颍川爽女①也，聪明有才艺。适阴氏，产一女而瑜卒。同郡郭奕丧妻，爽以采许②之，因称病笃召采③。采归，怀刃自誓。爽令侍婢夺其刃，扶抱载之。既到郭氏④，乃伪为喜色，令女仆列侍，明灯盛饰，请奕相见，共谈达曙⑤。奕敬重之，狎昵不生。既而命左右办浴⑥，浴至，尽出侍者，掩户，以彩笔书扉上曰："尸还阴氏。"遂以衣带自缢，时人伤之。

吕氏曰：采求死不得，而委曲以成仁，花烛共谈，而此心不少变，可谓贞矣。吾独怪爽为荀氏人龙⑦，抵死以非义强其女。大节如此，细行可知矣，恶得贤？

| 吕语今译 |

荀采求死却不得遂愿，故而通过曲折的计谋来杀身成仁，与郭奕花烛之下共

谈达旦，而她守节的心意丝毫没有改变，这可说得上是贞正了。我只是觉得奇怪，荀爽是荀氏家族的精英，却终究要用不合道义的事情来强迫自己的女儿。他在大节之上是如此的不义，其为人的细节也可以知道了，他怎么会是一个贤明的人呢？

简注

① 颍川爽女：颍川，地名，今属河南省。爽，荀爽，字慈明，一名谞，战国时儒学宗师荀子的后人，东汉末年经学大师，在董卓掌政时，被任命为司空。

② 许：许配。

③ 因称病笃召采：通过谎称自己病重来叫荀采回娘家。

④ 既到郭氏：已经到了郭奕的家里。

⑤ 达曙：直至天明之时。

⑥ 办浴：准备沐浴的用具。

⑦ 荀氏人龙：人龙，人中之龙，即精英人才。荀爽的父亲荀淑共有八个儿子，每个人都很有名声，当时的人把他们八兄弟称作"八龙"，其中又以荀爽最为出名，有"荀氏八龙，慈明无双"的美誉。

京妇代夫

◎京师节妇，长安大昌里人之妻也。有欲杀其夫而无因者，乃劫节妇之父，使要①其女以为内应。父呼女告之，女念：不听，则杀父；听之，则杀夫。乃许诺曰："明日在楼上新沐②东首卧③，是吾夫也。妾请开户待之。"还家，乃告其夫，使卧他所，因自沐居楼上，东首，开户而卧。夜半，仇家果至，断头持去。明日视之，乃大惭痛，释其夫不杀。

吕氏曰：敢于劫父以要其女，此大豪也，何不公杀其夫于白日相遇之时？得于先闻以告其夫，此泄事也，何不共逃父夫于不可迹迹之处？呜呼节妇，可哀也已。

| 吕语今译 |

敢于劫持父亲来要挟女儿作谋杀的内应，这个人应该是个大恶人，为何他不在白天与她丈夫相遇的时候公然下手呢？这个节妇能够提前知道杀人计划并告诉了自己的丈夫，这已经是泄露了秘密，为何不和父亲、丈夫一起逃遁去别人找不着的地方呢？呜呼！这个节妇的遭遇也太悲哀了。

简注

① 要：要挟。

② 新沐：刚洗完头发。

③ 东首卧：头向东边躺卧。

周迪之妻

◎迪，洪州商人，携妻之扬州。唐末，杨行密①围扬州，掠劫已尽，军士食乏，市肆②杀人卖肉。迪妻曰："穷蹙③如此，势不两全，君有老母，不可不归，请卖妾以备行资。"遂自诣屠肆，得白金④与迪。迪袖以行，门者诘之⑤。迪告其故，不信，还至屠肆验实⑥，妻之首已在案上矣。众悲叹，以帛遗迪，收骸骨而归。

吕氏曰：劝夫归以养母，杀其身以资夫，义哉迪之妻也。设有余策，宁至是乎？乱世人情，可为恸哭。谁为君相？而使赤子遭祸如此之惨哉！有天下者，可以深长思矣。

吕语今译

劝说丈夫回家奉养母亲，献出自己的性命来换得钱财资助丈夫，周迪的妻子是多么有义气啊！假设有其他的方法，怎么会落得这种地步呢？祸乱之世体现出来的人间真情，可以让人为之痛哭。谁是当时的人君国相呢？使得怀有赤子之心的人遭受这么悲惨的祸乱啊！治理天下的人，看到这个故事可以深刻地反思一下。

简注

① 杨行密：字化源，唐末时起兵作乱，其后成为五代时吴国的创建者。
② 市肆：市场。
③ 穷蹙（cù）：穷迫。
④ 白金：白银。
⑤ 门者诘之：守门的人看到周迪的袖子之中藏有东西，便对之进行诘问。
⑥ 验实：查验情实。

梁氏重生

◎梁氏，临川①人，归王氏家，才数月，会元兵至，与夫约曰："吾必死兵，若更娶，当告我。"顷之，夫妇俱被执。有军千户^②欲纳^③梁氏,梁绐^④曰:"同行而事两夫,情礼均病。乞归吾夫而后可^⑤。"千户从之。夫去,计不可追矣,即拒搏^⑥怒骂,遂被杀。越数年,夫谋更娶,议辄不谐^⑦,因告妻。夜梦妻云:"我死后,生某氏家,后当复为君妇。"明日遣人聘之,一言而合。询其生,与妇死年月日正同云。

吕氏曰:梁氏全夫之智,临变不迷,从一之贞,再生不易。事不必其有无,然金石之操,两世犹事一夫。世顾有事一夫而怀二心者,梁氏传不可不读。

| 吕语今译 |

梁氏有保全丈夫性命的智巧,在紧急关头没有迷失,她有专从一夫的贞节,要投胎再生不是一件容易的事情。投胎再生的事情不必追究是真是假,可是梁氏金石一般坚贞的节操,体现在她希望能在两辈子中都事奉同一个丈夫。世上有事奉一个丈夫而心里还想着其他男人的妇人,对于这些人而言,梁氏的传记不可以不读。

| 简注 |

① 临川:地名,今属江西省。

② 千户:元代官职名,为掌兵千人防卫地方的武官。

③ 纳:娶。

④ 绐(dài):同"诒",欺骗。

⑤ "同行而事两夫"句:大意是说若同意了嫁给千户大人的话,他们一行人当中会出现梁氏一个女子而同时事奉两个丈夫的情况,于情于礼都说不过去,于是梁氏请求先放走她的丈夫,之后再事奉千户大人。

⑥ 拒搏:搏,搏执。拒搏,即反抗。

⑦ 议辄不谐:辄,总是。商议婚事的时候总是不如意。

谭氏八砖 [音专]

◎谭烈妇赵氏,吉州永新①人。元兵破城,赵氏抱婴儿随其舅姑,同藏乡校②中,为悍卒所执③,杀其舅姑,又执赵,欲污④之。不从,恐之以刃,赵骂曰:"吾舅死于汝,吾姑又死于汝,与其不义而生,宁从吾舅姑死耳!"遂与婴儿同遇害,血渍⑤文庙⑥两楹⑦之间八砖,宛然妇人抱婴儿状。磨以沙石,不去,锻以石炭⑧,其状益显。

> 吕氏曰：舅姑之血，岂不溅染砖石，然已泯没。而烈妇婴儿血状宛然，磨而益著，贞心为血，贯彻金石，理固然耳。

吕语今译

烈妇公公婆婆的血，难道不也溅染到砖石之上吗？然而已经消失掉了。而烈妇和婴儿的血还保留她们遇害时的形状，越磨越显著，烈妇贞正的心化为了血，透彻于金石之中，（永不磨灭）也是理所当然的。

简注

① 吉州永新：地名，今属江西省。
② 乡校：乡里的学校。
③ 为悍卒所执：被凶悍的士兵捉住了。
④ 污：奸污。
⑤ 渍：沾染。
⑥ 文庙：孔庙。
⑦ 两楹：堂上前部正中的两根柱子。
⑧ 鍜（xiá）以石炭：用煤炭一类的东西去涂抹。

撒合辇妻

◎撒合辇[1]妻独吉氏,金平章政事千家奴[2]之女也,动遵礼法,闺门肃如[3]。元兵围中京,辇时为留守,疽发背[4],不能军。独吉度城必破,谓辇曰:"公本无功能,徒以国宗得至高爵。君恩良厚,今城在围而身病,命也夫!城旦夕陷矣,当率精兵力战而死,幸无以我为虑。"辇力疾巡城,独吉取平日衣饰玩好,布之卧榻[5],家赀[6]悉以分人。乃盛饰,谓女使[7]曰:"我死,则舁[8]之榻上,覆面以衾,闭户举火,无令军士见吾尸也。"言讫而缢。辇归,恸哭曰:"夫人不辱我,我肯辱朝廷乎!"因命家人焚之。俄而城陷,辇力战不克,投水而死。

吕氏曰:独吉氏,胡妇女也,恐辱于兵,乃能从容就死。忠臣节妇,各蹈水火之仁。彼生于华夏礼义之乡者,当亦愧矣。

| 吕语今译 |

独吉氏是北方少数民族妇女,怕被元兵污辱,于是从容不迫地自杀。忠臣撒合辇和节妇独吉氏,夫妻二人各自赴汤蹈火杀身成仁。那些出生于华夏礼义之邦的人,看到他们的事迹也应当感到惭愧了。

简注

① 撒合辇：完颜撒合辇，字安之，女真族，金国宗室、将领。正大九年（公元1232年）二月，蒙古兵进攻洛阳，完颜撒合辇带领三四千残兵守城。城破之后，突围不成，最终自杀殉国。

② 金平章政事千家奴：金，金国。平章政事，官职名，元代的平章政事为丞相之副。千家奴，即独吉思忠，千家奴为其本名。

③ 闺门肃如：身居闺门之内庄严肃整。

④ 疽（jū）发背：疽，毒疮。疽发背，即毒疮发作于背上。

⑤ 卧榻：睡觉的床。

⑥ 家赀：家中的财产。

⑦ 女使：女仆。

⑧ 舁（yú）：抬。

潘氏投火

◎潘氏，字妙圆，山阴①人，适同邑徐允让。甫三月，值元兵围城，潘同夫匿②岭西，贼得之。允让死于刃，执潘，欲辱③之。潘颜色自若，曰："我一妇人，家破夫亡，既已见执，欲不从君，安往？愿焚吾夫，得尽一恸，即事君百年，无憾矣。"兵从之，乃为坎燔柴④，火正烈，潘跃入烈焰而死。

吕氏曰：济变以才，含情以量，使妙圆骂贼不屈，岂不获死？而夫骨谁收？又安得同为一坎之灰耶？哀惧不形，安详以成其志，圆也可为丈夫法矣。

吕语今译

用才智来应对事变，用气量来含蓄情感，假使妙圆不愿屈服大骂恶贼，难道不会马上被杀死吗？这样的话，她丈夫的尸骨由谁去收拾呢？又怎么能和丈夫的骨灰同埋一穴之中呢？刚开始时她心中的哀伤恐惧没有表现出来，后来又安详从容地投火以完成自己的心志，妙圆的做法也可以被天下间的男子所效法。

简注

① 山阴：地名，今属浙江省。
② 匿：藏匿。
③ 辱：污辱。
④ 为坎燔柴：挖坑烧柴。

赵运使妾

◎赵淮[1]，长沙人，德祐[2]中，携妾戍银树墌[3]。元兵至，俱执。至瓜州，元将使淮招李庭芝[4]降，淮不从，为所杀，弃尸江滨。妾入元军，泣曰："妾夙事赵运使[5]，今尸弃不收，情不能忍，愿得掩埋，终身事公无憾。"元将怜之，使数兵舁[6]至江上。妾聚薪焚淮骸骨，置瓦缶[7]中，自抱持，操小舟至中流，仰天恸哭，跃水而死。

吕氏曰：淮之忠，妾之节，读之，俱堪泪下。使妾也骂贼而死，则淮骨终无人收矣。哀言感动，元将为怜，淮葬江心，妾全首领[8]，处变不当如是耶？

| 吕语今译 |

赵淮的忠心以及他的妾侍的节义，读了让人感动流泪。假使赵淮的妾侍也大骂贼兵而被杀死，那么赵淮的尸骨最终便没人去收拾了。赵淮妾侍说出的那番悲哀的言语实在让人感动，使得元军的将领也为她感到可怜，最后赵淮能葬身在江水之中，他的妾侍能自投江中保存全尸，面对突如其来的变故不就应当这样去处理吗？

简注

① 赵淮：字元辅，号靖斋，南宋抗元将领。

② 德祐：德祐（公元 1275～1276）为宋恭帝使用的年号。

③ 银树埧（jù）：地名，今属江苏省。

④ 李庭芝：字祥甫，南宋抗元将领。

⑤ 运使：即转运使，官职名。赵淮曾为淮东转运使，因而此处称之为赵运使。

⑥ 舆：载。

⑦ 瓦缶（fǒu）：小口大腹的瓦器。

⑧ 首领：首，头。领，颈。此处意谓赵淮妾侍投江自尽能保存全尸。

翠哥代死

◎李仲义妻刘氏，名翠哥。至正①二十年，房山县②大饥③，元兵乏食，执仲义欲烹之。刘氏闻之，遽往④，涕泣伏地，告曰："所执者吾夫也。乞免其死，吾家有酱一瓮，米一斗五升，窖［音教，地藏也］于地中，可掘取之。"兵不从，刘氏曰："吾夫瘦小不可食。吾闻妇人肥黑者味美。吾肥且黑，愿就烹以代吾夫。"兵乃释其夫而烹刘氏，闻者莫不哀之。

| 卷三 善行 |

> 吕氏曰：妇人肥黑者味美，我未之前闻。节妇求死，惟恐不得，故为之辞耳。百世而下，其骨犹香，何止肉美哉！

| 吕语今译 |

妇人长得又肥又黑的吃起来味道比较鲜美，我之前从来没有听过这种说法。节妇刘氏为了求得代夫而死，只恐不得遂愿，因此伪造了这些话而已。刘氏的节义足以流芳百世，百年之后，她的骨头依然是香的，又何止肉是甜美的呢！

| 简注 |

① 至正：至正（公元1341—1368）为元顺帝使用的年号，是元朝末年的最后一个年号。

② 房山县：地名，今属北京市。

③ 大饥：大型的饥荒。

④ 遽（jù）往：遽，立即。往，前往。

善歌妇人

◎南中①有大帅②，贵而骄侈，有善歌妇人颇有色，帅爱之，召与私，不从。帅以他故③杀其夫，而置妇于别室④，多具金珠绮绣以悦之。逾年，帅入其室，妇亦欣然接待，情甚婉恋⑤。及就榻，妇忽出白刃于袖中，斫⑥帅，帅绝裾而走⑦，遣人执之，已自断其头矣。

吕氏曰：善歌妇人，贫贱者流也。大帅贵矣，矧⑧逾年之久，珠绣之多，何节不变？何念不移？而妇人报夫之心坚如一日，刺仇不克，竟自断其首焉。烈哉节妇！事虽不克，而心则已尽矣。彼慷慨杀身于须臾者，得无遗恨乎。

| 吕语今译 |

善于唱歌的妇人，大概是贫贱人家。大帅是富贵人家，况且经过了好几年，他送上了这么多的珠宝锦绣，有哪个女子的贞节能依旧不变呢？有哪个女子的想法能依旧不改呢？而这个妇人为丈夫报仇的心意却坚定不移、多年如一日，后来刺杀仇人没有成功，最终砍断了自己的头。这个节妇是多么的刚烈啊！虽然报仇

卷三 善行

455

的事没有成功，但心意却已经尽到了。她在顷刻之间慷慨自杀，心中应该没有什么遗恨了吧。

简注

① 南中：今云南省、贵州省、四川省一带。
② 大帅：军队的主将。
③ 他故：其他的理由。
④ 别室：正室以外的房间。
⑤ 婉恋：缠绵依恋。
⑥ 斫（zhuó）：砍。
⑦ 绝裾而走：裾，衣服的下摆。弄断衣服下摆而逃走。
⑧ 矧（shěn）：况且。

实践要点

"楚昭越姬""杞梁之妻""皇甫规妻""荀氏归阴""京妇代夫""周迪之妻""梁氏重生""谭氏八砖""撒合辇妻""潘氏投火""赵运使妾""翠哥代死""善歌妇人"等十三条是死节之妇的事迹，其中大部分为了守节而死，也有部分为了丈夫而死，对于现代读者而言，其节烈而其行僻。如吕坤所说，"临难不夺之谓节，茹苦不变之谓节，持一念以终身之谓节"，现代读者可以借鉴学习她们临难不夺、茹苦不变、持一念以终身的精神。

共世子妻

◎卫共姜者,卫世子共伯①之妻也。既嫁,而共伯蚤死,共姜守义。父母欲夺而嫁之,共姜不许,作《柏舟》之诗,曰:"泛彼柏舟,在彼中河。髧[音胆]彼两髦,寔维我仪[匹也]。之[至也]死矢[誓也]靡[无也]他[别心]。母也天[恩我如天]只,不谅[体察]人只。"至死守节,不复再嫁。

吕氏曰:从一,妻道也。守志不更夫,中道也。自杀以殉[音巽],则贤者之过耳。余故表共姜以为嫠妇②之法。

| 吕语今译 |

专从一夫,这是人妻之道。持守心志不更换丈夫,这是中正之道。若丈夫死后自杀以殉情,这便是贤惠妇人的过当做法了。为此,我表彰共姜,把她作为寡妇们的榜样。

| 简注 |

① 卫世子共伯:名余,卫僖侯之子。

② 嫠（lí）妇：寡妇。

实践要点

在古代社会，男子可以三妻四妾，却要求女子从一而终，这种男女不平等的礼法要求与现代社会不相适应，不值得现代读者借鉴。从诗中可以看出共姜不复再嫁是对爱情的忠贞不渝，这种发自内心的真切情感实在让人赞叹。此外，正如吕坤所指出的，"自杀以殉，则贤者之过耳"，切勿因为爱人的离去而自寻短见、迷失自我。真正的爱情并不需要用死亡作证，思绪不灭，安度余生，这反而能让逝者安息。

卫宣夫人

◎夫人者，齐侯之女也，嫁于卫。至城门，而卫君死。保母曰："可以还①矣。"不听，遂入。持三年之丧毕，弟立，请曰："卫，小国也，不容二庖②，请愿同庖。"不听，卫君使人愬③于齐，齐兄弟从之，使人告女。女终不听，乃作诗曰："我心匪石，不可转也。我心匪席，不可卷也。"异爨④独居，洁守终身。

> 吕氏曰：王侯之女不再聘，齐女以礼嫁卫宣公，卿士送之，媵妾从之矣。既至卫门，归将安往？守于齐，不若守于卫之有名也。是时诸侯嬻礼，上烝⑤下淫，恬⑥不为异，甚有子顽不烝宣姜而齐侯强之者⑦。况此女之来，未成为妇，可与少主同室乎？卒之异爨终身，不失令誉，女也贤乎哉！

| 吕语今译 |

王侯的女儿不能改嫁，齐侯的女儿以合乎礼法的方式嫁给卫宣公，齐国的卿士去送她，媵妾们也陪嫁过去。已经到了卫国的城门，要返回的话去哪里好呢？在齐国守寡，不如在卫守寡那样有贞节的名声。当时各国诸侯亵渎礼法，上下通奸，大家安然处之，不认为有什么奇怪的，甚至还有子顽不愿与宣姜通奸，却被齐侯强制施行的事例。况且这个女子刚来卫国，还没有失去童贞成为人妇，难道可以和新继位的少主同处一室吗？她最终一辈子都坚持分开炉灶吃饭，没有失去好的声誉，这个女子是多么的贤良啊！

| 简注 |

① 还：归还。

② 庖：厨房。此处说"不容二庖、请愿同庖"为托辞，实际上是想让卫宣夫人改嫁给新继位的卫君。

③ 愬：同"诉"，诉说。

④ 异爨（cuàn）：爨，炉灶。异爨，即分开炉灶做饭，不使用同一个庖厨。

⑤ 烝：上淫，下与上通奸。

⑥ 恬：安然。

⑦ 子顽不烝宣姜而齐侯强之者：子顽烝宣姜之事见上文"善言"部分"古语"中"女有五不取"条简注。

| 实践要点 |

本条讲述卫宣夫人新婚之日遭逢噩耗，却仍恪守妇节，守洁终身。对于现代读者而言，其义可敬，其情可悯，然而其事难行。值得现代读者借鉴学习的是她坚守礼节、严防男女之别的精神。

梁寡割鼻

◎高行者，梁①之寡妇也，荣于色，美于行。夫早死，不嫁。梁贵人②争欲取之，不能得。梁王闻之，使相聘焉，再三往③。高行曰："妾夫不幸，先狗马填沟壑④，妾养其幼孤，势难他适。且妇人之义,一醮不改⑤,忘死而贪生,弃义而从利,何以为人?"乃援镜持刀割其鼻,曰:"妾已刑矣,所以不死者,不忍幼弱之重孤也。且王之求妾者,非以色耶?刑余之人,殆可释矣。"相以报王,王乃免其丁徭⑥,号曰"高行"。

吕氏曰:王侯不能夺其守,况卿大夫乎?坚于金石,凛若冰霜,吾于梁寡见之。

| 吕语今译 |

王侯也不能改变她的操守,更何况卿大夫呢?(守节之心)比金石还要坚硬,(拒绝再婚)比冰霜还要寒冷,我从梁寡妇身上能看到这些义行。

| 简注 |

① 梁:梁国。
② 贵人:贵族子弟。
③ 再三往:前往了三次。
④ 先狗马填沟壑:古人挖沟壑来填埋处理尸体,"填沟壑"即死亡的婉转说

法。而所谓"先狗马填沟壑",本来狗马的寿命比人的寿命要短,而比狗马死得还早,即短命早夭。

⑤ 一醮(jiào)不改:醮,古代婚礼中的敬酒仪式,此处指代婚礼。即进行婚礼嫁人之后便不再改嫁他人。

⑥ 丁徭:徭,徭役。古代每户人家要选派壮丁参与劳役。

令女毁形

◎魏①夏侯氏,名令女。方②适曹文叔③,而文叔死。令女年少无子,父母欲嫁之,令女乃断发为信。后曹氏灭族,父母以其无依,必欲嫁之。令女又截其两耳,断其鼻,以死自誓,蒙被而卧,流血满床席。家人叹而谓之曰:"人生世间,如轻尘栖弱草④耳,何辛苦如是?且夫家夷灭已尽,守此欲谁为哉?"令女曰:"吾闻仁者不以盛衰改节,义者不以存亡易心。曹氏前盛之时,尚欲保终,况今衰亡,何忍弃之?禽兽之行,吾岂为乎?"

吕氏曰:曹爽之族赤矣⑤,独令女在,父母是依,盖朝夕以必嫁为心者也。设令女不毁其形,使不可嫁,宁免夺志之谋乎?令女苦节,盖不得已耳。后之守义者,倘亲志可回,则全面目以见亡人,安用自残为哉!

吕语今译

曹爽的族人几乎被诛杀一空,只剩下夏侯令女幸免于难,她只能依赖她的父母,因此她父母早晚都想着让她一定要改嫁。假设令女不毁坏自己的身体容颜使得不能改嫁,难道有其他方法能免除父母让她改嫁的图谋吗?令女为了守节而遭受毁坏形体之苦,这是不得已的做法。以后的守义妇女,倘若父母双亲逼婚的心志可以改变的话,则应当保全自己的面目以待死后再会亡夫,用不着自残形躯啊!

简注

① 魏:魏国。

② 方:刚刚。

③ 曹文叔:曹爽的堂弟,早卒。

④ 轻尘栖弱草:轻微的尘土栖身于孱弱的小草之上,比喻人生轻薄,经不起风吹雨打般的艰辛。

⑤ 曹爽之族赤矣:曹爽,字昭伯,曹真之子。魏明帝时,曹爽历任散骑侍郎、武卫将军。明帝病重时,拜曹爽为大将军,与司马懿共辅政事。其后,司马懿发动政变,曹爽被迫免官让权,随即被杀、灭族。赤,空尽无物,指曹爽的族裔被灭绝一空。

行义桓嫠

◎刘长卿，妻桓氏，生男五岁，而长卿卒。桓氏防远嫌疑，不肯归宁，儿年十五，夭死，桓氏虑不免①，乃割其耳以自誓。邻妇相与愍之，谓曰："夫亡子死，无以养节，何贵义轻身若此哉？"对曰："昔我先君五更②，学为儒宗，尊为帝师。五更以来，男以忠孝显，女以贞顺称，《诗》云：'无忝尔祖，聿修厥德③。'是以预自刑剪，以明我情④。"沛相王吉上奏，高行，显其门闾⑤，号曰"行义桓嫠"。

吕氏曰：桓氏寡居守礼，十年不归宁，可谓远嫌之至矣。礼有"大归女，丧与在室同"之文⑥。桓也即依父母家，何害哉？胡⑦天不福有德，竟令不嗣？至所称不辱先人，则锡光乃父，家教所从来矣。

| 吕语今译 |

桓氏独居守礼，十年不回娘家，可以说是把远离嫌疑做到了极致。礼法条文规定，妇女遭父丧后被出休返回娘家，其所遵守的丧服制度与在家未嫁的女子相同。据此，桓氏即使回去父母家里住，又有什么问题呢？为什么上天不福荫有德

之人，最终让桓氏没有子嗣呢？至于她所说的不能让祖先受辱，则能让她的父亲感到光荣，这是桓氏家族重视家庭教育的结果。

简注

① 不免：不能免于被劝改嫁。

② 先君五更：指桓氏的高祖父桓荣。桓荣，字春卿，汉代经学大师。桓荣在光武帝时入宫教授太子刘庄，其后被任命为太常。刘庄（汉明帝）即位后，对桓荣尊以师礼，其后拜之为五更。古人把德高望重的长者尊奉为三老、五更。据《白虎通义·乡射》，王者父事三老、兄事五更，用以宣扬孝悌之德。三老，指"明于天地人之道而老"，五更，指"明于五行之道而更事"。

③ 无忝（tiǎn）尔祖，聿（yù）修厥德：忝，辱。聿，述。诗句的大意是，不要有愧于你的祖先，应当传承、修持祖上传下来的德行家风。《诗经·大雅·文王》作"无念尔祖，聿修厥德"。

④ 预自刑剪，以明我情：在没有被逼婚之前剪割自己的耳朵，以表明自己誓不改嫁的情志。

⑤ 显其门闾：即旌其门闾，见上文"杨香搤虎"条简注。

⑥ 礼有"大归女，丧与在室同"之文：大归女，即返回娘家、永不回夫家的女子。根据古代礼法，妇女遭父丧后被出休返回娘家，其所遵守的丧服制度与在家未嫁的女子相同。详见《仪礼注疏·丧服》关于经文"子嫁，反在父之室，为父三年"的注疏。此外，明代律例也规定已嫁被出而返回娘家的女子，要为父母服斩衰三年，与在室的女子相同（见《明代律例汇编》）。换言之，女子被出之

后返回娘家居住，是礼法所允许的，而且其地位和在家未嫁之女相若。此处吕坤说礼有"大归女，丧与在室同"之文，或是指礼法文献中有意思相关的条文，而非确引其文。

⑦ 胡：疑问词，为什么。

房氏截耳

◎魏溥妻房氏，贵乡①太守②房湛之女也。幼有烈操，年十六而溥疾，且③卒，谓之曰："死不足恨，但母寡家贫，赤子未岁，抱恨于黄垆④耳。"房垂泣对曰："幸承先人余训，出事⑤君子，义在谐老，有志不从⑥，命也。今夫人在堂，弱子襁褓，不能以身相从，而多⑦君长往⑧之恨，何以妾为？君其瞑目。"溥卒，将大敛，房氏操刀割左耳，投之棺中，曰："鬼神有知，相期泉壤⑨。"流血淋漓。姑刘氏，辍哭而谓曰："何至于此？"对曰："新妇年少，不幸早寡，寔⑩虑父母未谅至情，持此自誓耳。"闻者莫不感怆。竟守志终身。

吕氏曰：房氏年才十六耳，抚孤养母，守节终身，岂不难哉？割耳投棺，一以成永诀之信，一以息夺嫁之谋，贞妇之心，金石同砺矣。

| 吕语今译 |

房氏的年龄才十六岁,要抚养孩子、奉养婆婆,一辈子持守贞节,岂不很难吗?她割下自己的耳朵投入丈夫棺材之中,一来用以为与丈夫死别的信物,二来用以止息父母逼迫她改嫁的图谋,贞节妇人的心志坚定不移,可以和金石互相磨砺。

| 简注 |

① 贵乡:地名,今属河北省。

② 太守:官职名,秦置郡守,汉景帝时改名为太守,为一郡最高的行政长官。

③ 且:将。

④ 黄垆:黄泉。

⑤ 出事:出嫁奉事。

⑥ 有志不从:有与子偕老的志向却未能从愿。

⑦ 多:增加。

⑧ 长往:死亡的委婉说法。

⑨ 相期泉壤:死后相约在黄泉之下。

⑩ 寔(shí):同"是",指代割耳之事。

李氏断臂

◎王凝家青、齐①间，为虢州司户参军②，以疾卒于官。家素贫，一子尚幼。妻李氏，携其子，负凝遗骸以归。东过开封，止于旅舍，主人不纳。李氏顾天色已暮，不肯去。主人牵其臂而出之，李氏仰天恸曰："我为妇人，不能守节，而此手为人所执耶！"即引斧自断其臂，见者为之叹惜。开封尹③闻之，白其事于朝，厚恤李氏，而笞④其主人。

吕氏曰：男女授受不亲，故嫂溺始援之手，苟不至溺，两手不相及也。李氏以引臂为污，遂引斧断之，岂不痛楚？义气所激，礼重于身故耳。可为妇人远别之法。

| 吕语今译 |

礼法规定男女之间授受不亲，因此当嫂子溺水时才能伸手去援救，若不到溺水的境地，男女两人的手不能相碰。李氏把男子牵引自己的手臂看作是污辱自己，于是用斧头把自己的手砍断，难道不会感到痛楚吗？这是心中的正义之气被激发，把礼法看得比自己的身体更为重要的缘故。这种严守礼法的精神可被妇人所效法，远离男女无别的境地。

简注

① 青、齐：地名，青州、齐州今属山东省。
② 虢州司户参军：虢州，地名，今属河南省。
③ 尹：行政长官。
④ 笞（chī）：鞭笞。

实践要点

"梁寡割鼻""令女毁形""行义桓嫠""房氏截耳""李氏断臂"五条大意相同，都是讲述守节妇女毁伤自己的身体以明心志。《孝经》有云："身体发肤，受之父母，不敢毁伤，孝之始也。"这些妇女为节义而毁伤身体、遗忧父母，实在让人痛心！这些过激的行为，不值得现代读者借鉴。另外，这些条目也提醒为人父母者，劝说女儿改嫁时要注意运用合适的方式，而女儿心志坚定的话，也不能加以强迫，否则后果更加不堪设想。

王氏毁容

◎王氏，睢阳①人，赵子乙之妻也。子乙蚤死，王氏誓不改嫁。靖康之乱②，自以年少有姿，名节难保，乃以垩土③涂面，髼头散足④，负姑，携幼子，避地而南，人无犯之者。流离四年，至温陵⑤，徙居于蒲⑥，终身清白。

吕氏曰：冶容诲淫，王氏知之矣。西施为无盐，岂不在我？奈何以一面目，贾一身之祸哉？烈女智谋及此，诚可悲矣！吾表王氏，以为美妇女避乱之法。

| 吕语今译 |

女子妖冶的容貌容易引起男子淫邪的念头，王氏深知这个道理。把好看的西施打扮成丑陋的无盐，难道不是自己可以控制掌握的吗？为什么要为了面目的好看，而招来自身的祸患呢？烈女王氏的智谋要用在这些地方，实在让人感到可悲啊！我表彰王氏的事迹，把这作为美丽妇女逃避祸乱的方法。

| 简注 |

① 睢阳：地名，今属河南省。

② 靖康之乱：宋钦宗靖康二年（公元1127年），金兵攻陷首都汴京，俘徽宗、钦宗等数千人，北宋覆亡，是为"靖康之乱"。

③ 堊（yīn）土：泥土。
④ 髼（péng）头散足：髼头，披散头发。散足，赤脚。
⑤ 温陵：地名，今属福建省。
⑥ 蒲：地名，今属福建省。

| 实践要点 |

上文提到，节妇为了守身明志而自残身体的做法是不可取的。而本条王氏遭逢乱世，机智地掩饰自己姣好的面容，免遭歹徒施暴，这种做法则值得后人借鉴。尤其在现代社会，虽然社会治安环境相对较好，但大众媒体鼓吹女性要追求容颜之美、身体之美、性感之美，大多数女性出门必定化妆打扮，有的还穿着性感暴露的衣服，这便容易引起好色狂徒的注意，给自己招来不虞之祸。现代女性不妨借鉴王氏的用心，在衣着打扮上多留心眼，以大方得体为原则，不要过于追求性感暴露，以规避好色之徒的侵犯。

李氏恨梦

◎郑廉，唐人。妻李氏，年十七，嫁廉，一岁而廉死。李守志不移，夜梦一男子求为妻。初不许，后数夜梦之。李曰："岂容貌犹妍，招此邪魔耶？"即断发垢面，尘肤敝衣，自是不复梦。备尝甘苦，守节终身，刺史白①其操，号"坚正节妇"。

吕氏曰：梦非真也，苟不失真，梦亦何害？李氏犹然为恨，而毁容以绝梦焉。如此贞心，即燕雀当不入门，何物男子，敢生邪念哉？朱淑贞有诗云："梦入阳台不奈醒[2]。"彼固有夫也，犹云云，吾为耻之。

吕语今译

梦境并非真实的，若是梦中发生的事情不会影响到真实世界，发梦又有什么害处呢？李氏尚且以梦见男子追求为恨，而自毁容颜以断绝不正的梦境。拥有像这样贞正的心志，即使是燕雀也不会飞入她的家门，哪一个男子，还敢心生邪念呢？朱淑贞有句诗说："梦入阳台不奈醒。"她本来就有丈夫了，还写诗说梦到与情人交欢不愿醒来，我为之感到羞耻。

简注

① 白：彰明。

② 梦入阳台不奈醒：宋玉《高唐赋》云："昔者先王尝游高唐，怠而昼寝，梦见一妇人，曰：'妾巫山之女也，为高唐之客，闻君游高唐，愿荐枕席。'王因幸之。去而辞曰：'妾在巫山之阳，高丘之岨，旦为朝云，暮为行雨，朝朝暮暮，阳台之下。'"朱淑贞化用上述典故，描绘梦会情人并与之交欢的意境。由于她是

有夫之妇,因此吕坤对之进行了谴责。

实践要点

和"王氏毁容"条相似,李氏毁坏自己的容貌,以求保全贞节。尽管梦中求亲,事涉离奇,但她守持节义的精神是让人尊敬的。至于吕坤提到的朱淑贞,身为有夫之妇,却梦入阳台与情人交欢,用现代的话说就是精神上出了轨,而出轨的原因是婚姻生活不如意。这也再次提醒了现代读者,要考虑清楚自己的婚姻大事,谨慎择偶,不然夫妻之间可能出现感情不和、吵架、婚外情等问题,容易断送自己的终身幸福。

江文铸妻

◎江文铸妻,范妙元,年二十一,归于江。及门①,未合卺[音谨,一匏两开],夫忽以痫[音贤,风疾]疾卒。范曰:"入江氏门,即江氏妇也,岂以夫亡有异志哉?"遂居江氏家,洁身守志,卒年九十五。

吕氏曰:妙元虽不成为妇,然已醮命于家②,亲迎入门矣。且守志终身,不失为圣人之道。彼许聘在室,而赴哭从死,则钟情过礼,不可为训者也。

吕语今译

妙元虽然还没正式成为江家的妇人,然而已经完成了醮命于家、亲迎入门的婚礼仪式了。而且,她一辈子持守贞节的志向,这不失为圣人之道。有些已经订下了婚事但还没举行亲迎仪式的在家闺女,却为了未婚夫而恸哭送死,这种做法便用情过度,不合乎礼法,不可作为训诫。

简注

① 及门:入门。

② 醮命于家:古代婚礼仪式中,在亲迎之前,父亲向儿子酌酒(儿子一饮而尽,无需回敬),并命令儿子去迎接妻子。如《仪礼·士昏礼》所载:"父醮子,命之,曰:'往迎尔相,承我宗事。勖帅以敬,先妣之嗣。若则有常。'子曰:'诺。唯恐弗堪,不敢忘命。'"

实践要点

可参看上文"卫宣夫人"条。

晋文齐姜

◎齐姜,齐桓公宗女①,晋文公之夫人也。初文公与舅犯②出奔,适齐,齐桓公以宗女妻之,遇之甚善,有马二十乘。文公安之,曰:"人生安乐而已,谁知其他?"子犯③知文公之安齐也,欲行而患之④,与从者谋于桑下。蚕妾⑤在焉,告姜氏,姜氏杀之,言于公子曰:"从者将以子行⑥,其闻者吾杀之矣。公子必从,不可以贰⑦。自子去晋,晋无宁岁。天未亡晋,有晋国者,非子而谁?子其勉之!上帝临子,贰必有咎⑧。"公子曰:"吾不动,必死于此矣。"姜曰:"不可。《周诗》曰:'莘莘征夫,每怀靡及⑨。'夙夜征行,犹恐不及,况于怀安,将何及⑩矣?人不求及,其能及乎?"公子不听。姜与舅犯谋,醉,载之以行。酒醒,公子以戈逐舅犯曰:"事有济,则可。不济,吾食舅氏之肉,岂有餍哉!"遂行。秦穆公乃以兵内⑪之于晋,晋人杀怀公而立之,是为文公。迎齐姜以为夫人,遂霸天下。

吕氏曰:望以社稷之重,遂忘衽席之私,姜氏贤乎哉!晋文公愧之矣。

吕语今译

以社稷的重任寄望于自己的丈夫,忘却了夫妻床笫之间的私情,姜氏是多么的贤惠啊!晋文公应该感到惭愧。

简注

① 宗女:同一个宗族的女儿。

② 舅犯:名狐偃,字子犯,公子重耳(晋文公)的舅舅,晋国之卿。

③ 子犯:即舅犯。

④ 欲行而患之:舅犯等人想带晋文公离开齐国,但怕他不肯离开。

⑤ 蚕妾:采桑养蚕的侍女。

⑥ 从者将以子行:舅犯等侍从想带你离开齐国。

⑦ 贰:怀疑。

⑧ 上帝临子,贰必有咎:临,幸临。指上天将以晋国的君位赐予晋文公,若怀疑舅犯等人的计谋,不愿离开齐国的话,必定会有祸害。

⑨ 莘莘征夫,每怀靡及:出自《诗经·小雅·皇皇者华》。莘莘,众多,毛诗作"骁骁"。征夫,行人、出使者。每怀靡及,指每个奉命出行的人若各怀私心,将无法完成使命。

⑩ 及:所要追求达到的目标。

⑪ 内:入,即秦穆公派军队护送公子重耳(晋文公)返回晋国。

| 实践要点 |

本条讲述了齐姜协助舅犯强行将公子重耳送回晋国的故事。齐姜的高远见识令人赞叹,而她为了舅犯的计谋能顺利施行,竟将自己的仆人杀掉,如此则未免太过心狠手辣。本条对现代读者的启发是,做人要有大局意识,不能只是顾念眼前的儿女私情。尤其当丈夫在重大事情上决策有所犹豫的话,妻子要主动帮忙出谋划策,以家庭利益为目标进行权衡,引导丈夫做出正确的决策。

晋伯宗妻

◎晋大夫伯宗贤而好以直辩凌人[1]。每朝,其妻即戒之曰:"盗憎主人,民怨其上,夫子好直言,枉者恶之,祸必及矣[2]。"伯宗不听。一日朝,以喜色归,妻问之,伯宗曰:"吾言于朝,诸大夫皆谓我智似阳子[3]。"妻曰:"实谷不华,至言不饰[4]。阳子华而饰,今为覆车,子何喜焉?"伯宗曰:"吾欲饮诸大夫酒而与之语,尔试听之。"于是为大会,与诸大夫饮。既饮,而问妻曰:"何若[谁优于我]?"对曰:"诸大夫莫子若也。然民不戴上,久矣,难必及子。子盍[5]结贤大夫以托州犁[伯宗之子][6]。"伯宗曰:"诺。"乃得毕羊[7]而交之。及栾不忌之难[8],郤害伯宗,谮而杀之。毕羊乃送州犁于荆,遂得免焉。

> 吕氏曰：邦无道，危行言逊；邦无道，免于刑戮[9]。哲矣哉仲尼之言也！丑诋直折，自是非人，即治朝且不容，况乱世乎？故美德以成直为难，而得祸惟诚直为烈。诚而明，庶几免矣。余弗鉴于伯宗，余窃忧之。

吕语今译

在邦国无道的情况下，行为要高尚严峻，言语要谦逊；在邦国无道的情况下，要避免刑戮之祸。仲尼讲的这些话真有智慧啊！诋斥丑恶的现象、以正直的言语折服不正之人，自以为是而非难别人，这些做法就算在安定的社会之中尚且不能被别人所容忍，更何况是在祸乱之世呢？所以说成就美德以正直为难，而招致祸害以诚实正直最为惨烈。做到诚实而明智，大概才能免除祸害。我不借鉴伯宗，我为之而感到担忧。

简注

① 好以直辩凌人：喜欢通过直言辩论去辩驳他人。

② "盗憎主人"句：盗贼憎恨主人，百姓怨恨君上，被压制的人必然不喜欢压制者。伯宗喜欢以正直的言辞去批驳他人，不正直的人被他压制，必然会厌恶

他，因而会招来祸害。

③ 阳子：阳处父，晋国大夫。据《春秋左传·文公五年》记载，阳处父从卫国返回晋国时，有一个叫宁嬴的人想跟从他做事，结果两人还没回到晋国，宁嬴便打消了先前的念头独自回家而去。宁嬴的妻子问及原因，他说阳处父是一个华而不实的人，以后将会招致祸乱，所以要离他而去。最终，阳处父果然遭到了狐射姑的怨恨而被杀身亡。

④ 实谷不华，至言不饰：饱满的谷子不开花，最恰当的言语不加修饰。

⑤ 盍：何不。

⑥ 以托州犁：委托别人照料儿子州犁。

⑦ 毕羊：《国语·晋语五》作"毕阳"，晋国的士。

⑧ 栾（luán）不忌之难：《国语·晋语五》作"栾弗忌"，晋国大夫，伯宗的同党。鲁成公十五年，晋国大夫郤锜、郤犨、郤至三人加害栾弗忌，并牵连到了伯宗，所以下文说"郤害伯宗，譖而杀之"。

⑨ "邦无道"句：前半句出自《论语·宪问》："子曰：'邦有道，危言危行；邦无道，危行言孙。'"后半句出自《论语·公冶长》："子谓南容：'邦有道，不废；邦无道，免于刑戮。'"

实践要点

本条讲述了伯宗妻告诫丈夫的故事，再次体现了妻子作为贤内助，有规劝、督促丈夫的义务。值得注意的是，吕坤在此指出了"美德以成直为难，而得祸惟诚直为烈。诚而明，庶几免矣"。人们都痛恨虚伪的人，然而，表现直率的话又往往容易招致祸害。如伯宗好直言，最终却遭小人陷害。现代读者也应以此为戒，一方面要保持诚实正直，但另一方面要谨慎言行，用智慧去应对人际交往中可能出现的问题。

齐相御妻

◎晏子将出，有一仆为之御，拥大盖①，策驷马，甚自得也。仆归，其妻怒曰："宜矣，子之卑且贱也。晏子长②不满三尺，身相齐国，名显诸侯。吾从门间观其志气，恂恂自下③，思念深矣。今子身长八尺，为之仆御，乃洋洋自满，妾甚羞之。"其夫谢，请改。妻曰："子果改图，是怀晏子之智而加以八尺之长也。夫躬仁义，事明主，其名必扬矣。"夫乃深自谦逊，尝若不足。晏子怪而问之，具以实对。于是晏子言诸景公，以为大夫，显其妻以为命妇④。

吕氏曰：齐相御妻，仆人之妇也。其善观晏子善言德行，有士君子所不及者。彼奴颜婢膝，得之昏夜，而白昼通衢，志骄意满，是人也，何足辱人齿颊？独恨其妻不得见，即见之，亦未必羞。何者？彼固无所观而感也。三复命妇语，当亦汗颜。

| 吕语今译 |

　　齐国国相御者之妻，是仆人的妻子。她善于观察晏子的善言德行，有士君子也比不上的地方。有些人奴颜婢膝，在昏夜稍有所得，在白天就满大街地展示自己的骄傲自满，对于这种人，人们又何足挂齿呢？只恨他们的妻子看不见他们卑躬屈膝的丑态，即使看见了，她们也未必感到羞愧。为什么呢？她们本来也看不出什么是非好坏而能有所感触。若这些奴颜婢膝的人再三回顾命妇的话语，也应当会惭愧得汗流满脸。

| 简注 |

① 大盖：车上的伞盖。
② 长：身高。
③ 恂恂自下：恂恂，小心谨慎的样子。自下，自以为下，即谦虚。
④ 命妇：受封的妇人。

| 实践要点 |

　　本条讲述了齐相御者之妻激励丈夫成才的故事。可参阅上文"嘉言"部分《孟子》中的"齐人有一妻一妾"条。

陶答子妻

◎陶答子①治陶三年，名誉不兴，家富三倍，其妻数谏不从。居五年，从车百乘归休，宗人击牛②而贺之，其妻独抱儿泣。姑怒曰："何不祥也！"妇曰："夫子能薄而官大，是谓婴害；无功而家昌，是谓积殃。昔楚令尹子文③之治国也，国富家贫，君敬民戴，故福结于子孙，名垂于后世。今夫子不然，贪富务大，不顾后害。妾闻南山玄豹，雾隐七日而不下食，欲泽其毛以成文章④也，故藏而远害。犬彘⑤不择食以肥其身，立而须［待也］死。夫子治陶，家富国贫，上下弃之，败亡见矣。愿与少子俱脱。"姑怒，逐之。处期年，答子有罪，诛。母以老得免，无所依附，妇乃归养之，终其天年。

吕氏曰：安危利灾，此举世丈夫所暗⑥，不独一答子也。不意妇人乃审于利害之机，而独有败亡之惧，卒如所言。吾录之以为仕者之戒，又以愧世之妇人，见其夫财货盈室而心喜色动者。

| 吕语今译 |

以危为安，以灾为利，这是世上所有的男子都可能会犯下的昏庸愚昧的过

错，不只答子一个人会这样。想不到，答子的妻子作为妇人能明察利害关系，唯有她能畏惧即将到来的败亡，答子最终也像她说的那样获罪而亡。我摘录这个故事，用来作为出仕之人的训诫，又用来警示世上那些看到丈夫财富满屋就高兴得眉飞色舞的妇人，让她们心中感到惭愧。

简注

① 陶答子：陶，地名，今属山东省。答子，治理陶邑的大夫。

② 宗人击牛：宗人，族人。击牛，杀牛，即宰牛为食，以庆贺答子荣归故里。

③ 楚令尹子文：令尹，楚国官职名，相当于相。令尹子文治理楚国时以贤明著称。

④ 文章：斑纹。

⑤ 彘（zhì）：猪。

⑥ 暗（àn）：昏庸愚昧。

实践要点

本条讲述陶答子妻以义规劝丈夫，不听而请去的故事。陶答子妻深明大义，屡次劝谏，不听而去，这是有"智"。而夫家败亡后，又亲自抚养驱逐自己出门的婆婆，这是有"义"。陶答子妻有"智"有"义"，实在值得后人借鉴。可参阅上文"嘉言"部分《孟子》中的"齐人有一妻一妾"条。

盖将之妻

◎戎①伐盖[音阖，国名]，杀其君，令②于盖群臣曰："敢有自杀者，妻子尽诛。"丘子自杀，人救之，不得③。既归，其妻谓之曰："吾闻将勇而不果生④，故民尽力而不畏死，是以战胜攻取，存国安君。夫战而无勇，非孝也；君亡不死，非忠也。今军败君死，子独何生？忠孝忘于身，归将安往？"丘子曰："盖小戎大，吾力毕能尽⑤，固将死也，而以救免。"其妻曰："前日有救，今又何也？"丘子曰："吾非爱身也，戎令曰'自杀者诛及妻子'。"其妻曰："吾闻之，主忧臣辱，主辱臣死。今君死而子在，可谓义乎？多杀士民，不得存国而自活，可谓仁乎？忧妻子而忘仁义，背故君而事强暴⑥，可谓忠乎？人无忠爱之心，仁义之行，可谓贤乎？《周书》曰：'先君而后臣，先父母而后兄弟，先兄弟而后交友，先交友而后妻子。'妻子，私爱也；事君，公义也。今子以妻子之故，失人臣之节，无事君之礼，偷生苟活，妾犹耻之，况于子乎？吾不能与子蒙耻而生焉！"遂自杀。戎君贤之，祠以大牢⑦，而以将礼葬之，赐其弟金百镒以为卿，而使别治盖⑧。

吕氏曰：慷慨杀身，此烈丈夫所难。丘子之妻，责夫不死，而自杀以先之，岂不烈哉？嗟夫！一死之轻，将何不轻？士君子既不能以义轻身，而又弃义为此身计，何颜读此传哉？

吕语今译

慷慨地杀身就义,就算是刚烈的男子也难以做到。丘子的妻子,责备丈夫不为国家而死,并先于丈夫自杀而死,难道不刚烈吗?嗟夫!若是把生死看淡了,还有什么艰难困苦而不能轻松面对的呢?士君子若是不能看淡生死以成就道义,却又为了保存生命而放弃道义的话,有什么颜面来读这个传记呢?

简注

① 戎:西戎,古代西方的少数民族。

② 令:命令。

③ 不得:不得遂死。

④ 不果生:不把保存自己的生命当作战争的胜果,即无惧于战死沙场。

⑤ 力毕能尽:体力和才能都用尽了。

⑥ 事强暴:事奉强横暴戾的君主(戎君)。

⑦ 大牢:即太牢,古人举行祭祀时,把牛、羊、猪三牲作为祭品,称之为"太牢"。

⑧ 使别治盖:让他在别的地方重新建立并治理盖国。

高睿之妻

◎高睿妻,秦氏女也。睿为赵州[①]刺史,为默啜[②]所攻。州陷,睿仰药不死[③],众舁至默啜所,默啜示以宝刀异袍[④],曰:"尔欲之乎?降我,当赐尔官;不降,且死。"睿视秦,秦曰:"君受天子恩,贵为刺史,城不能守,乃以死报,分也。即受贼官,虽阶一品,何荣之为?"自是皆瞑目不语。默啜知不可屈,乃并杀之。

吕氏曰:高睿仰药,固慷慨杀身之志也。及被执而迫以利害,有徘徊心焉。向非秦氏以大义决之,安知不失身二姓乎?不为威怵,不为利诱,此大丈夫事也,乃妇人能之。呜呼!烈矣!

吕语今译

高睿服食毒药,固然有慷慨杀身成仁的志向。等到被逮捕之后,默啜用高官厚利和杀身之害去诱降他,他却有徘徊不定的心志。若不是妻子秦氏用杀身成仁的大义去帮他做决定的话,怎么知道他不会失去自身节操、事奉其他的君主呢?不被官威所吓怕,不被厚利所诱惑,这是大丈夫应当做的事,而秦氏作为妇人也能做得到。呜呼！她是那么的刚烈啊！

简注

① 赵州：地名，今属河北省。

② 默啜：唐朝时期突厥可汗，骨咄禄可汗之弟。武则天曾命侄孙淮阳郡王武延秀迎娶默啜之女为妃，但默啜认为武延秀并非唐朝李家之后，因而将其收拘别处，并以助立李家天子遗种为由发兵入侵中原。

③ 仰药不死：服食毒药而没有死亡。据《朝野佥载·卷六》所载，高睿与秦氏是"仰药而诈死"。

④ 异袍：异朝（突厥）的官袍。据《朝野佥载·卷六》所载，"啜以金狮子带、紫袍示之"。

实践要点

"盖将之妻""高睿之妻"大意相同，都讲述了妇人宁死不降、慷慨殉国的事迹。令人感叹的是，这两条故事中，妇人刚烈不屈而丈夫懦弱怕死。"三从"要求妇人从夫，但夫不义，妇人又何须盲从！妇人应当唯道是从！这两条提醒现代读者，道义比生命更加重要。当然，动辄以死殉道的做法不值得过分提倡。以道义为重，不计生死，不代表要随便寻死，更不是以死为目标。而应当想方设法地实现道义，不到最后一刻都不应当轻言放弃。

晋弓工妻

◎弓工①妻者，晋繁人②之女也。平公③使其夫为弓，三年乃成。公射，不穿一札［一重甲衣］，怒，将欲杀弓工。弓工妻请见曰："妾闻羊牛践葭［音加］苇④，周王恻然痛之。恩且及草木，而况不辜［无罪］乎？秦穆公有盗食其骏马者，反饮之酒⑤。楚庄王臣，有牵夫人之衣者，悉令绝缨⑥。此三君者，仁著于天下，卒享其报，名垂至今，慎杀也。今妾之夫治此弓也，其干生于太山之阿，一日三睹阴，三睹阳⑦，傅以燕牛之角，缠以荆麋之筋，固以阿鱼之胶⑧。此四者，天下之妙选也。君不穿札，是君不能射耳，而反欲杀妾之夫，不亦谬乎？妾闻左手如拒，右如附枝，右手发之，左手不知，此射之道也⑨。君射，然与，妾夫请死⑩。"平公以其言而射之，穿七札。乃释弓工，赐金三镒［六十两］。

吕氏曰：气与识，缓急之所赖也。弓工妻之言，弓工之所知也，一怒夺其气，而就死不敢言。向非其妻之明辩，何以得生？况获赐乎？若妇人者，气伸万乘之上，辩屈一人之尊，岂不毅然一丈夫哉？要亦脱夫于死，真情至爱之所激也。

吕语今译

勇气和见识,是人在紧急关头所赖以全身的法宝。弓工妻子讲的东西,弓工自己也懂得,只不过一看到晋平公发怒,就削夺了自己的勇气,因而快要被处死了也不敢说出来。若不是她妻子为丈夫明智地辩驳,他哪里能够保存生命呢?更何况获得赏赐呢?弓工妻子这位妇人,在万乘之君的面前伸张勇气,用言语辩论屈服了尊贵的晋平公,这难道不是一个刚毅大丈夫所该有的样子吗?总结起来,她也是为了帮助丈夫逃脱死亡,被真情至爱激发了心中的勇气。

简注

① 弓工:制作弓箭的工匠。

② 繁人:官职名。

③ 平公:晋平公,名彪,晋悼公之子。

④ 葭苇:芦苇。

⑤ "秦穆公"句:据《韩诗外传·卷十》所载,秦穆公的马匹失窃被盗,他去找的时候发现偷马的人正在吃马肉。他不但没有怪罪,还担心偷马的人只吃马肉不喝酒的话会死掉,于是找酒来给他们喝。后来秦国和晋国打仗,秦穆公被围攻处于劣势,在紧急关头,当年偷吃马肉的人挺身而出,使得秦穆公幸免于难。

⑥"楚庄王臣"句：据《韩诗外传·卷七》所载，楚庄王赐宴群臣，大家喝酒喝到晚上，酣醉淋漓，宫殿上的蜡烛也熄灭了。在黑暗当中，有人牵拉王后的衣服，王后扯掉了那个人系帽子的缨绳，然后告诉楚庄王，说要点亮蜡烛看哪一个人的缨绳被弄断了，从而找出这个对自己无礼的人。楚庄王并没有马上让人点亮蜡烛，而是跟群臣说，谁的缨绳要是没有弄断的话就说明喝酒喝得不痛快。结果，所有人都弄断了缨绳，王后也找不出到底是谁牵拉自己的衣服。后来，那个牵拉王后衣服的人为了报答楚庄王的不罪之恩，在楚国和吴国打仗的时候冲在前线奋勇作战，并砍下了吴军将领的头颅献给楚庄王。

⑦"其干生于太山之阿"句：大意是制作弓箭所用的木材生长在泰山的凹曲之处，由于其位置特殊，一天被阳光照射三次，被树阴遮挡三次。

⑧"傅以燕牛之角"句：傅以燕牛之角，附着上燕国的牛角。缠以荆麋之筋，用荆楚之地产的麋鹿筋来缠绕。固以阿鱼之胶，《太平御览·兵部七十八》引《列女传·晋弓工妻》文作"糊以河鱼之胶"，即用黄河的鱼做的胶来粘合。《太平御览·兵部七十八》綦毋邃注云："燕角善，楚筋纫，河胶粘也。"

⑨"妾闻左手如拒"句：大意是，拉弓的时候，左手持弓要尽力外撑，如拒外物，右手持箭要稳，如同箭条是附生在手上的枝条一样；放箭时，右手轻轻地放箭，左手保持不动，如同不知道要放箭一样，这便是射箭的诀窍。

⑩"君射"句：大意是让晋平公按照上文讲的方法去试射，若还是达不到理想的效果，再去杀她的丈夫。

汉冯昭仪

◎冯昭仪①者,汉元帝②之昭仪,光禄勋③冯奉世之女也。初入宫为婕妤④,生中山王⑤。建昭[元帝年号]中,上幸虎圈斗兽⑥,后宫皆从。熊走出,攀槛[栏干]欲上殿,左右贵人皆惊走。婕妤当熊而立⑦,左右格杀熊。天子问:"汝独不畏熊耶?"对曰:"妾闻猛兽得人而止。妾恐至御坐,故以身当⑧之。"元帝嗟叹,以此敬重焉。明年,中山王封,乃立婕妤为昭仪,随王之国⑨,号"中山太后"。

吕氏曰:妇人多畏,冯昭仪之当熊,忠义所切,遂不暇畏耳。傅后⑩妒其独立以形己之短,成帝立,以他事诬杀之。呜呼!吾欲为善而善不可为,冯昭仪之谓乎?

| 吕语今译 |

大多数妇人都胆小畏惧,而冯昭仪做出以身挡熊的行为,是迫于忠肝义胆,于是没有闲余的心思去畏惧。傅太后嫉妒她独自站立挡熊,让自己显得相形见绌,于是在成帝继位的时候,用别的事情诬陷她,把她杀掉了。呜呼!我想做善事但善事做不得(做了会招来祸害),这说的不就是冯昭仪这类事情吗?

简注

① 冯昭仪：昭仪，昭显女仪之意，女官官职名，为妃嫔中的第一级。冯昭仪，名媛，为冯奉世的长女。

② 汉元帝：刘奭（shì），汉宣帝刘询的长子。

③ 光禄勋：官职名，掌领宿卫侍从之官。

④ 婕妤（jié yú）：女官官职名，和上卿同一级别，爵位和列侯相并。

⑤ 中山王：中山孝王刘兴，汉元帝第三子。

⑥ 上幸虎圈斗兽：汉元帝前往养虎的地方观看野兽相斗作乐。

⑦ 当熊而立：面对着熊而站立。

⑧ 当：挡。

⑨ 随王之国：随从中山王到其封国。

⑩ 傅后：傅太后，汉元帝刘奭的妃嫔，定陶恭王刘康生母，汉哀帝刘欣的祖母。傅太后为昭仪时与冯昭仪共事汉元帝，两人之间产生了嫌隙，其后遂有诬杀之事。

实践要点

"晋弓工妻""汉冯昭仪"两条大意相同，都讲述了妇人在生死关头挺身而出，拯救了丈夫的性命。前者凭借勇气和见识，后者则发挥了大无畏的精神，都体现了柔弱女子所蕴含的巨大力量。这两条启发现代读者，妇女在日常生活中要注重培养自己的能力和胆识，在关键的时刻能够更好地保护自己以及家人的安全。

楚昭贞姜

◎贞姜者，齐侯女，楚昭王夫人也。王出游，留夫人渐台①之上，江水大至，王使使者迎夫人，忘持符②。使者至，请夫人出，夫人曰："王与宫人约，召必以符，今使者不持符，妾不敢从。"使者曰："水方至③，还而取符，来无及矣。"夫人曰："妾闻贞者不犯约，勇者不畏死。妾知从使者必生，然弃约越义，有死不为也。"于是使者取符。比④至，台崩，夫人溺而死焉。王哀之，号曰"贞姜"。

吕氏曰：贞姜可谓杀身以成信矣。待符而行，昭王之信也，无论狡伪之徒，假将王命。即王命真耶，非其初约；即符偶忘耶，难以信心。为贞姜者，有死而已，断断乎不可行也。或曰：贞姜随使者而来，昭王罪之与？曰：王惧其死而方喜其来也，奚罪？虽贞姜亦信其从召而王不罪己也，以信成君，以礼持己，故宁死而不往耳。惜哉宋伯姬⑤之贤，不若贞姜之合于道也。

吕语今译

贞姜可说是杀身以践行诚信。等到有符节才走,这是对昭王许下的信诺,这样做便无需惧怕狡猾作伪的人假传楚王之命了。即使楚王改口说可以不待符节而走的命令是真的,这不是最初的约定;即使使者的符节偶然忘带了,这也难以使人相信。对于贞姜而言,她只能选择死亡,绝对不可以没见符节就走。有人会问,贞姜若是随着使者而回来,昭王会不会怪罪她呢?回答是,昭王害怕她死掉,看到她回来肯定很欢喜,怎么会怪罪她呢?纵使贞姜也相信自己听从召令回去而昭王不会怪罪自己,可是,为了用诚信来成就君王之德,用礼义来持守己身,因此宁愿赴死也不跟着回去。可惜啊,像宋伯姬的贤良,比不上贞姜的合乎道义。

简注

① 渐台:台名,建筑在水上的高台。

② 符:古代朝廷用以传达命令或征调兵将用的凭证,由两部分组成,双方各执其一。

③ 水方亟:水流涨得很急。

④ 比:等到。

⑤ 宋伯姬:即下文的宋恭伯姬。

宋恭伯姬

◎伯姬者，鲁宣公①之女也。嫁于宋，宋恭公②不亲迎③，伯姬迫于父母之命而行。三月庙见④，当行夫妇之道，伯姬不听命。宋人告鲁，鲁使大夫季文子⑤如宋致命⑥，伯姬不得已从之。嫁十年，恭公卒。景公⑦时，夜失火，左右曰："夫人避火！"伯姬曰："妇人之义，保傅⑧不侍，夜不下堂。"既而保至矣，傅未至也，火迫，左右曰："夫人避火！"伯姬曰："妇人之义，傅姆不俱，夜不下堂。"遂逮于火而死。当此之时，诸侯闻之，莫不悼痛，相与聚会于澶［音禅］渊⑨，偿⑩宋之所丧。

吕氏曰：伯姬守礼，重于其身矣。夫礼以守身，犯礼矣，安用身为？伯姬以恭公不亲迎而不行，既行而不成妇。皆以父母之命，迫之而后从，持身不苟，可以为法矣。至于夜火延室，虽有他女同行，亦足以明心迹。处变之礼，固自如此。姬也待姆师而行，已为过慎。乃保至傅未至，竟死于火而不行焉，守礼之严，千古一人耳。君子哀其志，而又惜其昧通变之权也。

吕语今译

伯姬遵守礼法,把礼法看得比生命重要。礼法是用来守护身体的,若是侵犯了礼法,身体还有什么用呢?伯姬因为恭公不按照礼法规定亲自来迎娶,所以不愿意过门,被逼着过门了,却仍然不愿完成夫妇之礼。伯姬都是因为父母的命令,被迫之后才顺从完成夫妇之礼,她守持自身一丝不苟的精神,可以被后人效法。至于说晚上大火蔓延到自己的居室,虽然(保母、傅母不在)只能和其他女子一起逃跑,也足够表明自己守节的心意了。应对变故时的礼法,本来就该这样。伯姬却要等待保姆女师到了才肯逃跑,这已经是太过于谨慎了。乃至说保母到了、傅母还没到,她最终还是选择了葬身火海而不逃跑,守礼守得这么严谨,千年以来也只有她一个人能做到了。君子哀痛她以死守礼的心志,却又叹惜她不懂得权衡变通。

简注

① 鲁宣公:名俀,鲁文公之子。

② 宋恭公:又作宋共公,名瑕,宋文公之子。

③ 不亲迎:按照礼法,男方要亲自到女方家中迎娶女方回家,是为亲迎。此处宋恭公不亲迎不合礼法,故其后伯姬不听命。

④ 三月庙见:三月庙见之礼,见上文"善言"部分"曾子问"的简注。

⑤ 季文子:季孙行父,春秋时期鲁国正卿,辅佐鲁宣公、鲁成公、鲁襄公三代君主,以忠廉著称。

⑥ 致命:传达辞命。

⑦ 景公：宋景公，名栾，宋元公之子，宋恭公曾孙。据张涛《列女传译注》，此处当为"平公"之误，伯姬死于鲁襄公三十年，宋景公立于鲁昭公二十六年，距伯姬去世已二十七年。

⑧ 保傅：保母、傅母，《大戴礼记·保傅》有云："保，保其身体，傅，傅其得义。"

⑨ 澶渊：地名，今属河南省。

⑩ 偿：补偿。

齐孝孟姬

◎孟姜者，华氏女，齐孝公①夫人也。好礼，齐中求之②，礼不备，终不往。足不蹑男席③，语不及户外④，远别避嫌，过时不嫁，齐中莫能求焉。国人称其贞。孝公闻之，乃修礼亲迎，三月庙见，而后行夫妇之道。久之，公游于琅琊⑤，孟姬从。马奔，姬堕而车碎。孝公使立车⑥迎之，姬帷以自障⑦，而使傅母应使者曰："妾闻妃后踰阈⑧，必乘辎［音之］軿［音瓶］⑨；下堂，则从傅母；进退，则鸣玉佩；内饰，则结绸缪⑩；野处，则拥帷裳。所以正心一意，自敛饬⑪也。今立车无軿，不敢受命；野处无卫，不敢久居，失礼多矣。夫无礼而生，不若死。"使者更取安车⑫。比其反也，则自经，傅母救之，不绝。辎軿至，然后乘而归。

吕氏曰：先王立天下之防，惟礼为峻[13]，而礼于男女为尤峻，惧祸之所从来也。孟姬礼备而后行，庙见而成妇，露面而欲死，守礼严矣哉！近世妇女，出门步行，既不蔽面乘车，又自搴帷[14]，盛容饰，以悦狡童之目，缙绅[15]且不知其非矣，他何望哉？

吕语今译

先王立下了治理天下的防范措施，只有礼法是最为严格的，而礼法当中又以男女之别的礼法尤其严格，就是畏惧男女无别会带来祸乱。孟姬在礼仪具备之后才肯出行，行过庙见之礼才正式成为人妇，在野外露出了面容就打算自杀而死，守礼守得多么严谨啊！近来的妇女，出门的时候直接步行，既不遮蔽面容乘坐车子，乘坐车子的话又自己掀开帷幕，展示盛美的妆容首饰，用来取悦轻浮少年的眼睛，一些有文化的士大夫尚且不知道这样做是不对的，哪能寄望其他人呢？

简注

① 齐孝公：名昭，齐桓公之子。
② 齐中求之：齐国中人去向她求婚。
③ 不蹑（niè）男席：不踩在男子的坐席上。

④ 语不及户外：说话不涉及家门之外的事情，如《礼记·内则》所云："男不言内，女不言外。"

⑤ 琅琊：地名，今属山东省。

⑥ 立车：古代没有车盖、要站立乘行的车子。

⑦ 帷以自障：用帷幔来遮挡自己。

⑧ 踰阈（yú yù）：跨过门槛，即出行。

⑨ 辎軿（zī píng）：辎车、軿车，有帷幕的车子。

⑩ 结绸缪：紧密地缠结在一起。

⑪ 敛饬：收敛整饬。

⑫ 安车：古代可以坐乘的车子。

⑬ 峻：严。

⑭ 搴（qiān）帷：掀开帷幕。

⑮ 缙绅：官宦，士大夫。

| 实践要点 |

"楚昭贞姜""宋恭伯姬""齐孝孟姬"三条都讲述了贵族妇女为了遵守礼法甘愿赴死的事迹，前两者死于水火之灾，而后者自经未遂。正如吕坤所说的"君子哀其志，而又惜其昧通变之权也"，她们严格守礼的精神是值得后人敬佩的，但以身殉礼，未可谓智。如果说她们过于守礼是陷入了极端，那么现代社会有的人全然不讲男女有别之礼则又是走向了另外一个极端。如有的情侣在公共场合做出搂抱、接吻等过于亲密的行为；有的人为博取网络流量，在网络平台上传暴露不

雅的照片和视频；至于说婚前同居、未婚先孕等行为更是屡见不鲜。这都和古人制礼以立天下之防、明男女之大别的精神背道相驰。

荆信公主

◎荆国大长公主①，宋太宗②女也。真宗③时，下嫁驸马都尉④李遵勖⑤。旧制选尚者，降其父为兄弟行⑥。时遵勖父继昌无恙⑦，主⑧因继昌生日，以舅姑礼谒之。帝闻之，喜，密⑨以缣［音兼，并丝缯也］衣、宝带、器币⑩助为寿。

信国长公主⑪，宋神宗⑫女。崇宁三年，下嫁郑王潘美之曾孙名意，事姑修妇道。潘故大族，夫党数百人，宾接皆尽礼，无衷外言⑬。志尚冲淡，服玩不为纷华，岁时简嬉游⑭，十年间，惟一适西池而已。

吕氏曰：妇道之衰也久矣。贵族之女嫁贱，富室之女嫁贫，则慢视舅姑，轻侮夫婿。舅姑夫婿，亦不敢以妇礼责之。见夫党尊长，则倨傲轻浮，此皆无知俗女、小度痴儿，有识者为之叹笑。而彼方志骄意得，腼不知愧，则不肖父母之所骄也。今观荆国信国两公主，天子之女，天子之姑姊妹，而克谨妇道如民间子，可谓千古贤人矣，吾录之以为挟富贵女子之劝。

吕语今译

妇人之道已经衰落很久了。贵族的女儿嫁给地位卑微的,或是富家的女儿嫁给贫穷的,都会怠慢傲视公公婆婆,轻视侮辱丈夫。公公婆婆和丈夫,也不敢用妇人之礼去责备她。这些女子看见丈夫亲族的尊长者,便傲慢轻浮,这都是些无知的粗俗女子、气量狭小的愚痴之人,有见识的人会哀叹耻笑她们。而她们之所以心志骄傲、洋洋得意、恬不知耻,都是不肖父母所骄宠出来的。现在看荆国、信国两个公主,是天子的女儿,或是天子的姑姐妹,却能像民间女子一样谨守妇人之道,可以说是千古以来的贤人了,我摘录她们用来劝导那些仗恃娘家富贵而不守妇道的女子。

简注

① 荆国大长公主:宋太宗第七女,《宋史·公主传》称其"善笔札,喜图史,能为歌诗,尤善女工之事"。

② 宋太宗:赵光义,宋太祖赵匡胤之弟。

③ 真宗:宋真宗,赵恒,宋太宗第三子。

④ 驸马都尉:本为官职名,掌副车(皇帝出行时亲自乘坐的车为正车,其他随从的车为副车)之马,后来皇帝的女婿照例都封驸马都尉的称号,简称驸马,非实官。

⑤ 李遵勖(xù):初名勖,因娶荆国大长公主,而加"遵"字为"遵勖",北宋将领李崇矩之孙,精通佛学。

⑥ "旧制选尚者"句：选尚，为公主选择丈夫。根据北宋的制度，男子被选为驸马后，他在家族中的地位要提升一个辈分，变成自己父亲的同辈人，即所谓"降其父为兄弟行"。如李遵勖本名李勖，成为驸马后，皇帝给他的名字多加了一个'遵'字，把他的辈分升级为李崇矩的子辈。这样做的目的是为了让公主过门之后，不用向公公婆婆行舅姑之礼。

⑦ 无恙：没有疾病。

⑧ 主：公主

⑨ 密：暗中。

⑩ 器币：礼器币帛。

⑪ 信国长公主：《宋史·公主传》作"徐国长公主"，宋神宗幼女。

⑫ 宋神宗：宋神宗赵顼，宋英宗赵曙长子。

⑬ 无衷外言：《宋史·公主传》作"无里外言"，即接待宾客的时候说话有分寸，不谈家事，也不谈外事。

⑭ 简嬉游：很少外出游玩。

| **实践要点** |

本条讲述了两位公主下嫁夫家之后执守妇道的故事。吕坤摘录此条的用意在于"挟富贵女子之劝"，即劝导富家女子下嫁家境不如娘家的夫家时，还是要尊敬夫家，不能恃贵生骄、目中无人。如此教诲同样适用于现代社会。此外，还必须注意到，有的时候女方嫁到夫家之后并非有意怠慢夫家，而是由于两家人的生活习惯和思维方式不一致，从而让夫家人产生了误会。这提醒现代读者，在谈婚

论嫁的时候,要注意考虑双方的家庭背景是否匹配。出身于不同家庭背景的人,无论在日常生活习惯还是在思维方式上面都会有所不同,婚前要充分考虑与对方以及对方的家庭成员是否合得来。结婚之后,要充分理解对方的习惯和思维方式,坦诚沟通,互相适应,这样家庭生活才能更加美满。

韩氏家法

◎柳公绰①妻韩氏,相国②休③之孙女,家法严肃俭约,为缙绅家楷范。归④柳氏三年,无少长,未尝见其露齿⑤。常衣绢素,不用绫罗锦绣。每归宁,不坐金碧舆⑥,只乘竹兜子⑦,二青衣⑧步屣[音洗,徐行]以随。常命粉苦参、黄连、熊胆和为丸,赐诸子,永夜⑨习学,含之,以资勤苦。

吕氏曰:相国孙女,节度使⑩之夫人,金舆绣服,本不为侈。乃独俭素自持,言笑不苟,岂惟韩氏贤,二公家法可概知矣。近世妇女,罗珠刺绣,满箧充奁,大袖长衫,覆金掩彩,互羡争学,日新月异,有甫成而即毁者。无识男子,日悦妇人之心而不足,安望以节俭率之哉?德不如人而衣饰是尚,家不能治而容冶相先,皆柳夫人之罪人也。

吕语今译

韩氏是相国的孙女,节度使的夫人,她若是使用金碧辉煌的车子、穿锦绣华服的话,本来就不算是奢侈。然而,她却以节俭朴素来修持己身,不苟言笑,这不仅仅体现出韩氏的贤惠,也大概可以看出她父亲和丈夫的家教法度。近来的妇女,好看的珠宝和刺绣都放满了箧奁,她们穿的长衫大袖下面,戴满了金银珠宝,妇女之间互相羡慕效仿对方,穿戴日新月异,有刚做好就毁掉的。没有见识的男子,每天买东西来取悦妇人的心却都不能满足,怎能寄望用节俭来倡导这些妇女呢?德性不如别人却崇尚衣服饰品,家庭不能治理好却首先去打扮自己的容貌,这样做的妇女就是柳夫人的罪人。

简注

① 柳公绰:字宽,太子太保、著名书法家柳公权之兄,唐朝名臣、书法家。

② 相国:官职名,即宰相。

③ 休:韩休,字良士,唐朝宰相,以正直著称。

④ 归:嫁。

⑤ 无少长,未尝见其露齿:无论是小孩还是长辈,都没有见过韩氏露齿大笑,即韩氏一直不苟言笑。

⑥ 金碧舆(yú):金碧辉煌的车子。

⑦ 竹兜子:有坐位而无轿厢的竹制轿子。

⑧ 青衣：当时地位卑贱的人穿青色衣服，因此称婢仆、差役等人为青衣。

⑨ 永夜：长夜。

⑩ 节度使：官职名，唐朝时节度使统管一道或数州，主管军、民、财政。柳公绰曾任河东节度使。

| 实践要点 |

本条讲述了韩氏言动合礼、节俭持家、戒子勤学的事迹。吕坤特别强调韩氏的节俭朴素，他指出"德不如人而衣饰是尚，家不能治而容冶相先"的问题尤其值得现代妇女重视。在电商大行其道的现代社会，购物更加方便，显性或隐性的商品广告也出现得越来越多，人们都容易购物成瘾。衣柜琳琅满目，鞋子包包堆积如山，这是许多现代女性家中的现实情况。若是把精力、时间、金钱都花费在穿衣打扮之上，往往会忽略了对自身生命价值的追求。本条提醒现代读者，不妨尝试减少自身的物欲，用节俭朴素的生活方式避免外物对人的异化，重新回归到生活的本质，从而安顿自家身心，过上有意义的生活。

齐桓卫姬

◎卫姬者，卫侯女，齐桓公①之夫人也。桓公好淫乐②，卫姬为之不听郑、卫之音。齐霸，诸侯皆朝，而卫独不至。桓公与管仲③谋伐卫。朝入，卫姬望见桓公，脱簪解佩，下堂而拜，曰："愿请卫之罪。"桓公曰："吾与卫无故，姬何请耶？"对曰："妾闻之，人君有三色：显然喜乐，容貌怡愉者，钟鼓酒食之色；寂然清静，意气沉抑者，丧祸之色；忿然充满，手足矜动④者，攻伐之色。今君见妾，举趾⑤高而色厉声扬，意在卫也。"桓公诺。明日临朝，管仲趋进曰："君之临朝也，气下言徐，无伐国之志，其释卫乎？"桓公曰："善。"乃立卫姬为夫人，号管仲为"仲父"，曰："夫人治内，管仲治外，寡人虽愚，足以立于世矣。"

吕氏曰：卫姬之明哲至矣！世之愚妇人，征色发声而不悟，自纳身于罟获⑥陷阱之中，死而不悔者，可以观矣。

吕语今译

卫姬是多么的明智啊！世上那些愚蠢的妇人，看到别人表露出的脸色、听到别人发出的声音也不明白背后的含义，自己把自己置诸罟获陷阱之中，到死也不知道后悔的，可以看一下这篇传记。

简注

① 齐桓公：名小白，曾九合诸侯、尊王攘夷、一匡天下，为春秋五霸之首。

② 淫乐：涣散人心志的音乐。古人认为郑、卫之音（郑国、卫国的民间音乐）是淫靡之音。

③ 管仲：名夷吾，字仲，齐国国相，辅助齐桓公完成霸业，历来为世所称颂。

④ 矜动：舞动。

⑤ 趾：脚。

⑥ 罟（gǔ）获：罟，网。获，当作"攉（huò）"，捕兽用的机槛。《礼记·中庸》有云："人皆曰'予知'，驱而纳诸罟攉陷阱之中，而莫之知辟也。"

实践要点

本条提示现代读者，在日常生活之中要学会察言观色、忖度心意。古人对观人之法多有研究，如《周易·系辞下》有云："叛者其辞惭，中心疑者其辞枝，吉人之辞寡，躁人之辞多，诬善之人其辞游，失其守者其辞屈。"《论语·为政》有云："子曰：'视其所以，观其所由，察其所安。人焉廋哉？人焉廋哉？'"《庄子·列御寇》有"九徵"之术："故君子远使之而观其忠，近使之而观其敬，烦使之而观其能，卒然问焉而观其知，急与之期而观其信，委之以财而观其仁，告之以危而观其节，醉之以酒而观其侧，杂之以处而观其色。"《吕氏春秋·论人》

有云:"凡论人,通则观其所礼,贵则观其所进,富则观其所养,听则观其所行,止则观其所好,习则观其所言,穷则观其所不受,贱则观其所不为,喜之以验其守,乐之以验其僻,怒之以验其节,惧之以验其特,哀之以验其人,苦之以验其志,八观六验,此贤主之所以论人也。论人者,又必以六戚四隐。何谓六戚?父、母、兄弟、妻、子。何谓四隐?交友、故旧、邑里、门郭。内则用六戚四隐,外则用八观六验,人之情伪贪鄙美恶无所失矣。"如此种种均可在日常实践之中参考使用。

晋圉怀嬴

◎怀嬴①者,秦穆公之女,晋太子圉②之妃也。圉质③于秦,穆公以嬴妻之。六年,圉将逃归,谓嬴氏曰:"鸟飞反乡,狐死首丘④,我欲首晋而死⑤,子其从乎⑥?"嬴曰:"子,晋太子也,而辱于秦。子之欲归,不亦宜乎?虽然,寡君使婢子侍执巾栉⑦,以固子⑧也。今吾不足以结子,是吾不肖也;从子而归,是弃君之命也;言子之谋⑨,是负妻之义也。三者无一可。子行矣,不敢从,亦不敢言。"子圉遂逃归,是为怀公。

吕氏曰:怀嬴不克终事晋公子,其节不足取矣。吾取其处事之权焉,从父从夫,两无所失。

吕语今译

怀嬴不能终身事奉晋国的公子,她的节义不足以让后人取法。我只提倡她处事时的权变,即顺从父亲的意思,又顺从丈夫的心意,没有违背两方的意愿。

简注

① 怀嬴(yíng):怀嬴先是嫁给了晋太子圉(晋怀公),晋太子圉回晋国之后,又奉秦穆公之命改嫁给公子重耳(晋文公)。因而吕坤说怀嬴的节义不足取。

② 晋太子圉:晋怀公,晋惠公之子,即位不久即被人杀掉。

③ 质:春秋战国时,列国互相派人为质,作为守信的保证。

④ 狐死首丘:古人认为狐狸死的时候会把头朝向出生时的土丘,用以比喻心不忘本。

⑤ 首晋而死:化用狐死首丘的典故,即打算返回晋国。

⑥ 子其从乎:你愿意跟着我一起回去吗?

⑦ 使婢子侍执巾栉:侍执巾栉,备好手巾、梳子以伺候主人。此为自谦之语,即嫁作晋太子圉之妻的意思。

⑧ 以固子:用以稳固晋太子圉留在秦国的心意。下文谓"结子",大意相同。

⑨ 言子之谋:泄露晋太子圉回国的计谋。

实践要点

吕坤指出怀嬴值得后人学习的是她巧妙的处事方式,没有违背父亲和丈夫的意愿。虽然现代社会不再提倡妇人要从父、从夫,但有的时候确实会面临家人意见相悖的时候。要正确、巧妙地处理家人矛盾的意见,首先要创造沟通交流的机会,让各方都能了解对方的心意。其次,要按照道义行事。矛盾的双方都是自己的亲人,讲求情面只会落得个两边都不讨好的境地,不如以理裁情,支持有理的一方,并用合适的言辞规劝理亏的一方。

楚野辩女

◎楚野辩女①者,昭氏之妻也。郑简公使大夫聘②于荆,至于狭路,有妇人乘车,与大夫毂[音谷]击而折其轴③。大夫怒,将执而鞭之,妇人曰:"君子不迁怒,不贰过④。狭路之中,妾已极⑤矣。子大夫之仆,不肯少引⑥而败子大夫之车。今反执妾,不亦迁怒乎?舍有罪仆,执无罪妾,不亦贰过乎?《周书》曰:'毋侮鳏寡⑦。'今子列大夫,轻妾微弱而执之,不亦侮鳏寡乎?鞭则鞭耳,惜子大夫之丧善也。"大夫惭,无以应,遂释而问之。对曰:"妾,楚野之鄙人⑧也。"大夫曰:"盍从我于郑乎?"对曰:"有狂夫⑨昭氏在。"遂去。《诗》云:"惟号斯言,有伦有脊⑩。"楚辩女之谓也。

> 吕氏曰：惟辩足以折人，惟理足以善辩。口才非妇人所尚也，而无端受辱，无言惟惧，或言而动气犯礼，或言而浮衍无当，奚贵言哉？楚女言言当理，郑大夫之益友忠臣也，宜其愧矣。

| 吕语今译 |

只有辩才能够折服人心，只有合乎道理才能够称得上是善于辩论。口才本来不是妇人所崇尚的，当妇人无缘无故受到了侮辱，有的人不知道该说什么，只有恐惧，有的人会出言对骂而生气失礼，有的人会说出一些不恰当的话语，有谁会重视辩论时候的言语呢？楚女说的每一句话都合乎道理，算得上是郑大夫的益友忠臣，郑大夫感到惭愧也是很应该的。

| 简注 |

① 楚野辩女：楚国郊野有辩才的女子。

② 聘：聘问出访。

③ 与大夫毂击而折其轴：毂，车轮中心的圆满，辐条相连之处。这里指楚女所乘坐的车和郑国大夫的车的车毂相撞，使得大夫车子的车轴折断了。

④ 不迁怒，不贰过：《论语·雍也》有云："有颜回者好学，不迁怒，不贰过。"朱子注云："迁，移也。贰，复也。怒于甲者，不移于乙；过于前者，不复于后。"

⑤ 极：指楚女的车已经避让到了尽头。

⑥ 少引：不肯稍为避却。

⑦ 毋侮鳏寡：不要欺负老而无妻的人以及寡妇。此处指微弱之人。

⑧ 鄙人：粗鄙之人，自谦之词。

⑨ 狂夫：对自己丈夫的谦称。

⑩ 惟号斯言，有伦有脊：引自《诗经·小雅·正月》。伦，道。脊，理。大意是说楚女之言有理有据。

| 实践要点 |

本条提醒现代读者，受到别人的无礼责备时，不要因为愤怒而遮蔽了理智，而是应该冷静沉着，据理力争。如吕坤所说："惟辩足以折人，惟理足以善辩。"当然，本条中的郑国大夫也算是讲道理的人。若是遇到不讲道理的人，则无需费时辩论，只要自己的言行问心无愧、合乎义理，便任他诽谤去，毋庸动气。

齐女徐吾

◎徐吾者,齐东海上①贫妇人也。与邻妇李吾之属②,会烛夜绩③,徐吾最贫,而烛数不继④。李吾谓其属曰:"无与夜[不容同夜]也。"徐吾曰:"是何言与?自妾之会烛也,起常先,息常后,洒扫陈席以待来者。食常从薄,坐常处下⑤,为烛不继之故也。夫一室之中,益一人,烛不为暗;损一人,烛不为明。何爱⑥东壁之余光,不使贫妾得蒙见哀之恩⑦,长为仆役之事⑧乎?"李吾莫能应,遂复与夜,终无后言⑨。

吕氏曰:有余者当以分人,是谓不费之惠;不足者当知度己,是谓自善之术。世未有不相资而能相久者也,若徐吾者可以为法矣。

| 吕语今译 |

有多余的东西应当用以分施给别人,这叫做不费力的恩惠;自己有不足之处的话应当知道反思自己,这叫做自觉尽好自己本分的方法。世上没有不互相资助而能长久相处的,像徐吾的这种做法可以被后人所效法。

简注

① 齐东海上：齐国东海边上。
② 李吾之属：李吾，人名。李吾之属，即李吾一伙人。
③ 会烛夜绩：会烛，共用火烛。夜绩，在晚上进行纺织之事。
④ 烛数不继：火烛多次不能持续供应。
⑤ 坐常处下：坐在位置不好的地方。
⑥ 爱：吝惜。
⑦ 得蒙见哀之恩：得以蒙受被哀怜的恩惠。
⑧ 仆役之事：即夜绩之事。
⑨ 终无后言：后来也没说什么。

实践要点

本条提醒现代读者，在与他人交往的过程中要做到互助互利、将心比心，如吕坤所说"有余者当以分人""不足者当知度己"。在现实生活中，人们或多或少都喜欢占别人便宜。例如在菜市场，有的市井小民因为生活拮据和菜贩讨价还价，这是可以理解的。然而，有的高薪白领面对着衣衫褴褛的小贩，还为了一分几毛而多费唇舌，这便有点贪得的意思。反过来，也不能以自己贫苦窘迫为由，心安理得地大肆索取，用道德来绑架他人。

狄仁杰姨

◎狄仁杰①为相,有卢氏堂姨,居桥南别墅[音主]②。姨止③一子,未尝入都城。狄仁杰每伏腊晦朔④,修馈⑤甚谨。尝休暇⑥,候姨安否,适见表弟挟弓矢,携雉兔⑦来归。进膳,顾揖⑧仁杰,意甚轻简。仁杰因启⑨姨:"某今为相,表弟何乐,愿悉力从其旨。"姨曰:"相自为贵尔。姨止有一子,不欲令事女主。"仁杰大惭而退。

吕氏曰:卢氏之贤明不可及矣。不以贫贱托当路⑩之甥,世情所难,而"不事女主"一语,尤烈丈夫所难,轻于请托者,可以愧矣。

| 吕语今译 |

卢氏的贤明一般人难以比得上。她不因为自家贫贱而依托主政的外甥,世人很难做得到,而她"不事女主"的那句话,就算是刚烈的大丈夫也难以做得到,那些随便拜托别人做事的人,看到这个传记可以感到惭愧了。

简注

① 狄仁杰：狄仁杰，字怀英，唐武则天时任宰相，以忠贤之名为世所称颂。

② 别墅：本宅外另外购置的住所。

③ 止：只有。

④ 伏腊晦朔：伏，夏季的伏日。腊，冬季的腊日。晦，农历每月最后一天。朔，农历每月第一天。

⑤ 修馈：馈赠礼物。

⑥ 休暇（xiá）：闲暇。

⑦ 雉兔：山鸡、野兔。

⑧ 顾揖：顾视拜揖。

⑨ 启：启禀。

⑩ 当路：主掌政权。

符承祖姨

◎姚妇杨氏，阉人①符承祖②之姨也。家贫，承祖为文明太后③所宠，家累巨万④，疏远亲姻皆资借为荣利，杨一无所求。尝谓其姊曰："姊虽有一时之荣，不若妹有无忧之乐。"姊遗之衣服，不受，曰："我夫家世贫，美服非其所宜。"与之奴婢，不受，曰："食不能给。"常着破衣，自执苦事。承祖耻之，乃遣人乘车往迎。杨坚卧不起，从者强舁舆上，则大哭曰："尔欲杀我耶？"符家内外皆笑，号为"痴姨"。及承祖败，诛及亲戚，杨氏以贫窭⑤得免。

吕氏曰：蝇集腥，蚁附膻，常胥及焉⑥。即承祖不败，而有义有命，彼富贵者，岂吾所宜资哉！杨姨不痴，不必验之成败间矣。

| 吕语今译 |

　　苍蝇都聚集在有腥味的东西之上，蝼蚁都附聚在有膻味的东西之上，这是同类相与的道理。即使符承祖没有遭遇祸败，而每个人都有自己应当遵守的道义和天命，那些大富大贵的人，哪里是我所应当攀附的啊！杨姨并不愚痴，这不必从得失成败上去验证。

简注

① 阉人：宦官。

② 符承祖：北魏宦官。

③ 文明太后：即冯太后，北魏文成帝皇后，北魏献文帝之母，北魏孝文帝祖母。在献文帝、孝文帝在位期间，冯太后临朝专政，《魏书》称其"多智略、猜忍（猜忌残忍）、能行大事"。

④ 家累巨万：家中积累了数目极大的财产。

⑤ 贫窭（jù）：贫困。

⑥ 常胥及焉：胥，相。及，与。常胥及焉，大意是指同类相与、臭味相投，如苍蝇都聚集在有腥味的东西之上，蝼蚁都附聚在有膻味的东西之上。

实践要点

"狄仁杰姨""符承祖姨"两条大意相同，讲述妇人不攀附亲戚权贵。古语有云："一人得道，鸡犬升天。"有权有势的人会引得其他亲朋好友的攀附，而被攀附的权贵也希望把自己人安插到自己眼皮底下，更好地维持自身的势力，这是人之常情。但攀附权贵，既失去了自立自强的骨气和能力，在权贵失势时又可能会受到牵连。因而攀附权贵实际上是弊大于利。这提醒现代读者，凡事都要自力更生，不要想着依靠他人。

徐氏诛妫

◎三国吴孙翊①妻徐氏，有美色，贼妫[音归]览②杀翊，悉取其嫔妾，复逼徐氏。徐氏使人谓览，乞晦日设祭除服③乃可，览许之。徐氏遂潜使亲信者，语翊旧将孙高、傅婴，欲以求助。又密报翊平时所恩养者二十余人，皆许之，谋成而誓。至晦日，徐氏遂设祭除服，薰沐盛饰，施帐褥以候览。览密探之，无复疑虑。徐氏乃命高、婴辈罗伏④户外，使人报览曰："服除矣。"览遂礼服而入。徐氏出拜户外，览答拜，高、婴等齐出杀览。徐氏仍服衰绖⑤，持览首以祭翊墓，举军振骇以为神。

吕氏曰：徐氏之贞无论矣，惟是济事之才，为谋之密，吾所倾心服焉。料妫贼之必侦[音秤，候也]也，而孙傅灭踪；及妫贼之既侦也，而甲士潜伏。迎拜从容，了无怖状。呜呼！孰谓妇人而能若是？吾取之以为士君子济变之法。

| 吕语今译 |

徐氏的贞节就不用说了，她处理事情的才华，计谋的缜密，是我所全心折服的。她预料妫览一定会去侦察，于是让孙高、傅婴先不要露出踪迹；等到妫览已

经侦察完了，才让披甲的勇士埋伏在外。在迎接拜见妫览时她又从容不迫，一点恐惧的样子也没有。呜呼！谁说妇人竟然能做到这样呢？我选取这个事迹来作为士君子处事应变时的效法榜样。

简注

① 孙翊（yì）：字叔弼，孙坚第三子，孙策、孙权的弟弟，曾任丹杨太守。
② 妫览：丹杨大都督督兵。
③ 除服：脱去丧服。按照礼法，孙翊被杀身亡，徐氏为之守丧期间要穿丧服。
④ 罗伏：如罗网般埋伏。
⑤ 衰绖（cuī dié）：衰为麻布衣，绖为散麻绳，为居丧时所穿的丧服。

实践要点

本条讲述了徐氏冷静设计、为夫报仇的故事。与上文守节、死节的女子相比，徐氏以智谋全身而退的做法更值得现代读者借鉴。具体而言，首先要临敌心不动。面对歹徒，人们容易产生恐惧的情绪，然后脑子一片空白，手足不知所措。或是义愤填膺，破口骂贼，最终激怒歹徒，难逃一死。这些做法都是不可取的。应当保持沉着冷静的心态，在外表现不卑不亢的情态。然后，要机智地与歹徒周旋。根据歹徒的特点，可以尝试说服歹徒放弃恶念，动之以情、晓之以理。或者可以假装听从歹徒的要求，并提出自己的要求，从而争取时间与机会脱身。另外，要尽量想办法找人帮忙，不要指望单靠自己一人就能摆脱歹徒。

鲁妇守寨

◎鲁妇晏氏,汀州宁化[1]人。夫死,守幼子不嫁。宋绍定[2]间,寇破宁化,晏依山为寨,贼遣人索妇女金帛,晏召田丁[3]谕曰:"汝曹衣食我家,念主母恩,当用命。不胜,即先杀我[4]。"因解首饰悉与之,田丁感激思奋。晏自搥鼓,使诸婢鸣金,贼退败。乡人挈家[5]趋寨者甚众,晏以家粮助不给[6],归者日众。又析寨为伍,互相应援,贼弗能攻,凡活老幼数万人。事闻,封恭人[7],赐冠帔[8],补其子为承信郎[9]。

吕氏曰:晏恭人岂不伟然一丈夫哉?独立不惧之胆,坚确凝定之志,奋迅激昂之气,经略鼓舞之才,给赡存恤之义,胥见之矣。他如李侃妻之守陈州,邹保英妻之守平州,古玄应妻之守飞狐,皆以家僮女伴,厉气狗城,卒却强寇。史思明[10]之叛也,卫州女子侯氏、滑州女子唐氏、青州女子王氏,相与歃血勤王[11],赴营讨贼,百世之下,犹能使人壮气指冠。嗟嗟!士君子受专城之寄[12],临万室之众,闻寇,昏不为备;寇至,莫展一筹。民听其死生,城听其坚陷,见贼股栗,城破投穴。视其人,固美髭髯盛冠服一丈夫也,试读此传,两间无容身处矣。

吕语今译

晏恭人岂不是一个伟岸的大丈夫吗？她有特立独行、不惧寇贼的胆量，有坚定不移的心志，有奋迅激昂的气势，有谋略动员的才华，有供养贫困的义气，全都体现在她身上。有其他类似的妇人，像李侃的妻子守护陈州，邹保英的妻子守护平州，古玄应的妻子守护飞狐，都是带领着家里的僮仆和女伴，用严厉的斗志舍身守城，最终都打退了强大的寇贼。在史思明叛乱的时候，卫州女子侯氏、滑州女子唐氏以及青州女子王氏，一起立下盟誓要效命王室，到军营之中讨伐逆贼，百世之后，她们的事迹仍然能使人怒发冲冠。嗟嗟！士君子被任命为地方长官，面对着这万家百姓，听闻寇贼要来，却昏庸不做防备；寇贼到了，又拿不出什么方法去对应。听任民众自生自灭，听任城池被敌人攻陷，亲眼看见寇贼就两腿发抖颤栗，城池被攻破了就自己钻到洞穴中去。看他这个人，是有着华美的胡子、穿着华丽冠服的一个大男人啊，试着让这类人读到这个传记，他们在天地之间肯定找不到容身之处。

简注

① 汀州宁化：地名，今属福建省。

② 绍定：绍定（公元1228年～1233年）为宋理宗所用年号。

③ 田丁：为地主耕田的农民。

④ "汝曹衣食我家"句：大意是，你们吃穿都是用我家的，若记挂主人恩情

的话，应当拼命捍卫城寨。若不能打胜寇贼，马上要先把我杀掉。

⑤ 挈（qiè）家：带领家人。

⑥ 不给：供给不足。

⑦ 恭人：古代给命妇的封号，宋代时中散大夫至中大夫之妻封恭人。

⑧ 冠帔（guān pèi）：冠，首服。帔，披肩。

⑨ 补其子为承信郎：补，补授。承信郎，宋代官职名，级别较低的武官。

⑩ 史思明：突厥族，初名窣于，玄宗赐其名，安禄山同乡，发动安史之乱的叛将之一，曾僭称大圣周王，以应天为年号，其后更国号为大燕、年号为顺天，自称应天皇帝，后被儿子史朝义所杀。

⑪ 歃（shà）血勤王：歃血，古人盟誓时以牲血涂口，示意信守誓言。勤王，为王室效命。

⑫ 专城之寄：受寄托专掌城池，即被任命为地方行政长官。

| 实践要点 |

本条讲述晏氏在危难之中挺身而出，用胆识和智谋保护了乡里百姓。这提醒现代读者，在家族或者周围的人遇到困难时，要勇于沉着冷静地应对，尤其自己是群体当中的领导者时，更应承担重任，带领大家齐心协力、同渡难关。

余洪敬妻

◎郑氏,建州①人也。南唐平建州②,郑有殊色③,裨将④王建封⑤逼之,劫以刃,不为屈。建封嗜人肉,略少妇百许⑥,日杀其一具食,引郑氏示之⑦曰:"惧乎?"郑曰:"愿早充君庖,为幸多矣。"建封终不忍杀,以献查文徽⑧。文徽甚爱之,百计必欲相从。郑大骂曰:"王师吊伐⑨,凡义夫节妇,特加旌赏以风天下⑩。王司徒出于卒伍,不知礼义,无足怪。君侯读圣贤书,为国大将,当表率群下,风示远人⑪。乃欲加非礼于一妇人,以逞无耻之欲,妾有死而已,幸速见杀!"文徽大惭,下令城中,召其夫付之⑫。

吕氏曰:郑所遇王、查两将,皆羞恶之心未亡者,故得从容慷慨以免于难。向使节妇贞女,当被执之初,或陈设大义以愧之,或婉语悲情以感之,义理之心,盗贼皆有,宁必其无一悟者乎?要之,身陷于贼,非死不足以成名,非骂不足以成死。彼怒心甚,则欲心衰,亦保节之一道。然吾窃有惧焉,一女子不能当两健儿,倘激其怒而必欲相辱,即死,不足雪恨,以是知不如愧之、感之之为得也。

吕语今译

郑氏所遇到的王、查两个将领，他们的羞恶之心都还没有丢失，因此她能够从容不迫、慷慨言辞，从而免受祸难。假设贞节的妇女，在刚刚被抓捕的时候，或陈述大义来使盗贼羞愧，或婉转述说悲哀之情来感动盗贼，盗贼都有义之心，难道他们当中没有一个人会醒悟吗？总而言之，当妇女沦陷在盗贼的手中，不就义而死便不足以成就贞节的名声，不骂贼便不足以求得一死。当盗贼心中愤怒的情绪十分强烈，他的淫欲就会衰减，这也是妇女保全贞节的方法之一。然而，我心中还是为郑氏感到害怕，她一个女子不能抵挡王、查两个健壮的男儿，倘若激起他们的怒火而一定要污辱她的话，那么她即使是死了，也不足以洗刷心中的愤恨，由此可见，（与其痛骂盗贼）不如羞愧、感化他们，这样才更为妥当。

简注

① 建州：地名，今属福建省。

② 南唐平建州：南唐，五代十国时李昪在江南建立的王朝，定都江宁（今江苏南京）。保大二年（944年）二月，南唐元宗李璟（李昪之子）派查文徽等发兵攻打建州，其后攻克。此处所谓"南唐平建州"当为此时之事。

③ 殊色：有非同一般的美色。

④ 裨（pí）将：副将。

⑤ 王建封：南唐将领，以任侠骁勇知名。

⑥ 略少妇百许：抢掠了百余名少妇。

⑦ 引郑氏示之：带郑氏看他杀人来准备饭食的情形。

⑧ 查文徽：字光慎，南唐大臣，曾任枢密副使、抚州观察使、工部尚书等职务。

⑨ 王师吊伐：王室的军队吊唁死去的百姓、讨伐有罪之人。当时查文徽趁建州内乱而出兵攻伐，符合民众心意，《南唐书·卷五》载云："建人厌王氏之乱，伐木开道迎我师"。

⑩ 特加旌赏以风天下：专门给予旌表赏赐用以教化天下。

⑪ 风示远人：宣示告诫远方之人。

⑫ 召其夫付之：召来郑氏的丈夫，把郑氏交还给他。

| **实践要点** |

本条讲述了郑氏怒骂歹徒、得以全身而退的事迹。如吕坤所指出的，面对歹徒，张口怒骂不如"愧之""感之"为宜。可参阅上文"徐氏诛妪"条以及下文"淮帅仆妻"条。

淮帅仆妻

◎颖上①某为帅淮扬②,有一仆号称骁勇,过芒砀③间,其地多盗,仆与妻前驱,至葭苇中,仆大呼曰:"素闻此处多豪杰,何无一人敢与吾敌耶?"俄而④葭苇中数盗出,攻仆,杀之。仆妻跪贼恸哭,叩头感谢,曰:"妾本良家妇,被此人杀吾夫而掳之,无力复仇。大王今为吾断其首,妾杀身无以报大德。前途数里,吾母家也,肯惠顾⑤,当有金帛相赠。"贼喜而从之。至一村,保⑥聚多人,外列戈戟,妇人走入,哭诉其故。保长赚⑦贼入,就而擒之,惟一人得免。

吕氏曰:仓卒之际,恐惧之心,智者且眩然失策,况妇人乎?乃能以节义之语,触群盗之怜,既免杀辱,又报仇雠。智深勇沉,烈丈夫所让,孰谓斯人而有斯识耶?

吕语今译

在事情突然发生的时候,心有恐惧,有智慧的人尚且会迷乱而不知所措,何况是妇人呢?她能用有节义的话语,触动一群盗贼的怜悯之心,既免于被杀害、污辱，又报了杀夫之仇。她智慧深远而勇气沉着，刚烈的大丈夫遇上了也要有所退让，谁会想到仆人的妻子会有这样的胆识呢？

| 简注 |

① 颍上：地名，今属安徽省。
② 某为帅淮扬：某，某人。为帅淮扬，作为淮扬之地的统帅。
③ 芒砀（máng dàng）：芒山、砀山，地处今安徽省与河南省交界。
④ 俄而：不久。
⑤ 惠顾：别人光临己家。
⑥ 保：宋代始创户籍制度保甲制，把若干家编作一甲，设甲长；若干甲编作一保，设保长。
⑦ 赚：哄骗。

| 实践要点 |

本条讲述淮帅仆妻遭遇歹徒以智谋脱险的故事，可参阅上文"徐氏诛妳"条。

班氏婕妤

◎班婕妤者，汉左曹越骑校尉①况②之女，彪③之姑也。少有才学，成帝④选为少使⑤，大被宠幸，居增成舍⑥。帝尝游后宫，欲与同辇⑦，婕妤曰："妾观古圣帝明王，皆有贤臣正士侍其左右。惟衰世之君，乃有女嬖⑧在侧，妾不敢恃爱以累圣明。"又以李平平⑨之才而美，进之⑩以供左右。其后赵飞燕姊妹，妒宠争进，谮班婕妤，怨望祝诅⑪。帝考问⑫，对曰："妾闻修正尚未获福，为邪欲以何望？使鬼神有知，不受不臣之愬⑬；如其无知，愬之何益？"帝然之。婕妤自知难容，乃求供事太后于长信宫⑭，作《自悼赋》《纨扇诗》以寄怀。其《捣素》一作，尤极藻丽云。

吕氏曰：同辇之宠，皆后妃嫔御之所祷而求者也，婕妤既辞而复谏。至于辨谤数语，义正辞确，可谓宠辱不惊矣。卒求长信以避妒，不贤而能之乎？

吕语今译

与君王同乘辇车的恩宠，是后宫妃嫔都想祷求得到的，而班婕妤却在推辞之后还加以劝谏。至于后来她为了辨明诽谤而说的几句话语，道义正当、言辞确訾，可称得上是不因宠爱和谤辱而动心了。最终她请求在长信宫事奉太后以逃避赵飞燕等人的嫉妒，不贤明的话能做到这样吗？

简注

① 左曹越骑校尉：官职名，掌兵的武官。

② 况：班况，举孝廉为郎，曾任上河农都尉、左曹越骑校尉。

③ 彪：班彪，字叔皮，东汉著名学者，班固、班昭之父。

④ 成帝：西汉孝成帝刘骜，在位期间沉溺女色，导致外戚擅政，为王莽篡汉埋下祸根。

⑤ 少使：女官官职名，地位相当于俸禄四百石的官员。

⑥ 增成舍：汉代后宫分成八个区域，增成是第三区。增成舍即增成区内的房舍。

⑦ 同辇（niǎn）：同坐辇车。

⑧ 女嬖：受君王宠爱的女子。

⑨ 李平平：《汉书·外戚传》作"李平"，原为班婕妤的侍女，经班婕妤进荐得幸，被立为婕妤，又被赐姓"卫"，被称为卫婕妤。

⑩ 进：进荐。

⑪ 怨望祝诅：怨望，心怀怨恨。祝诅，祝告鬼神，诅咒他人。

⑫ 考问：查问。

⑬ 不臣之愬（sù）：不臣，指诅咒主上。愬，诉说。

⑭ 长信宫：汉代宫殿名，常为太后居住之所。

| 实践要点 |

本条主要讲述了班婕妤的生平事迹,值得现代读者借鉴的是她能做到宠辱不惊、审时知退。在日常生活之中,人们得宠的时候容易引以为荣、骄傲自满,被诽谤的时候容易怒火中烧、失去理智,这些情绪都会扰动原本平静的内心,从而做出一些偏颇的行为。要避免偏颇行为带来的不良后果,内心必须时刻保持平静,而内心的平静又必须以言行合乎道义为依归。如班婕妤谢绝同辇、明辨诽谤的言辞均合乎义理,因而辞宠而不获罪、受诬而不陷刑。此外,人们总会在得势时极尽无两的风头,却不知盈虚有时、祸福无常,不懂得激流勇退。而班婕妤退居长信以避嫉妒,可谓是进退有度,值得后人效法。

班氏惠姬

◎曹大家①,姓班氏,名昭,字惠姬,扶风曹世叔妻,彪之女,固之妹也,博学高才。世叔早卒,有节行法度。固著《汉书》,未竟②而卒。和帝③诏昭踵成④之。又数召入宫,令皇后诸贵人师学焉,号曰"大家"。所著有《针缕》《东征》等赋,及《女诫》七篇。《女诫》已载之《嘉言》,其《大雀》七赋,深有规讽⑤云:

"嘉大雀之所自,生昆仑之灵丘。同名小而称大,乃凤凰之匹俦⑥。怀有德而归义,翔万里而来游。集帝庭而止息,乐和气以优游。上下协而相亲,听《雅》《颂》之雍容。自东西与南北,咸思服而来同。"

吕氏曰:大家出入宫禁⑦时,年已六十矣,故无男女之嫌。至于续《汉书》以成兄志,作《女诫》以为后师,文章德行,表表闺阁间,班氏有女矣。是时后宫多妒而大雀适来,帝诏赋之,故大家云云。

| 吕语今译 |

曹大家出入后宫的时候,年龄已经六十岁了,因此没有男女之间的嫌疑。至于说她续编《汉书》以完成兄长班固的志愿,写下《女诫》被后世的女子作为效法,她的文章和德行,都是闺阁妇女的杰出代表,班氏家族出了一个女中豪杰啊。当时后宫妃嫔之间多有互相嫉妒的事情,而大雀刚好到了宫中,皇帝就诏来曹大家作赋,她就写下了上面的话。

| 简注 |

① 大家（gū）：尊称。

② 竟：完成。

③ 和帝：东汉孝和帝刘肇，孝章帝刘炟第四子。

④ 踵成：接着完成。

⑤ 规讽：规劝讽谏。

⑥ 匹俦（chóu）：伴侣。

⑦ 宫禁：帝后所居之处。

| 实践要点 |

本条主要叙述班昭的生平事迹，可参看本书《女诫译注》部分。

徐妃疏谏

◎徐贤妃，名惠，生五月而能言，四岁诵《论语》《毛诗》，八岁能属文，遍涉经史，手不释卷。贞观①中，纳为才人②，每应制③诗文诰敕④，挥翰立成⑤，词华绮赡［音岂扇］⑥。是时太宗好土木，动干戈，海内骚然，贤妃上疏，略曰：

"自贞观以来,二十二载,雨顺风调,年登岁稔[音忍,熟也],人无水旱之苦,国无饥馑之灾,皆陛下忧勤节俭所致。此之功德,足以咀嚼百王、网罗千代⑦者矣。守初保末,圣哲罕兼,是知业大者易骄,愿陛下难之;善始者难终,愿陛下易之。

窃见顷年⑧以来,东有辽海之军,西有昆吾之役。士马疲于甲胄,舟车倦于转输。去留怀死之痛,人米漂溺之危,运有尽之农功,填无穷之巨浪,图未获之他众,丧见在之我军,虽除凶伐暴,有国常规,然黩武穷兵,先哲所戒。昔秦皇兼并六国,反速危亡之基;晋武奄有三方⑨,翻成覆败之业。岂非矜功恃大,弃德而轻邦;图利忘危,肆情而纵欲。遂使悠悠六合,虽广不救其亡;嗷嗷黎庶,因敝以成其祸。是知地广非安常之术,民穷乃易乱之源。愿陛下布泽流恩,矜劳恤乏。

妾又闻为政之本,贵在无为。窃见北阙初建,南营翠微,曾未踰时,玉华创制,虽因山籍水,宁无架筑之劳;假顾役取材,益侈公私之费。是以卑宫菲食,圣君之所安;金屋瑶台,骄主之为丽。故有道之君,以逸逸人;无道之君,以乐乐身。夫珍玩伎巧,乃丧国之斧斤;锦绣珠玑,实迷心之酖毒。窃见饰极纤靡,如变化于自然;织贡珍奇,若神仙之所制。虽驰华于季俗,寔败素于淳风。是知漆器非延叛之方,桀造之而人叛;玉杯岂招亡之术,纣用之而国亡。作法于俭,犹恐其奢,作法于奢,何以制后?

伏惟陛下明鉴未形，智周无际，穷奥秘于文阁，尽深赜于儒林。千年治乱之踪，百代安危之迹，兴衰祸福之故，得失成败之机，莫不包罗心府之中，循环目闱之内矣。又恐知之非难，行之不易。诚能慎终如始，损轻惩而益重德，循今是以替前非，则令名与日月无穷，盛德与乾坤永大。"

帝崩，哀慕成疾，进药不服，曰："上遇我厚，得先狗马[10]，永侍园陵足矣。"卒年二十四。

吕氏曰：贤妃非女谏官耶？世言宫妾不可近，妇言不可听，顾其人其言何如耳。如贤妃者，朝夕在侧，食息受言，非耽女宠矣。宫闱近御，孰谓无正人君子哉？

| 吕语今译 |

徐贤妃难道不是女谏官吗？世人都说宫中妃妾不可亲近，妇人的言语不可听从，其实是要视乎讲话的人是谁、她讲的有没有道理。像徐贤妃这样的人，就算早晚都陪在身旁，吃饭休息的时候都听她进言，这也不算是沉迷于女宠。谁说在皇宫里进御君王的女子当中，没有正人君子呢？

简注

① 贞观：贞观（公元 627 年～公元 649 年）为唐太宗所用年号。

② 才人：女官官职名，唐朝时为宫官正五品，后升为正四品。

③ 应制：应皇帝之命写作诗文。

④ 诰敕：古代朝廷封官授爵的文书。

⑤ 挥翰立成：一挥动毛笔就马上完成创作，比喻文思敏捷。

⑥ 词华绮赡：辞藻华美多彩。

⑦ 咀嚼百王、网罗千代：咀嚼提炼历代君王的圣明之德，功绩影响千秋万代。指唐太宗的政绩足以媲美历代圣明君主。

⑧ 顷年：近年。

⑨ 晋武奄有三方：指晋武帝司马炎统一天下，结束魏蜀吴三国鼎立的局面。

⑩ 得先狗马：得以先狗马而死，死亡的婉转说法。

实践要点

本条讲述徐妃自幼博学多才，成为妃嫔后又敢于直言上谏的事迹。吕坤在此摘录了徐妃的谏言，大概是想展现她的才学见识和谋高虑远。值得注意的是，吕坤指出"世言宫妾不可近，妇言不可听，顾其人其言何如耳"，这提醒现代读者，不要轻视女性的地位和作用。一个有德行的妇人往往能辅助丈夫建功立业、昌盛家道。此外，正如上文多次提到，每一个妻子都有责任用恰当的方式指出丈夫的错误，使之改过迁善，积善成德。

秦宣文君

◎韦逞母宋氏，家世以儒学称。其父无子，以《周官》音义授之。后适韦氏，生逞。夫卒，逞幼，宋氏教之学，逞遂成名，仕秦①苻［音蒲］坚②为太常③。坚尝幸太学④，悯礼乐遗阙，博士卢壶［音捆］进曰："比年缀撰，正经粗集⑤，唯《周官礼》注，未有其师。窃见太常韦逞母宋氏，传其父业，得《周官》音义。今年八十，视听无阙，可以传授后生。"于是坚命就宋氏家立讲堂，置生员百二十人，隔绛纱幔受业⑥，号宋氏为"宣文君"，赐侍婢十人，《周官礼》遂行于世。宋若莘⑦姊妹，尊为女孔子云。

吕氏曰：宋氏以八十之年，绛幔授生徒，而《周官》音义赖以大行，赐号"宣文"，不亦宜乎？圣经贤传，固妇人所不废也。

| 吕语今译 |

宋氏以八十岁的高龄，隔着绛幔教授学生，而《周官》音义因此而大行于世，皇帝给她赐号"宣文"，不是很适宜吗？圣贤的经典传注，就算是妇人也不应该废而不学。

简注

① 秦：前秦，十六国时期的政权之一，由苻健于公元351年建立，共历7主，享国43年。

② 苻坚：字永固，前秦第三位国君。

③ 太常：官职名，掌祭祀礼乐之事。

④ 幸太学：幸，皇帝亲临。太学，古代官办的最高学府。

⑤ 比年缀撰，正经粗集：经过近年来的编撰，儒家五经的注解基本上都集齐了。

⑥ 隔绛（jiàng）纱幔受业：隔，隔着。绛纱幔，用绛纱幔做的帐幕。受业，接受老师教授的学业。

⑦ 宋若莘：唐代著名才女，著有古代女教经典《女论语》。

实践要点

本条讲述了宣文君宋氏绍述儒家经义的事迹。这说明在古人（至少是汉代人）眼中，只要有学问都可以成为受人尊敬的师长，没有男女不平等的偏见。吕坤藉此指出"圣经贤传，固妇人所不废也"，女性也应当有受教育的权利（古代的教育主要体现为圣贤之学）。时至今日，仍然有人认为女性不需要读书学习，只要找到好人家出嫁即可，而本条正是对"女性读书无用论"的抨击。从知识传递的角度讲，无论男女都有责任把人类的知识传递到下一代。从个体受教育的层面，无论男女都有接受教育、提升自我的权利。

管仲妾婧

◎婧,管仲之妾也。桓公出齐东门,宁戚①击牛角而商歌②,甚悲。桓公异之,使管仲迎之,宁戚称曰:"浩浩乎白水。"管仲不知所谓,不朝五日而有忧色。婧进曰:"君奚不朝而有忧色?敢问。"管仲曰:"非汝所知也。"婧曰:"妾闻之也,毋老老,毋贱贱,毋少少,毋弱弱。"管仲曰:"何谓也?"对曰:"昔者太公望③年七十,屠牛于朝歌[卫地]市,八十为天子师④,九十而封于齐,老可老耶?夫伊尹⑤,有莘[音莘,国名]氏之媵臣[送女男仆]也,汤⑥立以为三公,天下大治,贱可贱耶?皋子⑦生五岁而赞禹⑧,少可少耶?駃騠[音决蹄,马名]生七日而超其母,弱可弱耶?"管仲语以故,婧笑曰:"人已语君矣。古有《白水》之诗曰:'浩浩白水,倏倏[音紬]之鱼⑨。君来召我,我将安居。国家未定,从我焉如。'此宁戚之欲得仕国家也。"管仲大悦,以报桓公,因以宁戚为相而齐霸。"先民有言,询于刍荛⑩",此之谓也。

吕氏曰:婧之学,管仲所不能知,可谓博矣。至于"四毋"之说,皆士君子好高之常病,婧也岂独学优,亦有道之女哉。噫!孰谓斯人而为人妾,孰谓管仲而妾斯人?

| 吕语今译 |

婧的学问，连管仲也不懂得，她可以说是十分的博学。至于她关于"四母"的说法，都是士君子喜好名高之士、轻视无名之辈的通病，婧不仅学识出众，也是一位有道的女子。噫！有谁会想到这么优秀的人会是别人的妾侍，又有谁会想到管仲会有一位比他学识更广博的妾侍呢？

| 简注 |

① 宁（nìng）戚：卫国人，出身微贱，早年怀才不遇，后被齐桓公任用，辅助齐桓公成就霸业。

② 商歌：唱商调的歌，古人认为商调的声音悲哀凄凉。

③ 太公望：吕尚，姜氏，后世又称之为姜子牙，以善于计谋名世，辅助周文王、周武王推翻商纣王统治，被封于齐国。

④ 天子师：周文王曾立吕尚为师。

⑤ 伊尹：名阿衡，辅助商汤王推翻夏桀的统治。

⑥ 汤：商汤王。

⑦ 皋子：尧、舜的属臣皋陶的儿子伯益。

⑧ 赞禹：辅佐大禹。

⑨ 倏倏之鱼：光彩鲜明的鱼儿。

⑩ 先民有言，询于刍荛（chú ráo）：刍荛，割草砍柴的人。出自《诗

经·大雅·板》，直译为"古人有说要向割草砍柴的樵夫请教"，即博学好问、不耻下问之意。

| 实践要点 |

俗话说"金无足赤，人无完人"。管仲是有名的贤臣，却依然有解决不了的问题，也有士君子好高的通病。幸而家中的贤内助妾婧博学善辩，为他解决了难题。抛却妻妾身份贵贱问题不论，本条对现代读者的启发是，妇人有辅助丈夫、教育儿子、为家人排忧解难的职责，这要求妇人要提高自身的知识水平和能力素养。平时在家中也要善于观言察色，当丈夫、儿子或其他家庭成员心事重重时要及时用适当的方式加以开导，协助家人共渡难关。

卷四 善行

母 道

母不取其慈而取其教，溺爱姑息，教所难也。继母不责其教而责其慈，忌嫌憎恶，慈所难也。慈母不传，而慈继母传，为继母者，可以省矣。乳保列于八母[①]，故亦附焉。为类九，得三十二人。

一、礼母。教子以礼、正家以礼者也。若孟母，礼不足以尽之，而事归于礼，故以礼名。凡二人：

孟母三迁　鲁之母师

二、正母。望子以正者也。无儿女子之情，惟道义是责。凡五人：

楚子发母　王孙氏母　陆续之母　范滂之母　刘安世母

三、仁母。以慈祥教子者也。一念阴德，及于万姓。凡三人：

隽不疑母　严延年母　欧阳公母

四、公母。责子而不责人者也。世皆私其女，而尤人无已，不公甚矣。今取其可法者二人：

张妇戒骄　　鲁氏戒食

　　五、廉母。以贪戒子者也。妇人廉，世所希，故录。凡四人：

齐田稷母　　晋陶侃母　　吴孟仁母　　崔玄暐母

　　六、严母。威克厥爱者也，有父道焉。凡五人：

吴贺之母　　陈尧咨母　　李景让母　　二程之母　　吕荣公母

　　七、智母。达于利害之故者也。凡四人：

密康公母　　孙叔敖母　　婴母知废　　陵母知兴

　　八、慈继母。恩及前子者也。凡五人：

芒卯之妻　　亲子代死　　珠崖争死　　程文巨妻　　余楚之妻

　　九、慈乳母。乳母所保，他人子也。只以受人之托，遂尽亲母之情，或身与俱死，或以子代死，为人保子，义当如是耳。录二人。嗟嗟！匹妇之愚，奶妪②之贱，受人之托，犹不忍相负。国家重守令③，俾之保民，乳母之托也。环郡邑士大夫父老，既名之曰父母父母矣，读此传，亦忸怩④否乎？呜呼，奈何！

魏节乳母　　鲁孝义保

卷四　善行

543

吕语今译

对于母亲而言，不求取她能慈祥，而求取她能教导孩子，一般做母亲的都会溺爱孩子，姑息纵容他们的过错，正确地教导孩子是为人母者所难做到的。对于继母而言，不责求她能教导孩子，而责求她能对孩子慈祥，一般做继母的都会嫉妒嫌弃、憎恨厌恶丈夫前妻所生的子女，慈祥继母是所难做到的。慈母的事迹不摘录传述，而慈祥的继母则传述，身为继母的，可以于此有所反省。乳母列于八母之中，因此也附上。分成九类，共三十二人。

一、礼母。用礼法来教导子女、端正家风的母亲，即是礼母。像孟子的母亲，仅用"礼"字的话，虽然不足以尽显她的德行，但她的事迹多是属于遵守礼法的范畴，因此还是用"礼"来命名。共两人：

孟母三迁　鲁之母师

二、正母。寄望子女端正做人的母亲，即是正母。没有溺爱子女的私情，只责成子女成就道义。共五人：

楚子发母　王孙氏母　陆续之母　范滂之母　刘安世母

三、仁母。用慈祥之道来教导子女的母亲，即是仁母。仁母暗中行德的一个念头，能造福于万家百姓。共三人：

隽不疑母　严延年母　欧阳公母

四、公母。责备自己的子女而不责备别人子女的母亲，即是公母。世上的人大都偏私袒护自己的子女，而不停地怨恨别人，十分地不公平。现摘录可效法的两人：

张妇戒骄　鲁氏戒食

五、廉母。告戒子女不能有贪欲的母亲，即是廉母。妇人廉洁，世上很少见，因此摘录。共四人：

齐田稷母　晋陶侃母　吴孟仁母　崔玄暐母

六、严母。能用威严去管教自己心爱的子女的母亲，即是严母，她们能体现父道的尊严。共五人：

吴贺之母　陈尧咨母　李景让母　二程之母　吕荣公母

七、智母。能通达明察利害关系的母亲，即是智母。共四人：

密康公母　孙叔敖母　婴母知废　陵母知兴

八、慈继母。能恩惠前妻所生的子女的继母，即是慈继母。共五人：

芒卯之妻　亲子代死　珠崖争死　程文巨妻　余楚之妻

九、慈乳母。乳母所保养的，是其他人的子女。仅仅因为受了别人的托付，于是尽到了亲生母亲的情感，或者自己和他人子女一起赴死，或者用自己亲生的子女去代替别人的子女去送死，为了别人保养子女，理应这样去做。现在摘录两个人。嗟嗟！以区区一个妇人的愚昧无知，做着乳母这样低贱的工作，一旦受了别人的委托，尚且不忍心有负于人。而国家重视太守、县令等地方官员，让他们去保护子民百姓，就像托付给乳母一样。郡邑及其周围的士大夫和乡亲父老们，都把地方官员叫做父母官，他们读到这些传记，也会感到惭愧吗？呜呼，能怎么办呢！

魏节乳母　鲁孝义保

简注

① 八母：古人把嫡母、继母、养母、慈母、嫁母、出母、庶母、乳母，合称八母。

② 奶妪（nǎi yù）：奶，乳。妪，年老的妇女。奶妪即乳母。

③ 守令：太守、县令等地方官员。

④ 忸怩（niǔ ní）：惭愧，难为情。

实践要点

女性在婚后除了要扮演妻子的角色，还要做一名称职的母亲。作为一名母亲应当尽到哪些职责、追求培养哪些品质呢？吕坤指出，作为母亲，首要做到的职责是教育孩子。所谓"母不取其慈而取其教，溺爱姑息，教所难也"，每一个母亲都有慈爱子女的天性，然而慈母的过分溺爱往往会适得其反，让子女养成不良的习惯。因而，身为母亲最重要的职责除了抚养子女之外，就是教育子女。吕坤的教诲在现代社会尤其适用，因为现代家庭往往是独生子女或是二胎家庭，子女会特别受到家人的宠爱。在这种情况之下，母亲要严格教育子女，必须狠下决心。下了决心以后，该如何管教子女呢？吕坤对模范母亲的分类值得现代家长借鉴：正、仁、公、廉、严、智。换言之，作为母亲的现代读者，要在这几个德目之上做涵养工夫。除了亲生母亲以外，吕坤还选取了继母和乳母的事迹。"继母不责其教而责其慈，忌嫌憎恶，慈所难也"，对于继母，吕坤认为真正难以做到的是慈祥地对待前妻所生的子女,这对于现代社会也同样适用。至于乳母,这种职业在现代社会较为罕见,但与之相似的保母在现代社会仍然是热门的职业,从广泛的意义上说,家庭保姆、保育员、医院照料新生儿的护士等都可以看作是保母一类。而吕坤关于"不忍负人所托"的教诲对保姆行业的从业人员有着正面积极的意义。

姊妹之道

> 姊妹,女兄弟也。气分一体,情自相关。先王以妇人内夫家也,每割恩焉。然亲爱出于天性,则休戚岂同路人?今取其笃情重义者,凡七人,不敢尽以中道律之也。
> 虞帝之妹　穆姬救晋　鲁义姑姊　聂政之姊　季宗之妹
> 文姬保弟　和政公主

| 吕语今译 |

姊妹是女子之间的兄弟关系。姊妹分有同一父母的气禀,情感本来就互相关联。先王制定礼法,把妇人纳入于丈夫的家族之中,姊妹之间的恩情往往会被割断。然而,姊妹之间的亲爱出于本性,当中的忧乐怎么会和路上的陌生人一样呢?现在摘录重情重义的姊妹,共七人,不敢说她们的事迹都符合中庸之道。

虞帝之妹　穆姬救晋　鲁义姑姊　聂政之姊　季宗之妹　文姬保弟
和政公主

| 实践要点 |

姐妹之间的亲爱出于天性,无论出嫁与否都应相亲相爱、互相帮助。然而,在现代社会,兄弟姐妹成家立室之后也许分隔各地,即使生活在同一城市,因为工作家庭生活繁忙,联系也会有所减少、感情会慢慢变淡。在这种情况之下,吕坤摘录的笃情重义的模范姐妹,为现代读者提供了有益的借鉴。

姒娣之道

> 姒娣，今所谓妯娌也。异姓而处人骨肉之间，构衅起争，化同为异，兄弟之斧斤也。古今贤妯娌不多有，今录三人：
> 章嫂让儿　少娣化嫂　王木叔妻

| 吕语今译 |

姒娣，即今天所说的妯娌。她们来自不同姓氏的家族，而处于兄弟骨肉至亲之间，往往会钩心斗角、挑衅相争，把同心的兄弟化作相异的路人，是砍断兄弟之情的斧头。古今以来贤惠的妯娌不多见，现在摘录三人：

章嫂让儿　少娣化嫂　王木叔妻

| 实践要点 |

妯娌关系是女子嫁入大家庭之后所要面临解决的一大难题。吕坤摘录的贤惠妯娌能为现代读者提供有益的启发。

姑嫂之道

> 舅姑之女,兄弟之妻,分莫亲,情莫厚者也。然二人者,每不相得,则女过为多焉。父母无终身之依,姊妹非缓急之赖,继父母而亲我者谁也?独奈何恃目前城社①,伤后日松萝②哉?夫君子言古道,不计世情,余云云,为儿女子说也。录三人:
> 欧阳贤嫂　陈氏堂前　邹媖引过

吕语今译

公公婆婆的女儿,兄弟的妻子,没有亲戚名分比她们之间更加亲近的了,也没有恩情比她们之间更加深厚的了。然而她们两人之间,总是不能很好地相处,这是女子的过失比较多的缘故。女子不可能终身依赖自己的父母,自己的姊妹也不是紧急关头所能依赖的,接替父母去亲爱我的人是谁呢?为什么要仗恃眼下的靠山,来伤害以后的姑嫂关系呢?君子谈论古人的道理,很少会考虑世俗之情,我说的这些,都是为妇孺之辈说的。摘录三人:

欧阳贤嫂　陈氏堂前　邹媖引过

| 简注 |

① 城社：本意为城池和祭地神的土坛，此处用于比喻有靠山。
② 松萝：女萝，附生于其他树木之上的植物，此处用于比喻姑嫂关系。

| 实践要点 |

　　女子嫁入夫家，要真正融入丈夫的大家庭，除了侍奉好公公婆婆以外，还要处理好和丈夫姐妹之间的关系。现代人大多不再以大家族的方式聚居，姑嫂关系较为疏远，但处理好姑嫂关系也有利于维护家族的团结和谐。吕坤摘录的事例也可作借鉴。

嫡妾之道

> 有家之凶，嫡妾居其九。尧于舜，既历试诸艰矣，犹以二女难之。彼二女者，何烦舜难哉？况夫非舜，嫡妾非同胞之亲，无英、皇①之贤，而欲其志同行也，不亦难乎？是故夫道严正，嫡道宽慈，妾道柔顺，三善合而太和②在闺门之内矣。今录嫡妾之交贤者二人，贤嫡二人，贤妾二人：
> 晋赵衰妻　卫宗二顺　宋鲍女宗　楚庄樊姬　蜀主之女孙氏全孤

吕语今译

家中的凶事，十有其九是嫡妻和妾侍之间的矛盾所产生的。尧对于舜，已经用各种艰难的任务去考验他了，最后还把自己的两个女儿嫁给他，给他出难题。她们两姐妹，哪里会让舜感到烦扰困难呢？何况一般的丈夫不是舜，嫡妻和妾侍之间没有同胞亲情，也没有娥皇、女英的贤德，却想让她们志同道合、行事一致，不是很困难吗？所以丈夫应该做到严肃端正，嫡妻应该做到宽容仁慈，妾侍应该做到温柔和顺，三方能做到善美和合的话，家门之内就能做到一团和气、和乐融融了。现在摘录嫡妻和妾侍相处都能做到贤惠的二人，贤惠的嫡妻二人，贤惠的妾侍二人：

晋赵衰妻　卫宗二顺　宋鲍女宗　楚庄樊姬　蜀主之女　孙氏全孤

| 简注 |

① 英、皇：帝尧的两个女儿，大的叫娥皇，小的叫女英。
② 太和：太和之气，比喻家庭和睦相亲。

| 实践要点 |

在提倡一夫一妻制的现代社会，嫡妾之道没有实践指导意义。为保持《闺范》一书原貌，下文保留嫡妾之道的事例，仅作［吕语吕语今译］和［简注］，不作［实践要点］。

婢子之道

> 婢也贱，何以录？录贤也。论势分，则大夫士庶人妻不相齿；论道义，则沟壑饿莩[①]可与尧舜共一堂，何言贵贱哉？今录二人：
> 周主忠婢　翟青代死

| 吕语今译 |

婢女身份低贱，为什么要摘录呢？为了摘录贤良的事迹。论家势名分，则大夫、士、庶人之间的妻子不能排在同一等级；论道义，则沟壑之中饿死的人可以和尧舜共处一堂，哪里需要分贵贱呢？现在摘录两人：

周主忠婢　翟青代死

| 简注 |

① 饿莩（è piǎo）：饿死的人。

| **实践要点** |

此处谈论的婢子之道，实际是倡导婢女对主人的绝对忠诚，主人有过错也要吞声忍气，主人遇到祸患时要敢于为之而死。现代社会已经没有了主人婢女的阶级之分，因而婢子之道没有实践指导意义。为保持《闺范》一书原貌，下文保留婢子之道的事例，仅作吕语今译和简注，不作实践要点。

母 道

孟母三迁

◎孟母仉［音掌］氏舍近墓，孟子少，嬉戏为墓间事①，母曰："此非吾所居。"乃去，舍市傍。孟子嬉戏为贾［音古］人衒卖事②，母曰："此非吾所居。"复徙舍学宫③之傍。孟子嬉戏，乃设俎豆④，揖让进退，母曰："可矣。"遂居之。

及孟子长，学六艺⑤而归。母方绩，问学所至，孟子曰："自若也⑥。"母以刀断其织，曰："子废学，若吾断斯织也。夫君子学以立名，问则广知，奈何废之?"孟子惧，旦夕勤学。

既娶，入私室⑦，其妇袒［露臂］，孟子不悦。妇辞母请去⑧，曰："妾闻夫妇之道，私室不与⑨焉。妾窃惰在室，而夫子勃然不悦，是客妾⑩也。妇人之义，不客宿，请归父母。"母召孟子而谓之曰："夫礼，将入门，问孰存，所以致敬也；将上堂，声必扬，所以诫人也；将入户，视必下，恐见人过也⑪。今子不察于礼而责人，不亦远乎?"孟子谢⑫，遂留其妇。

孟子处齐有忧色，母问之，对曰："道不行于齐，欲去而母老⑬，是以忧也。"母曰："妇人之礼，精五饭⑭，幂［音密］酒浆⑮，养舅姑，缝衣裳而已。有闺内之修，无境外之志⑯。

《易》曰:'在中馈,无攸遂。'《诗》曰:'无非无仪,惟酒食是议。'言妇人无专制之义⑰,而有三从之道⑱也。今子成人而我老矣,子行乎子义,吾行乎吾礼,何以忧为?"

吕氏曰:教子若孟母,古今称贤焉。世俗妇人,姑息以养子之恶,掩护以格父之教⑲,长也不才,乃深自怨恨,付之无可奈何,不亦晚乎?

| 吕语今译 |

像孟母这样教导子女的话,无论古今都会被称作是贤良的母亲。世俗的妇人,对子女姑息纵容使得他们养成了不好的习惯,还掩护子女以抵挡父亲严厉的训导,致使子女长大了也不能成才,这时才深深地怨恨自己,面对子女也无可奈何,这不是太晚了吗?

| 简注 |

① 嬉戏为墓间事:在玩耍的时候模仿坟墓边上的人做的事情。
② 贾人衒卖事:商人叫卖之事。

女诫 闺范译注

558

③ 学宫：学校。

④ 设俎豆（zǔ dòu）：设，摆放。俎豆，祭祀仪式用的礼器。

⑤ 六艺：六经，《诗》《书》《礼》《易》《乐》《春秋》。或指礼、乐、射、御、书、数六种技艺。

⑥ 自若也：《太平御览·资产部六》摘录本段孟子和孟母的对话，注云："言未能博。"即学业未成，俨如未学之前的样子。

⑦ 私室：个人休寝的房间。

⑧ 妇辞母请去：孟子妻子辞别孟母，请求离开。

⑨ 夫妇之道，私室不与：夫妇有别的礼法，在夫妻的寝室之中不适用。

⑩ 客妾：妾，孟子妻子的自谦之辞。客妾，意谓孟子把自己当做客人，没有当做自己的妻子。

⑪ "夫礼，将入门"句：大意是，根据礼法，将要进门的时候要先问谁人在家，用以表示尊敬；将要走上厅堂的时候，要发出声音，用以提醒别人；将要走进房门的时候，眼睛要往下看，怕会看到别人的过失。

⑫ 谢：认错道歉。

⑬ 欲去而母老：想要离开齐国而母亲年纪太大，怕会不方便。

⑭ 精五饭：懂得用五谷（稻、黍、稷、麦、菽）做饭。

⑮ 幂酒浆：用布盖上酒浆。

⑯ 有闺内之修，无境外之志：有闺房之内的修持，没有闺房以外的志向。

⑰ 专制之义：专横独断的处事方式。

⑱ 三从之道：《仪礼·丧服》有云："妇人有三从之义，无专用之道，故未

嫁从父，既嫁从夫，夫死从子。""三从"的本意是指女子的服丧方式因应已嫁和未嫁而有所区别，未出嫁的话以父亲的丧事为最高标准，为父亲服三年之丧；出嫁之后则改为以丈夫的丧事为最高标准，为丈夫服三年之丧，为父亲服一年之丧；丈夫死了则以儿子为最高标准。其后，"三从"被解释为对父亲、丈夫、儿子的顺从。

⑲ 掩护以格父之教：保护子女以抵挡父亲严厉的教训。

▎实践要点▎

孟母以一己之力抚养教育出被儒家称为"亚圣"的孟子，历来被视为人母的典范。本条展示了孟母教导儿子的几个场景，对现代读者的启示体现为以下几点：

一、要注重环境对孩子的影响。对于孟母三迁的故事，现代读者想必耳熟能详。在现代社会，一般家庭要简单复制孟母三迁的做法似乎不太现实，但至少在买房、租房之前要考虑好孩子的上学问题，有条件的话可以选择教育资源比较丰富的区域置业或租房。此外，现代人更多地通过互联网学习知识、获取信息。为人父母者要注意管控子女的网络学习环境，引导子女正确、健康上网，防止浏览不良网页、沉迷网络游戏、网上结交损友等不良行为。

二、要关注孩子的学习状况。现代人工作紧张、生活压力大，为人父母者常常要加班，下了班也要操持家务，往往容易忽视孩子的学习情况。孟母断机教子的故事，提醒现代父母，无论工作多么忙碌、家务多么繁忙，每天也要抽出时间关心孩子的学习情况。对于就读低年级的子女，父母可以花时间辅导孩子完成作业，并从小培养孩子阅读学习的习惯。对于就读高年级的子女，父母要激发他们自主学习的兴趣，引导他们学会合理地安排学习和娱乐的时间。对于就读高中和大学的子女，父母在关心他们的学习成绩以外，要注重引导他们立下远大的志向，探寻今后的人生目标。

三、要劝导子女维持和谐的家庭关系。孟子和妻子闹矛盾，孟母没有偏袒自己的儿子，而是指出孟子的过失，最终挽留了孟子的妻子。在现代社会，夫妻之间闹矛盾，有的父母总是袒护自己的子女而责备子女的配偶，这样往往使得夫妻之间势成水火，更有甚者不欢而散。事实上，夫妻之间的争吵，很多时候没有绝对的是非对错，双方都认为自己有理。在这情况之下，父母若是为了子女的婚姻家庭着想的话，应该充当和事佬的角色，指出自己子女的过错，劝导他们不要责备对方，并给予子女的配偶以理解和支持，从而平息双方的怒火，保持家中的一团和气。

四、要为子女的前途着想，支持子女的正确决定。古代妇女"三从之道"要求妇女老来要"从子"。然而，所谓"从子"，并非听从儿子恣意妄为而不加劝谏，而是当儿子做正当的事情时要充分地理解和支持。如孟子打算离开齐国推行"仁政"，孟母充分理解支持，为孟子免去了后顾之忧。在现代社会，人们为了事业发展可能要到不同的公司、不同的城市甚至国外发展，作为父母自然会有依依不舍之情，但为了子女的事业着想，应当对他们充分地理解和支持，并给予力所能及的帮助。

鲁之母师

◎母师者，鲁九子之母也。腊日休作①，召诸子谓曰："妇人之义，非有大故不出门。但吾父母家幼稚，岁事不理②，吾往理之。"诸子皆顿首许诺。又召诸妇曰："诸子许我归视私家，虽踰正礼，愿与少子俱，以备妇人出入之制③。诸妇慎守家，吾夕而反。"

及其反也，天阴，先期至④，止于闾［音驴，里门］外，俟夕乃入⑤。鲁大夫问之，母曰："妾不幸蚤⑥寡，与九子居。腊事礼毕，间⑦从少子归视私家，与诸妇孺子⑧期夕而反。妾恐其逸乐醉饱，情所有也⑨，妾反过早，不欲遽入⑩，故止闾外。"大夫言于穆公⑪，赐号"母师"。

吕氏曰：谨而信，母师之谓乎？

| 吕语今译 |

处事严谨而信守承诺，这说的就是母师吧？

简注

① 腊日休作：古时在岁末腊祭之日时要停止劳作，进行祭祀活动。

② 岁事不理：筹备过年的事情没有人处理。

③ 以备妇人出入之制：大意是带上小儿子一起回娘家，作为妇人出门时候的监督约束，以避免嫌疑。

④ 先期至：比约定的时间早到。

⑤ 俟夕乃入：等到傍晚才进去。

⑥ 蚤：同"早"。

⑦ 间：空闲的时候。

⑧ 孺子（rú zǐ）：小孩子。

⑨ 情所有也：指家中子孙趁长辈不在而逸乐醉饱是人之常情。

⑩ 遽（jù）入：忽然进入。

⑪ 穆公：鲁穆公，名显，鲁元公之子。

实践要点

母师言动合礼、信守承诺，并以之言传身教，固然值得现代母亲学习。而她体谅子女儿孙的逸乐之情，适当让他们饮宴放松而不提前回家大扫其兴，这实在是通情达理。这启发现代母亲，在严格教育子女之余，也要注意让他们劳逸结合，不能时刻紧绷着神经。尤其现代社会升学竞争激烈，许多父母会在子女课余时间让他们继续报读各种补习班、兴趣班,甚至连周末时间也被安排了满满的学习任务,这种望子成龙的迫切之心容易造成反效果,让子女丧失了学习的兴趣和动力。因而,父母要引导子女合理地安排好学习、锻炼和娱乐休闲的时间。

楚子发母

◎楚将子发攻秦,绝粮[1],使人请于王,因使问母[2]。母问使者曰:"士卒无恙乎?"对曰:"分菽粒[3]而食之。"又问:"将军无恙乎?"对曰:"朝夕刍豢[4]。"子发破秦而归,其母闭门不纳[5],使人数[6]之曰:"勾践伐吴,客有献醇酒一器,王使人注江上流,使士卒下流饮之。味不加美,而士卒战自五[7]也。异日有献一囊糗糒[干粮]者,王又以赐军士,分而食之。甘不踰嗌[音一,咽也],而士卒战自十也。今子为将,士卒分菽粒而子独刍豢,虽幸而胜,非其术[8]矣。子非吾子也,无入吾门。"子发叩首谢[9],然后纳之。

吕氏曰:子发之母,善教子发哉!今之为子发者滔滔也,不独士分菽粒,又从而剥削之矣;不独己食刍豢,又充溢于囊橐[10],狼戾[11]于苞苴[12]矣。噫!岂独将?将何足责哉[13]!读此可愧也夫。

吕语今译

子发的母亲,多么善于教导子发啊!今天有很多像子发那样的人,不仅只给士兵分发菽粒,还从中进行剥削;不仅自己吃刍豢,还把好的东西放满在自己的口袋当中,贪得无厌地接受贿赂。噫!难道仅仅是将领才这样做吗?将领又哪里值得责怪呢?读到这个传记应该感到惭愧。

简注

① 绝粮:粮食吃完了。

② 因使问母:托使者去问候母亲。

③ 菽(shū)粒:豆子。

④ 刍豢(chú huàn):猪牛羊等牲畜。

⑤ 不纳:不让进门。

⑥ 数:数落,责备。

⑦ 士卒战自五:士兵的战斗力增强了五倍。下文"自十"类此。

⑧ 非其术:不是用兵之术,指行军作战时将领和士兵应甘苦与共。

⑨ 谢:道歉。

⑩ 囊橐(tuó):袋子。

⑪ 狼戾:像狼一样暴戾贪狠。

⑫ 苞苴(bāo jū):包装鱼肉用的草袋,此处指代贿赂。

⑬ 将何足责哉：大意是将领不值得责备，该受到责备的应该是贪奢昏庸的君主和风气腐败的朝廷。

| 实践要点 |

本条提醒现代父母要教导子女正直不贪，学会与他人分享，从而更好地与别人建立良好的关系。现代社会特别讲究团队合作精神，只有懂得与他人互助互利，才能在工作、生活中取得更好的成绩。尤其是作为团队领导者，更应与下属同甘共苦，上下一心。当然，讲求团队合作要避免沆瀣一气、同流合污，正直不阿是与他人共事时应当坚守的底线。

王孙氏母

◎王孙贾①年十五，事齐闵王②。国乱，闵王见③杀，国人不讨贼。王孙母谓贾曰："汝朝出而不还④，则吾倚门而望汝；暮出而不还，则吾倚闾而望汝。今汝事王，王出走，汝不知其处，尚何归乎⑤？"贾乃入市中令百姓曰："淖［音闹］齿⑥乱国杀王，欲与我诛之者右袒⑦！"市人从者四百人，刺淖齿而杀之。君子谓王孙母义而能教。《诗》云："教诲尔子，式谷似之⑧。"此之谓也。

吕氏曰：世之爱子者，多欲保全其身，至见危授命，则深悲而固止之。岂知不义而生，不若成仁而死哉？王孙母以求君望其子，宁失倚门之望焉，贤哉母也！善用爱矣。

| 吕语今译 |

世上爱护子女的母亲，大多是想子女保全好自己的生命，到了临危授命的时刻，往往心感悲痛而阻止他们就义赴死。这些母亲怎么会懂得，不讲道义而苟且偷生，不如杀身成仁而死的道理呢？王孙母寄望她的儿子能为国君报仇，宁愿失去倚门盼望儿子归家的机会，这个母亲是多么的贤良啊！她善于运用对儿子的爱。

| 简注 |

① 王孙贾：齐国大夫。
② 齐闵王：齐宣王之子，其人其事可参看上文"女子之道"中的"齐宿瘤女"条。
③ 见：被。

④ 汝朝出而不还：《战国策·齐策六》《列女传·王孙氏母》均作："汝朝出而晚来。"

⑤ 尚何归乎：王孙母责问儿子君王被杀，为什么要回家。言下之意即是要王孙贾报杀君之仇。

⑥ 淖齿：原为楚国将领，奉楚王之命出兵援救齐闵王，被齐闵王任命为国相。后因图谋与燕国瓜分齐国，遂杀害齐闵王。

⑦ 右袒（tǎn）：袒露右肩。

⑧ 教诲尔子，式谷似之：出自《诗经·小雅·小宛》。式，语助词。谷，善。似，通"嗣"，继续。大意是，教诲你的孩子，让他得以继承美善的品德。

| 实践要点 |

古往今来的父母们都有"望子成龙、望女成凤"的心愿，希望子女能够出人头地、光耀门楣。然而，真正的人中龙凤，不能以权势、地位、财富去衡量，而应当是德性极高的人。本条王孙氏母激励儿子舍身成仁，是希望儿子能以道义为重，成为铁骨铮铮、顶天立地的男子汉大丈夫。对于现代父母而言，教育子女时同样要注重引导他们追求正义，不要因为贪恋权力财富而失却了人所具有的光明正大的德性。

陆续之母

◎陆续[1]母,治家有法。续为太守尹兴门下掾[音燕,吏也]。时楚王英[2]谋反,事连[3]续,诣[4]洛阳诏狱[5]。续母自吴达洛阳,无缘见续,但作食馈之。续对食,悲泣不自胜[音升]。使者问故,续曰:"母来不得相见耳。"问:"何以知之?"续曰:"此食,母所饷[音向,送也]也。吾母切肉未尝不方,断[音短,切也]葱以寸为度[6],是以知之。"使者以闻,特赦之。

吕氏曰:人未有心正而事邪者,亦未有事慎而心苟者。陆母葱肉两事,而平生之端方,言动之敬慎,可类推矣。吾取为妇女法。

| 吕语今译 |

人没有心中正直而行事邪僻的,也没有做事谨慎而心思苟且的。从陆母切葱求法度、切肉讲方正这两件小事情,可以推究出她平时为人端直方正,言行举动恭敬谨慎。我摘录她作为妇女们的榜样。

| 简注 |

① 陆续：字智初，东汉名士。

② 楚王英：楚王刘英，东汉光武帝之子，图谋造反以取代汉明帝，事发后自杀身亡。

③ 连：牵连。楚王刘英暗中聚集天下明士造反，其事败露之后，汉明帝得到了参与造反图谋的人的名录，其中有尹兴的名字。陆续为尹兴的下属，因而受到了牵连。

④ 诣：到。

⑤ 诏狱：奉皇帝诏令囚禁罪犯的地方。

⑥ 断葱以寸为度：切葱的时候都切成一寸长。

| 实践要点 |

人的品德素养往往体现在日常言行的细微之处。如陆续的母亲在切葱切肉的小事之上，其处事恭敬严谨的态度表露无遗。吕坤以之为"妇女法"，即妇女可引以为鉴，从日常小事当中检点自身的言行举止是否能时刻保持端庄娴雅。此外，为人母者若亲身处事时能持敬守礼，那么也能让自己的子女受到潜移默化的影响，成为一个言行合礼、恭敬处己的有道君子。

范滂之母

◎范滂［音旁］①母有贤行。汉灵帝②建宁中,大诛党人③,诏捕滂。滂诣狱,其母就之诀,滂白母曰:"仲博［滂弟字］孝敬,足以供养。滂从龙舒君［滂父］归黄泉,存亡各得其所,惟夫人割不忍之恩,勿增感戚。"母曰:"汝今与李杜④齐名,死亦何恨?既有令名⑤,复求寿考,可兼得乎?"滂跪受教,再拜而辞。

吕氏曰:滂当乱世,而高论以速凶⑥,处小人,而激清以乐死,狷介之流也。吾深惜之。惟是名寿不可兼得,妙合知足之旨,而慨然割爱,无儿女子之情,母也贤乎哉!

| 吕语今译 |

范滂身处乱世之中,因为高尚的言论而很快地招致了祸害,他应对卑鄙小人,为了激扬清高的道义而甘心赴死成仁,可算是正直清高的人。我十分痛惜他。范母说名节和长寿不可同时兼得,这巧妙地契合了人当知足的道理,而她又能慷慨地割舍对范滂的爱,没有妇孺之辈的私情,她作为母亲是那么的贤明啊!

简注

① 范滂：字孟博，东汉名士。

② 汉灵帝：汉灵帝刘宏，在位期间昏庸无能，又遭宦官乱政，党锢祸起，其后民间更是爆发了黄巾起义。

③ 党人：同党之人。东汉桓、灵二帝在位期间，宦官当权，政治黑暗，大批有识之士羞与为伍，反对宦官专权，其后被视为朋党而遭受政治迫害，或被终身免官、或遭禁锢，是为党锢之祸。

④ 李杜：李膺、杜密，均为当时陷于党锢的名士。

⑤ 令名：美好的名声。

⑥ 速凶：很快地招致凶祸。

刘安世母

◎刘安世①母，有贤名。安世除②谏官，未拜命③，入白母曰："朝廷不以儿不肖，使居言路④。谏官须明目张胆，以身任国，脱有触忤⑤，祸谴立至。主上方以孝治天下，若以老母辞，当可免。"母曰："不然。吾闻谏官为天子诤臣，汝父平生欲为之而弗得，汝幸居此地，当捐身以报国恩。使得罪流放，无问远近，吾当从汝所之。"安世受命，是以正色立朝，面折廷争，人目之为"殿上虎"。

> 吕氏曰：爱富贵，保身家，此妇人常态也。安世之母，以捐身报国望其子，可谓知大义矣。

吕语今译

爱慕钱财贵位，保全自身和家庭，这是妇人常有的情态。安世的母亲，寄望自己的儿子能够捐献自己的生命来报效国家，可以说是懂得家国大义。

简注

① 刘安世：字器之，北宋大臣，曾从学于司马光，以忠孝正直闻名。
② 除：被任命官职。
③ 拜命：任职。
④ 使居言路：大意是使其作为进谏之官。
⑤ 脱有触忤（chù wǔ）：脱，倘若。触忤，抵触忤逆。

实践要点

"范滂之母""刘安世母"条与上文"王孙氏母"大意相同，这三位贤明的母亲都深谙杀身成仁比苟且偷生更有意义。在现代社会，成仁不一定要杀身，为国家、社会无私奉献、努力工作，同样也是成仁之道。现代父母要从小注重对子女的思想品德教育，一方面要教导子女坚守正道，不贪生怕死，如孟子所云："居天下之广居，立天下之正位，行天下之大道。得志与民由之，不得志独行其道。富贵不能淫，贫贱不能移，威武不能屈。"另一方面也要引导子女树立远大的理想，艰苦奋斗，为国家、社会作出有益的贡献。

隽不疑母

◎隽不疑①为京兆尹，行县录囚②，还，其母辄③问。有所平反④，母喜笑饮食言语，异于他时；或无所出，母怒，为之不食。由是不疑为吏不残⑤。君子谓不疑母能以仁教，《诗》云："昊天疾威，敷于下土⑥。"言天道好生，疾⑦威虐之行⑧于下土也。

论赞总见严母后。

| 吕语今译 |

本篇的论赞总括在下文"严延年母"的后面。

| 简注 |

① 隽不疑：字曼倩，汉武帝时任青州刺史，汉昭帝时任京兆尹，以经术治事，名重朝廷。

② 行县录囚：行县，巡行于所主之县。录囚，审视决狱情况，察看囚犯是否存在冤情。

③ 辄：总是。

④ 有所平反：纠正冤枉误判的案件，释放囚犯。下文"无所出"，即没有囚犯被平反释放。

⑤ 不残：不残酷。

⑥ 昊天疾威，敷于下土：出自《诗经·小雅·小旻》，毛诗作"旻天疾威，敷于下土。"

⑦ 疾：厌恶。

⑧ 威虐之行：威吓暴虐的行为。

严延年母

◎严延年①母，生五男，皆有吏材②，至二千石，东海号曰"万石严妪〔音预，老妇〕"。延年为河南太守，所在名为"严能"。冬月论囚③，流血数里④，河南号曰"屠伯"。其母常从东海来，欲就延年腊⑤，到洛阳，适见报囚⑥。母大惊，便止都亭⑦，不肯入府。延年出，至都亭谒，母闭阁⑧不见。延年免冠顿首⑨阁下，母乃见之。因责数延年曰："幸备郡守，专治千里，不闻仁义教化，有以全安愚民，顾⑩多刑杀以致威，岂为民父母之意哉？"延年服罪顿首谢。将归，谓延年曰："天道神明，人不可独杀⑪。我不自意老当见壮子被刑戮也。行矣，去东海为汝扫除墓地耳。"遂去。后岁余，延年为府丞所讦⑫，下御史案验⑬，遂弃市⑭。东海莫不称母贤智。

吕氏曰：天道好生，隽严二母，皆明于天道者也。至于"仁义教化""全安愚民"二语，贤哉严妪！可为民父母之训辞矣。

| 吕语今译 |

天道热衷于生养万物，隽、严两位母亲，都是明白天道的人。至于严母讲的"用仁义教化百姓""保全安顿愚昧之民"这两句话，这是多么的贤良啊！可以作为为民父母官者的训诫之辞。

简注

① 严延年：字次卿，西汉酷吏。

② 材：天赋，才能。

③ 冬月论囚：冬月，农历十月至十二月。论囚，判决囚犯。

④ 流血数里：因处死的囚犯数量多，因而流血数里。

⑤ 就延年腊：到延年家里进行腊日的祭祀。

⑥ 报囚：判决囚犯。

⑦ 都亭：供行人休息的房舍。

⑧ 闭阁：关闭房门。

⑨ 免冠顿首：脱下冠冕，叩头谢罪。

⑩ 顾：却。

⑪ 人不可独杀：人不可以只是杀人。

⑫ 为府丞所讦（jié）：府丞，太守的属官。讦，告发。

⑬ 下御史案验：下，案件下发。御史，行使纠察监督权力的官员。案验，查询验证。

⑭ 弃市：在街市之上执行死刑示众。

欧阳公母

◎欧阳修[1]，母郑氏，家素贫无资，亲教修读书。以荻[2]画地，教修书字。尝谓曰："汝父尝夜览囚册，屡废而叹，吾问之，曰：'死狱也，求其生不得耳。'吾曰：'生可求乎？'曰：'求其生而不得，则死者与我皆无恨也；矧[3]求而有得耶，以其有得，则知不求而死者有余恨矣。'夫常求其生，犹失之死，而世常求其死，岂天道哉？"修服之终身[4]。

吕氏曰："求生"两字，此天理之言也，而余病其未尽。盖死者抱无辜之冤，生者缓当偿之罪，而又主于求生，则死者何苦？余尝补其说曰："求其生而不得，乃死之，则生者与我皆无恨；求其死而不得，乃生之，则死者与我皆无恨，庶几仁义之狱乎？"余提刑[5]三晋[6]时，每读狱词[7]，为生者一想，又为死者一想，故不致有含冤之民，亦不令有独苦之鬼。昔人云"廷尉，天下之平[8]"，因欧阳公之言而并及之。

| 吕语今译 |

"求生"这两个字，是合乎天理的语言，但我觉得还没把意思表达清楚。受

害的死者抱有无辜冤情，犯人没有死亡就缓释了应当补偿的罪行，这种情况下，如果还主张为犯人求生，那么死去的受害者是多么的冤苦啊！我曾补充说："要想办法明察案情，为无辜的犯人谋求生路，但经过查证他还是该判死刑的话，就要坚决执行死刑，这样的话，没有死的犯人和我自己都没有什么遗憾；对于被判了死刑但是当中有冤情的犯人，要为他平反，放他生路，这样的话，受害的死者和我自己都没有什么遗憾，这大概就是讲求仁义的决狱之道吧？"我在山西审理案件时，每次阅读供词都会为生者和死者考虑，因此没有含冤的百姓，也没有含苦的亡魂。古人有说过，"执掌刑狱的官员，应努力使得天下之间保持公平、公正"，因为欧阳公终身信服的那句话，我提及了上述的事情。

简注

① 欧阳修：欧阳修，字永叔，号醉翁，晚号六一居士，谥号"文忠"，北宋政治家、文学家。

② 荻（dí）：草本植物，似芦苇，生长在水边。

③ 矧（shěn）：况且。

④ 服之终身：终身信服。

⑤ 提刑：主掌辖地司法、刑狱和监察之事。

⑥ 三晋：指山西省。吕坤曾任在山西任知县、按察使、巡抚等职。

⑦ 狱词：供词。

⑧ 廷尉，天下之平：廷尉，主掌刑狱的官员。天下之平，意谓廷尉执掌刑

狱，应努力使得天下之间保持公平、公正。这是西汉廷尉张释之说的话，其事详见《史记·张释之列传》。

实践要点

"隽不疑母""严延年母""欧阳公母"三条大意相同，都讲述了仁慈的母亲告诫有生杀之权的儿子上天有"好生"之德，不能草菅人命。这提醒了现代父母，在教育子女的时候要注意培养他们的仁爱之心。这种仁爱之心的对象不仅是身边的人，还包括鸟兽、草木、瓦石等世间万物。用王阳明的话来说，如此便是真正的大人之学，能"去其私欲之蔽，以明其明德，复其天地万物一体之本然"。

张妇戒骄

◎张妇嫁孙女与陈平①，诫之曰："无以贫［夫家］故，事人不谨。事兄伯如父，事嫂姑如母。"

吕氏曰：张妇诫女，皆世俗所讳言者也。富女陵贫夫，而况兄伯嫂姑乎？新妇能守此言，虽百世同居可矣。

吕语今译

张妇告诫孙女的话，是世俗之人所不愿意讲的。富家之女欺凌贫贱的丈夫，更何况丈夫的兄长和嫂子、姑姑呢？新入门的妇人若能遵守张妇告诫孙女的话，即使和夫家的人世世代代共同居住也是可以的。

简注

① 陈平：西汉丞相，辅助刘邦一统天下，为汉朝开国功臣。

鲁氏戒食

◎张待制①夫人鲁氏，申国夫人②之姊也，最钟爱其女，然居常至微细事，教之必有法度。如饮食之类，饭羹许更益，鱼肉不更进也③。及幼女嫁吕荣公，一日夫人来视女，见舍后有锅釜之类，大不乐，谓申国夫人曰："岂可使小儿辈私作饮食，坏家法耶？"其严如此。

吕氏曰：妇人之于女也，在家恣其言动，以嬉狎为欢。既嫁，美其衣食，惟餍[音厌]足是遂。见姑便以锅釜，惟知感恩，又安问家法可否耶？若鲁氏者，可为妇人爱女之法。

吕语今译

妇人对于自己的女儿,没出嫁时就放纵她们的言语行动,以嬉戏亲昵为乐。女儿出嫁了,又希望她们能穿好吃好,满足各种欲望。若是看到婆婆用锅釜开小灶来为自己的女儿加餐,只知道感谢恩惠,又哪里会问是否符合家法呢?像鲁氏的这种做法,可以作为妇人爱护女儿的方法。

简注

① 张待制:待制,官职名,职责为议论时政、指陈得失、以备访问。张待制,即张昷之。

② 申国夫人:封号。此申国夫人即北宋著名谏臣鲁宗道的女儿,其子为吕荣公,其事见下文"吕荣公母"。

③ 饭羹许更益,鱼肉不更进也:吃饭时,米饭、羹汤可以加多一点,鱼和肉不能加添。

实践要点

"张妇戒骄""鲁氏戒食"两条大意相同,都是强调教女以骄为戒。前者讲述张妇教导孙女勿以家境自骄,怠慢夫家;后者讲述鲁氏教女重家法,防止过度满足女儿的物欲。现代家长教养子女流行一种观点,认为男孩要穷养、女孩要富养。对于富养女孩，其出发点是通过为女孩提供丰富的物质供养，拓宽其见识和视野，培养其自信心和优越感，使之长大之后能经得住物质的诱惑，不至于为了钱财利益而放弃人格尊严。这个出发点无疑是好的，但能否通过富养而让女孩长大之后不为物欲所动，这是难以保证的，因为人的欲壑毕竟难填。而且，富养女儿若是方式不当，便容易变成了娇生惯养，让女儿沾染骄傲自满、恣意妄为的习气。带着不良的习气出嫁，便容易和夫家人产生矛盾，难以获得美满的婚姻生活。因此，父母与其富养女孩，不如礼养女孩，用严谨的法度引导女儿持敬守礼，成为大方得体、言行有度、少私寡欲的窈窕淑女。

齐田稷母

◎田稷①相齐，受下吏②之金百镒［二千两］，以遗③其母。母曰："子为相三年，禄未尝若是之多也，安所得此？"对曰："受之于下。"其母曰："吾闻士修身洁己，不为苟得；竭情尽实，不为诈行。非义之念，不萌于心；非礼之利，不入于家，故言行若一而情貌相副。今君设官以待子，厚禄以奉子，而子若是，去忠远矣。不义之财，非吾财也。不忠之子，非吾子也。子起。"田稷惭而出，反④其金，自归罪于宣王⑤，请就诛焉。宣王闻之，大赏其母而舍稷子之罪。君子谓稷母廉而有化，《诗》曰："彼君子兮，不素飧兮⑥。"无功而食禄，不为也，况受金乎？

> 吕氏曰：妇人性多贪鄙，见财之入也，辄喜，每不问所从来。若田母者，不亦廉乎？妇人廉，夫子虽贪，无所入矣。

吕语今译

妇人的禀性大多是贪心粗鄙，看到有钱财进账，就马上感到欢喜，从来不问钱财是从哪里来的。像田母那样，不是很廉洁吗？妇人廉洁的话，她的丈夫和儿子即使贪财，不义之财也无法进入家门。

简注

① 田稷：战国时齐国人，齐宣王相。

② 下吏：下属的官吏。

③ 遗：馈赠。

④ 反：返还。

⑤ 宣王：齐宣王，名辟彊，齐威王之子，其后为钟离春（见上文"女子之道"中"齐钟离春"条）。

⑥ 彼君子兮，不素飧（sūn）兮：出自《诗经·魏风·伐檀》。飧，熟食。素飧，即白吃饭、不干活。

晋陶侃母

◎陶侃①母湛氏，生侃而贫，每纺绩资给之，使结胜己者②。宾至，辄款延不厌③。一日大雪，鄱阳孝廉④范逵宿焉，母乃彻⑤所卧新荐⑥，自剉给其马⑦，又密截发卖以供肴馔⑧。逵闻之，叹曰："非此母不生此子。"侃后为浔阳县⑨吏，监鱼梁⑩，以一缶鲊⑪遗母。母封还⑫，以书责侃曰："尔为吏不廉，是吾忧也。"

吕氏曰：余读《诗》，见《鸡鸣》妇人欲成夫德，至解杂佩⑬。陶母爱子，剉荐断发以延客，不更切哉！子也何以慰母心？友也何以答母意乎？世之好客如陶母者诚稀，而号称契知者，果能益人之子，足以当陶母之情否耶？吾欲为之流涕。

| 吕语今译 |

我读《诗经》，看到《鸡鸣》诗中的妇人想成就丈夫的品德，以至于要解下自己身上的佩饰拿去送给丈夫的朋友。陶母疼爱自己的儿子，拆开草席、剪断头发用以招待宾客，她的爱子之心不是更为迫切吗？她的儿子要做些什么才能安慰

母亲的爱心呢？儿子的友人又要做些什么才能报答这位母亲的诚挚之意呢？世上像陶母这样好客的人实在很少，而那些号称心意契合、相知相重的友人，真的能增益别人孩子的德性，足以对得起陶母这样的好客之情吗？我感动得想为陶母而流泪。

简注

① 陶侃：字士行，东晋名将。

② 使结胜己者：让陶侃结交德行名声胜于自己的人。

③ 款延不厌：不厌烦地款待宾客。

④ 鄱阳孝廉：鄱阳，地名，今属江西省。孝廉，汉代选拔官吏时考察在孝、廉方面的品行，在这两方面有优异表现的人会被举荐，称为"孝廉"。

⑤ 彻：撤走。

⑥ 新荐：新的草席。

⑦ 自剉（cuò）给其马：剉，折。自己砍折自己的新草席用来喂食范逵的马。

⑧ 密截发卖以供肴馔：暗中剪断自己的头发拿去卖，换得的钱用来给范逵准备佳肴珍馔。

⑨ 浔阳县：浔阳县，地名，今属江西省。

⑩ 监鱼梁：监，监察。鱼梁，顺水流设置的用以捕鱼的装置。监鱼梁，即监察渔民捕鱼之事。

⑪ 一缶鲊（zhǎ）：一罐腌鱼。
⑫ 封还：密封归还。
⑬《鸡鸣》妇人解杂佩之事见前文"嘉言"部分中"诗经"的"女曰鸡鸣"条

吴孟仁母

◎吴孟仁①从南阳②李肃③学，母送之，为作厚褥大被。或问其故，母曰："小儿无德致客，学者多贫，故为广被，庶得与气类相接也④。"仁后为骠骑⑤朱据⑥军吏，将母在营⑦，既不得志，又夜雨屋漏，因起涕泣。母曰："士但当自勉，贫何足泣也？"据知之，除为盐池司马⑧。仁结网捕鱼，作鲊奉母，母还之，曰："汝为鱼官而以鲊寄我，非避嫌也，宜深戒之。"

吕氏曰：世岂有母廉而子贪者乎？至于"贫何足泣"四字，此英雄豪杰士所不能道者。三迁之后，又得一孟母，岂不贤哉？

吕语今译

世上哪有母亲廉洁而儿子贪腐的？至于说"贫何足泣"这四个字，是英雄豪杰之士也说不出来的话。在携子三迁的孟轲之母的后面，又出了一个孟母，她难道不贤惠吗？

简注

① 孟仁：字恭武，本名宗，为避孙皓的字（孙皓，字元宗，孙权之孙）而改名，官至三国时吴国司空。

② 南阳：地名，今属河南省。

③ 李肃：字伟恭，被孙权任命为选曹尚书，后为桂阳太守。

④ 庶得与气类相接也：也许能够和气质相同的人互相结交。孟母担心儿子交不到朋友，于是给他做一张大的被子，这样家贫的同学可以和他同盖一张被子，从而增进同窗之谊。

⑤ 骠骑：将军的名号。

⑥ 朱据：字子范，孙权的女婿。

⑦ 将母在营：带着母亲住在军营当中。

⑧ 盐池司马：据《三国志·吴书·孙皓传》注，"盐池司马"应作"监池司马"，官职名，掌管捕鱼之事，故下文孟母说"女为鱼官"。

崔玄暐母

◎唐崔玄暐[1]母,卢氏,尝戒玄暐曰:"吾闻姨兄[2]辛玄驭〔音御〕云:'儿子从宦者,有人来云,贫乏不自存,此是好消息。若赀货充足,衣马轻肥,此是恶消息。'吾尝以为确论,比见亲表中仕宦者,务多财以奉亲,而其亲不究所从来,但以为喜,若出乎禄廪可矣,不然,何异盗乎?纵无大咎,独不内愧于心。汝今为吏,不能忠清,无以戴天履地[3],宜识吾意。"故玄暐所至,以清白名。

吕氏曰:廉母多矣,未有如崔氏教子之明切者,吾取之以为仕训。

| 吕语今译 |

廉明的母亲有很多,但没有像崔氏教导孩子教得这样明达深切的,我把她说的话作为出仕做官的训诫。

| 简注 |

① 崔玄暐:武则天时担任宰相,其后拥立皇太子李显登基,是为唐中宗。

② 姨兄：姨表兄。
③ 戴天履地：顶天立地。

| 实践要点 |

"齐田稷母""晋陶侃母""吴孟仁母""崔玄晖母"四条都讲述了母亲告诫为官的儿子要廉洁自律的故事。在现代社会，无论从事什么职业、身处什么岗位，都有可能会面临金钱利益的诱惑。若是抵挡不住诱惑，便容易作出以权谋私的行为。也有人是为了亲人的利益，甘愿以身试法、铤而走险。更有甚者，有的贪污渎职者不是自己经不住金钱利益的考验，而是他身边的亲人（包括妻子、父母等）被别人收买，从而被拉进了贪污腐败的陷阱。而上述四个条目启发了现代父母，要重视对自己子女的廉洁教育。父母首先要以身作则，做到清白高洁、不贪财货。其次要引导子女树立正确的义利观和幸福观。孔子有云："饭疏食饮水，曲肱而枕之，乐亦在其中矣。不义而富且贵，于我如浮云。"人生真正的快乐是建立在自身价值的实现之上的，因而即使是生活清贫，也可以自得其乐。若是为了追求富贵权力而做出了不符合正义的行为，那么人的价值的实现便无从谈起，得不到真正的幸福快乐。人们贪取而来的东西，也只能暂时性地满足一时的欲望，并让欲望这头猛兽日益强大，最终反噬自身。此外，父母还要注意从日常行为上着眼，戒止子女贪小便宜、接受别人小恩小惠的不良风气，逐步养成廉洁自律的行为习惯。

吴贺之母

◎吴贺①母谢氏，每贺与宾客语，辄于屏②间窃听之。一日贺言人长短，谢闻之，怒，笞③贺一百。或④曰："臧否士之常⑤，而笞之若是。"谢曰："爱其女者，当求三复白圭之士妻之⑥。今独产一子，使知义命，而出语忘亲⑦，岂可久之道⑧哉？"因泣不食。贺恐惧，自是谨默⑨。

吕氏曰：亡身之祸，言居其九。正使义所当言，杀身何恤？而平居谈短论长，直讦丑诋，自求切齿腐心⑩之恨，祸将焉逃？吴母教子，可谓知所重矣。滂母有遗恨哉⑪！

| 吕语今译 |

败亡自身的祸害，十有其九都是由乱说话造成的。若是为了正义而说公道的话语，杀身成仁又有什么值得忧虑的呢？但若是在日常之中谈论别人的是非长短，直接揭发别人的短处，用丑恶的语言诋毁别人，自己招致别人切齿碎心的怨恨，这样哪里能逃避祸害呢？吴母对儿子的教导，可以说是懂得为人处事之道的重中之重。范滂的母亲看到这个传记的话，心中大概会有遗憾吧！

| 简注 |

① 吴贺：宋代人，其生平未详。

② 屏：屏风。

③ 笞：鞭笞。

④ 或：有人。

⑤ 臧否士之常：臧否，评论、褒贬他人。士之常，士人经常做的行为。

⑥ 当求三复白圭之士妻之：《论语·先进》有云："南容三复白圭，孔子以其兄之子妻之。"三复白圭，一日诵读三次《诗经·大雅·抑之》中的诗句"白圭之玷，尚可磨也；斯言之玷，不可为也"，即以谨慎言语为戒。大意是说要把女儿嫁给谨慎言语的人。

⑦ 出语忘亲：一说话就忘记了亲人的教诲。

⑧ 可久之道：可长久立身处世的方法。

⑨ 自是谨默：从此谨慎言语、保持沉默。

⑩ 切齿腐心：咬牙切齿，心碎如腐，即深恶痛绝之意。

⑪ 滂母有遗恨哉：滂母，范滂的母亲，其事见前文"范滂之母"。吕坤在"范滂之母"的赞论中曾指出，范滂因为清高的言论而招致杀身之祸，而此处吴贺的母亲正好是教导吴贺要谨慎言语、避免因言招祸，所以说范滂的母亲大概会有遗憾，没有教导好范滂要谨慎言语。

| 实践要点 |

本条讲述吴贺之母训诫儿子要谨慎言语，避免因言获罪。诚如吕坤所指出

的，所谓慎言，并不是义所当言之时不敢言，而是在日常生活中不随意搬弄是非、道人长短，以招致别人的怨恨。对于现代父母而言，要注意教导子女谨慎言语，不随意谈论别人的是非长短，发表言论之前要慎重地考虑后果，尤其在网络社交平台不要随意发表或散播偏颇失实的言论。

陈尧咨母

◎陈尧咨①母冯氏，有贤德。尧咨善射，为荆南②太守。秩满归③，谒④其母，母曰："尔典名藩，有何异政⑤？"对曰："州当孔道⑥，过客以儿善射，莫不叹服。"母曰："忠孝以辅国，尔父之训也，尔不行仁政，以善化民，顾专卒伍一夫之技⑦，岂父之训哉？"因击以杖，金鱼［佩袋］⑧坠地。

吕氏曰：严明哉陈母！知善射非太守之职，可不谓明乎？子为达宦而犹以杖击之，可不谓严乎？迂者以从子之义责母，谬矣。子正，母从；母正，子从。

| 吕语今译 |

陈母是那么的严厉明智啊！她知道善于射术不是太守的本分职责，这不是很

明智吗？自己的儿子做了大官，却还用木杖来打他，这不是很严厉吗？迂腐的人责求母亲要听从儿子的意见，这是错的。若是儿子合乎正道，母亲要去顺从；若是母亲合乎正道，儿子也要去顺从。

| 简注 |

① 陈尧咨：字嘉谟，宋真宗时状元，工书法，善射术，历任龙图阁直学士、尚书工部郎中、武信军节度使等职务。

② 荆南：荆南府，地名，今属湖北省。

③ 秩满归：任职期满后归家。

④ 谒：拜见。

⑤ 尔典名藩，有何异政：你治理地方重镇荆南府，在任上有什么出色的政绩？

⑥ 州当孔道：州，指荆南府。孔，大。大意是指荆南府地处交通要道，有四方的过客。

⑦ 顾专卒伍一夫之技：顾，顾念。卒伍，士兵。一夫之技，单人的作战技巧，指射箭之术。大意是说，陈尧咨一心想着要专精于射术，但他作为太守，更应关注的是如何教化辖内的百姓。

⑧ 金鱼：用于证明官员身份的佩袋，用金银装饰，呈鱼形，故称为金鱼。

| 实践要点 |

本条讲述陈尧咨母教训为官的儿子要务于正业,专心履行教化民众的职责。在现代社会,当子女长大成人、有了自己的事业之后,有的父母会减少管束,甚至不再管束。尤其是当子女有一定的社会身份地位之后,父母可能会安享天伦之乐,不再替子女的事业而操心。本条则提醒现代父母,对子女的教育不能松懈,即使子女已经长大成人,若是不务正业、耽于逸乐,父母仍然要对之进行劝诫。此外,正如吕坤所指出的"子正,母从;母正,子从",古人对女性的"三从"的要求,实际是从道、从义、从正,父、夫、子若不合乎正道则不必屈从。

李景让母

◎李景让①母郑氏,治家最严。景让为浙西观察使②,尝怒牙将③,杀之,军中谋变。母召景让廷责④曰:"尔镇抚方面⑤而轻用刑⑥,岂惟上负朝廷,使垂年之母,何面目见汝先人乎?"命左右去其衣,将挞⑦之。将佐⑧皆为之请,不许。固请⑨,乃释之,一军遂定。方⑩景让幼孤时,母自教训。一日宅后古墙因雨渍 [音自,浸也] 陷,得钱盈缸,奴婢喜,走告母。母往,焚香祝⑪之曰:"妾闻无劳而获,身之灾也。天必以先君余庆,矜其贫而赐之。惟愿诸孤,他日学问有成,乃其志也,此不敢取。"遽命掩而筑之⑫。三子,景让、景温、景庄,皆举进士及第。

吕氏曰：郑氏以教子之功，定不测之变；财非不义，且弃而不取焉。丈夫行有加于是乎？宜三子之皆为名士也。

吕语今译

郑氏通过严厉教训自己的儿子，稳定了军心，避免了有人想叛变的图谋；突然出现的钱财虽然不是不义之财，她尚且放弃而不取用。有哪个大丈夫的行为能超越她的呢？她三个儿子都成为了当时有名的人物，这也是理所当然的。

简注

① 李景让：字后己，唐朝大臣、书法家，以孝闻名。
② 观察使：官职名，负责察访州县官吏功过及民间疾苦。
③ 牙将：副将。
④ 廷责：在官署之上责备李景让。
⑤ 镇抚方面：安定抚恤地方百姓。
⑥ 轻用刑：轻率滥用刑罚。
⑦ 挞（tà）：打。
⑧ 将佐：军官。

⑨ 固请：再三请求。
⑩ 方：当。
⑪ 祝：祝祷。
⑫ 掩而筑之：掩埋并重新筑墙。

| 实践要点 |

本条主要讲述了李景让母以义教子、不取不义之财的事迹。这提醒现代读者，行事要合乎道义，不要怀有苟且之心，教子如此，持身也当如此。对于子女的不义行为，要及时指正，否则将会酿成恶果。对于来历不明的横财，要谨慎处理，不贪不喜。此即《礼记·曲礼上》所云"爱而知其恶""临财毋苟得"是也。

二程之母

◎伊川先生①曰："吾母侯夫人，仁恕宽厚，抚爱诸庶②，不异己出，从叔③幼孤，夫人存视，常均己子。治家有法，不严而整，不喜笞朴④下人，视小奴婢如儿女。诸子或加呵责，必戒之曰：'贵贱虽殊，人则一也，汝如是大时，能为此事否？'先公凡有所怒，必为之宽解。惟诸儿有过，则不掩也。尝曰：'子之不肖，由母蔽其过而父不知耳。'夫人男子六人，所存惟二,亦不姑息。才数岁,行或跌[音牒,仆也],家人走前扶抱,夫人呵责曰:'汝若安徐,宁至跌乎!'每食,尝置之坐侧。食絮羹⑤,即叱之曰:'幼求称欲⑥,长当何如?'虽童仆有过,不令以恶言骂之。故颐[音夷]兄弟平生,于饮食衣服无所择,不恶骂,教使然也。与人争忿,虽直,必责之,曰:'患汝不能屈,不患不能伸耳。'及稍长,使从善师友,虽居贫,子欲延客,则喜而为之具⑦。"

吕氏曰:庶子从叔,妇人所厌恶者也,夫人视如己子。幼子,妇人所溺爱者也,夫人待若严师。小臧获⑧,妇人所责备者也,夫人不轻笞朴。慈而正,严而恩,二子皆为大儒,有自哉!

| 吕语今译 |

妾侍所生的孩子和丈夫的堂弟,本是妇人所厌恶的,但侯夫人仍把他们视作是自己的孩子。自己年幼的孩子,本是妇人所纵容溺爱的,但侯夫人像严厉的老师一样对待他们。小奴婢,本是妇人所喜欢责备的,但侯夫人不轻易地鞭打他们。侯夫人慈祥而端正,严格而有恩宠,她的两个孩子都成为了出名的儒者,这是有原因的啊!

简注

① 伊川先生：程颐，字正叔，世称伊川先生，北宋大儒，与其兄程颢（字伯淳，世称明道先生，北宋大儒）并称"二程"，兄弟二人均为宋代理学的重要代表人物。

② 诸庶：众庶子，众妾侍所生的孩子。

③ 从叔：堂叔。

④ 笞朴：鞭打。

⑤ 絮羹：加调味料到汤羹中以丰富滋味。

⑥ 称欲：满足欲望。

⑦ 为之具：为宾客准备饮食。

⑧ 臧获（zāng huò）：奴婢。

实践要点

本条讲述了大儒之母的育儿经验，对现代读者有如下的启示：

一是不要偏袒自己的孩子。古往今来，母亲都容易偏袒自己的子女，对自家子女百般呵护，对别人的子女则少有慈爱之心。尤其当别人的子女和自家的子女闹矛盾时，父母总是偏私自家的子女，不问是非黑白便责怪对方的不是。如此一来，便容易增长子女的骄奢之气。正确的做法应当像二程之母一样，严格要求自己的子女，宽容爱护别人的子女。尤其当自己的子女犯了过失，一定要对之加以惩罚教导，不能掩饰过错。

二是要用正确的理念教育自己的孩子。当子女遇到挫折时，要引导子女自主面对问题、解决问题，从而培养他们的自立能力。当子女遇到不公时，要引导子女培养自己的气量，不与他人强争曲直。在日常生活中要注意培养子女养成少私寡欲的生活习惯，不要过分地满足感官欲望。此外，上文已经述及良师益友对子女成长的重要性，要注重引导子女结交良师益友，做到择善而从。

吕荣公母

◎宋吕荣公[①]母，申国夫人，性严有法，虽甚爱公，然教公事事循蹈规矩。甫十岁，祁寒[②]暑雨，侍立终日，不命之坐不敢坐也。日[③]必冠带以见长者，平居虽甚热，在父母长者之侧，不得去巾袜，衣服惟谨。行步出入，无得入茶肆酒肆[④]。市井里巷之语、郑卫之音[⑤]，未尝一经于耳。不正之书，非礼之色，未尝一接于目。故公德器成就，大异于人。

吕氏曰：善教子者，一严之外无他术；善用严者，一慎之外无他道。今人教子，每事疏忽宽纵，不耐留心。及德性已坏，而笞朴日加，徒令伤恩，无救于晚。视申国夫人，可以悟矣。

吕语今译

善于教导孩子的母亲,除了严格管教之外没有别的教导方法;善于严格管教的母亲,除了谨慎以外没有别的管教之道。现在的人教导孩子,每件事情都疏忽大意,宽容放纵,不耐心关注孩子的言行举动。等到孩子的德性已经变坏,却每天鞭打责骂,白白地伤害了母子之间的恩情,这是为时已晚,没办法去挽救了。看申国夫人的例子,可以有所醒悟。

简注

① 吕荣公:吕希哲,字原明,世称荥阳先生,前文"吕范夫妻"提及了他和妻子的相处之道。

② 祁寒:严寒。

③ 日:每天。

④ 茶肆酒肆:喝茶饮酒的地方。

⑤ 里巷之语、郑卫之音:里巷之语,街头里巷之人的粗鄙言语。郑卫之音,涣散人心志的淫靡的音乐。

实践要点

本条同样讲述了大儒之母的教儿经验。对比上条,本条侧重强调教育子女要从日常生活中的小处着手,侍奉尊长、衣服惟谨,视听言动均要合乎礼仪,从而培养子女守礼持敬的品德。吕坤指出"善教子者,一严之外无他术;善用严者,一慎之外无他道",父母教育子女要谨慎入微,留意纠正子女一言一行中的不当之处。现代父母往往为了生活而奔波劳碌,在家期间与子女缺乏交流,对于子女的行为疏于管教,容易养成子女的不良生活习惯。本条则提醒现代读者,无论工作多么忙碌,都要花时间和精力去关注子女的言行举动,及时纠正其不当的行为。如此才算得上是称职的父母。

密康公母

◎周共王[1]游于泾[2]上,密康公[3]从。有三女奔[4]康公,其母魏氏曰:"必致之王。夫兽三为群,人三为众,女三为粲[5]。王田不取群[6],公行下众[7],王御不参一族[8]。夫粲,物之美者也,尔何德以堪[9]之?王犹不堪,况尔小丑乎!"康公不献[10],王灭密。君子谓密母识微。

吕氏曰:魏氏可谓明知子恶而深于虑患矣。然不能强不从之子,而载胥及溺[11],无乃懦乎?为母者,告于王而献之,则康公不敢不从,而灭国之祸,庶几免乎。夫死从子,从义也。魏氏不以义从矣。

吕语今译

魏氏可以说得上是清楚明白自己儿子的罪恶而深入思考祸患之事。但是,她不能强制不听从自己的儿子,而最终与之一起溺亡于灭国之祸,这不是很懦弱吗?她作为母亲,应该把事情告诉周共王,并把三个女子献上,这样的话康公也不敢不听从,而灭国的灾祸就应该能够避免了。妇人在丈夫死了之后要听从自己的儿子,这讲的是要顺从儿子合乎正义的举措,而魏氏未能做到以正义相从。

简注

① 周共王:名繄扈(yī hù,一作伊扈),周穆王之子。

② 泾:泾水,河川名,黄河的支流。

③ 密康公:康公,密国的国君。

④ 奔:不经由媒人介绍,私自求合于密康公。

⑤ 粲(càn):美好的事情,如下文所谓"夫粲,物之美者也"。

⑥ 王田不取群:《史记·周本纪》正义引班昭注云:"田猎得三兽,王不尽收,以其害深也。"大意是说王者狩猎,不尽取猎物,以彰显仁德。

⑦ 公行下众:《史记·周本纪》作"公行不下众",正义引班昭注云:"公,诸侯也。公之所行与众人共议也。"大意是说诸侯行事要与群臣商议。

⑧ 王御不参一族:《史记·周本纪》集解引韦昭注云:"御,妇官也。参,三也。一族,一父子也。故取姪娣以备,不参一族之女也。"大意是王者娶妇不

娶三个同一父族的女子。

⑨ 堪：胜任。

⑩ 献：进献于王。

⑪ 载胥及溺：载，语助词，无义。胥，相。及，与。载胥及溺，即相与陷溺于祸难。《诗经·大雅·荡之什·桑柔》有云："其何能淑，载胥及溺。"

孙叔敖母

◎孙叔敖①为儿时，出游见两头蛇，杀而埋之。归见其母而泣，母问故，对曰："吾闻见两头蛇者死，今者出游见之。"其母曰："蛇安在？"对曰："吾恐他人复见，杀而埋之。"其母曰："汝不死矣。夫有阴德者，必有阳报②。德弭［音米，止也］众妖，仁除百祸。《书》不云乎：'皇天无亲，惟德是辅③。'尔默④矣，必兴于楚。"及叔敖长，为令尹，君子谓叔敖之母知天道。

吕氏曰：天道好生，敖母奚取于埋蛇之儿乎？盖杀害人者以全人，阴德莫大焉。世有容保凶顽，殃贼良弱，不肯除害去恶而自附于仁者，其未知埋蛇之义欤。

吕语今译

天道有好生之德,孙叔敖的母亲为什么会赞许填埋双头蛇的儿子呢?若杀掉害人的东西是为了保全更多的人,这样暗中积累的德行就特别的大。世上有人会包容保护凶残顽蛮的恶人,任由恶人去祸害善良弱小的人,这些人不肯除去恶人,还把自己比附为有仁德的君子,这是不懂孙叔敖埋蛇这个故事的含义吧。

简注

① 孙叔敖:名敖,字孙叔,楚国著名令尹,辅助楚庄王成就霸业。

② 有阴德者,必有阳报:大意是暗中积累了德行,上天必定会给予显明的回报。

③ 皇天无亲,惟德是辅:大意是上天没有私心,只会辅助有德的人。

④ 默:安静。此处孙叔敖之母让他不要哭泣。

婴母知废

◎陈婴为东阳令①,得民②。秦二世时,东阳少年,相聚数千人,欲立婴为王,婴母曰:"我为尔家妇,闻尔先人不甚贵,今暴得大名，不祥，不如有所属[附托他人]。事成，犹得封侯，败则易以亡匿，无为人所指名也。"婴从其言，以兵属项梁③，梁以为上柱国④。后项氏败，婴归汉，以功封唐邑侯。君子曰：婴母知天命，又能守先故之业，流祚后世⑤，谋虑深矣。

吕氏曰：人情多喜进而不量力，见目前而不顾后，及事败乃悔。观于婴母，而进取者可熟思矣。若任大责重、见义临难，而观望以图苟免，非夫也，幸无以婴母为借口哉！

吕语今译

人情大多喜欢上进却不揣量自己的能力，能看到眼前的事情却不顾念后果，等到事情衰败时才知道后悔。观看婴母的事迹，一心求取上进的人可以更深入地进行思考。若是身负重任的人，在危难关头本应作出正义的行为，却选择观望不作为，以图谋苟且免于危难，这不是大丈夫所当做的，希望不要以婴母的做法作为借口啊！

简注

① 陈婴为东阳令:据《史记·项羽本纪》《汉书·陈胜项籍传》,陈婴为东阳令史,陈胜、吴广起义时,东阳少年杀县令响应起义,聚集了数千人,陈婴被推举为首领。

② 得民:有得于民心。

③ 项梁:楚国将领项燕之子,西楚霸王项羽的叔父。

④ 上柱国:官职名,据战国时楚国的制度,凡是立下了覆灭敌军、斩其将领的军功,官封上柱国,位极尊宠,其后历代沿用,至清代废置。

⑤ 流祚(zuò)后世:福、禄、位流传后世。

陵母知兴

◎汉王陵始为县豪①,高祖②微[贫贱]时,兄事陵③。及高祖起沛④,陵亦聚众数千,以兵属汉王。项羽⑤与汉为敌国,得陵母置军中。陵使至,则东向坐陵母[汉在楚东]⑥,欲以招⑦陵。陵母私送使者泣曰:"为老妾语陵,善事汉王。汉王长者⑧,无以老妾故,怀二心⑨。言妾已死也,乃伏剑⑩而死。"项羽怒,烹之。陵终与高祖定天下,位至丞相封侯,传爵五世。君子谓王陵母,能弃身以成其子矣。

吕氏曰：陵母知兴之智，杀身之勇，皆士君子所难。独怪夫陵也，一日闻母在楚军，当食一日不下咽，寝一夕不贴席。即暂归楚以全母可也，后逃楚以归汉可也。吾母得生，即终身匹夫可也，何忍母之见拘，而甘心以赴功名之会乎？虽然，陵必未及知也。陵母之死，盖知陵必为己归楚，而先伏剑以安其心耳。

| 吕语今译 |

　　陵母知道刘邦将兴的智慧，以及自杀的勇气，都是士君子所难以企及的。只是奇怪，王陵知道母亲被楚军拘禁的话，应当整天都吃不下饭，整晚都在床席上翻来覆去、睡不着觉。他可以暂时归降楚军以保全自己的母亲，之后再逃离楚军、归降汉王。若是我的母亲能生存下去，即使自己终身做平民百姓也是可以的，哪里忍心母亲被拘留，而自己甘愿去求取功名呢？话虽如此，王陵必定没有预先知道母亲会被抓去。陵母自杀而死，大概是知道王陵必定会为了自己而归降楚军，于是先用剑自杀来安稳他追随刘邦的心意。

| 简注 |

① 县豪：县中有势力的豪强之士。

② 高祖：汉高祖刘邦，字季，汉朝开国皇帝。

③ 兄事陵：把王陵当作自己的兄长事奉。

④ 起沛：在沛中起义。

⑤ 项羽：名籍，秦末义军将领，秦亡后自立为西楚霸王，与刘邦争夺天下，其后被击败，在乌江自刎而亡。

⑥ 东向坐陵母：让王陵的母亲向着东边坐。

⑦ 招：招降。

⑧ 汉王长者：汉王，即刘邦。长者，忠厚、有德行的人。

⑨ 怀二心：怀有背叛的心思。

⑩ 伏剑：用剑自刎。

| 实践要点 |

"密康公母""孙叔敖母""婴母知废""陵母知兴"四条都讲述了母亲智谋深远，通达利害兴废之道。这提醒现代读者，要成为一个好的母亲，不仅要懂得怎么抚养、教育子女，还要具备见微知著、洞悉成败的大智慧，如此才能在关键的问题上帮助子女趋吉避凶。然而，问题在于如何能提升自身的智慧？较为便捷的方法就是多读古今中外的经典著作，以史为鉴，汲取贤人立身处世的智慧。同时学思并重，在日常生活中总结经验，体会经典义理，从而形成正确的是非判断能力，凡事依乎道义而行，则无往而不利。

芒卯之妻

◎芒卯①八子，前妻之子五，继娶孟阳氏，生子三。前子不孝，继母乃命其子，衣服、饮食、起居、进退不得与前子齐②。前妻之子犹不孝。一日前子有犯魏王令者当死，继母忧戚悲哀，百计救之。人谓继母："前子负汝深矣，汝何救焉？"继母曰："阿父③为其孤也，使妾为继。继母如母，母不爱其子，可谓慈乎？亲其子而薄前子，可谓义乎？"魏王闻其贤，乃赦此子而复其家。自后五子遂以孝名。君子谓继母一心④，《诗》云："尸鸠在桑，其子七兮。淑人君子，其仪一兮⑤。"言心之均平也。

吕氏曰：孟阳氏之于前子也，中心慈爱，不在声音笑貌间；始终慈爱，不在一时勉强间，可谓贤矣。即五子终不改也，而众论自公；即众论不公也，而此心无愧。世之继母，尚念于斯。

| 吕语今译 |

孟阳氏对前妻的儿子，心中充满慈祥关爱，这种情感不流于外表的声音笑貌

之间;她对前妻的儿子始终慈祥关爱,而不仅是一时半刻的勉强行为,她可以说得上是贤惠了。即使前妻的五个儿子最终也不改变不孝的行为,而众人的评论自然也会很公道;即使众人的评论不公道,而她自己也能做到心无愧疚。世上的继母,应该要想到这一点。

| 简注 |

① 芒卯:或作孟卯,战国时齐国人,仕于魏国,有贤名。

② 不得与前子齐:不得和前妻的儿子一样。即对前妻的儿子提供比较好的生活条件,自己的儿子则用比较差的。

③ 阿父:父亲,此处指儿子们的父亲,自己的丈夫。

④ 继母一心:指继母不偏私,花同样的心思去养育前妻的儿子和自己的儿子。

⑤ "尸鸠在桑"句:出自《诗经·曹风·鸤鸠》。尸鸠,布谷鸟,古人认为布谷鸟养子平均,不偏心,因而后文云"言心之均平也"。

亲子代死

◎齐义继母,齐二子之母也。当宣王时,有人斗死于道①,二子立其傍,吏坐②焉。兄曰:"我杀之。"弟曰:"我杀之。"

期年不决[3]，言之王。王曰："皆赦之，是纵[4]有罪；皆罪之，是诛无辜。"使相[5]问其母，母泣而对曰："杀其少者。"相曰："何谓也？"母曰："少者，妾子也；长者，前妻之子也。其父疾且死，属［音嘱，托也］妾曰：'善视之。'妾既诺矣，岂可以忘？且杀兄活弟，是废公[6]也；背言忘信，是欺死也。"因泣下沾襟。相告，王皆赦之，尊其母曰"义母"。

吕氏曰：继母视前子，仇仇也。彼其先吾子之年，共吾子之业，又虑为吾子他日害。虽前子孝养恭诚，未必肯谅其心，而恒不乐其有，况肯救其死，又以己子代之死乎？若义继者，于夫为贤妻，于子为慈母，千载而下，尚能使人挥泪。至于异母兄弟，含冤而争死，凡轻于死者，安肯自私自利而相处于薄哉？同胞人有余愧矣。

| 吕语今译 |

继母大多会把前妻的儿子看作是仇人。前妻的儿子比自己的儿子要年长，和自己的儿子共同承继家业，又考虑到以后分家产的时候会加害自己的儿子。即使前妻的儿子孝养自己，恭敬意诚，但也未必肯谅解他的心意，而且恒常不会为他取得的成就而感到快乐，更何况说愿意把他从死罪中救出来呢？还要让自己的儿

子代替他去死呢？像这位讲求义气的继母，对丈夫而言是贤良的妻子，对儿子而言是慈祥的母亲，千年以来，她的事迹仍然能使人落泪。至于说这对同父异母的兄弟，蒙受冤情还互相争着承认死罪，凡是轻视死亡的人，又哪里肯自私自利，在与人相处的时薄待别人呢？同胞兄弟看了这异母兄弟的事迹，应该感到惭愧了。

简注

① 斗死于道：在道路上打斗而死。

② 坐：连坐，定罪。

③ 期年不决：案件过了一年都没有得到判决。

④ 纵：纵容。

⑤ 相：国相。

⑥ 废公：废弃公义。前妻的儿子是嫡长子，要继承祖宗血脉、主掌宗庙祭祀，若被杀掉便会对家族造成很大的影响。因此，从公义的角度说，应尽量保存前妻儿子的性命。

珠崖争死

◎珠崖令①死，后妻生子九岁，前妻之女名初，十三岁，相携扶榇②以归。法③，携珠入关者死。继母有珠系臂，弃之，其子拾而置之母奁[音连，镜匣]，皆不知也。至海关，关吏索之，得珠，曰："嘻，死矣。谁当坐者？"初恐母服罪，对曰："父亡之日，母弃系臂。初心惜之，取而置诸镜奁，母不知也。"继母亦以初为实，然怜之，因谓吏曰："愿且待，幸勿劾儿④，儿诚不知也。夫不幸，妾解系臂，忘而置诸奁中，妾当坐。"初固⑤曰："母哀初孤而强活之，初当坐，母不与也。"相与涕泣哽咽[音耿叶，吞声哭]，送殡者尽哭，路人莫不下泪。关吏执笔垂泣，不能就一字，乃曰："吾宁坐之⑥，不忍刑慈母孝女也。"俱遣⑦之，后乃知其男也。

吕氏曰：此天理人情之至也！可泣鬼神，可贯金石，可及豚鱼⑧，可化盗贼。初年十三耳，而能若是，殆天植其性与？而继母之贤，晚世所希，惜也史逸其姓耳。

| 吕语今译 |

这是天理人情的极致体现啊！母女二人的情感可让鬼神哭泣，可贯穿金石，可触动猪和鱼这些隐微的动物，可感化盗贼。初的年龄只有十三岁，却能做出争死的义举，大概是上天培植了她的善良本性吧？而继母的贤良，近世罕见，可惜史书逸失了她的姓氏。

简注

① 珠崖令:珠崖,地名,今属海南省。珠崖令即珠崖的行政长官。

② 扶榇(chèn):扶柩。

③ 法:按照律法。

④ 幸勿劾儿:希望不要怪罪女儿。

⑤ 固:坚持。

⑥ 吾宁坐之:我宁愿自己承担失职的罪过。

⑦ 遣:遣还。

⑧ 豚鱼:猪和鱼。《易经·中孚》云:"'豚鱼吉',信及豚鱼也",王弼注云:"鱼者,虫之隐者也。豚者,兽之微贱者也。争竞之道不兴,中信之德淳著,则虽微隐之物,信皆及之。"此处吕坤说"可及豚鱼",亦取豚鱼隐微之意,即母女争死之情可触动隐微之物。

程文钜妻

◎李穆姜,南郑①人,安众令②程文钜之妻也,有二子。而前妻四子,以穆姜非所自出,谤毁日积。穆姜衣食抚字③,皆倍所生。或谓母:"四子甚矣④,何以慈为?"对曰:"四子无母,吾子有母。设吾子不孝,宁忍弃乎?"长子兴,疾困笃,母亲调药膳，忧劳憔悴。兴愈，呼三弟谓曰："继母慈仁，出自天性。吾兄弟禽兽其心，惭负深矣。"遂将三弟诣县，陈母之德，状己之罪，乞就刑。县言之郡，郡守表异⑤其母，四子许令自新，皆为孝子。

吕氏曰：世皆恨继母不慈，而宽于前子之不孝，皆一偏之见也。两不得，两有罪。要之，礼责卑幼，则尊长无不回之天。故有闵损，不患衣芦之奸⑥；有王祥，不患守柰之虐⑦。吾因穆姜慈，而有感于世之恕前子者为未公云。

吕语今译

世上的人都怨恨继母不慈祥，而宽恕前妻之子的不孝，都带有偏见。这样的话导致两方都没有得到任何好处，两方都有罪过。总言之，礼法责求位卑年幼者尽孝，这样尊长者没有不改变态度的道理。因此，有闵损这样的孝子在的话，不惧怕穿芦絮之衣的奸计；有王祥这样的孝子在的话，不惧怕看守柰树的虐待。我因为穆姜的慈祥，因而有感而发，我认为世上的人宽恕前妻之子的不孝行为，对慈祥的继母而言很不公平。

| 简注 |

① 南郑：地名，今属陕西省。

② 安众：安众，地名，今属河南省。

③ 字：爱。

④ 甚矣：过分。

⑤ 表异：表彰。

⑥ "有闵损"句：闵损，字子骞，春秋时鲁国人，孔子弟子，以孝闻名。此处吕坤讲的"衣芦之奸"，是指闵损的后母让自己亲生的儿子穿棉絮做的衣服，让闵损穿芦絮做的衣服。芦絮做的衣服不耐寒，他父亲知道后打算出休后母，而闵损却不计前嫌，劝说父亲道："后母在的话一个儿子受寒，后母离去的话三个儿子都会变成孤儿。"于是他父亲留住了后母，后母也因此而痛改前非。这个故事被后人列为二十四孝之一，名为"单衣顺母"。

⑦ "有王祥"句：王祥，字休徵，性至孝。他的生母早丧，继母朱氏不慈祥，经常在他父亲面前说他坏话，使得他失去了父亲的宠爱。但他依然以孝事亲，例如，当他继母想吃活鱼，他在天寒冰冻的情况下脱下衣服卧冰求鲤，这个故事被后人列为二十四孝之一，名为"卧冰求鲤"。此处吕坤讲的"守柰之虐"，是指继母让王祥去看守一棵结果的丹柰树。丹柰是类似苹果的果实，每逢大风大雨的时候，王祥就会抱着树干哭泣，生怕树上的果实会被风雨吹落，由此体现出他尽孝尽责的性情。

余楚之妻

◎陈氏,建阳①人,余楚继妻也。生子翼,三岁而楚死,陈氏尽以其产②与前妻二子。翼年十五,使游学四方。翼在外十五年,成进士③以归,迎母入官。后二子贫困,又收养而存恤之。

吕氏曰:继母每私其所生,能均产业,足矣,况夫产尽让前子?既贫而又恤之,即亲母何加焉?均产,中道也;让产,贤道也。天下无过慈之继母,吾于陈氏所深取焉。

| 吕语今译 |

继母总是偏袒自己所生的孩子,能让前妻的孩子和自己的孩子平均分配家中的产业,这已经是很好的了,更何况把丈夫的财产全都让给前妻的孩子呢?后来看到前妻的孩子还是过得很贫困,又怜悯收养他们,即使是亲生母亲也没能做得比她更好的了。平均家中财产,这是中庸之道;辞让财产,这是贤人之道。天下间没有比她更慈祥的继母了,我对陈氏的行为有很深的赞叹。

| 简注 |

① 建阳：地名，今属福建省。
② 产：家中财产。
③ 进士：宋朝的科举制度开设进士科考试，通过考试被录取的考生称为进士。

| 实践要点 |

"芒卯之妻""亲子代死""珠崖争死""程文钜妻""余楚之妻"五条都讲述了模范继母的故事。对现代人的启发包括以下三点：

一是继母要关爱丈夫前妻的子女。若是和丈夫前妻子女一同生活，继母要花更多的心思和精力在他们的身上。前妻子女容易认为继母取代了生母的位置，或多或少会有抗拒排斥的情绪，加之生母不在身边，更容易出现心理上的问题。作为继母，要敞开心扉，主动亲近和关爱他们，用实际的行动取得他们的信任和亲爱。若前妻子女有逆反的行为，切勿对之严加管教，而应采取动之以情、晓之以理的策略，用真诚去打动他们。

二是继母要不惧诽谤。人们通常会先入为主地认为继母会亏待前妻子女。因此，作为继母必须要做好心理准备，不惧别人的诽谤，尽心尽力地做好母亲的本分。若是自己也有亲生子女的话，在日常生活的各个方面要公平对待自己的子女和前妻子女，甚至要把前妻子女看得比自己的亲生子女更为重要。只要自己做好了，诽谤自然消失。

三是慎重处理好财产分配问题。家庭成员往往会因为财产分配不公而产生矛盾，涉及前妻子女的话更加容易出问题。因而继母在处理财产分配问题时应当格外谨慎，要以公平为原则，不能偏私亲生子女。

魏节乳母

◎秦攻魏，破之，杀魏主瑕［音霞］，诛诸公子，而一公子不得。令魏国曰："得公子者赐金千镒，匿之者夷三族①。"乳母与公子俱逃，魏故臣见乳母而识之，曰："公子安在？"母曰："不知。虽知之，不可以言。"故臣曰："国破族灭，子尚谁为乎？且千金，重利也；夷族，极刑也。汝其图之②。"母曰："见利而反上者，逆也。畏死而弃义者，乱也。今持逆乱而求利，吾不为。且为人养子者，务生之，非为杀之也。岂可利赏畏诛，废正义而行逆节哉？"遂逃公子于泽③中。故臣以告，秦军争射之。乳母以身蔽公子，遂同死焉。秦王闻之，以卿礼葬乳母，祠之太牢，宠其兄为五大夫，赐金百镒。

吕氏曰：魏之故臣，可寸斩，可族诛矣！吾又叹乳母短于料人也。设见故臣，号泣而问之曰："公子安在？"或故臣有问，告以被难，又安知公子不能免乎？彼乳母者，固望故臣协力共谋，以免公子也，讵知又一秦哉！君子贵忠，又贵有智以成其忠。诚而不明，保身以济事，难矣哉。

吕语今译

魏国的这个旧臣，应当被拿去碎尸万段，诛杀全族！我又叹惜乳母不懂得预料别人的想法。假设她看到旧臣，大声痛哭而问他说："公子在哪里？"或者当旧臣问她的时候，回答说公子已经遭逢祸难，这样做的话又怎么知道公子不能免于祸难呢？这个乳母，本来是希望旧臣可以和她齐心协力、共同谋划，帮助公子避免死祸，哪里知道他又是一个秦人的奸细呢！君子以忠心为贵，又贵乎有智慧来实现他的忠义之举。真诚却不明智的话，想要保全自身用以成就事业，这是很难的。

简注

① 夷三族：诛杀父亲、母亲、妻子三族的族人。
② 汝其图之：你要好好地思考要怎么做。
③ 泽：沼泽。

鲁孝义保

◎义保①者，鲁孝公②之保母也，姓臧氏，与其子俱入宫养孝公。鲁人作乱，求孝公将杀之。义保乃令其子，衣公之衣，卧公之处，鲁人杀之。义保遂抱公子以出，遇公舅鲁大夫于外，遂托以公而逃，鲁人高之③。《论语》曰："可以托④六尺之孤⑤。"义保之谓也。

吕氏曰：臧氏贤乎哉！鲁不灭国，不绝嗣，臧氏之力也。鲁之卿大夫愧矣。

| 吕语今译 |

臧氏是多么的贤良啊！鲁国不至于灭亡，没有断绝子嗣，都是凭借臧氏的一人之力。鲁国的卿大夫们应该感到惭愧了。

| 简注 |

① 义保：有仁义之行的保母。
② 鲁孝公：名称，鲁武公之子。
③ 高之：敬重她。
④ 托：托付。
⑤ 六尺之孤：年幼的君主。

| 实践要点 |

"魏节乳母""鲁孝义保"大意相同,都是讲述了乳(保)母竭力护主的故事。故事中乳母、保母和所托养的孩子没有血缘之亲,然而却为了大义,奋不顾身地保护养子,这种敬业负责的精神实在值得后人敬佩。如上文提到,在现代社会,家庭保姆、保育员、医院照料新生儿的护士等都可以看作是保母,而父母在选择保母照料孩子时,不但要考察她们的业务能力,更要注重考察她们的品德和责任心,避免所托非人。

姊妹之道

虞帝之妹

◎姚系,舜①妹也,与象②同母。每以慈谏其亲,以弟道规象,不从。凡父母恶③舜,则密告二嫂以挽回之。实井焚廪之谋④,皆预泄⑤于舜,故舜先防,得免于死。终始调护维持,允若之功⑥,寔默赖之⑦。

吕氏曰:浚井完廪,事出卒然;匿孔两笠,计必先定。向使舜无所闻,其不为井中之泥、廪上之灰者,几希矣。孰谓异母而有斯妹哉!孰谓济恶满门而有斯人哉!

| 吕语今译 |

让舜去挖井、修理仓库的屋顶,这些事情都是突然让他去做的;舜挖井时预留了通道、修理仓库屋顶时带着两个斗笠,这样的计策必定是提前准备好的。假使舜不知道他父亲和弟弟的图谋,要想不成为井中的泥土、仓库上面的死灰,这

是不可能的。谁会想到异母能生出这么好的妹妹呢！谁会想到一家人都这么邪恶却有这么正义的人呢！

| 简注 |

① 舜：上古时期的帝王。

② 象：舜的同父异母弟。

③ 恶：加害。

④ 实井焚廪之谋：舜的父亲和弟弟象想谋害舜，让他去挖井（浚井），等他挖得很深的时候往下面填土，想活埋舜，此即实井之谋。但舜事先挖了另一条逃生的洞道，得以逃生，此即吕坤在赞述中所说的匿孔之计。此外，舜的父亲和弟弟象让舜去修治仓库的屋顶（完廪），他们在下面防火，想把舜烧死，此即焚廪之谋。舜则手持两个斗笠跳下仓库，得免葬身火海，此即吕坤在赞述中所说的两笠之计。

⑤ 预泄：提前泄露。

⑥ 允若之功：允，信。若，顺。允若之功，指舜敬事其父瞽瞍，瞽瞍受到感化，也信任顺从舜。

⑦ 寔（shí）默赖之：这（允若之功）暗中有赖于姚系的帮忙。

穆姬救晋

◎穆姬，晋献公①女，惠公②之姊也。初，惠公为秦所纳，食言背惠③，秦穆公伐之。战于韩原④，获惠公。晋大夫反首⑤拔[音薄]舍从之。穆姬闻惠公将至，以太子罃、次子弘与女简璧，登台[示有罪也]而履薪[示焚死也]焉。使以免[音问，初丧之冠]服衰绖[音牒]逆[迎穆公]，且告曰："上天降灾，使我两君不以玉帛相见⑥，而以兴戎。晋君朝以入，婢子夕以死；夕以入，则朝以死，惟君裁⑦之。"大夫不从，穆公曰："获晋侯，以厚归也。既而丧，归焉用之⑧？大夫其何有焉？"乃许晋平[和也]。

吕氏曰：穆姬托贾君，而惠公烝之；托群公子，而惠公杀之，固穆姬所深恨者⑨。韩原被执，率子女以死救，兄弟之情厚矣哉。要之，邻国构兵，无诛君灭祀之礼，穆公许平不为过，穆姬之救不为私也。

| 吕语今译 |

穆姬嘱托惠公要照顾贾妃，而他却与贾妃通奸；穆姬劝说惠公要接纳其他几

个流亡在外的晋国公子，而惠公却要杀死他们，因此穆姬本来就该深深地怨恨惠公。然而当惠公在韩原被秦人俘获，穆姬却带着子女用自杀来威胁秦穆公，以此营救惠公，她对自己兄弟的情谊是多么的深厚啊。总言之，邻国之间交战，按照礼法不能诛杀对方的君主、断绝对方的宗庙祭祀，因此秦穆公和晋国讲和没有过错，而穆姬营救惠公也算不上是偏私。

| 简注 |

① 晋献公：名诡诸，晋武公之子。

② 惠公：晋惠公，名夷吾，晋献公之子，晋文公之弟。

③ 食言背惠：不遵守诺言，背弃恩惠。

④ 韩原：地名，今属山西省。

⑤ 反首：反首，披头散发。

⑥ 以玉帛相见：以礼相见。

⑦ 裁：裁断。

⑧ 归焉用之：大意是说本来俘获晋惠公是件好事，但穆姬因之而自杀的话，则没有必要，所以说把晋惠公抓回来没有什么用处。

⑨ "穆姬托贾君"句：贾君，《春秋左传·僖公十五年》杜预注以之为晋献公的次妃；一说为太子申生（穆姬之弟、晋惠公之兄）的妃子。托群公子，晋国自晋惠公即位之后，穆姬劝说惠公把公子重耳等流亡在外的兄弟招纳回国。对于穆姬的劝言，惠公都没有接纳，所以穆姬怨恨他。

实践要点

"虞帝之妹""穆姬救晋"两条都讲述了姐妹解救自己兄弟的故事。姚系不从父母兄长的恶念,暗中向嫂子透露他们谋杀舜的计谋;穆姬则不计前嫌,冒死营救惠公。这都体现出了兄弟姐妹之间有着深厚的情谊,而这些情谊都是合乎正道的。这提醒现代读者,在日常生活中,对自己的兄弟姐妹要多加关怀,当他们遇到困难时要积极伸出援助之手。

鲁义姑姊

◎齐攻鲁,至郊,望见一妇人,抱一儿,携①一儿。军且及矣,弃其所抱,抱其所携而走。儿随而啼,妇人不顾。齐将问儿:"走②者谁?"曰:"吾母也。"齐将追而问妇,对曰:"所抱者兄子,所弃者妾之子也。军至,力不能两存③,宁弃妾子耳。"齐将曰:"兄子与己子孰亲?"妇人曰:"己之子,私也;兄之子,公也。子虽痛乎,独谓义何?"于是齐将按兵④而止,使言于君曰:"鲁未可伐也。山泽妇人,犹知行义,而况士大夫乎?"遂还。鲁君闻之,赐妇人束帛百端,号曰"义姑姊"。君子曰:义其大哉!虽在匹妇,国犹赖之。

> 吕氏曰：义则义矣，然而未闻道也。己之子，夫之子也，非妇人所得专也。设夫有众子，或夫在可以复生，兄先亡，或遗孤而为父后，如义姑者可矣。不则虽以义夺情，终非万世之常经也。然则奈何？曰：两存之以乞生于齐将。不得，则死之。孰存孰亡，惟儿所值耳。至于齐将之料，则可悲矣，鲁士大夫如义姑者几人哉？

| 吕语今译 |

义姑是挺有义气的，然而她不懂得正道。自己的儿子，也是丈夫的儿子，他的生死不是自己所能擅自决定的。假设丈夫有几个孩子，或者丈夫还在世，可以再生孩子，而兄长已经去世了，或者这是娘家中的孤儿、自己父亲的唯一后裔，在以上三种情况之下，义姑的做法是可取的。不然的话，虽然她能为了公义而不顾亲生骨肉之情，但也不能作为后世的常法。那么在当时的情况之下，正确的做法是什么呢？回答是，两个孩子都同时保存，并向齐将乞求，能让他们都活下来，不被允许的话，则通过自杀来感动齐将。两个小孩谁能生存下去，就看他们各自的命运了。至于说齐将的推测，则是可悲的，鲁国的士大夫能像义姑那么讲义气的，能有几个呢？

简注

① 携：用手拉着。

② 走：逃跑。

③ 力不能两存：按照自己的能力不能同时保存两个小孩。

④ 按兵：命令军队停止前进。

实践要点

义姑姊为了保存兄长儿子的性命，宁愿放弃自己的儿子，这是大公无私的表现。但这种做法是否妥当，吕坤对之进行了详细的辨析。对于现代读者而言，本条的启发在于，妇人应对侄子和外甥关怀备至、视如己出，例如，给自己子女买礼物时，也要想到给自己的侄、甥买礼物；参与家族活动时，不要偏私自己的子女，要同时料理好侄、甥；当自己的子女和侄、甥闹矛盾时，要首先教训批评自己的子女，同时安抚好侄、甥的情绪。

聂政之姊

◎齐勇士聂政①之姊也。聂政母终，独有姊在，乃为严仲子②刺韩相侠累③［代严仲子报侠累之仇］，所杀者数十人，恐祸及姊，因自披其面④，抉其目⑤，屠肠⑥而死［使人不识为谁］。韩暴其尸于市，购以千金，莫知为谁。姊曰："吾不忍自爱以灭弟名。"乃之韩，哭聂政尸，谓吏曰："杀韩相者，妾之弟，轵［音止］深井里［地名］⑦聂政也！"亦自杀于尸下。晋、赵、楚、卫闻之曰："非独聂政勇，乃其姊亦烈女也。"君子谓聂政姊仁而有勇，《诗》云："死丧之威，兄弟孔怀⑧。"此之谓也。

吕氏曰：政死友，其姊死弟，皆贤者之过也。身者，亲之枝也。姊与弟，一体之分也。聂政既爱姊，何不自爱其身？姊与其杀身以成弟名，孰若善规以免弟祸？《离骚》云："女媭［音须］之婵［音蝉］媛［音院］兮，申申其骂余⑨。"贤姊不当如是耶？

| 吕语今译 |

聂政为友人而死，他的姐姐为了弟弟而死，这都是贤良的人犯下的过错。身体，是父母双亲的分枝。姐姐和弟弟，是同出于一母的分枝。聂政既然爱护自己的姐姐，为什么不爱护自己的身体呢？他的姐姐与其自杀以成就弟弟的名声，为什么不善于规劝弟弟以免酿成杀身之祸呢？《离骚》说："女媭之婵媛兮，申申其

骂余。"贤明的姐姐不是应当这样做吗?

| 简注 |

① 聂政:韩国人,著名刺客。聂政为逃避仇人,在齐国隐匿为屠夫,故前文谓之"齐勇士"。

② 严仲子:名遂,字仲子。据《战国策·韩傀相韩》记载,韩傀(即侠累)相韩,而严遂受到韩国国君的重用,因此二人有间。严遂曾在议政的时候直接指出韩傀的过错,韩傀在朝堂之上对他大加叱责。严遂于是拔剑走向韩傀,后被众人制止。严遂害怕被诛杀,于是逃亡在外,并寻找刺客刺杀韩傀。

③ 侠累:名傀,韩列侯的叔父,任韩国国相。

④ 披其面:《史记·刺客列传》作"皮面",用刀割破面上的皮肤,让人认不出是谁。

⑤ 抉(jué)其目:把眼睛挖出来。

⑥ 屠肠:《史记·刺客列传》作"自屠出肠",切开肚皮把肠子挖出来。

⑦ 轵深井里:轵,县名。深井里,里名。今属河南省。

⑧ 死丧之威,兄弟孔怀:出自《诗经·小雅·常棣》。威,畏。孔怀,很关心。大意是说兄弟之间很关心对方的生死。

⑨ 女媭(xū)之婵媛兮,申申其骂余:出自《楚辞·离骚经》。女媭,屈原的姐姐。婵媛,眷恋牵持。申申,舒缓的样子。本意是屈原的姐姐担心屈原过于刚烈正直会遭遇祸害,故责骂屈原。此处吕坤取其规劝之意。

| 实践要点 |

吕坤摘录聂政之姊的事迹,其用意并非嘉奖聂政之姊成弟之名的壮烈,而是用以指出姐姐若是爱护自己弟弟的话,应当敢于指出他的过错,使之避免祸害。这提醒现代读者,不能纵容自己的弟妹恣意妄为,当他们有过错时要及时规劝。此外,平时也要多和自己的弟妹交流,了解他们的身心状况,当他们遇到问题时要及时帮忙。

季宗之妹

◎季儿者,郃[音合]阳①任延寿之妻,季宗之妹也。延寿怨季宗而阴②杀之,会赦免,乃告③季儿。季儿曰:"嘻,乃语我乎。"遂振衣求去。延寿曰:"汝其杀我。"季儿曰:"杀夫不义,事兄之仇亦不义。"延寿曰:"愿以车马家赀,听汝所之④。"季儿曰:"吾当安之?与子同枕席而使杀吾兄,又纵兄之仇,何面目戴天立地乎!"乃告其女曰:"汝父杀吾兄,义不可留,又无所往,善视汝两弟。"遂自经而死。冯翊[音逸,地名]王闻之⑤,令县复⑥其三子,而表⑦其墓。

> 吕氏曰：季儿可谓贤且烈矣！当是时，使季宗有子耶，则归宗而抚遗孤；季宗无子耶，则自出而绝延寿，亦足全其义矣。遂至自经，无乃过乎？设季宗杀延寿，则季儿又当何如？吾录之，以为薄于骨肉者之劝。孰谓妇人外父母兄弟家，至生死不相关耶？

| 吕语今译 |

季儿可以说是贤良而且刚烈啊！在那个时候，假使季宗有儿子，她可以去季宗的家里抚养孤儿；若季宗没儿子，她可以自己提出离婚而断绝与延寿的夫妻关系，这样也足以保全她的节义。但她最后选择了自杀，这样不是做得有点过头吗？假设是季宗杀了延寿，那季儿又应当怎样做呢？我摘录这件事，用来规劝薄视骨肉亲情的人。谁说妇人出嫁之后便是父母兄弟家中的外人，娘家人的生死和她都不相关呢？

| 简注 |

① 郃阳：地名，今属山西省。
② 阴：暗中。

③ 告：告诉。

④ 愿以车马家赀，听汝所之：愿意把家里的车马钱财都交给你，你想去哪里就去哪里。

⑤ 冯翊王闻之：刘向《列女传·郃阳友娣》作"冯翊王让闻之"。冯翊，地名，今属陕西省。王让，人名。

⑥ 复：免除赋税徭役。

⑦ 表：旌表。

| 实践要点 |

季儿面对的是一个道德两难的境地，丈夫把自己的兄长杀掉了，出于夫妻的情义，她不得状告丈夫；出于兄弟姐妹之情，她又不能继续侍奉杀兄的仇人。最终，她只能选择自杀。吕坤并不完全赞同季儿自杀的做法，而且还进一步追问，若是她的兄长把她丈夫杀掉了，她又应该怎么办呢？面对这个两难的境地，很难给出一个合情合理的解决方案。在日常生活中，人们也会碰到类似的两难境地，不一定是丈夫把兄长杀了，而是丈夫和兄弟之间闹了矛盾，那么在这种情况之下，夹在丈夫和兄长之间的妇女又该如何处理呢？遇到这种问题，妇女首先应争取其他家庭成员的帮助，一起劝导自己的丈夫和兄弟，尽到身为人妻和姐妹的义务。若是矛盾大得不可开交，那么便应从身为人母的角度出发，考虑自己的家庭和子女，充分权衡利弊之后再决定该支持丈夫还是自己的兄弟。

文姬保弟

◎李文姬者，赵伯英妻，汉太尉固①之女也。固为梁冀②所杀，二子俱死狱中。少子燮［音雪］，为文姬所匿，密托③固门生④王成曰："李氏一脉，惟此儿在。君执义先公，有古人之节，今以六尺奉托，生死惟足下。"成遂引燮浮江⑤，入徐州界，变姓名为酒家佣［音容］⑥。酒家异之，以女妻燮。后遇赦得还，文姬敕⑦之曰："先公为汉忠臣，虽死之日，犹生之年⑧，慎无一言及梁氏。及梁氏，则及主上，是再掇［音夺］祸⑨也。"燮从其言。灵帝时为河南尹。

吕氏曰：文姬之友爱，无庸言矣。托王成，是谓知人；不怨梁氏，是谓审势。倘梁氏可仇也，彼必甘心之矣，固也宜有是女哉！

| 吕语今译 |

文姬对弟弟的爱，就不用说了。她把弟弟托付给王成，可说是知人善用；不怨恨梁氏，可说是懂得审时度势。倘若当时的形势允许去找梁氏报仇的话，她必定会心甘情愿地报仇，忠臣李固应当有这样明智的女儿啊！

简注

① 汉太尉固:太尉,官职名,秦至西汉设置,主掌军政事务,与丞相、御史大夫并称三公。李固,字子坚,东汉名臣。

② 梁冀:字伯卓,东汉时外戚,任大将军,在任期间把持朝政,专横无度,有顽嚚凶暴的恶名。

③ 密托:秘密托付。

④ 门生:汉朝时再传弟子称为门生。

⑤ 浮江:渡江。

⑥ 变姓名为酒家佣:改名换姓,称为酒家的佣人。

⑦ 敕(chi):告诫。

⑧ 虽死之日,犹生之年:大意是说李固虽然死了,但他的忠义精神长存于世。

⑨ 掇祸:招致祸害。

实践要点

本条提醒现代读者,关爱自己的弟妹时要目光长远,用心地扶持他们茁壮成才,不能只停留在小恩小惠的施与之上。同时也要积极地为他们出谋划策,协助他们规避人生道路上可能出现的困难险阻。

和政公主

◎和政公主，唐肃宗女也，下嫁柳潭。安禄山陷京师，宁国公主其姊也，方嫠居①。主曰："天子蒙尘②，宁国独处，其谁携之？"乃寄三子于所亲，以潭马乘宁国。主与潭徒步而驱之，跋涉日百里，潭供薪水③，主供炊［音吹］涤［音迪］④，以事宁国，卒免于难。肃宗有疾，主朝夕左右，甚谨。诏赐田，以女弟宝章公主未有赐也，固辞让以与宝章，帝从之。

吕氏曰：和政恩抚孤侄⑤，远避朝权⑥，授矢平贼⑦，仗义谕盗⑧，输财助国⑨，上疏恤民⑩，怜布思之妻⑪，策社稷之计⑫，善行不可悉述。余取其友爱，以愧姊妹之薄者。

| 吕语今译 |

和政公主恩宠抚养失去双亲的孤侄，远远地避开当朝权贵，把弓箭交给驸马去荡平叛贼，依仗正义谕教盗贼，输送钱财以救助国家，上疏劝谏皇帝体恤人民百姓，怜悯布思的妻子，谋划安定社稷的计谋，她的善行多得不可尽述。我摘录她关爱姐妹的事迹，用来让那些薄待姐妹的人感到惭愧。

简注

① 嫠(lí)居:寡居。

② 天子蒙尘:指天子逃亡在外,蒙受风尘。

③ 薪水:砍柴、打水。

④ 炊涤:煮饭、洗衣服。

⑤ 恩抚孤侄:和政公主的侄儿失去双亲后,她把侄儿当作自己的儿子抚养。

⑥ 远避朝权:和政公主驸马的兄长的妻子是杨贵妃的姐姐,是当时朝中的权贵,但和政公主没有借此攀附权贵。

⑦ 授矢平贼:唐玄宗时,郭千仞叛变,和政公主亲自把弓箭交给驸马柳潭杀贼平乱。

⑧ 仗义谕盗:吐蕃人侵犯京师时,和政公主出逃避险,路上遇到一群盗贼,公主以祸福之道教谕盗贼,使他们臣服。

⑨ 输财助国:安禄山兵变之后,国家军费大增,采用耗竭,和政公主用贸易的方式为国家筹措军费。

⑩ 上疏恤民:唐代宗刚即位时,和政公主屡陈人间利病、国家盛衰事。

⑪ 怜布思之妻:其事见上文"女子之道"中"上刑官诗"条。

⑫ 策社稷之计:在唐朝广德年间,和政公主针对吐蕃人的入侵,提出了边疆防备的计策。

| 实践要点 |

本条讲述了和政公主和姐妹甘苦与共、情深义重的故事。这提醒现代读者，当自己和兄弟姐妹一起面对困难时，要相互扶持，不能只顾自己的死活；当自己有所收获时，要乐于和自己的兄弟姐妹一起分享，不能只顾着和丈夫共乐，忘却自己的骨肉至亲。

姒娣之道

章嫂让儿

◎昌化①章氏,兄弟二人,皆未有子。兄先抱族人子育之,未几②,其妻生子诩[音许],弟曰:"兄既有子,安用所抱之儿为③,幸以与我。"兄告其妻,妻曰:"无子而抱之,有子而弃之,人谓我何④?"弟固请,嫂曰:"无已⑤,宁与吾所生者。"弟不敢当,嫂竟与之。后二子皆成立,长曰栩[音许],季曰诩。栩之子樵、槱[音由],诩之子铸[音注]、鉴,皆相继登第⑥,遂为名族⑦。

吕氏曰:世俗兄弟可笑也。借马而饥渴在怀,借衣而揉[音纽]涴[音鸳]⑧是嘱,况乏嗣始得之儿,分以与弟,无德色,无吝心,顾不难哉?要之嫂氏之贤,不可及矣。割肉相与,虽舅姑难强之从,况意不出于夫子耶?天昌其后,殆和气所召与。

吕语今译

世俗的兄弟很可笑。借了马给兄弟却想着自己的马会不会饥饿口渴,借了衣服给兄弟却嘱咐不要揉皱弄脏，何况在没有子嗣的情况下所生的第一个孩子，分给弟弟，而且还没有做了好事的神色，也没有吝惜之心，要做到这样不是一件难事吗？总言之，嫂子的贤良，无人能及。要妇人割舍亲生骨肉让给别人，就算是公公婆婆也难以强迫她去遵从，何况这个主意不是丈夫想出来的呢？上天昌盛她的后人，大概是她的和气所招致的吧。

简注

① 昌化：地名，今属浙江省。
② 未几：没过多久。
③ 安用所抱之儿为：怀中所抱的孩子还有什么用呢？
④ 人谓我何：别人会怎样说我。
⑤ 无已：不得已。
⑥ 登第：考中科举。
⑦ 名族：有名的氏族。
⑧ 浣：弄脏。

实践要点

本条章氏嫂主动把自己亲生儿子让给了丈夫的弟弟，一来是出于道义，不忍弃去养子；二来是妯娌之间没有隔阂，充分信任弟媳能将孩子视如己出、尽心抚养。正如吕坤所说，"嫂氏之贤，不可及矣"。在现实生活中，很难要求每个人都能做到章氏嫂这样割舍骨肉的亲情,但她的事迹提醒了现代读者,兄弟妯娌之间应该彼此相互扶持、不分你我。要处好妯娌关系,最关键的是要把对方真正地当作自家亲人看待:面对利益时,切勿相互争夺,而要互相谦让;面对问题时,切勿互相猜疑,而要坦诚交流;面对过失时,切勿相互推诿,而要反省自身;面对患难,切勿只求自保,而要共度难关。

少娣化嫂

◎苏少娣,姓崔氏,苏兄弟五人,娶妇者四矣,各听女奴①语,日有争言②,甚者阋[音倪]墙操刃③。少娣始嫁,姻族④皆以为忧。少娣曰:"木石鸟兽,吾无如彼何矣⑤。世岂有不可与之人哉?"入门,事四嫂执礼甚恭。嫂有缺乏,少娣曰:"吾有。"即以遗之。姑有役其嫂者,嫂相视不应命⑥,少娣曰:"吾后进⑦当劳,吾为之。"母家有果肉之馈,召诸子侄分与之,嫂不食,未尝先食。嫂各以怨言告少娣者,少娣笑而不答。少娣女奴以妯娌之言来告者,少娣笞[音痴]之,寻以告嫂引罪⑧。尝以锦衣抱其嫂小儿,适便溺,嫂急接之,少娣曰:"无遽⑨,恐惊儿也。"了无惜意⑩。岁余,四嫂自相谓曰:"五婶大贤,我等非人矣。奈何若大年,为彼所笑。"乃相与和睦,终身无怨语。

> 吕氏曰：天下易而家难，家易而姒娣难。专利、辞劳、好谗、喜听，妇人之常性也。然始于彼之无良，成于我之相学。三争三让，而天下无贪人矣；三怒三笑，而天下无凶人矣。贤者化人从我，不贤者坏我犹人。吾于苏少娣心服焉。

| 吕语今译 |

治理天下容易而治理家庭困难，治理家庭容易而处理好妯娌之间的关系很难。独占利益、推辞辛劳、好听谗言、喜听是非，这是一般妇人所常有的性格。然而，这一般是看到他人的无良行为，然后自己也学做别人的无良行为，于是妯娌之间就有了争执。人们能像少娣这样多次争劳、多次礼让，那么天下之间就没有贪得的人；能像少娣这样听到谗言怒笞婢女、听到是非笑而不语，那么天下之间就没有凶恶的人了。贤良的人感化别人，使之听从自己的善劝，不贤的人败坏自我，学习别人的不良行为。我对苏少娣衷心佩服。

| 简注 |

① 女奴：婢女。

② 争言：争吵。

③ 阋（xì）墙操刃：阋，怨恨。阋墙，指兄弟相争。操刃，拿起刀打架。

④ 姻族：有婚姻关系的家族成员。

⑤ 吾无如彼何矣：我对木石鸟兽没有什么办法。

⑥ 不应命：不回应婆婆的命令。

⑦ 后进：后进门。

⑧ 引罪：承认罪过。

⑨ 无遽：不要慌张。

⑩ 了无惜意：不可惜锦衣被小孩的便溺所弄脏。

| 实践要点 |

在本条中，吕坤指出了妯娌不和主要因为妇女多有"专利、辞劳、好谗、喜听"等不良习性。要维系好妯娌关系，不要指望对方能改正缺点，而应当像少娣一样，从自己做起，乐于和妯娌分享财货利物，主动承担家族劳务，不听信谗言，不打听是非八卦。当自身做好了，其他人也一定会受到感化，妯娌关系便能得以改善。

王木叔妻

◎何氏,永嘉①王木叔妻也。初归王氏,家甚贫,何氏佐以勤俭,家用遂饶②。一日语夫曰:"子可出仕,奈弟妹贫寒何?橐[音托]中余资,久蓄奚益,请以分之。"夫喜曰:"是吾志也。"旦日尽散,簪珥③不遗。木叔既仕,又曰:"弟妹尚困,有田如许,何不畀④之?"夫喜曰:"此尤吾志也。"遂以田与弟妹,一郡称为贤妇。

吕氏曰:憎同室而专货利,妇人莫不尔。欲其彼我分明已难,况尽推所有以与弟妹乎?其夫喜而从之,友于⑤可概知矣。

| 吕语今译 |

憎怨同住一处的亲人,独占财货利益,没有哪个妇人不是这样的。想要她们做到彼此分明已经是很难的了,更何况把自己所有的财富都赠与给丈夫的弟弟妹妹呢?她的丈夫欣喜并顺从她,友爱兄弟的道理大概可以知道了。

| 简注 |

① 永嘉:地名,今属浙江省。
② 家用遂饶:家中的财富于是变得富饶起来。
③ 簪珥(zān ěr):发簪、耳饰。
④ 畀(bì):给予。
⑤ 友于:《书经·周书·君陈》有云"友于兄弟",指友爱、关怀自己的兄弟。

| 实践要点 |

家族成员之间的矛盾往往是因为争夺利益而引起的,而本条则提醒现代读者,不要贪恋财物,当自家够用了,有余的财物可以用来资助家族中的其他家庭成员。这并不是说要像何氏一样,把财物都赠与给丈夫的弟弟妹妹,而是根据实际情况,在家庭成员需要帮忙的时候及时伸出援手,以解亲人燃眉之急。

姑嫂之道

欧阳贤嫂

◎欧阳氏,宋人,适廖忠臣。踰年而舅姑死于疫,遗一女闰娘。才数月,欧阳适生女,同乳哺之①。又数月,乳不能给,乃以其女分邻妇乳,而自乳闰娘。二女长成,欧阳于闰娘每倍厚焉。女以为言②,欧阳曰:"汝,我女;小姑,祖母之女也。且汝有母,小姑无母,何可相同?"因泣下。女愧悟,诸凡让姑而自取余。忠臣后判清河③,二女及笄[音基]④,富贵家多求侄氏⑤。欧阳曰:"小姑未字⑥,吾女何敢先?且聘吾女者,非以吾爱吾女乎。"其问诸邻人,卒以富贵家先闰娘,簪珥衣服器用,罄⑦其始嫁妆奁[音连]之美者送之,送女之具不及也。终其身如是。闰娘每谓人曰:"吾嫂,吾母也。"欧阳殁,闰娘哭之,至呕血,病岁余。闻其哭者,莫不下泪。

吕氏曰:姑嫂,世所谓参商人⑧也。嫁女之家,闻有小叔姑则戚,而嫂亦厌恶此两人,若不可一日有,何者?为母耳目,谮愬相虐也。世之为嫂者,诚如欧阳氏贤,则举世皆闰娘矣。吾以是知一人尽道,两人成名;同室仇雠,过分多寡耳,难以罪一人也。

吕语今译

小姑和嫂子,是世上所说的像参、商两星那样互不待见的人。嫁女的人家,听闻夫家有小叔小姑的话就会感到不愉快,而作为嫂子的也厌恶小叔小姑这两类人,好像他们只存在一天也不可以,为什么会这样呢?因为小叔小姑是他们母亲的耳目,会在她面前讲嫂子的坏话,和嫂子互相残害。世上为人嫂子的,能真正做到像欧阳氏这么贤惠的话,那么全世界都是闰娘这么关爱嫂子的小姑了。我由此而知道,一个人尽了道义,另外一个人会受到感化,而这两个人会同时拥有美好的名声;同处一室的两个人互相把对方当做仇人的话,两个人都会有过错,就看谁做过分的事情做得更多而已,难以只怪罪其中的一个人。

简注

① 同乳哺之:同时用自己的母乳哺育闰娘和自己的女儿。

② 女以为言:女儿因为母亲的偏心而向母亲诉苦。

③ 判清河:在清河担任判官。清河,地名,今属河北省。判官,辅助地方长官处理公务的官员。

④ 及笄(jī):女子到了适婚的年龄。笄,发簪,古代女子到了十五岁要行笄礼,在笄礼仪式上束发而加笄,表示已经成年,可以出嫁。

⑤ 侄氏:侄女,欧阳氏的亲生女儿。

⑥ 字:许配出嫁。

⑦ 罄：尽。

⑧ 参商人：参，参星，在西方。商，商星，在东方。参星、商星不会同时出现在天空上，此处用以比喻两人情感不和。

陈氏堂前

◎陈安节之妻王氏，始嫁岁余而夫卒，遗孤甫月①。家贫，王氏躬②操勤苦如男子，修行最谨，教子孙有法，家渐以饶。乡人敬之，呼曰"堂前③"。初，堂前之归陈氏也，舅姑殁时夫之妹尚幼，堂前教育抚字如女。及笄，厚嫁之。舅姑殁，妹求分财，堂前尽出室中所有与之，无吝色。妹得财，尽为夫淫荡所罄，贫不能自存。堂前为又置田宅，抚诸甥如己出，终无怨语。

吕氏曰：堂前孝养舅姑，教育子孙，周恤宗族，广施阴功④，砥砺⑤名节，无一不善者。而姑嫂之情，尤世所希，余特表而出之。

| 吕语今译 |

堂前孝顺敬养自己的公公婆婆，按照法度教育子孙，周全地体恤抚养宗族的

子弟，广泛地在暗中施与功德，磨砺自身的德性，修持节操，没有一件事情是不好的。而她对小姑的情谊，尤其是世上所罕见的，我特意摘录表彰她的事迹。

| 简注 |

① 甫月：才刚刚满月。
② 躬：亲自。
③ 堂前：古人称父母为堂前。此处乡人尊敬王氏的高义，也称之为堂前。
④ 阴功：不为人知的善行。
⑤ 砥砺：磨砺。

邹媖引过

◎邹媖，宋人，继母之女也。前母兄娶妻荆氏，继母恶之，饮食常不给。媖私以己食继之。母苦役荆，媖必与俱。荆有过误，媖不令荆知，先引为己罪①。母每扑②荆，则跪而泣曰："女他日不为人妇耶，有姑若是，吾母乐乎？奈何令嫂氏父母，日蹙忧女之眉③耶？"母怒，欲笞媖，媖曰："愿为嫂受笞，嫂实无罪，母徐察之。"后适为士人妻，舅姑妯娌姊妹，知其贤也，皆敬重焉。媖归宁，抱数月儿，嫂置诸床上。儿偶坠火，烂额，母大怒，媖曰："吾卧于嫂室，不慎，嫂不知也。"儿竟④死，荆悲悔不食，媖不哭，为好语相慰曰："嫂作意⑤耶，我夜梦凶，儿当死。不，则我将不利。"强嫂食而后食。母后见女之得爱于夫家也，竟成慈母。媖尝病，嫂为素食三年。媖五子，四登进士，年九十三而卒。

吕氏曰：小姑如姑，嫂甚畏之。媖异母也，视嫂乃如是。多寿、多男子、多贵，殆天所以报贤人哉！吾乡大小姑贵重。出嫁之女，与母列坐，坐居左。弟妇与同席，则叩头告坐，大姑立受之。稍不当于心，则辞色如父母。惟贤者不然，然者强半也。读此传，宁不汗颜？

吕语今译

小姑就像婆婆一样，嫂子都十分畏怕她。媖是异母的女儿，仍然恭敬地对待自己的嫂子。长寿、多生男孩、多有富贵，这大概是上天用来报答贤良的人吧！在我的乡里，大姑小姑的地位都很贵重。出嫁的女儿，和母亲同列而坐，坐在母亲的左边。弟妇和她们同席而坐的话，要行叩头礼，禀告请求入坐，大姑会站立受礼。若嫂子的言行稍有不迎合自己心意的，姑子们的言辞脸色就如同父母一样严厉。只有贤良的姑子不会这样做，但这样做的姑子会超过半数。这些无良的姑子们读这个传记，难道不会惭愧得汗流满面吗？

简注

① 引为己罪：把罪过归于自己身上。
② 扑：打。
③ 日蹙忧女之眉：每天为了担忧女儿而皱起眉头。
④ 竟：最终。
⑤ 作意：着意。

实践要点

"欧阳贤嫂""陈氏堂前""邹媖引过"都讲述了姑嫂之间相亲相爱的故事。前两条讲述了嫂子厚待年幼的小姑，后一条则讲述了小姑极力维护嫂子。在日常生活中，嫂子和小姑容易产生嫌隙。对于小姑而言，嫂子作为异姓人进入了自己的家庭，削弱了兄长和父母对自己的宠爱，尤其兄长会明显地偏私嫂子，于是容易对嫂子产生嫉妒之情。对于嫂子而言，由于自己是异姓人，往往觉得公公婆婆会更加宠爱小姑，而自己丈夫对小姑的手足之谊也会容易引起嫉妒之情。如此一来，姑嫂之间便会争风吃醋、暗中较劲，甚至会出现吕坤所说的小姑在母亲面前说嫂子的坏话的情况，使得婆媳关系出现问题。

这三条给现代读者的启发是，要处理好姑嫂关系，关键在于双方都应主动亲近、关怀对方，用诚意和行动消除姑嫂之间的隔阂。双方在日常生活之中要互相扶持，遇到问题时不要只顾责备对方，而应当以宽恕之道相待。此外，尤其要注意在夫家家产分配的问题上，嫂子和小姑都要尊重家中老人的遗愿。若是没有立下遗嘱的，在符合法律规定的前提下，大家可以协商分配，切勿为了争夺财产而伤害了家人之间的关系。

嫡妾之道

晋赵衰妻

◎赵姬,晋文公女也。初,文公为公子时,与赵衰①奔狄。狄人隗[音委]氏入二女,公纳季隗,以叔隗妻衰,生盾[音省]。及反国,文公又以女赵姬妻之,生原同、屏括、楼婴。赵姬请迎②盾与其母,赵衰不敢从。姬曰:"不可。夫得宠忘旧,安富室而弃贱交,何以使人?虽妾亦无以侍巾栉[音节]矣。《诗》不云乎:'采葑[音封]采菲[音匪],无以下体③。'故旧之情,不念小过,况同好乎④?又曰:'燕尔新婚,不我屑以⑤。'伤夫道之薄也⑥。君其逆⑦之。"衰乃逆叔隗与盾。来,姬以盾为贤,请立为嫡子,使三子下之。以叔隗为内妇⑧,而己下之⑨。

吕氏曰:妇人能容妾,足矣,况身自为妾乎?况以公女而妾狄人之女乎?况以子为庶子而嫡狄人之子乎?赵姬之贤,古今一人而已。

吕语今译

妇人能容纳接受妾侍，已经算是很好的了，更何况把自己降格为妾侍呢？更何况以晋文公之女的身份而甘愿把狄人之女作为正妻、把自己作为妾侍呢？更何况把自己的儿子作为庶子而把狄人之女生的儿子作为嫡子呢？赵姬这么贤良，古往今来只有她一个人能做到这样。

简注

① 赵衰：字子余，又称赵成子，春秋时晋国之卿，辅佐晋文公成就霸业。

② 迎：迎接归国。

③ 采葑（fēng）采菲，无以下体：出自《诗经·邶风·谷风》。葑，蔓菁，大头菜。菲，萝卜。以，用。下体，指蔓菁、萝卜的根部。大意是说，有的蔓菁或萝卜的根部长得不好看，但不能因此而舍弃它们。用以比喻夫妇以礼义交合，不可以因为年老色衰而舍弃夫妻之间的相与之礼。

④ "故旧之情"句：大意是说，念及故人的情谊，即使对方有小的过错，也不应该加以嫌弃，更何况是两人曾经志趣相投呢？

⑤ 燕尔新婚，不我屑以：出自《诗经·邶风·谷风》。燕，安。屑，洁。以，与。大意是指丈夫安于再娶时的新婚之乐，而不以旧妻为洁净而与之相好。

⑥ 伤夫道之薄也：为丈夫对旧妻的寡情薄幸而感到伤悲。

⑦ 逆：迎接。

⑧ 内妇:内子,卿大夫的嫡妻。
⑨ 己下之:自己的地位在她之下。

卫宗二顺

◎卫灵王①薨②,夫人无子,傅妾③有子。傅妾事夫人八年矣,供养愈谨。夫人谓傅妾曰:"吾闻主君之母④,不妾事人。今我无子,于礼当斥⑤,得留以尽天年,幸矣。孺子不改故节⑥,我甚愧之,愿出居以时相见⑦。"傅妾泣曰:"妾闻忠臣事君,孝子养亲,惟患无日⑧。妾岂敢以小贵变节⑨哉?惟夫人无相弃。"夫人曰:"无子之人,而辱主君之母,虽子欲之,如礼何?"固求居外。傅妾谓其子曰:"吾闻谨上下之仪,修先古之道,谓之顺。今夫人居外,我居内,是彰我之不容,而逆闺门之礼也。处逆而生,宁以顺死。"欲自杀,其子泣而守之⑩,夫人惧,乃止。傅妾以妾事夫人,终身不衰。

吕氏曰:古妇人无子,五十出为女师。未闻此礼通于天子诸侯,而卫夫人不敢以嫡自安,必有见哉。若傅妾守分终身,亦盛德事也。

| 吕语今译 |

古代的妇女没有子嗣的话，到了五十岁可以出去做教育贵族女子的女师。没有听说这个礼法适用于天子诸侯，而卫夫人因为没有子嗣而不敢安守正妻的身份，这必定是有她自己的想法。像傅妾那样能终身安守职分，这也是一件有大德的事情。

| 简注 |

① 卫灵王：王照圆《列女传补注》指出，战国之时卫国国君没有称自己为王的，而《列女传·卫宗二顺》文中有"夫人欲使灵氏受三不祥耶"句，卫灵王或是卫灵氏之误。

② 薨（hōng）：诸侯之死为薨。

③ 傅妾：傅，近。贴身伺候的妾侍。

④ 主君之母：国君的母亲。

⑤ 于礼当斥：斥，斥绌、休弃。按照礼法应当被休弃。

⑥ 孺子不改故节：孺子，妾侍的称号，指傅妾。不改故节，不改变旧有的节操。

⑦ 出居以时相见：搬出去外面居住，按时相见。

⑧ 惟患无日：只是担心时日无多。

⑨ 岂敢以小贵变节：怎么敢因为地位显贵了一点就改变节操呢？

⑩ 其子泣而守之：《列女传·卫宗二顺》作"其子泣而止之"。

宋鲍女宗

◎女宗者，宋鲍苏之妻也。鲍苏仕卫三年，而娶外妻①。女宗养姑甚谨，因②往来人，问候其夫，赂遗③外妻甚厚。其嫂曰："夫人既有所好，子何留乎④？"女宗曰："妇人一醮［嫁时别酒］不改，供衣服以事夫子，精酒食以事舅姑，以专一为贞，以善从为顺，岂以专夫之室⑤为善哉？忌夫所爱，是谓贪淫，妇德之耻也。夫礼，天子十二、诸侯九、卿大夫三、士二⑥，今吾夫诚士也，有二，不亦宜乎？且妇人七去⑦，妒正居一，嫂不教吾以居室之善，而欲使吾为可弃之行耶？"不听⑧。宋公闻之，表⑨其闾曰"女宗⑩"。

吕氏曰：女无美恶，入宫见妒，此妇人常性也。女宗于夫之外妻，不直⑪不妒，又厚遇之。以是相与，而夫不感其贤，妾不乐其德，以酿一家之和气者，未之有也。可为妇人之法。

| 吕语今译 |

女子不管长得好不好看，入宫之后就会遭人嫉妒，这是妇人常有的天性。女

宗对于自己丈夫在别国另娶的外妻，既不以之为直，又不嫉妒她，而且还对她很好。女宗这样对待他们，而她的丈夫不为她的贤良而感动，妾不为她的德行感到快乐，从而酝酿出一家人的和乐之气的话，没有这样的事情。女宗可作为妇人的榜样。

简注

① 外妻：正妻之外在别处另娶之妻。

② 因：通过。

③ 赂遗：赠送财物。

④ "夫人既有所好"句：夫，发语词，无义。大意是，既然丈夫已经有了新欢，你为什么还留在这里不走呢。

⑤ 专夫之室：独占丈夫的寝室，指独占丈夫的爱，不与妾侍分享。

⑥ 天子十二、诸侯九、卿大夫三、士二：天子有十二个配偶，诸侯九个，卿大夫三个，士两个。

⑦ 七去：古人休弃妻子的七个理由，详见上文"嘉言"部分"古语"中的"妇有七去"条。

⑧ 不听：不听从建议。

⑨ 表：旌表。

⑩ 女宗：妇女的楷模。

⑪ 不直：不以丈夫在别国另娶妻子为正直之事。

楚庄樊姬

◎楚庄王①好猎，夫人樊［音凡］姬谏不听，乃不食禽兽之肉。王改过，勤于政事。尝听朝宴罢②，姬迎曰："倦乎？"王曰："与贤者语，不知倦。"姬曰："王之所贤者谁也？"曰："虞丘子③。"姬掩口而笑，曰："虞丘子贤则贤矣，未忠也。妾执巾栉十一年矣，遣人之郑、卫，求美人进于王。今贤于妾者二人，同列者七人，妾岂不欲擅王之宠爱乎？妾闻堂上兼女④，所以观能⑤也。妾不敢以私蔽公，欲王多见知人。今虞丘子相楚十余年，所荐非子弟则宗族，未闻进贤、退不肖，是蔽君而塞贤路也，妾故笑之。"王悦。明日以告虞丘子，丘子避席⑥，不知所对，于是使人迎孙叔敖⑦而进之。王以为令尹，治楚三年，而庄王以霸。

吕氏曰：国家不治，妒贤之人为之也。樊姬不妒于宫，而推治于国，惟无我心故耳。故我心胜者，不能容人。其终也，反不能容其身。然而妒者卒不悟也，可叹哉！樊姬女宗，可以训矣。

吕语今译

国家得不到很好的治理,是因为有妒忌贤才的人所导致的。樊姬在后宫不嫉妒其他妃嫔,而且还将这种不嫉妒贤才的精神推及于治理国家的事情之上,这是没有自己私心的缘故。所以说,自我私心比较重的话,不可能容得下他人。这样一来,最终也不能让自己被别人所包容。然而嫉妒别人的人最后还是悟不出这个道理,真是让人叹息啊!樊姬是妇女们的榜样,可以作为后人的训诫。

简注

① 楚庄王:名吕,春秋时楚国国君,春秋五霸之一。

② 宴罢:宴同"晏",晚。宴罢,指听问朝政,很晚才结束。

③ 虞丘子:楚国令尹。

④ 堂上兼女:厅堂之上兼有众女。

⑤ 观能:观看才能。

⑥ 避席:离开坐席。

⑦ 孙叔敖:楚国令尹,可参见上文"母道"中的"孙叔敖母"。

蜀主之女

◎晋南郡①公主，桓温②妻也，性最悍，温每逊③之。温平蜀，得李势④妹，有奇色，纳置别宅。主闻大恚⑤，乃与婢数十，拔白刃袭之。李氏方理发⑥，发长委地，肌色如玉，不为动容。徐徐结发成妆，曰："国破家亡，无心在此。今日见杀，得遂所怀。"遂引颈就刃。主掷刃抱之曰："阿子⑦，我见汝犹怜，何况老奴⑧！"遂与同归而善遇⑨之。

吕氏曰：李氏女，当杀身之怒，无急遽之容，其态安闲凝重，其辞悲婉慨慷，卒能回操刃之凶，为同车之爱，可谓古今一奇事矣。惜也流落偷生，不能死于国破家亡之时，为全德累。吾录之以训世之为妾者，不得于嫡，未必皆嫡之罪也。

| 吕语今译 |

李氏女，面对桓温妻子杀人的怒火，没有着急慌忙的容色，她的情态安详闲适、端庄凝重，她的言辞悲怆婉转、慷慨激昂，最终让桓温妻子收回了操刀杀人的凶恶想法，成为了同坐一车相亲相爱的家人，可以说是古往今来的一件奇事。

只可惜李氏女流落在桓温手中苟且偷生，不能在国破家亡的时候殉国，这拖累了她不能成全德性。我摘录这个故事，用来训诫世上当妾侍的人，和正妻相处不好，未必都是正妻的罪过。

| 简注 |

① 南郡：地名，今属湖北省。
② 桓温：字元子，东晋政治家、军事家。
③ 逊：谦让。
④ 李势：字子仁，十六国时成汉的最后一任君主。
⑤ 恚（huì）：愤怒。
⑥ 理发：整理头发。
⑦ 阿子：指李氏。
⑧ 老奴：指桓温。
⑨ 善遇：善待。

孙氏全孤

◎花云① 妻郜［音告］氏，妾孙氏，俱怀远②人。云守太平③，与陈友谅④战，为所缚，不屈而死。郜生子炜［音韦］，方三岁，郜闻城将陷，以牲酒祭家庙，会家人，泣曰："城破，花将军必死，吾岂能独生哉？幸有婴儿，不可使花氏无后，若等善视之。"遂赴水死。孙瘗⑤郜尸，遂抱儿以行，脱簪珥，觅渔舟渡江。遇乱军夺舟，弃孙于水。孙抱儿，遇断木浮至，附之⑥，入苇洲⑦，采莲实哺儿⑧，七日不死。夜半闻人语声，呼之，逢一翁自称雷老，引达帝所⑨。孙抱儿拜且哭，帝亦哭，置儿于膝曰："此将种也。"雷老忽不见。炜后拜水军左卫指挥使，同孙至太平，奉郜骸骨，为云刻像，合葬上元县⑩。

吕氏曰：炜非孙氏出也，乱离之际，忍九死⑪以全孤，卒收夫与嫡而合葬焉。士女淑媛，不在贵贱间矣。身忠臣，妻节妇，妾贤人，孰谓花将军死哉？

| 吕语今译 |

花炜并非孙氏所生的，在乱世之时，孙氏忍受死亡的磨难保全孤儿，最终收得丈夫和正妻的骸骨合葬。对于有美好品德的女子，不要在意她们的身份贵贱与否。自己是忠臣，妻子是有节义的妇人，妾侍是贤惠的人，谁说花将军已经死了呢？

| 简注 |

① 花云：元末明初著名将领，为明太祖朱元璋的开国功臣。

② 怀远：地名，今属安徽省。

③ 太平：地名，今属安徽省。

④ 陈友谅：元朝末年农民起义军首领之一，曾自立为大汉皇帝，后与朱元璋的军队交战时中箭而死。

⑤ 瘗（yì）：掩埋。

⑥ 附之：依附在木头上面。

⑦ 苇洲：芦苇丛中。

⑧ 采莲实哺儿：采摘莲子来喂食花云的儿子。

⑨ 引达帝所：把他们带到明太祖朱元璋所在之处。

⑩ 上元县：地名，今属江苏省。

⑪ 九死：多次面临死亡凶险。

婢子之道

周主忠婢

◎忠婢者，周大夫妻之媵［音孕］也。大夫自卫仕于周，二年，且归，其妻淫于邻人，淫者忧之。妻曰："无忧，吾为毒待①矣。"三日夫至，其妻曰："与子久别，何以相劳②？"使媵取酒而进之。媵知其毒也，计念③：进之，则杀主父，不义；言之，又杀主母，不忠。因阳④僵［音姜，故意跌倒］覆酒，主⑤大怒，笞将死，终不言。大夫弟闻其事，具以告大夫。乃杀其妻，将纳媵以代之。媵辞曰："主以辱死，而妾独生，是无义也；代主之处，是逆礼也。"欲自杀。大夫乃厚币而嫁之，士君子争娶焉。

吕氏曰：忠婢此举，无一不协于善者：不彰主母之恶，厚也；不忍主父之毒，忠也；阳僵覆酒，智也；笞将死终不言，贞也；不敢居主母之处，礼也。此可以为士君子法，而况妇人乎？刘更生⑥传列女，名曰"忠妾"，既妾大夫矣，即非嫡，安可嫁乎？媵必不尔，余直以婢名之。媵，随嫁之房婢也，既肯嫁，必未尝接大夫者。

吕语今译

忠心婢女的举动，没有一件不符合善道的：不彰显女主人的罪恶，这是仁厚；不忍心主人被毒死，这是忠心；假装跌倒把酒打翻，这是机智；被鞭笞得快要死去了，却最终还是没有说出女主人的图谋，这是坚贞；不敢取代女主人的位置，这是守礼。如上种种都可以被士君子所效法，况且是妇人呢？刘向作《列女传》，把她的传记取名为"忠妾"，若她既然已经是大夫的妾侍了，即使不是嫡妻，怎么可以改嫁呢？这位媵必定不是妾侍，我直接把她名为婢女。媵，是随嫁的房中婢女，既然她肯嫁人，此前必定没有跟她的男主人周大夫交接过。

简注

① 为毒待：做了毒酒等待丈夫回来。

② 与子久别，何以相劳：和你分别了这么久，用什么来慰劳你呢？

③ 计念：思考盘算。

④ 阳：同"佯"，假装。

⑤ 主：主母。

⑥ 刘更生：刘向，字子正，汉代著名学者，曾著有《列女传》赞述古代妇女的故事。

翟青代死

◎会稽^①翟［音责］素，士族之女也，聘而未嫁^②。贼至，欲犯^③之，临以白刃，不从。其房婢名青者，跪而泣曰："无惊我姑氏^④，青乞代死。"贼竟杀素，又欲犯青，青曰："我欲代姑，冀全其名节性命耳。姑既见杀，我生何为！"遂骂贼，贼怒，复杀之。

吕氏曰：青之代素，忠也；不受辱，贞也。忠、贞两字，士君子且难，况婢女乎？不录素者何？节女不可胜录，余因录青以见素云。

| 吕语今译 |

翟青要代替翟素去死，这是忠；她不愿受到污辱，这是贞。忠、贞两个字，士君子尚且难以做到，更何况是婢女呢？为什么我不专门摘录翟素的事迹呢？历史上有节义的女子多得不可尽录，我通过收录翟青的事迹也可以看到翟素的节义了。

| 简注 |

① 会稽：地名，今浙江、江苏省交界一带。
② 聘而未嫁：已经定下了婚约，还没正式出嫁过门。
③ 犯：侵犯。
④ 姑氏：姑，未婚少女。氏，对女子的通称。此处指翟素。

图书在版编目(CIP)数据

女诫 闺范译注/(汉)班昭,(明)吕坤著;黄冠文,宋婕译注.—上海:上海古籍出版社,2020.11
(中华家训导读译注丛书)
ISBN 978-7-5325-9809-0

Ⅰ.①女… Ⅱ.①班… ②吕… ③黄… ④宋… Ⅲ.①女性—道德修养—中国—古代 ②《女诫》—译文 ③《女诫》—注释 ④《闺范》—译文 ⑤《闺范》—注释 Ⅳ.①B82

中国版本图书馆CIP数据核字(2020)第222958号

女诫 闺范译注

(汉)班昭
(明)吕坤　著

黄冠文　宋婕　译注

出版发行	上海古籍出版社
地　　址	上海瑞金二路272号
邮政编码	200020
网　　址	www.guji.com.cn
E-mail	guji1@guji.com.cn
印　　刷	启东市人民印刷有限公司
开　　本	890×1240　1/32
印　　张	21.75
插　　页	6
字　　数	541,000
版　　次	2020年11月第1版　2020年11月第1次印刷
印　　数	1—2,100
书　　号	ISBN 978-7-5325-9809-0/B·1186
定　　价	98.00元

如有质量问题,请与承印公司联系